V&R

Studienbücher zur Linguistik

Herausgegeben von Peter Schlobinski

Band 11

Vandenhoeck & Ruprecht

Michael Dürr / Peter Schlobinski

Deskriptive Linguistik

Grundlagen und Methoden

3., überarbeitete Auflage

Mit zahlreichen Abbildungen und Schautafeln

Vandenhoeck & Ruprecht

Bibliografische Information Der Deutschen Bibliothek

Die Deutsche Bibliothek verzeichnet diese Publikation in der Deutschen Nationalbibliografie; detaillierte bibliografische Daten sind im Internet über <http://dnb.ddb.de> abrufbar.

ISBN 10: 3-525-26518-2
ISBN 13: 978-3-525-26518-5

© 2006, Vandenhoeck & Ruprecht GmbH & Co. KG, Göttingen / www.v-r.de
Alle Rechte vorbehalten. Das Werk und seine Teile sind urheberrechtlich geschützt. Jede Verwertung in anderen als den gesetzlich zugelassenen Fällen bedarf der vorherigen schriftlichen Einwilligung des Verlages. Hinweis zu § 52a UrhG: Weder das Werk noch seine Teile dürfen ohne vorherige schriftliche Einwilligung des Verlages öffentlich zugänglich gemacht werden. Dies gilt auch bei einer entsprechenden Nutzung für Lehr- und Unterrichtszwecke. Printed in Germany.
Gesamtherstellung: Hubert & Co.

Gedruckt auf alterungsbeständigem Papier.

Inhalt

Vorwort 7
Praktische Hinweise 9
Konventionen, Symbole und Abkürzungen 10
Sprachenkarten 13

1. Einleitung 17
2. Phonetik / Phonologie 27
2.1 Artikulatorische Phonetik 28
2.1.1 Konsonanten 29
2.1.2 Vokale 34
2.1.3 Weitere Modifikationen von Lauten 35
2.2 Phonologie 36
2.2.1 Phonologische Regeln und Beschränkungen 40
2.2.2 Phonotaktik und Silbenstrukturen 47
2.2.3 Suprasegmentale Phänomene 51
2.3 Exkurs: Laut- und Schriftsysteme 54
2.4 Zusammenfassung 60
2.5 Übungsaufgaben 61

3. Morphologie 75
3.1 Wörter und Wortarten 75
3.2 Das Morphem 79
3.3 Morphemtypen 82
3.4 Wortbildung 85
3.5 Flexion 91
3.6 Zusammenfassung 96
3.7 Übungsaufgaben 97

4. Syntax 109
4.1 Grundprinzipien des Aufbaus syntaktischer Strukturen 111
4.2 Kernsatz und Satzkern 115
4.2.1 Intransitive und transitive Sätze 117
4.2.2 Transitivität und Ergativität 120
4.2.3 Verbale Komplemente 123
4.2.4 Sätze mit nicht-verbalen Prädikaten 124
4.3 Erweiterung des minimalen Satzes 126
4.3.1 Erweiterung der Satzkonstituenten 126
4.3.2 Periphere Angaben 130
4.4 Topologie 132
4.5 Diathesen 136

4.6	Komplexe Sätze	138
4.6.1	Koordination und Subordination	139
4.6.2	Sätze als Argumente	142
4.6.3	Adverbialsätze	143
4.6.4	Attributsätze	144
4.7	Elliptische Ausdrücke	146
4.8	Zusammenfassung	148
4.9	Übungsaufgaben	149
5. Semantik		165
5.1	Lexikalische Semantik	167
5.2	Satzsemantik	178
5.3	Semantische Konzepte	185
5.4	Raumsemantik	187
5.4.1	Primäre Raumdeixis	188
5.4.2	Sekundäre Raumdeixis	190
5.4.3	Spezifizierung von Raumlage und Bewegung	193
5.5	Temporalität	196
5.6	Zusammenfassung	203
5.7	Übungsaufgaben	204
6. Pragmatik		221
6.1	Sprachspiel und Sprechereignis	223
6.2	Sprechakte	227
6.3	Gesprächsanalyse	231
6.4	Beispiele für Sprechereignisse	235
6.4.1	Analyse eines Verkaufsgesprächs	236
6.4.2	Argumentationsanalyse	238
6.4.3	Erzählanalyse	243
6.5	Thematische Kohärenz	248
6.6	Zusammenfassung	255
6.7	Übungsaufgaben	256
7. Ausblick		271
Anmerkungen		279
Literaturverzeichnis		281
Register		293

Vorwort

Sprachliche Vielfalt und der Umgang mit Sprachen bestimmen den Alltag fast aller Menschen. In vielen Ländern ist das Erlernen zumindest einer Fremdsprache die Regel und in etlichen Sprachgemeinschaften gehört Mehrsprachigkeit zum Alltag. Selbst Nationalsprachen wie das Deutsche oder Englische sind nicht etwas einheitlich Ganzes, sind nicht homogen, sondern wurden und werden von verschiedenen Sprachen aufgrund von wirtschaftlichem und kulturellem Austausch beeinflusst. Anders als es vor dem Hintergrund schriftsprachlicher Normierung scheint, relativiert sich auch innerhalb einer Sprache bei näherer Betrachtung die vermeintliche Homogenität, da jede gesprochene Sprache – anders als die standardisierte Schriftsprache – regional-, gruppen- und situationsspezifisch stark variiert.

Der Linguistik kommt die Aufgabe zu, die sprachliche Vielfalt in all ihren Facetten zu beschreiben und zu erklären. Hierzu ist ein Instrumentarium an Begriffen und Konzepten erforderlich. Die *deskriptive* Linguistik stellt die Werkzeuge bereit, um beobachtete sprachliche Phänomene adäquat zu beschreiben. Sie ist somit grundlegend für weiterführende Theorieansätze und Teildisziplinen wie etwa die Soziolinguistik, die Psycholinguistik oder die Fremdsprachendidaktik.

Das vorliegende Buch will das linguistische Handwerkszeug für die tradierten Teilbereiche Phonetik/Phonologie, Morphologie, Syntax, Semantik und Pragmatik vermitteln. Es wendet sich an Studierende der Linguistik, der Germanistik, Anglistik und Romanistik, aber auch der Ethnologie, und versucht, die Grenzen zwischen den Philologien zu überschreiten.

Das Buch knüpft an die 1990 erstmals erschienene »Einführung in die deskriptive Linguistik« an, die sich als Lehrbuch für das Linguistikstudium etabliert hat. Da sich sowohl die Linguistik wie auch die Autoren weiter entwickelt haben, haben wir uns nach zwei Auflagen zu einer weitreichenden Überarbeitung entschlossen. Die Neugestaltung und der Wechsel zum Verlag Vandenhoeck & Ruprecht sind der Anlass dafür, dass wir dem Buch einen neuen Titel gegeben haben.

Zunächst einmal ist das neue Buch aufgrund des größeren Formats leserfreundlicher. Dann haben wir formale Inkonsistenzen beseitigt und inhaltliche Lücken geschlossen. Vor allem aber haben wir noch stärker auf den roten Faden geachtet und darauf, dass sprachliche Phänomene und linguistische Konzepte zunächst ausgehend vom Bekannten, d. h. in der Regel dem Deutschen, eingeführt werden. Der Textteil wurde deutlich im Umfang erweitert, während nur wenige Übungsaufgaben hinzugekommen sind. Auf die in der »Einführung« enthaltenen Lösungshinweise haben wir verzichtet, um sie über ein Internetportal (www.mediensprache.net/DL) anzubieten. Neben den Lösungshinweisen finden sich dort auch noch einmal die Aufgaben sowie weiterführende Links. Dieses Angebot werden wir erweitern und zu einer Lernplattform ausbauen.

Eine Stärke dieses Buches ist das vielfältige Sprachmaterial, die Ausrichtung auf den praktischen Umgang mit sprachlichen Daten und das breite Spektrum an sprachlichen Phänomenen. Das Buch soll motivieren und befähigen, linguistische Fragen anhand von Sprachmaterialien selbstständig zu bearbeiten. Hierdurch erweitert der Leser seine Kenntnisse und lernt zudem, das aus der eigenen Sprache Vertraute und Selbstverständliche zu relativieren. Eine wichtige Rolle kommt dabei den Übungsaufgaben zu, die didaktisch aufbereitete kleine Sprachkorpora darstellen. Die Analyse empirisch erhobener Sprachkorpora steht indes auf einer qualitativ anderen Stufe. Was dies bedeutet und welchen Erkenntnisgewinn man aus Korpusanalysen ziehen kann, wird perspektivisch im letzten Kapitel behandelt.

In einem Buch wie dem vorliegenden ist es nahezu unmöglich, alle Aspekte angemessen zu behandeln, die für das Beschreiben von Sprachen wichtig sind. Daher muss manches weggelassen oder vereinfacht werden, und vieles wird nur gestreift. Jeder, der über einen der behandelten Bereiche intensiver gearbeitet hat, wird das eine oder andere vermissen. Schwerpunkte, die uns im Hinblick auf Arbeitsweisen oder Fragestellungen besonders lohnend erschienen, haben wir ausführlicher behandelt. Schwerpunktsetzung und Auswahl der vertretenen Sprachen sind von unseren persönlichen Arbeitsgebieten beeinflusst.

Viele Studierende und Kollegen haben uns Anregungen und Hinweise gegeben. Ihnen allen sei an dieser Stelle dafür gedankt.

Praktische Hinweise

Das Buch ist als Arbeitsbuch konzipiert. Dies bedeutet, dass die einzelnen Kapitel und die Aufgaben systematisch durchgearbeitet werden sollten. Obwohl es prinzipiell möglich ist, ein Kapitel unabhängig von den anderen zu bearbeiten, empfehlen wir vorn zu beginnen, da in manchen Fällen Informationen vorausgesetzt werden, die in einem vorhergehenden Kapitel eingeführt worden sind.

Sollte der Leser das eine oder andere vergessen haben, so kann er sich durch Nachschlagen im Register orientieren. Bei den meisten behandelten Begriffen verweisen wir auf die Einführung im Text, einige wesentliche Begriffe wurden im Register kurz definiert, insbesondere, wenn wir sie im Text nur gestreift haben. In das Register wurden neben Begriffen auch die erwähnten Sprachen und für weniger bekannte Sprachen die regionale Zuordnung aufgenommen. Sprachenkarten finden sich auf den Seiten 14 bis 16. Auf Abkürzungen wurde im Textteil verzichtet, bei der Glossierung der Beispiele sind sie allerdings unvermeidlich. Die verwendeten Abkürzungen und Symbole finden sich auf den folgenden Seiten erklärt.

Ein wesentlicher Bestandteil dieses Buches sind die Übungsaufgaben. Man sollte sie sorgfältig durcharbeiten, denn sie ermöglichen die Kontrolle des Kenntnisstandes und helfen, Praxis im Umgang mit sprachlichen Daten zu erlangen. Wie sich in unseren Lehrveranstaltungen gezeigt hat, dürfte der Leser keine größeren Schwierigkeiten beim Lösen der Übungsaufgaben haben. Einige Aufgaben sind aber komplexer als andere und bei der einen oder anderen muss man schon etwas Geduld aufbringen, um sie zu lösen. Solche Aufgaben sind mit einem Stern gekennzeichnet.

Die Lösungen (www.mediensprache.net/DL) sind als Lösungshinweise zu verstehen und abweichende Lösungen sind nicht notwendigerweise falsch. Jeder Vorschlag, der die gegebenen Daten widerspruchsfrei beschreibt, ist angemessen, obwohl übergeordnete Gesichtspunkte die eine oder andere Lösung weniger günstig erscheinen lassen können. Um dem an einer der Sprachen oder Fragestellungen interessierten Leser ein Weiterarbeiten zu ermöglichen, wird in den Lösungshinweisen auf Literatur hingewiesen. In einigen Fällen nehmen wir Lösungen zum Anlass, Aspekte zu vertiefen, die im Text nur gestreift werden konnten, aber in der jeweiligen Aufgabe relevant sind.

Bei der Präsentation des Sprachmaterials haben wir uns auf das Wesentliche beschränkt. Für Beispiele und Übungsaufgaben wurde eine vereinfachte lautliche Wiedergabe auf Grundlage des Internationalen Phonetischen Alphabets gewählt, für Schriftsprachen mit lateinischer Schrift wurde bei mehrfachem Vorkommen die offizielle Orthographie bevorzugt. Die morphologische Analyse wurde nur so weit durchgeführt, wie es zum Verständnis der Beispiele jeweils notwendig war. Unter fremdsprachige Beispiele und Übungsaufgaben haben wir oft deutsche Kurzübersetzungen – so genannte Interlinearglossierungen – gestellt.

Konventionen, Symbole und Abkürzungen

Konventionen und Symbole

KAPITÄLCHEN	wichtige neu eingeführte Begriffe
› ‹	kennzeichnet Bedeutungen
» «	kennzeichnet Übersetzungen fremdsprachiger Wörter und Sätze; Sprachbeispiele oder solche mit Interlinearglossierung werden in Normalschrift gesetzt und durch Absatz und Einrückung gekennzeichnet, mit Übersetzung in kursiv
/ /	Phonem
[ ]	Phon; phonetische oder semantische Merkmale
⟨ ⟩	Graphem
Ø	Null-(Phonem/Allophon)
Ø- / -Ø	Null-Morphem bzw. Null-Allomorph (als Prä- bzw. Suffix)
#	Junktur
{ }	entweder oder
( )	optional
→	wird realisiert als
/	unter der Bedingung, dass
~	alternativ
*	grammatisch inkorrekte Beispiele
?	fraglich; unter bestimmten Bedingungen akzeptabel

Transkriptionskonventionen

(( ))	Kommentare
(.) oder –	kurze Pause
(2.0)	Dauer der Pause (in Sekunden)
( )	unverständliche Passage
(er)	nicht sicher gehörtes Wort, hier *er*
=	direkter Anschluss bei Sprecherwechsel
> <	höheres Sprechtempo
↗	steigende Intonation
↘	fallende Intonation
KAPITÄLCHEN	lauter gesprochen
Unterstreichung	Emphase

Abkürzungen

1	1. Person, z. B. 1s = 1. Person Singular
2	2. Person, z. B. 2sA = 2. Person Singular Absolutiv
3	3. Person, z. B. 3pE = 3 . Person Plural Ergativ
A	Absolutiv (Syntax)
A	Anfangsrand (Phonetik)
Abl	Ablativ
Abs	Absolutiv
ADJ	Adjektiv
ADV	Adverb
adv	Adverbial
Akk	Akkusativ
ART	Artikel
attr	Attribut
Dat	Dativ
def	definit
[+def]	definit
[–def]	indefinit
Dir	Direktional
do	direktes Objekt
E	Endrand (Phonetik)
E	Ergativ (Syntax)
erg	Ergänzung
Erg	Ergativ
[+fin]	finit
[–fin]	infinit
FOK	Fokus
Fut	Futur
Gen	Genitiv
hd	Kopf (engl. head)
Impf	Imperfektiv
Ind	Indikativ
indef	indefinit
Ink	Inkompletiv
Ins	Instrumental
intrans	intransitiv
Inz	Inzeptiv
io	indirektes Objekt
K	Konjunktion
K	Konsonant (Phonetik/Phonologie)

KL	Klassifikator
Kom	Kompletiv
Konj	Konjunktiv
Lok	Lokativ
mod	Modifikator
N	Nomen
N	Nukleus (Phonetik)
Narr	Narrativ
Nom	Nominativ
NP	Nominalphrase
P	Präposition/Postposition
p	Proposition (Semantik)
p	Plural
PART	Partikel
Pl	Plural
Pot	Potential
PP	Präpositionalphrase
präd	Prädikat
Präs	Präsens
PRO	Pronomen
R	Reim
REL	Relativpronomen
S	Satz (Syntax)
S	Silbe (Phonetik)
s	Singular
S'	prominente Silbe
SGr	Silbengruppe
S°	nicht-prominente Silbe
St	Stamm
StGr	Stammgruppe
subj	Subjekt
TOP	Topik
trans	transitiv
[+trans]	transitiv
[–trans]	intransitiv
V	Verb (Syntax)
V	Vokal (Phonetik/Phonologie)
Verg	Vergangenheit
Vok	Vokativ
VP	Verbalphrase

Sprachenkarten

Man schätzt, dass es heute etwa 5000 bis 6000 verschiedene Sprachen gibt. Eine genaue Zahl lässt sich nicht angeben, da gerade bei wenig dokumentierten Sprachen ein Spielraum besteht, eng verwandte Varietäten entweder als Dialekte einer Sprache oder als verschiedene Sprachen zu klassifizieren. Während einige wenige Sprachen wie Chinesisch, Hindi, Spanisch, Englisch, Bengali, Portugiesisch, Russisch, Arabisch und Japanisch mehr als 100 Millionen Sprecher haben, werden viele Sprachen nur noch von wenigen älteren Personen gesprochen und sind in der natürlichen Tradierung an die nachfolgenden Generationen gefährdet. Der Erhalt sprachlicher und – noch umfassender – kultureller Diversität wurde angesichts dieser Situation, die oft mit der Gefährdung der Biodiversität verglichen wird, von der UNESCO zu einer wichtigen Aufgabe erklärt.

Aufgrund von Ähnlichkeiten u. a. beim Wortschatz oder in Form von Lautentsprechungen können Sprachen miteinander in Beziehung gebracht werden. Lassen sich die Ähnlichkeiten sprachwissenschaftlich systematisieren, werden Sprachen als ›verwandt‹ klassifiziert und man spricht von Sprachfamilien. Für den europäischen Raum hat die indogermanische (o. a. indoeuropäische) Sprachfamilie die größte Bedeutung, die mit ca. 140 Einzelsprachen bis nach Indien verbreitet ist. Sie ist auch sprachhistorisch die am besten erforschte Sprachfamilie. Bei weniger erforschten Sprachen sind die Gruppierungen dagegen nicht immer gesichert, zumal durch längeren Kontakt auch zwischen nicht verwandten Sprachen auch Ähnlichkeiten entstehen können.

Indogermanische Sprachen

Keltische Sprachen: Walisisch, Irisch u. a.
Italische Sprachen: Latein und (davon abstammende) romanische Sprachen:
   Spanisch, Französisch, Italienisch, Portugiesisch u. a.
Griechisch
Germanische Sprachen: Englisch, Deutsch, Dänisch, Isländisch u. a.
Balto-Slawische Sprachen:
   Baltische Sprachen: Litauisch u. a.
   Slawische Sprachen: Russisch, Tschechisch u. a.
Armenisch
Albanisch
Indoiranische Sprachen:
   Indische Sprachen: Sanskrit, Hindi u. a.
   Iranische Sprachen: Persisch, Kurdisch u. a.
Tocharisch
Anatolische Sprachen: Hethitisch u. a.

Sprachenkarten

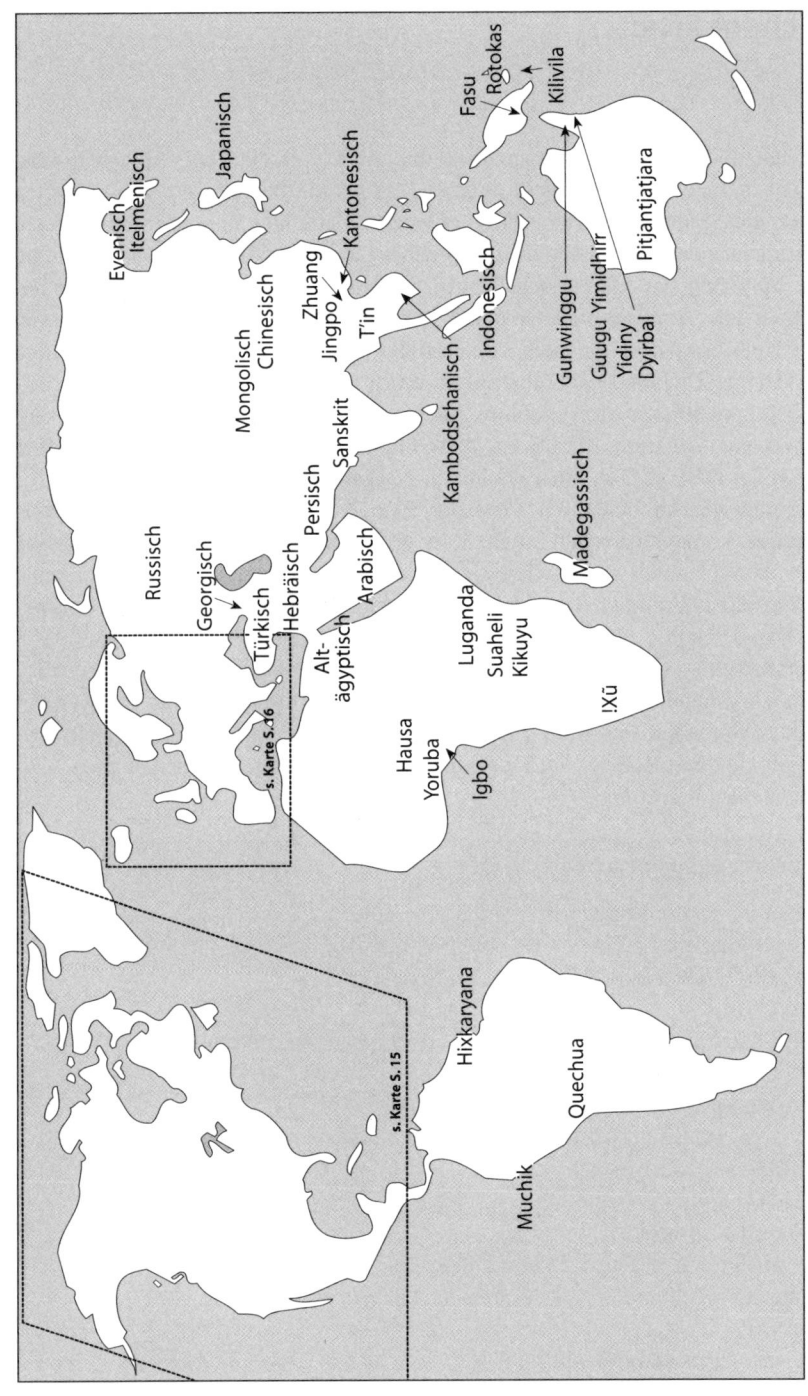

Sprachenkarten 15

1. Einleitung

> «It will be proved to thy face that thou hast men about thee that usually talk of a noun and a verb, and such abominable words as no Christian ear can endure to hear.»
> *William Shakespeare, King Henry VI, Part II*

Die ablehnende Haltung gegenüber der wissenschaftlichen Beschäftigung mit Sprache(n), die Shakespeare Jack Cade, dem Anführer eines Bauernaufstands, in den Mund legt, ist nicht nur auf das ausgehende Mittelalter beschränkt. Eine skeptische Reserviertheit ist auch heute noch anzutreffen. Dem Fach Linguistik und oft genug auch seinen Vertretern eilt der Ruf voraus ›trocken‹, ›formalistisch‹ bis hin zu ›haarspalterisch‹ zu sein. Dies liegt wohl im Wesentlichen daran, dass in unserer Gesellschaft der ungesteuerte Spracherwerb in der Kindheit und der damit verbundene intuitive, um nicht zu sagen ›spielerische‹ Umgang mit der gesprochenen Sprache durch die Erfahrungen in Schule und Hochschule überlagert wird, wo eher abstraktes Lernen der geschriebenen Sprache und von Fremdsprachen im Vordergrund steht.

Eigentlich ist jede Sprache ›kinderleicht‹, und zwar in dem Sinn, dass jeder von uns die Strukturmuster seiner Muttersprache wie selbstverständlich im Kindesalter erworben hat und seitdem in der Lage ist, sie mit ihren Feinheiten zu verwenden. Sprache umgibt uns so selbstverständlich wie Wasser den Fisch: »Die Sprache ist« – wie der bekannte Sprachwissenschaftler Edward Sapir (1972: 13) in seinem Buch »Language« schrieb – »so eng mit unserem Alltagsleben verbunden, daß wir uns selten die Mühe machen, über ihr Wesen nachzudenken.« Wir können zwar nicht wie junge Fische sofort schwimmen und entwickeln unsere Sprachkenntnisse erst Schritt für Schritt, aber nach einigen Jahren schon können wir uns darin als erfahrene Schwimmer betrachten. Um so verärgerter sind wir, wenn wir in die Grundschule kommen und nicht mehr so reden dürfen, wie uns ›der Schnabel gewachsen‹ ist. Uns wird gesagt, dass es so etwas wie ›richtiges‹ Deutsch gibt, und wir müssen lernen, wie diese uns ›fremde‹, vom Berlinischen, Pfälzischen usw. abweichende Sprache geschrieben wird. Der bisher spielerisch-selbstverständliche Umgang mit Sprache wird zum Ernst des Lebens. Obwohl wir als Kinder intuitiv die Regeln der gesprochenen Sprache erlernt haben, bereiten uns nun die Regeln der Rechtschreibung Schwierigkeiten, obwohl – oder vielleicht gerade weil – wir sie erklärt bekommen. Die von außen vorgegebenen und nicht selbst entwickelten Regeln erscheinen willkürlich und als Zwang, so dass unsere intuitive Fähigkeit, Regeln zu gebrauchen, uns in dem Moment im Stich lässt, wo wir Regeln bewusst anwenden sollen. Die Grundregel, mit der die Vermittlung der Schriftsprache nach der so genannten Lautierungsmethode begonnen wird, ist im Prinzip sehr einfach: »Schreib, wie es (im Hochdeutschen) gesprochen wird«. Aber nicht alle Schulkinder sprechen zu Hause Hochdeutsch, und selbst wenn diese Voraussetzung weitgehend erfüllt wird, ergeben sich immer noch genügend Schwierigkeiten, bevor ein Kind Deutsch richtig schreiben kann. Dies zeigt der folgende Brief einer Erstklässlerin:

Lieber Opa Liebe Tante gerder
Wie get es euch. ich war mit Peter Schwimmen und ich war auch mit meinen Freunden Schwimmen. wir sint auch bot gefaren. Donnerstag ist Andrej wider hir. er ist in Ameland. wir haben Andrejß zimer Renowird.
    liebe grüße
    eure Simone

Während Fehler wie das ⟨d⟩ in ⟨renowird⟩ und das ⟨t⟩ in ⟨sint⟩ systematisch damit zusammenhängen, dass im Deutschen das ⟨d⟩ am Wortende wie ⟨t⟩ gesprochen wird, ist für das lernende Kind überhaupt nicht einzusehen, warum das lange ⟨i⟩ teils mit ⟨i⟩ wie in ⟨wir⟩, teils mit ⟨ie⟩ wie in ⟨wie⟩ oder ⟨hier⟩ geschrieben wird, das lange ⟨a⟩ mit ⟨a⟩ oder ⟨ah⟩ wie in ⟨war⟩ bzw. ⟨gefahren⟩, das lange ⟨o⟩ schließlich in ⟨Boot⟩ in noch anderer Form mit Doppelschreibung als ⟨oo⟩.

Kaum sind diese Probleme bewältigt, so steht die erste Fremdsprache auf dem Stundenplan. Als neue Schwierigkeit plagt man sich mit dem Erlernen der richtigen Aussprache. Eine harte Nuss ist vor allem die Bildung von Lauten, die es im Deutschen nicht gibt, z. B. das englische ⟨th⟩ oder die französischen Nasalvokale und das stimmhafte ⟨j⟩, ohne die man in Frankreich noch nicht einmal »Guten Tag« (⟨bon jour⟩) sagen kann. Für das Französische muss man sich auch die Behauchung von ⟨p⟩, ⟨t⟩ und ⟨k⟩ mühsam abgewöhnen, die im Deutschen automatisch ausgeführt wird. Im Englischen darf man nicht stimmhaftes und stimmloses ⟨s⟩ durcheinander bringen, da sie in manchen Wörtern anders als im Deutschen Bedeutungen unterscheiden; während im Deutschen beispielsweise ⟨Siel⟩ nach regionalem Geschmack entweder stimmlos oder stimmhaft ist, ist im Englischen ⟨seal⟩ »Robbe; Siegel« immer stimmlos, ⟨zeal⟩ »Eifer, Begeisterung« immer stimmhaft. Die abweichende Lautung der fremden Sprache wird, soweit dies möglich ist, in Form von abstrakten Regeln vermittelt, die man aber anders als die Regeln der Muttersprache beim Aussprechen oft vergisst oder gar durch die ›in Fleisch und Blut übergegangenen‹ der Muttersprache ersetzt, obwohl man an sich um die eigentlich richtige Regel weiß. Dieses unbewusste Durchschlagen der Regeln der Muttersprache führt also zu so genannten Interferenzen.

Natürlich gilt es bei Fremdsprachen nicht nur die Lautung zu erlernen; wohl noch mehr Schwierigkeiten bereitet die Grammatik. Mag die englische Pluralbildung der Substantive noch über weite Passagen regelmäßig durch Anhängen von ⟨-s⟩ erfolgen, so machen die verschiedenen lateinischen Deklinationen schon mehr Mühe. Bei unregelmäßigen Verben schließlich gibt es kaum noch etwas zu verstehen, dafür um so mehr auswendig zu lernen. Auf der Ebene der Satzbildung wird alles noch komplexer, da nur selten Wort für Wort übersetzt werden kann. Tut man es dennoch, sind jene immer wiederkehrende Fehler die Folge, die Schüler und Lehrer gleichermaßen zur Verzweiflung bringen:

1. Einleitung

The applicant spoke fluently French.
It gives many people who want to learn English.
The boy packed me and struck me down.
She has worked at the university since four semesters.
The door opens itself.

Diese Sätze lassen sich im Englischen so nicht sagen. Hier spielt zum einen die Stellung der Wörter im Satz eine Rolle; während der Satz ⟨Der Bewerber sprach flüssig Französisch⟩ korrektes Deutsch ist, darf in seinem englischen Pendant das Adverb nicht zwischen Verb und direktes Objekt treten, sondern muss nach dem Objekt stehen. Zum anderen kann die Bedeutung und die Verwendung von Wörtern abweichen. Das englische Verb ⟨give⟩ wird nicht unpersönlich im Sinne von »es gibt« verwendet, ⟨pack⟩ »(ein)packen« hat nicht wie das deutsche ⟨packen⟩ auch die Bedeutung von »jemanden festhalten«, »schlagen« heißt zwar ⟨strike⟩, aber »niederschlagen« nicht *⟨strike down⟩, sondern ⟨knock down⟩. Für die Präposition ⟨seit⟩ wird nicht immer ⟨since⟩ verwendet; anders als *⟨Die Tür öffnet⟩ ist ⟨The door opens⟩ ein vollständiger und korrekter Satz. Es spielen noch andere Faktoren eine Rolle, aber es dürfte bereits deutlich geworden sein, dass die Bauprinzipien englischer Sätze von denen deutscher Sätze in vielen Punkten abweichen. Die Schwierigkeiten, die diese Unterschiede bei der Übersetzung von der einen in die andere Sprache bereiten, veranschaulicht die folgenden Passage aus Mark Twains »A Tramp Abroad«, deren Übersetzer – wie unschwer zu erkennen sein dürfte – eher im Englischen als im Deutschen zu Hause ist:

»Harris und ich waren damals bereits seit vielen Wochen schwer bei der Arbeit, und wenn wir mit unserem Deutsch auch ganz gut vorwärtsgekommen waren, so war es doch nur unter den größten Schwierigkeiten und mit vieler Aufopferung möglich gewesen, waren uns doch schon drei Lehrer inzwischen dahingegangen. Wer niemals Deutsch studiert hat, kann sich keine Vorstellung machen, wie kompliziert diese Sprache ist.« (1969: 170)
[Im Original:] »Harris and I had been hard at work on our German during several weeks at that time, and although we had made good progress, it had been accomplished under great difficulty and annoyance, for three of our teachers had died in the mean time. A person who has not studied German can form no idea of what a perplexing language it is.« (1929: 267)

Krasse Fehler wie in den weiter oben zitierten ›englischen‹ Sätzen sind nicht zu entdecken, aber dennoch: ⟨schwer bei der Arbeit sein⟩ ist im Deutschen keine gebräuchliche Wendung und ⟨waren uns doch schon drei Lehrer inzwischen dahingegangen⟩ mutet unpassend und antiquiert an. Neben dem grammatisch richtigen Gebrauch spielt also auch noch ein viel schwerer in Regeln zu fassendes Gespür für Gebräuchlichkeit und Angemessenheit eine entscheidende Rolle. Sätze können grammatisch korrekt gebraucht werden, sind aber dennoch nicht akzeptabel. Umgekehrt können Sätze zwar gegen die grammatische Norm verstoßen, wie sie z. B. für das Deutsche in der »Duden-Grammatik« festgelegt ist; sie sind aber trotzdem in vielen Situationen durchaus akzeptabel.

Um eine fremde Sprache ohne grobe Fehler sprechen oder schreiben zu können, sollten zunächst die Ordnungsprinzipien erlernt werden, die ihrer Lautung, ihrer Grammatik und ihrem Wortschatz zugrunde liegen, wobei Gemeinsamkeiten mit der Muttersprache das Nachvollziehen in der Regel erleichtern, Unterschiede es aber erschweren. Den Schülern wird die eigenständige Suche nach den Ordnungsprinzipien abgenommen. Der Lehrer erklärt die abweichenden Prinzipien und lässt sie durch ständiges Wiederholen (›pattern drill‹) einüben. Nicht selten werden die Regeln der Fremdsprache didaktisch schlecht, weil unnötig abstrakt vermittelt, und der Schüler muss diese schwer verständlichen Regeln neben einer Vielzahl von Ausnahmen auswendig lernen (Habenstein & Zimmermann 1967: 80):

> »In festen Wendungen und in adverbialen Bestimmungen, die eine nominale Erweiterung enthalten, steht der ablativus sociativus in seiner reinen Form, sonst gewöhnlich mit einer Präposition (*cum*).«

Der Eindruck von der zu erlernenden Sprache wird oft genug von der einzigen einfachen ›Regel‹ – »Keine Regel ohne Ausnahme« – geprägt. Dies alles, verbunden mit der Prüfungssituation und mit den für Schüler häufig uninteressanten Lesestücken, lässt oft jene Abneigung gegenüber Sprachen und Grammatik aufkommen, die schon Lateinschüler im Mittelalter kannten. Die Beschäftigung mit Sprachen wird für die so Geplagten zu einer trockenen und komplizierten Angelegenheit.

Andererseits ist es eine langwierige und sehr viel schwierigere Aufgabe, als Erwachsener eine Sprache ohne Anleitung zu erlernen. Hierfür mag das Deutsch einer Türkin als Beispiel dienen, die ihre Deutschkenntnisse im Laufe ihres Aufenthalts in Deutschland erworben hat (Sivrikozoglu 1985: 65):

> meine firma nix nehmen ausländisch – diese firma nehmen bei mir net – mein chef telefoniert – dann nehmen bei mir – ich bin vertrag kommen – eine mein mann chef wohnung putzen – ein jahr später sagen bei mir – hab net brauche putzfrau – dann bei mir sagen – du will eine fabrik

Doch immerhin, obwohl die Regeln der deutschen Grammatik nur sehr unvollständig beherrscht werden und die Sprecherin nur über einen beschränkten Wortschatz und einen kleinen Satz von Regeln verfügt, sind derartige Äußerungen weitgehend verständlich. Aus dem begrenzten Wissen im Gespräch das Beste zu machen, stellt eine bemerkenswerte intellektuelle Leistung dar; aber leider ist die Neigung weit verbreitet, von der unvollständigen Sprachbeherrschung auf einen Mangel an Intelligenz oder an Kultur zu schließen und den betreffenden Sprecher wie die noch nicht voll sprechfähigen Mitglieder der Sprachgemeinschaft zu behandeln, im Deutschen z. B. wie Kinder einseitig zu duzen (vgl. ⟨dann bei mir sagen: »du will eine fabrik«⟩). Durch diese Verhaltensmuster werden Sprachbarrieren und somit letztlich auch Kommunikationsbarrieren aufgebaut, die alte Vorurteile bestätigen und soziale Probleme verschärfen.

1. Einleitung

Ähnliche Missverständnisse prägten lange Zeit – und prägen leider oft bis heute – die Beschäftigung mit fremden Sprachen. Das Abweichen von der Muttersprache, der uns aufgrund langer Gewöhnung vollkommen logisch erscheinenden Sprache, wird als Defizit angesehen. Hier können wir auf die bereits erwähnte ironisch-kritische Auseinandersetzung Mark Twains mit der deutschen Sprache zurückkommen. Seine Aufzählung von ›Mängeln‹ des Deutschen zeigt: Schlecht ist, was anders als im Englischen ist (Twain 1969: 183f.):

> »Zu allererst würde ich den Dativ überhaupt in Fortfall bringen. Er gibt durch sein ›e‹ dauernd zu Verwechslungen mit dem Plural Anlaß. Außerdem weiß doch kein Mensch, wann er sich im Dativ befindet [...]
> Als nächstes würde ich die Verben mehr an den Anfang stellen. Man kann das schönste Zeitwort haben, aber in der heutzutage üblichen deutschen Satzstellung bringt man es nie und nimmer unbeschadet mit dem richtigen Hauptwort zusammen. [...]
> Viertens würde ich eine Neuordnung der Artikel vornehmen und die Geschlechtsbezeichnungen nach dem Willen unseres Herrn und Schöpfers verteilen. Das ist für mich lediglich ein Akt der Achtung vor Gott.
> Fünftens würde ich die ewig langen Substantiva ausmerzen oder doch zum mindesten verlangen, daß sie zerlegt und mit Erfrischungspausen versehen werden.«

So gelangt Mark Twain (1969: 185) zu folgendem Fazit:

> »Meine philologischen Studien haben mir zur Genüge bewiesen, daß ein begabter Mensch Englisch (ausgenommen Orthographie und Aussprache) in dreißig Stunden, Französisch in dreißig Tagen, Deutsch aber nur in dreißig Jahren lernen kann. Es ist ganz offenkundig, daß die deutsche Sprache zurechtgestutzt und renoviert werden muß. Wenn sie so bleibt, wie sie ist, sollte man sie sanft und ehrenvoll zu den toten Sprachen legen, denn nur die Toten haben genügend Zeit, sie zu lernen.«

Angesichts solcher Urteile ist es nicht verwunderlich, dass weltweit die Neigung besteht, Sprecher anderer Sprachen mit abwertenden Namen zu bezeichnen, sei es im antiken Griechenland als ›barbaroi‹, sei es bei den Azteken im alten Mexiko als ›popoloca‹, was beides im Sinne von nicht sprechfähige (und folglich nicht vernunftbegabte) »Stammler« zu verstehen ist. Wenn schon die Nachbarvölker nicht die Klarheit der eigenen Sprache besitzen und nur stammelnd und ohne Vernunft reden, so gilt dies erst recht für noch fernere Sprachen, die seit dem 16. Jahrhundert von Missionaren und Forschungsreisenden, später auch von Ethnologen, erforscht wurden. Hierbei gingen sie naturgemäß von den eigenen Sprachkenntnissen aus, also von europäischen Sprachen und von dem Sprachverständnis der lateinischen Schulgrammatik. Der Andersartigkeit von Sprachen konnten Grammatiker aber nicht gerecht werden, indem sie ihre Strukturen in das Prokrustesbett der lateinischen Schulgrammatik zwangen – wie Wanderer auf dem Bett des antiken Wegelagerers wurden sie durch Abhacken des ›Mehr‹ und Strecken des ›Weniger‹ qualvoll zu Tode gebracht. Selbst ein so profunder Kenner von Sprachen wie Wilhelm von Humboldt, der sich nicht nur mit europäischen Sprachen, sondern auch mit indianischen Sprachen Amerikas, dem Chinesischen, dem Kawi (Altjavanischen), dem Altägyptischen und zahlreichen anderen Sprachen beschäftigt hat, konnte dem Missverständnis nicht entrinnen, unter Grammatik nur die aus europäischen Sprachen geläufigen grammatischen Kategorien zu verstehen. Auf diese Weise erklärt sich die folgende Aussage aus der Studie »Ueber den grammatischen Bau der Chinesischen Sprache« von 1826, in der er sich mit dem chinesischen Sprachtyp auseinandersetzt (Humboldt 1968: 321): »Die Chinesische [Sprache] überhebt sich einer genauen, ja im Grunde aller Bezeichnung der grammatischen Formen.«

Wilhelm von Humboldt (*22.6.1767 in Potsdam, †8.4.1835 in Tegel)

Mit seinem Bruder Alexander von Privatlehrern erzogen, studierte Wilhelm von Humboldt in Frankfurt (Oder) und Göttingen neben Jura auch klassische Philologie. Er war im preußischen Staatsdienst tätig, bis er sich 1819 aus seinen Ämtern zurückzog. Neben diplomatischen Missionen hatte er von 1809 bis 1811 als Sektionsleiter für Kultus im Innenministerium entscheidenden Anteil an Bildungsreformen, die die Hochschulen in Deutschland bis in die Gegenwart geprägt haben.

Bei einer Reise nach Spanien 1799 weckte die Begegnung mit dem Baskischen sein Interesse an der Unterschiedlichkeit der Sprachen. Er trug eine für die damalige Zeit einzigartige Vielzahl von Quellen zu den Sprachen der Welt zusammen und entfaltete seit 1820 auf dieser Grundlage einen sprachphilosophisch fundierten Entwurf zu einer vergleichenden Sprachforschung, der aber auf die sich an den indogermanischen Sprachen orientierenden historisch-vergleichenden Sprachwissenschaft des 19. Jahrhunderts kaum Einfluss hatte. Sein sprachphilosophisches Denken wirkt dennoch bis in die Gegenwart, so knüpft selbst Noam Chomsky (siehe den Kasten S. 115) an Humboldts Begriff des »Sprachvermögens« an sowie an das Konzept, Sprache sei »bildendes Organ des Denkens«.

Humboldts erklärtes Ziel ist es, die »Sprachfähigkeit des Menschengeschlechts auszumessen« (1973: 14). Die Suche nach Abhängigkeiten zwischen grammatischen Phänomenen und auch die Frage nach der Wechselbeziehung zwischen Sprache und Denken spielten dabei eine Rolle – Projekte, die die heutige Sprachtypologie und ebenso die Erforschung der kognitiven Grundlagen sprachlicher Relativität und deren kultureller Implikationen vorwegnahmen.

Rezipiert wurde Humboldt meist als Sprachphilosoph, obwohl die zitierten Schriften primär Einleitungen oder Vorstudien zu umfassenden Einzeldarstellungen von Sprachen sind. Bekannt ist vor allem die »Über die Verschiedenheit des menschlichen Sprachbaus und ihren Einfluss auf die geistige Entwicklung des Menschen« betitelte Einleitung zu dem Werk »Über die Kawi-Sprache auf der Insel Java« (1836–39), wogegen die meisten anderen Studien zu Sprachen Manuskript geblieben sind.

1. Einleitung

Neben unhinterfragt tradierten Grammatikkonzepten führte die starke Fixierung auf Schriftsprachen zu weiteren Missverständnissen im Hinblick auf schriftlose Sprachen, so dass viele falsche Vorstellungen über ›primitive‹ Sprachen entstanden. Nicht wenige können sogleich als Unsinn abgetan werden, z. B. wenn jemand nach nur ein paar Tagen Aufenthalt behauptet, die dortige Sprache bestünde nur aus einigen wenigen hundert Wörtern. Schwieriger und nur durch tieferes Eindringen in die Materie sind andere Missverständnisse auszuräumen. Ältere Ansichten, nach denen Ergativität – eine besondere, in Europa nur im Baskischen zu findende Art der Kasusmarkierung – der Ausfluss einer in Passivität und Fatalismus verhafteten primitiven Mentalität sei, die das handelnde Subjekt in seiner Bedeutung noch nicht wahrgenommen hat, entzogen sich lange Zeit der Überprüfung. Aber aufgrund typologisch-vergleichender Studien hat sich gezeigt, dass in solchen Sprachen meist ganz im Gegenteil eher eine grammatische Heraushebung des Handelnden vorliegt. Wenn ein viel zitierter Sprachwissenschaftler wie Benjamin Lee Whorf behauptet, das Hopi (Arizona, USA) kenne keine zeitlichen Ausdrücke, so muss man diese Sprache schon genauer kennen, um festzustellen, dass das scheinbar ›Fehlende‹, vor allem die uns geläufigen Tempusmarkierungen bei der Konjugation, auf andere, uns indirekt erscheinende Weise zum Ausdruck gebracht wird. Ähnliches gilt für Sprachen, deren ›Primitivität‹ sich im Fehlen logischer Konjunktionen zu manifestieren scheint. In beiden Fällen wird das Nichterkennen in starkem Maße von der Prägung der Wahrnehmung durch die traditionelle Grammatik bewirkt. Wenn ein so bedeutender Ethnologe wie Bronislaw Malinowski (1974: 346) schreibt:

> »So führt uns die Betrachtung der mit jeder praktischen Betätigung verknüpften Sprecharten zu dem Schluß, daß die Sprache in ihren primitiven Formen vor dem Hintergrund menschlicher Betätigungen und als ein Modus menschlichen Verhaltens in praktischen Dingen betrachtet und studiert werden muß. Wir müssen erkennen, daß die Sprache ursprünglich, unter primitiven, nichtzivilisierten Völkern, niemals als bloßer Spiegel reflektierten Denkens gebraucht wurde. Die Art und Weise, in der ich sie jetzt, beim Schreiben dieser Worte, benutze, [...] ist eine sehr weit hergeholte, abgeleitete Funktion der Sprache. Hierbei wird die Sprache zu einem verdichteten Stück Reflexion, eine Aufzeichnung von Fakten oder Gedanken. In ihren primitiven Verwendungsarten fungiert die Sprache als ein Bindeglied konzertierter, einvernehmlicher menschlicher Tätigkeit, als ein Stück menschlichen Verhaltens. Sie ist ein Handlungsmodus, nicht ein Instrument der Reflexion.«

so gelangt er zu wichtigen Einsichten in den Handlungscharakter der Sprache. Malinowski erkennt jedoch nicht, dass seine Beobachtungen über primitive Sprachen, von denen er zugestandenermaßen Relikte auch in den europäischen Schriftsprachen wiederfindet, für alle gesprochenen Sprachen gelten. Und trotz der Flut an Gedrucktem, der wir gegenüberstehen, und dem unbestreitbaren Einfluss der Schriftsprache auf die gesprochene Sprache dominiert selbst bei uns im Alltag die mündliche Rede. Als weiteres Beispiel sei noch der Umgang vieler Ethnologen mit traditionellen Erzählungen aus fremden Kulturen angeführt. Weil europäische Erzählmuster angelegt werden und nicht die in der jeweiligen Sprachkultur geltenden, glaubt der Bearbeiter festzustellen, dass die Erzählungen schlecht oder gar fehlerhaft erzählt werden, was natürlich als ein ›Beweis‹ für die mangelnde Denkfähigkeit der Erzähler gedeutet wird. Auf diese Weise entgehen dem Bearbeiter alle Feinheiten des Erzählstils der betreffenden Sprache – sei es, dass er stilistisch bedingte Wiederholungen herausstreicht, sei es, dass er grundlegend an der Übersetzung scheitert. Entweder übersetzt er die Texte in einem an europäischen Märchen orientierten Stil und ihm entgehen Form und Sinn, weil er die Erzählung als einfältige Kindergeschichte missversteht, oder aber er übersetzt mit der Vorstellung falsch verstandener Wörtlichkeit und missdeutet die schwer verständliche Sprache der Übersetzung, die zudem aus ihrem kulturellen Kontext herausgelöst ist, als esoterischen Tiefsinn.

Weitaus seltener, weitaus sympathischer, aber ebensowenig angemessen ist die gegenteilige Reaktion auf fremde Sprachen, nämlich die grenzenlose Begeisterung, so z. B. im Falle des K'iche' (eine Maya-Sprache aus Guatemala), über das der Missionar Francisco Ximénez (1929: 66) um 1700 schrieb:

«De tal modo es aqueste orden, que en un medio cuarto de hora puede uno hablar y saber todas las simplicidades de la lengua, aunque no sus significados.»
[Die Ordnung (in dieser Sprache) ist so groß, dass man in einer Viertelstunde die Grundregeln der Sprache lernen kann, wenn auch nicht die Bedeutung der Wörter.]

Ximénez gelangt zu dem Ergebnis, dass das K'iche' aufgrund seiner Vollkommenheit die Adam unmittelbar von Gott gegebene Sprache sein muss, da ihr anders als anderen Sprachen all jene Merkmale der babylonischen Sprachverwirrung fehlen, z. B. so unnötige und unlogische Schnörkel wie das Verb ›sein‹.

Wie die angeführten Beispiele gezeigt haben, wird die Wahrnehmung fremder Sprachen nachhaltig von der Sprachkultur geprägt, aus der man stammt. Viele Missverständnisse beruhen aber nicht auf der mangelnden Bereitschaft zur Wahrnehmung, sondern oft genug angesichts aufrichtigen Bemühens eher auf der Unfähigkeit, das Andersartige zu erfassen. Dies zeigt sich besonders im Falle von Lauten, die in europäischen Sprachen nicht vorkommen, wofür beispielhaft die folgende Beschreibung eines Lautes des Muchik (Peru) durch den Mediziner Ernst W. Middendorf (1892: 49f.) stehen mag:

»Bei $ŭ$ dagegen ist der u-Laut vorherrschend, meist länger gedehnt und erinnert an unreine Diphthonge des Hamburger Platts und an die Aussprache des au bei den Schwaben in dem Worte ›Gaul‹. Von dergleichen [...] Lauten kann natürlich keine Beschreibung eine deutliche Vorstellung, höchstens einen allgemeinen Begriff geben. Der Verfasser hat bei seinem längeren Aufenthalt in Eten sich wiederholt bemüht, die Bewegungen der Zunge und des Gaumens bei der Artikulation dieses sonderbaren Lautes zu analysieren und denselben nachzuahmen, allein seine Versuche hatten nur das Ergebnis, die Heiterkeit der Eingeborenen zu erregen.«

1. Einleitung

Angesichts solcher Missverständnisse und Ohnmachtserklärungen drängt sich die Frage auf, wie man sich einer Sprache – vor allem einer fremden – nähern kann, ohne an ihren Eigenheiten zu verzweifeln. Um vor der Beschreibung sprachlicher Phänomene nicht kapitulieren zu müssen oder, positiv formuliert, um Strukturen einer Sprache angemessen zu beschreiben, sind ein Beschreibungsinventar, eine Methodik sowie Analysekriterien notwendig. Unser Buch will ein entsprechendes Instrumentarium zur Verfügung stellen. Dabei wird der Stoff nach den etablierten Bereichen der deskriptiven Linguistik unterteilt:

- PHONETIK/PHONOLOGIE beschäftigt sich mit der Art der Sprachlaute (Phonetik) bzw. mit ihrer Funktion in den einzelnen Sprachen (Phonologie).
- MORPHOLOGIE beschäftigt sich mit Wörtern und ihren bedeutungstragenden Bausteinen.
- SYNTAX beschäftigt sich mit der Art und Weise, wie Wörter zu größeren strukturellen Einheiten (Aussagen, Fragen, usw.) zusammengefügt werden.
- SEMANTIK beschäftigt sich mit der Bedeutung von Wörtern und dem Zusammenwirken von Bedeutungen in komplexen Einheiten.
- PRAGMATIK beschäftigt sich mit Handlungs- und Situationsbezügen sprachlicher Äußerungen.

Diese Einteilung soll aber nicht zu Schubladendenken führen, da es vielfältige Zusammenhänge und Wechselwirkungen zwischen den Bereichen gibt. Als Ziel haben wir uns gesetzt,

- grundlegende Begriffe und Konzepte zu verschiedenen Ebenen der Sprachbeschreibung zu behandeln. Was als grundlegend betrachtet werden sollte, ist durchaus nicht unumstritten und hängt in starkem Maße vom jeweiligen theoretischen Ansatz ab. Für uns ist grundlegend, was beim Umgang mit Sprachmaterial von Nutzen ist, wobei wir strukturalistischen und funktionalen Ansätzen folgen;
- auf die Vielfalt sprachlicher Phänomene aufmerksam zu machen und auch solche Phänomene zu behandeln, die man durch das Studium der Schulsprachen nicht kennt und die im Rahmen der lateinischen Grammatiktradition nicht ohne weiteres beschrieben werden können. Mit Hilfe fremder Sprachen wird manche gewohnte und uns deshalb ›logisch‹ und ›natürlich‹ erscheinende Sichtweise relativiert;
- zu vermitteln, wie man mit Sprachdaten umgeht, um zu einer angemessenen Beschreibung zu gelangen. Darunter wird verstanden, dass die dokumentierten sprachlichen Phänomene in ihren Strukturen und Funktionen widerspruchsfrei beschrieben sind.

Aufgrund dieser Zielsetzungen versuchen wir nicht, alles in einen theoretischen Ansatz und dessen Formalisierungen zu zwängen, sondern verwenden, wo es sich ergibt, beispielhaft Vorgehensweisen verschiedener Ansätze nebeneinander. Auf die Frage nach den unterschiedlichen Ansätzen in der Linguistik und insbesondere auch nach unserer eigenen Position werden wir im Schlusskapitel eingehen.

Literatur zur Einführung in die Sprachwissenschaft: Eine anschaulich geschriebene »Enzyklopädie der Sprache« hat der englische Sprachwissenschaftler Crystal geschrieben (1987, deutsche Ausgabe 1998). Zwei Klassiker haben an Aktualität nichts eingebüßt: die grundlegende Einführung in die strukturalistische Sprachwissenschaft von Bloomfield (1933) sowie die sprachtheoretischen Überlegungen des Psychologen Bühler (1934), der viele Einsichten heutiger funktionaler Ansätze vorwegnahm. Eine Sammlung von paradigmenbildenden Texten der Sprachwissenschaft finden sich in dem Sammelband von Hoffmann (Hrsg., 1996), in dem u. a. Beiträge bedeutender Sprachwissenschaftler wie Humboldt, Saussure, Chomsky oder Bierwisch enthalten sind, aber auch Beiträge von Logikern wie Frege. Eine kurze Einführung in moderne grammatiktheoretische Ansätze bietet Schlobinski (2003). In der Reihe »Handbücher zur Sprach- und Kommunikationsforschung« erscheinen seit 1982 fortlaufend umfangreiche Sammelbände zu einzelnen Gebieten der Linguistik wie Syntax, Sprachgeschichte, Soziolinguistik, Dialektologie oder Lexikologie, die den Forschungsstand dokumentieren und detaillierte Informationen geben.

Im Hinblick auf die deskriptive Linguistik sind die Einführungs- und Übungsbücher von Gleason (1955, 1961) und von Pike & Pike (1982) zu erwähnen. Als Nachschlagewerk für linguistische Begriffe haben sich für den deutschsprachigen Raum Bußmann (2002) und das »Metzler-Lexikon Sprache« (Glück 2006) durchgesetzt. Wer eine Sprache einordnen und geographisch lokalisieren will, schlage im »Ethnologue« (Gordon 2005; online: www.ethnologue.com) nach; viele typologische Informationen zu den Sprachen der Welt finden sich in »The World Atlas of Language Structures« (Haspelmath et al. 2005). Zugang zu Sprachkorpora bietet die Dobes-Datenbank des Max-Planck-Instituts in Nijmegen (www.mpi.nl/dobes). Zahlreiche Ressourcen für das Deutsche lassen sich beim »Institut für deutsche Sprache« (www.ids-mannheim.de/) abrufen.

Die Universitätsbibliothek in Frankfurt am Main betreut das Sondersammelgebiet Allgemeine und Vergleichende Sprachwissenschaft sowie Allgemeine Linguistik (www.ub.uni-frankfurt.de/ssg/ling.html) und gibt u. a. die »Bibliographie linguistischer Literatur« heraus. Bibliographien informieren über Arbeiten zu bestimmten Gebieten der Linguistik, indem sie neben Büchern auch unselbstständige Beiträge aus Zeitschriften und Sammelwerken erschließen. Aus der Vielzahl seien die »Linguistic Bibliography« und die Bibliographie der ›Modern Language Association‹ (MLA) genannt, die jedes Jahr neu erscheinen und inzwischen auch als Online-Datenbanken in Bibliotheken oder über das jeweilige Universitätsnetz genutzt werden können. Die »Linguistic Bibliography« (http://www0.kb.nl/blonline/) ist frei zugänglich. Die neuesten Forschungen spiegeln sich in den Fachzeitschriften wider, von denen hier nur die international verbreitetste Zeitschrift »Language« erwähnt sei. Allerdings finden die aktuellen Diskussionen zunehmend über Internetportale und Wissenschaftsnetze statt. Hier ist besonders hervorzuheben und zu empfehlen »The Linguist List« (www.linguistlist.org).

2. Phonetik / Phonologie

Wenn wir ein deutsches Wort lesen, wissen wir in der Regel, wie es ausgesprochen wird. Diese Kompetenz lässt uns jedoch bei fremden Sprachen im Stich, selbst wenn sie sich ›unserer‹ Alphabetschrift bedienen. Einzelne Buchstaben und Buchstabenverbindungen haben von Sprache zu Sprache eine unterschiedliche Aussprache, vgl. ⟨ch⟩ im deutschen Wort ⟨ach⟩, im englischen ⟨church⟩, im französischen ⟨chose⟩ und im italienischen ⟨Chianti⟩. Aber auch innerhalb des Deutschen gibt es Unterschiede in der Aussprache. Von einem Pfälzer gesprochen hören sich die Wörter ⟨Kirche⟩ und ⟨Kirsche⟩ gleich an, bei einem Sachsen klingen ⟨Stühle⟩ fast wie ⟨Stiele⟩. Aber spricht ein dem hochdeutschen Standard verpflichteter Rundfunksprecher jeden Buchstaben immer gleich aus? Auch das ist nicht der Fall, man denke nur an Fälle wie ⟨radlos⟩, das sich genauso wie ⟨ratlos⟩ anhört. Obwohl ⟨d⟩ und ⟨t⟩ beide im Auslaut gleich ausgesprochen werden, sind es doch zwei für uns als verschieden erkennbare Laute, z. B. in den Wörtern ⟨Dorf⟩ gegen ⟨Torf⟩. Es gibt aber auch Buchstaben, die unterschiedlich ausgesprochen werden, ohne dass wir die Aussprachen unmittelbar als verschieden erkennen. Dies ist z. B. bei ⟨Kind⟩ gegen ⟨Kopf⟩ der Fall, wo sich – zumindest bei genauerem Hinhören – das ⟨k⟩ des ersten Wortes ›heller‹ anhört als beim zweiten. Dieser Kontrast ist besonders deutlich im Kölnischen, wo das ⟨k⟩ in ⟨der hat ja 'n Ding am Kopp⟩ mit einem sehr ›dunklen‹ ⟨k⟩ gesprochen wird. Das ›hellere‹ und das ›dunklere‹ ⟨k⟩ sind im Deutschen und seinen Dialekten Aussprachevarianten des ⟨k⟩, sie können in anderen Sprachen aber verschiedene Laute sein. Während im Deutschen nur ein Wort ⟨Kalb⟩ existiert, gibt es z. B. im Arabischen zwei verschieden geschriebene Wörter /kalb(un)/ »Hund« (mit Anlaut ك) und »Herz« (mit ق). Es dürfte deutlich geworden sein,
- dass zwischen der Verschriftung, der so genannten graphemischen Notation, und der Aussprache von Lautketten keine Eins-zu-eins-Relation besteht und
- dass die herkömmliche lateinische Alphabetschrift nicht alle möglichen Unterscheidungen von Lauten wiedergeben kann.

Wenn wir uns wissenschaftlich mit Sprache beschäftigen wollen, benötigen wir daher einen anderen Bezugsrahmen für die Wiedergabe sprachlicher Laute, den das neutrale und zugleich differenziertere System der PHONETIK bieten kann. Die Phonetik erlaubt sowohl die exaktere schriftliche Wiedergabe des Gehörten als auch die stärkere Systematisierung der Eindrücke, die wir mit gehörten Lauten verbinden. Die exakte schriftliche Wiedergabe von Sprachlauten – so genannten PHONEN – ist mit Hilfe einer phonetischen Umschrift möglich. Weit verbreitet ist das von der ›International Phonetic Association‹ entwickelte internationale phonetische Alphabet (IPA), obwohl in den einzelnen Philologien teilweise besondere Konventionen verwendet werden. Der in der deutschen Orthographie mit ⟨sch⟩ wiedergegebene Laut (z. B. in ⟨schön⟩) wird nach dem IPA mit /ʃ/ notiert, nach einer anderen weit verbreiteten Konvention mit ⟨š⟩. In der angelsächsischen Literatur findet sich meist ⟨y⟩ (wie in ⟨yes⟩) für den IPA-Laut /j/, das deutsche ⟨j⟩ in ⟨ja⟩. Das IPA beruht zwar auf der lateinischen Schrift (erweitert durch abgewandelte Formen und durch Zeichen des griechischen Alphabets u. a.), unterscheidet sich aber aufgrund seiner Eindeutigkeit von der Wiedergabe von Lauten in den Orthographien der einzelnen Sprachen, die sehr unterschiedlich sein kann. Verwechslungen zwischen einem Laut und Lautketten werden ebenfalls verhindert: Im Gegensatz zu Fällen wie deutsch ⟨ch⟩ oder ⟨sch⟩ wird ein Laut nicht durch eine Folge mehrerer Zeichen wiedergegeben, die selbst Laute sind. Die phonetische Umschrift wird in eckige Klammern [ ] eingeschlossen, z. B. ⟨Phon⟩ [foːn] oder ⟨Schicht⟩ [ʃɪçt].

Begriffe wie das oben verwendete Paar ›hell‹ und ›dunkel‹ sind zunächst nichts weiter als von visuellen Differenzierungen abgeleitete Metaphern, mit denen wir Höreindrücke klassifizieren. Versuche haben jedoch gezeigt, dass die subjektive Wahrnehmung von Lauten sehr unterschiedlich ist, auch wenn die Laute physikalisch einander gleichen. Wie Laute gehört werden, hängt nicht zuletzt auch davon ab, welche Muttersprache man erworben hat und aus welchem Kulturkreis man stammt. Das unmittelbare Vertrauen auf intuitives Hören, die AUDITIVE PHONETIK, ist also ohne entsprechende linguistische Schulung problematisch. Auf der anderen Seite ist es durch technische Apparate möglich, Laute exakt zu messen, z. B. die Frequenz ihrer Schwingungen. Bei der physikalisch orientierten AKUSTISCHEN PHONETIK treten die systematischen Eigenschaften von Lauten (siehe S. 70f., Aufgabe 21), aber auch die individuellen Unterschiede des Sprechapparates zutage. Aufgrund der messbaren akustischen Eigenschaften von Lauten werden in der Kriminologie Sprecher identifiziert, und Lauterkennung ist die Voraussetzung für die Entwicklung von Spracherkennungssystemen. Computerprogramme wie ›IBM Via Voice‹ oder ›Dragon Naturally Speaking‹ haben bereits eine hohe Erkennungsrate und können die Lauteingabe in Orthographie umsetzen.

Für praktische Zwecke brauchen wir ein Beschreibungssystem, das einerseits nicht allein auf der metaphorischen Beschreibung von Eindrücken beruht, andererseits aber auch nicht auf einer stark differenzierenden Messtechnik, zumal diese sehr aufwendig und auch kostspielig ist. Dieses Beschreibungssystem findet man in der ARTIKULATORISCHEN PHONETIK, d. h., wenn man die Laute nach Art und Weise ihrer Bildung beschreibt.

2.1 Artikulatorische Phonetik

Wie werden Laute gebildet? Entscheidend ist zunächst einmal, dass die menschliche Stimme durch das Zusammenwirken mehrerer Organe zustande kommt: (1) den Lungen und der Luftröhre, (2) dem Kehlkopf mit den Stimmlippen und (3) dem Mund und Rachen. Ein Ton entsteht dadurch, dass der Luftstrom durch die Schwingung der Stimmbänder periodisch unterbrochen oder in seiner Intensität geschwächt wird. Von der Zahl der Schwingungen in der Sekunde (der Frequenz, gemessen in Hertz) hängt die Höhe des Tones ab. Die einzelnen Laute entstehen

2.1 Artikulatorische Phonetik

durch den Mund-Rachen-Raum mit Hilfe von Lippen, Zunge, Zähnen usw. Mit der Zungenspitze gebildete Laute nennt man APIKAL, mit dem Zungenrücken gebildete Laute DORSAL und mit der Zugenwurzel gebildete RADIKAL. In den meisten Sprachen beruht die Bildung von Lauten auf einem in der Lunge erzeugten Luftstrom, der aus Mund und/oder Nase austritt. Weitaus seltener sind die so genannten Implosive, die durch Einatmen gebildet werden. Weitere Unterschiede zwischen den Lauten entstehen durch die Art und Weise, wie die Luft die verschiedenen Stationen von der Lunge bis zur Außenwelt durchströmt. Kann der Luftstrom relativ ungehindert austreten, handelt es sich um einen VOKAL; werden ihm durch die gehobene Zunge, durch geschlossene Lippen o. a. Hindernisse in den Weg gelegt, hat man es mit einem KONSONANTEN zu tun.

2.1.1 Konsonanten

Um verstehen zu können, welche Hindernisse im Mundraum bei der Bildung von Konsonanten eine Rolle spielen, bedarf es eines Einblicks in die Anatomie des Mund- und Rachenraumes (siehe Abb. 1-1). Die anatomischen Begriffe dienen zur Beschreibung der ARTIKULATIONSSTELLE von Konsonanten:

1. LABIAL	Lippen (*labium* »Lippe«)		p, b
3. DENTAL	Oberzahnreihe (*dens* »Zahn«)		t, d
4. ALVEOLAR	Zahnfach des Kiefers (*alveolum* »Mulde«)		s, z
5. PALATAL	Gaumen (*palatum*)		ç, j
6. VELAR	Gaumensegel (*velum palatinum*)		k, g
7. UVULAR	Zäpfchen am Gaumen (*uvulum*)		q, G
9. GLOTTAL	Stimmritze (*glottis*) am Kehlkopf (*larynx*)		ʔ, h

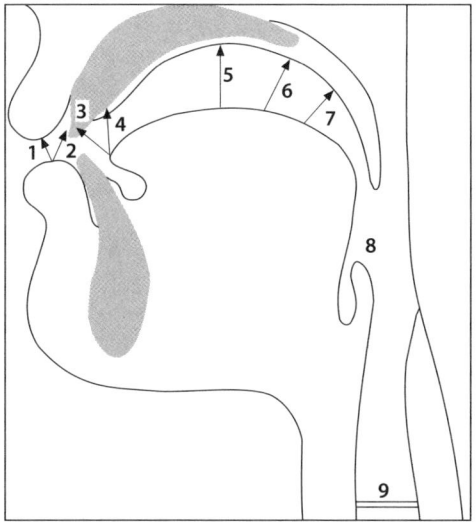

1. (bi)labial
2. labiodental
3. dental
4. alveolar
5. palatal
6. velar
7. uvular
8. pharyngal
9. glottal (laryngal)

Abb. 1-1: Artikulationsorte

In der folgenden Tabelle werden einige Beispiele im Hinblick auf Anfangskonsonanten in Alphabetnotation gegeben:

labial	dental	alveolar	palatoalveolar	palatal	velar	glottal
Buch	Dorf	Schicht		China	Gier	Haus
Pils	Torf			Jute	kalt	
Föhn	Zeit					
book	dime	shit	jungle		great	house
pig	time				king	
fog	thin					

Obwohl fast überall im Mund- und Rachenraum Laute gebildet werden können, reicht in der Regel für praktische Zwecke eine solche grobe Zoneneinteilung aus. Es ist hierbei zu beachten, dass die Artikulationsstelle kein genau ermittelbarer Punkt ist, sondern ein Bereich, in dem der betreffende Laut an jeder Stelle erkennbar gebildet werden kann. Dies ist auch der Grund dafür, dass die Beschreibung eines Lautes einer bestimmten Sprache schwanken kann. So finden sich z. B. [t] und [d] des Deutschen sowohl als alveolar wie auch als dental artikuliert und klassifiziert. In solchen Fällen kann aus den Nöten der Beschreibung durchaus auch eine Tugend gemacht werden, indem kombinierte Zoneneinteilungen wie alveodental gebildet werden. Die bei der Lautbildung beteiligte Zunge ist bei einer groben Beschreibung meist kein notwendiges Kriterium, so dass in vielen Sprachen nicht angegeben werden muss, ob die Zungenspitze (apikal) oder der Zungenrücken (dorsal) verwendet wird.

Die Artikulationsstelle allein reicht jedoch noch nicht aus, um Konsonanten hinreichend zu unterscheiden; [t], [d] und [n] z. B. haben die gleiche Artikulationsstelle [dental], sind aber trotzdem im Deutschen verschiedene Laute. Neben der Frage nach dem Wo stellt sich auch die nach dem Wie, d. h. nach der ARTIKULATIONSART:

1) VERSCHLUSSLAUTE (Plosive, Okklusive): An einer bestimmten Stelle wird im Rachen- bzw. Mundraum durch Stimmritzen, Zunge oder Lippen der Luftstrom unterbrochen und aufgestaut, ehe die Luft explosionsartig freigesetzt wird. Zu den Verschlusslauten gehören im Deutschen und Französischen [b], [p], [d], [t], [g] und [k], z. B. ⟨Brücke⟩, ⟨pont⟩ »Brücke«, ⟨Dach⟩, ⟨toit⟩ »Dach«, ⟨Gewissen⟩, ⟨conscience⟩ »Gewissen«. Im deutschen Wort ⟨Ei⟩ [ʔai] findet sich im Anlaut der Glottisverschlusslaut [ʔ], aber nicht im französischen ⟨œuf⟩ [œf] »Ei«.

2) EJEKTIVA: Laute, bei denen die Luft zunächst im Mund- bzw. Rachenraum gestaut wird und gleichzeitig die Glottis geschlossen bleibt, anschließend die Luft freigelassen und die Glottis geöffnet wird. Da die Glottis bei der Lautbildung zentral ist, werden die so gebildeten Laute auch als glottalisierte Laute bezeichnet. Glottalisierte Plosive findet man z. B. in vielen kaukasischen und nordamerikanischen Sprachen. Gegenüber den einfachen Plosiven werden sie durch ein hochgestelltes Häkchen gekennzeichnet, z. B. [p'], [t'] oder [k'].

2.1 Artikulatorische Phonetik

3) REIBELAUTE (Frikative, Spiranten): Stimmritzen, Zunge oder Lippen bilden eine Verengung, durch die die Luft gepresst wird, z. B. [z] und [x] in ⟨Sache⟩ [zaxə] oder [s] in ⟨aus⟩. [ɕ]? [x]?

4) NASALE: Das Gaumensegel ist gesenkt, und die Luft entweicht durch die Nase, während der Rachen als Resonanzraum an einer bestimmten Stelle verschlossen wird, z. B. [n] und [m] in ⟨Name⟩.

5) SEITENLAUTE (Laterale): Die Luft strömt entweder auf einer oder auf beiden Seiten an der an den Gaumen angelegten Zunge vorbei, z. B. [l] in ⟨Lage⟩ oder englisches [ɫ] in ⟨bottle⟩ [boɫ] »Flasche«.

6) VIBRANTEN: Die Zungenspitze oder das Zäpfchen vibrieren, z. B. das deutsche Zäpfchen-r (regional) in ⟨Straßenbahn⟩ [ʃtʀaːsənbaːn] oder das spanische mehrschlägige Zungenspitzen-r in ⟨carro⟩ [karo] »Wagen« bzw. einschlägige Zungenspitzen-r in ⟨caro⟩ [kaɾo] »teuer«. Bei Vibranten erfolgt eine schnelle zeitliche Abfolge von Verschluss und Öffnung.

7) HALBVOKALE (Gleitlaute): Die Zunge bewegt sich entweder aus der Position eines Vokals – meist [i] oder [u] – weg oder auf die Position eines Vokals zu, z. B. [j] in ⟨ja⟩ oder [w] im englischen ⟨well⟩.

Ein weiterer Typ ist schließlich die Artikulation von Lauten mit zurückgebogener Zungenspitze, die so genannte RETROFLEXION, die man im amerikanischen Englisch bei ⟨father⟩ [faːðɚ] findet oder z. B. im Chinesischen bei ⟨rén⟩ [zən] »Mensch«. Für Laute, die man unbegrenzt lange dehnen kann (Frikative, Laterale, Vibranten, Semivokale), gibt es die Bezeichnung KONTINUANT. Laterale und Vibranten werden häufig als LIQUIDE zusammengefasst. Alle Laute, die nicht-nasal sind, werden als ORALE Laute bezeichnet. Plosive und Frikative werden zur Klasse der OBSTRUENTEN zusammengefasst, alle anderen zur Klasse der SONORANTEN.

Eine weitere Unterscheidung, die jedoch immer nur gemeinsam mit einer anderen auftreten kann, wird benötigt, um Laute wie [d] und [t] zu differenzieren, die sowohl die gleiche Artikulationsstelle [dental] wie auch die gleiche Artikulationsart [plosiv] haben. Beim [d] schwingen im Gegensatz zum [t] zusätzlich die Stimmlippen des Kehlkopfes, [d] unterscheidet sich also von [t] durch seine STIMMHAFTIGKEIT (Sonorität). Verschlusslaute wie [b], [d] und [g] oder Nasale wie [n] und [m] sind stimmhaft. In älteren sprachwissenschaftlichen Werken finden wir die Termini ›Media‹ und ›Tenuis‹. Mediae sind die stimmhaften Verschlusslaute [b], [d], [g], Tenues die entsprechenden stimmlosen [p], [t] und [k].

Neben Konsonanten mit einer einzigen Artikulationsart oder -stelle gibt es auch enge Lautverbindungen, bei denen einer der beiden Faktoren wechselt. Weit verbreitet sind die so genannten AFFRIKATEN, die aus einem Verschlusslaut und einem Reibelaut zusammengesetzt sind, die an der fast gleichen Stelle artikuliert werden, z. B. im Deutschen das alveodentale ⟨z⟩ bzw. ⟨tz⟩ [ts] oder das labiodentale ⟨pf⟩ [pf]. Häufig findet sich auch die Modifikation eines Lautes durch einen zweiten Bestandteil. Solche so genannten sekundären Artikulationen sind z. B. im Deutschen die Behauchung (ASPIRATION) von Verschlusslauten, die man sich beim Französischlernen mühsam abgewöhnen muss, oder die zusätzliche RUNDUNG der Lippen

(Labialisierung) bei der Bildung des [k] zu [kʷ], die in der Verschriftlichung des Deutschen mit ⟨qu⟩ (z. B. ⟨Quark⟩) wiedergegeben wird.

Mit Hilfe dieser Unterscheidungen können wir jetzt einen großen Teil der Konsonanten klassifizieren. Allerdings ist die Liste der bisher aufgezählten Merkmale nicht vollständig. Aus der Abbildung 1-2 kann man die Zeichen entnehmen, mit denen die einzelnen Konsonanten und eventuelle sekundäre Artikulationen in dem standardisierten IPA wiedergegeben werden. Zur Verschriftung nach IPA siehe S. 61, Aufgabe 2 und S. 73, Aufgabe 25.

Artikulationsstelle	labial		apikal				dorsal				glottal
Artikulationsmodus	bilabial	labiodental	dental	alveolar	postalveolar	retroflex	palatal	velar	uvular	pharyngal	glottal
plosiv	p b			t d		ʈ ɖ	c ɟ	k g	q ɢ		ʔ
nasal	m	ɱ		n		ɳ	ɲ	ŋ	N		
gerollt	ʙ			r					R		
geschlagen				ɾ		ɽ					
frikativ	ɸ β	f v	θ ð	s z	ʃ ʒ	ʂ ʐ	ç ʝ	x ɣ	χ ʁ	ħ ʕ	h ɦ
lateral frik.				ɬ ɮ							
approximant		ʋ		ɹ		ɻ	j	ɰ			
lateral appr.				l		ɭ	ʎ	ʟ			
ejektiv	p'			t'		t'	c'	k'	q'		
implosiv	ɓ ɓ			ɗ ɗ			ʄ	ɠ	ʛ		

Bei paarigen Symbolen ist das jeweils erste stimmlos, das zweite stimmhaft. Die mit ▓ gekennzeichneten Artikulationen sind nicht möglich.

ʔ	stimmloser epiglottaler Plosiv
ɕ ʑ	alveo-palatale Frikative
ʍ	stimmloser labial-velarer Frikativ
ʜ ʢ	epiglottale Frikative
ɧ	gleichzeitiges ʃ und x
w	stimmhafter labial-velarer Approximant
ɥ	stimmhafter labial-palataler Approximant
ɺ	alveolarer lateraler geschlagener Laut (›Flap‹)

Affrikaten und Doppelartikulationen können durch zwei mit einem Bogen verbundene Symbole gekennzeichnet werden, z. B. k͡p oder t͡s, oder durch Ligatur wie bei ʤ, ʦ oder ʧ.

ʘ	bilabialer Click (Schnalzlaut)
!	(post)alveolarer Click
ǀ	dentaler Click
ǂ	palatoalveolarer Click
ǁ	alveolarer lateraler Click

2.1 Artikulatorische Phonetik

Diakritika

̥	stimmlos	n̥ d̥	̜	stärker gerundet	ɔ̜	ʷ	labialisiert	tʷ dʷ
̬	stimmhaft	s̬ t̬	̹	weniger gerundet	ɔ̹	ʲ	palatalisiert	tʲ dʲ
ʰ	aspiriert	tʰ dʰ	̟	vorverlagert	u̟	ˠ	velarisiert	tˠ dˠ
̈	breathy	b̈ ä	̠	rückverlagert	e̠	ˤ	pharyngalisiert	tˤ dˤ
̰	creaky	b̰ ḛ	̈	zentralisiert	ë	̃	nasaliert	ẽ
̼	linguolabial	t̼ d̼	̽	mittelzentralisiert	ě	ⁿ	nasale Lösung	dⁿ
̪	dental	t̪ d̪	̩	silbisch	n̩	ˡ	laterale Lösung	dˡ
̺	apikal	t̺ d̺	̯	nichtsilbisch	e̯	̚	ungelöst	d̚
̻	laminal	t̻ d̻	˞	rhotaziert	ɚ			
~	velarisiert oder pharyngalisiert	ɫ ɖ						
̝	erhöht	e̝ (ɹ̝ = stimmhaft alveolar frikativ)						
̞	erniedrigt	e̞ (β̞ = stimmhaft bilabial approximant)						
̘	vorverlagerte Zungenwurzel	e̘						
̙	rückverlagerte Zungenwurzel	e̙						

Suprasegmentalia (vgl. Abschnitt 2.1.3)

			Registertöne		Konturtöne	
ˈ	Hauptbetonung		ȅ oder ˥ extra hoch		e̋ oder ˩˥ steigend	
ˌ	Nebenbetonung	ˌfoʊnəˈtɪʃən	é ˦ hoch		ê ˥˩ fallend	
ː	lang	eː	ē ˧ mittel		e᷄ ˧˥ hoch steigend	
ˑ	halblang	eˑ	è ˨ tief		e᷅ ˩˧ tief steigend	
̆	extra kurz	ĕ	ȅ ˩ extra tief		ẽ ˧˥˧ steigend-fallend	
.	Silbengrenze	ɹi.ækt	↑ downstep		etc.	
|	kürzere (Takt-/Fuß-)Gruppe		↓ upstep			
‖	längere (Intonations-)Gruppe		↗ global steigend			
‿	Bindung (fehlende Grenze)		↘ global fallend			

Abb. 1-2: Das Internationale Phonetische Alphabet: Konsonanten und sekundäre Merkmale (International Phonetic Association 1999)

Man kann Konsonanten auch spezifischer zueinander in Beziehung setzen, als es durch solche Tabellen geschieht, indem man sie hinsichtlich ihrer verschiedenen Merkmale miteinander vergleicht. Das velare [k] des Deutschen ist relativ zum palatovelaren [kʲ] weiter hinten im Mund artikuliert, während das velare [k] des Arabischen relativ zum postvelaren [q] weiter vorn artikuliert ist. Anderseits haben alle diese drei Laute einige Gemeinsamkeiten: Sie sind, anders als z. B. der ach-Laut [x], Verschlusslaute. Sie sind im Gegensatz zum [g] stimmlos und sie sind Konsonanten und keine Vokale. Die einzelnen Merkmale lassen sich in einer Merkmalsmatrix darstellen. Bei dieser Darstellungsweise wird angegeben, ob ein Merkmal vorhanden ist oder nicht. So lassen sich im Deutschen die velaren Laute [g], [k], [x] wie folgt beschreiben:

[k]
$\begin{bmatrix} -\text{vokalisch} \\ +\text{plosiv} \\ -\text{stimmhaft} \\ +\text{velar} \end{bmatrix}$

[g]
$\begin{bmatrix} -\text{vokalisch} \\ +\text{plosiv} \\ +\text{stimmhaft} \\ +\text{velar} \end{bmatrix}$

[x]
$\begin{bmatrix} -\text{vokalisch} \\ -\text{plosiv} \\ -\text{stimmhaft} \\ +\text{velar} \end{bmatrix}$

Es wird deutlich, dass sich die Laute nach den Merkmalen [±plosiv] und [±stimmhaft] unterscheiden. Die Unterscheidung distinktiver Einheiten lässt sich demnach genauer bestimmen: Zwei lautliche Einheiten sind distinkt, wenn sie sich in mindestens einem Merkmal unterscheiden.

2.1.2 Vokale

Bei Vokalen strömt die Luft ungehindert aus dem Mundraum aus, wobei die Stimmritzen schwingen. Sofern man nicht flüstert, sind Vokale also stimmhaft. Verschiedene Vokale ergeben sich durch die Lage der Zunge im Mund und gegebenenfalls durch die Rundung der Lippen. Die Lage der Zunge im Mund kann durch ein einfaches Koordinatensystem beschrieben werden, in dem die Horizontallage der Zunge (vorn–hinten) und die Vertikallage der Zunge (hoch–tief bzw. geschlossen–offen) angegeben sind. Man stellt dies in einem so genannten Vokalviereck dar, in dem es drei Extrempositionen gibt, die den Vokalen [i], [a] und [u] entsprechen:

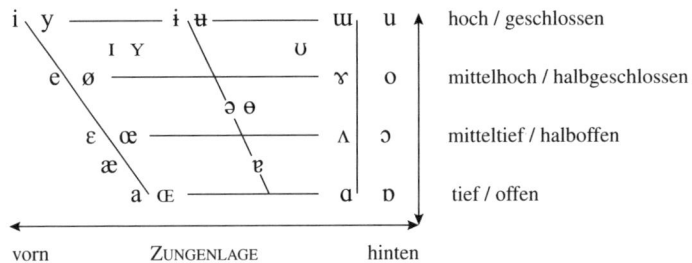

Bei paarigen Symbolen ist das jeweils erste ungerundet, das zweite gerundet.

Abb. 1-3: Vokalviereck nach IPA

Flacher als beim [a] kann die Zunge nicht im Mund liegen. Hebt man die Zungenspitze über die Position des [i] oder den Zungenrücken über die des [u], entsteht automatisch ein Hindernis für den Luftstrom – der entsprechende Laut wird ein Reibelaut. Zwischen diesen Extremen kann überall ein Vokal gebildet werden, aber wie bei den Konsonanten differenziert man aus praktischen Gründen das Koordinatensystem im IPA nur grob aus. Neben der Zungenlage spielt noch die Lippenrundung eine Rolle: [u] und [o] sind gerundet, [i], [e] und [a] ungerundet, wobei es zu [i] und [e] im Deutschen die gerundeten Entsprechungen [y] und [ø] gibt:

bitte	[bɪtə]	süß	[zyːs]
Beet	[beːt]	Möchtegern	[møçtəgɛrn]
Rose	[roːzə]	offen	[ɔfən]
Hut	[huːtʰ]	Hund	[hʊnt]

2.1 Artikulatorische Phonetik

Neben diesen qualitativen Merkmalen unterscheiden sich Vokale auch durch Quantität, d. h. durch ihre Dauer. Diese quantitativen Unterschiede haben jedoch oft auch einen qualitativen Bestandteil, da lange Vokale in der Regel höher liegen als ihre kurzen Entsprechungen. Diese Ausdifferenzierung innerhalb eines Vokalbereichs wird mit dem Begriffspaar gespannt – ungespannt bezeichnet.

Auch bei Vokalen gibt es Verbindungen aus zwei Bestandteilen. Die so genannten DIPHTHONGE gehen fließend von einem Vokal in einen anderen über, wobei meist einer der beiden Bestandteile dominiert. Je nach der Lage der beiden Vokale zueinander kann man steigende und fallende Diphthonge unterscheiden. Bei fallenden Diphthongen, wie z. B. [ai] in ⟨Mais⟩, wird der erste Teil des Diphthongs betont. Bei steigenden wie [ua] im französischen Wort ⟨roi⟩ tritt das zweite Element stärker hervor. Nach einer anderen Definition sind fallende Diphthonge solche, bei denen der erste Vokal höher liegt als der zweite, z. B. [ie]; steigende sind solche, bei denen der erste Teil des Diphthongs tiefer liegt, z. B. [ei] oder [ai]. Daneben gibt es auch sekundäre Artikulationen von Vokalen. Am bekanntesten sind die Nasalvokale (z. B. im Französischen oder Portugiesischen), bei denen das Gaumensegel bei der Bildung gesenkt wird und auch durch die Nase Luft entweicht, z. B. das französische ⟨bon⟩ [bɔ̃] »gut«. Man findet das Phänomen der Nasalierung aber auch in bairischen Dialekten, z. B. [bã:m] »Baum«. Eine andere Modifizierung kann die Glottalisierung sein wie das dänische ⟨mand⟩ [maʔn] »Mann«.

2.1.3 Weitere Modifikationen von Lauten

Vokale und manche Konsonanten können noch in anderer Weise modifiziert werden als in der bisher erwähnten. Diese im Folgenden aufgezählten Modifikationen sind auditiv und auch artikulatorisch weniger gut fassbar und haben daher eine noch stärkere Relativität als Konsonanten oder Vokale. Vokale, Kontinuanten und auch Nasale können quantitativ verschieden sein, kürzer oder länger, z. B. ⟨matt⟩ neben ⟨Maat⟩ oder bei Dehnungen von Vokalen und Konsonanten in der gesprochenen Sprache wie ⟨Ey Du!⟩. Länge wird meist durch einen hinter den gelängten Laut gestellten Doppelpunkt bezeichnet: [mat] gegen [maːt] oder, im Italienischen, ⟨pala⟩ [paːla] »Schaufel« gegen ⟨palla⟩ [palːa] »Ball, Kugel«. Für lang gesprochene Konsonanten verwendet man die Bezeichnung Geminata.

Die Schwingung der Stimmlippen, die bei der Bildung von Vokalen und einem Teil der Konsonanten auftritt, kann unterschiedlich schnell sein. Je schneller sie schwingen, desto höher ist die Stimmlage. Der Intonationsverlauf kann auf einer Skala in seinem zeitlichen Verlauf als Kurve aufgetragen werden, so z. B. die unterschiedlichen Intonationskonturen von Aussage- und Fragesätzen im Deutschen:

Entscheidungsfrage: Aussage:

[⏜⏜⏜⏜⏜⏜⏜]   [⏜⏜⏜⏜⏜⏜⏜]

Ist morgen der Erste?   Morgen ist der Erste.

In manchen Sprachen dienen unterschiedliche Stimmlagen dazu, Wörter in ihrer Bedeutung zu unterscheiden, z. B. im Mixtekischen (Mexiko):

˧ ˧   ˧ ˥   ˧ ˩
[kutʃi] gegen [kutʃi] gegen [kutʃi]
baden   *Schwein*   *Durst haben*

Sprachen wie das Mixtekische, in denen durch Tonverläufe Wortbedeutungen unterschieden werden, nennt man TONSPRACHEN. Die TÖNE werden oft, so auch nach IPA, durch diakritische Zeichen wiedergegeben: /kūtʃī/, /kūtʃí/ und /kūtʃì/. Eine weitere Modifikation ist schließlich die Lautstärke, die im Deutschen vor allem als Akzent eine Rolle spielt, z. B. [ˈumgeːən] gegen [umˈgeːən], wobei die Lage des Akzents durch die Voranstellung des Zeichens ˈ ausgedrückt wird. Der Akzent kann hinsichtlich seiner Quantität in Haupt- und Nebenakzent unterschieden werden. Diese mit anderen Lauten kombinierbaren, selbst aber keine Laute darstellenden Phänomene nennt man SUPRASEGMENTAL.

2.2 Phonologie

Nachdem wir die Unterschiede zwischen Lauten beschrieben haben, wenden wir uns wieder dem anfangs erwähnten Problem der Bedeutung dieser Unterschiede im System der Sprache zu. Betrachtet man Gruppen ähnlich klingender Wörter wie ⟨Laus⟩ – ⟨Haus⟩ – ⟨Maus⟩, ⟨Maat⟩ – ⟨matt⟩ oder ⟨Suppe⟩ – ⟨Puppe⟩ – ⟨Schuppe⟩ – ⟨Kuppe⟩, so sieht man, dass in diesen Fällen Wörter sich nur in einem einzigen Laut unterscheiden, d. h. MINIMALPAARE sind. Bei der Analyse distinktiver Laute ist neben der Opposition die Distribution, die Summe der lautlichen Umgebungen der Laute, wichtig. Es wird dabei untersucht, ob der betreffende Laut am Anfang einer Lautsequenz (im Anlaut), in der Mitte (im Inlaut) oder am Ende einer Lautsequenz steht (im Auslaut). Die Frage nach der bedeutungsdifferenzierenden Funktion von Lauten in einer Sprache ist Gegenstand der PHONOLOGIE, oder, wie es der Vater der modernen Phonologie, Trubetzkoy (1967: 30f.), beschreibt:

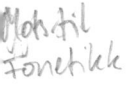

> »Schallgegensätze, die in der betreffenden Sprache die intellektuelle Bedeutung zweier Wörter differenzieren können, nennen wir phonologische (oder phonologisch distinktive) Oppositionen. Solche Schallgegensätze dagegen, die diese Fähigkeit nicht besitzen, bezeichnen wir als phonologisch irrelevant oder indistinktiv.«

Die aufgrund von Minimalpaaren identifizierten Laute mit bedeutungsunterscheidender Funktion nennt man PHONEME. Es gibt aber wesentlich weniger Phoneme in einer Sprache als Laute, die nach dem im vorausgehenden Kapitel eingeführten Raster artikulatorisch unterschieden werden können. Dies zeigt sich z. B. an den Phonemen /k/ und /x/ des Deutschen, die im Hochdeutschen verschiedene Varianten haben können, bei /k/ u. a. eine vordere, palatovelare [kʲ] und eine hintere, velare

2.2 Phonologie

[k]. Hinzu kommt noch regional, so z. B. im Kölnischen, der postvelare Laut [q]:

	palatovelar	velar	postvelar
Graphemisch:	⟨Kind⟩	⟨Kopf⟩	⟨Kopf⟩
Phonemisch:	/kɪnd/	/kɔpf/	/kɔpf/
Phonetisch:	[kʲɪnt]	[kɔpf]	[qɔp]
Graphemisch:	⟨ich⟩	⟨ach⟩	
Phonemisch:	/ɪx/	/ax/	
Phonetisch:	[ɪç]	[ax]	

Die Vertauschungen ?[qɪnt] oder ?[kʲopf] wären als solche verstehbar, würden aber für einen Deutschen ›komisch‹ klingen. Solche nicht distinktiven Lautvarianten nennt man ALLOPHONE. Der Unterschied zwischen palatovelar, velar und postvelar ist im Deutschen bei Verschlusslauten nicht distinktiv. Solche Unterschiede sind aber in anderen Sprachen distinktiv. Man erinnere sich an das ganz zu Anfang angeführte Beispiel aus dem Arabischen, wo es nicht nur /kalb(un)/ »Hund«, sondern auch /qalb(un)/ »Herz« gibt, also ein den Distinktionswert beweisendes Minimalpaar. Ein anderes Beispiel sind die aspirierten Verschlusslaute, die im Deutschen keinen phonemischen Status haben, sondern Varianten der stimmlosen Verschlusslaute sind. Im Chinesischen hingegen sind stimmlose Verschlusslaute und stimmlos-aspirierte Verschlusslaute verschiedene Phonemreihen, vgl. z. B. Minimalpaare wie ⟨tà⟩ /tʰa/ »Tür« gegen ⟨dà⟩ /ta/ »groß«. Inwieweit die Laute nun Phoneme oder Allophone sind, hängt somit von der einzelnen Sprache ab, die man betrachtet:

	Phonem	Allophone (nicht vollständig)
Deutsch	/k/	[k] [kʰ] [q] [kʲ]
Arabisch	/k/	[k]
	/q/	[q]
Chinesisch	/k/	[k]
	/kʰ/	[kʰ]
Gunwinggu	/k/	[g] [k] [kʰ]

Ähnliches findet sich auch bei den Vokalen. Während z. B. im Deutschen /i/, /e/, /u/ und /o/ eigene Vokalphoneme sind, finden sich im Dyirbal (Australien) [e] und [o] nur als Allophone der beiden Phoneme /i/ und /u/. In vielen australischen Sprachen gibt es nur wenige Phoneme, z. B. hat Dyirbal nur 13 konsonantische und drei vokalische Phoneme. Andererseits zeichnen sich viele Indianersprachen des westlichen Nordamerika durch eine Vielzahl von Konsonanten aus, so verfügt z. B. das Kwak'wala (British Columbia, Kanada) über 46 konsonantische Phoneme. Den vier Verschlusslauten des Dyirbal /b/, /d/, /ɖ/ und /g/ stehen im Kwak'wala 18 gegenüber, die sich nach ihrer Artikulationsart in drei parallelen Reihen anordnen lassen:

stimmhaft:	b	d	g	gʷ	ɢ	ɢʷ
stimmlos:	p	t	k	kʷ	q	qʷ
glottalisiert:	p'	t'	k'	k'ʷ	q'	q'ʷ

Der systematische Vergleich zeigt aber, dass trotz dieser scheinbaren Zufälligkeit gewisse Regelmäßigkeiten beobachtbar sind, die auf unterschiedlichsten Ebenen liegen können. So bewegt sich die Zahl der Phoneme in der Mehrzahl der Sprachen in einem Rahmen zwischen 25 und 40. Das Deutsche hat 22 Konsonanten und 15 Vokale und ist damit eine durchschnittliche Sprache, wenn auch das Vokalinventar im Vergleich zu anderen Sprachen relativ groß ist. Eher selten sind Fälle wie das Rotokas, eine Papua-Sprache, die auf der Insel Bougainville östlich von Neu-Guinea gesprochen wird und nur über fünf Vokale und sechs Konsonanten verfügt. Im Gegensatz zum Rotokas mit seinem minimalen Inventar von elf Phonemen steht die im südlichen Afrika (Kalahari-Wüste) gesprochene Khoisan-Sprache !Xũ, die mit, je nach Analyse, bis zu 141 distinktiven Lauten die phonemreichste bekannte Sprache der Erde ist. Allerdings kann die Anzahl der Phoneme einer Sprache nicht immer genau festgestellt werden, da manche Phone (und auch Regeln) nur in Teilbereichen einer Sprache vorkommen, z.B. bei Lehnwörtern wie ⟨Dschungel⟩ [dʒuŋəl] oder bei Interjektionen wie ⟨brr⟩ [br] (mit ansonsten im Deutschen nicht vorkommendem Zungenspitzen-r) und außerdem je nach Analyse einige Phone keinen Phonemstatus haben. Ein gutes Beispiel hierfür ist der umstrittene Status des Schwa-Lautes [ə] im Deutschen, der je nach Theorieansatz als Phonem oder als Allophon des Phonems /ɛ/ angesetzt wird, weshalb wir ihn in der Zusammenstellung des deutschen Phonemsystems (siehe den Kasten S. 39) in runden Klammern notiert haben. Für die Allophon-Hypothese spricht, dass der Zentralvokal im Wortpaar ⟨lebend⟩ – ⟨lebendig⟩ mit dem betonten /ɛ/ alterniert: [ˈleːbənt] versus [leːˈbɛndɪç]. Man kann annehmen, dass in den betonten Grundformen wie ⟨leben, lebe⟩ etc. ein Phonem /ɛ/ zugrunde liegt, das unbetont zum [ə] abgeschwächt wird. Dagegen und für die Phonem-Hypothese spricht, dass es einen Kontrast /ə/ – /ɐ/ (⟨manche⟩ versus ⟨mancher⟩) und /ə/ – /ɪ/ (⟨Kunden⟩ versus ⟨Kundin⟩) gibt. Ferner ist ein Nullkontrast wie in ⟨Boot⟩ versus ⟨Boote⟩ erklärungsbedürftig, bei dem es für das unbetonte [ə] keine korrespondierenden Formen mit [ɛ] gibt.

Bestimmte Lauteigenschaften korrelieren miteinander und erlauben Vorhersagen über das wahrscheinliche Verhalten von Sprachen. So sind Hintervokale zumeist gerundet, Vordervokale dagegen ungerundet; gerundete Vordervokale kommen typischerweise in Opposition zu ungerundeten Entsprechungen vor, so dass man von der Existenz eines Phonems /ø/ mit ziemlicher Sicherheit auf die Existenz von /e/ schließen kann. Ebenso gibt es keine Sprache, in der nicht zumindest eine Verschlussreihe mit Phonemstatus vorkommt, und eine dieser Reihen – auch wenn es die einzige ist – ist in der Regel stimmlos.

Manches deutet auch auf den Einfluss biologischer Grundkonstanten hin, die die Wahl der Laute mitbestimmen. In einer klassischen Arbeit hat Roman Jakobson (1941) darauf hingewiesen, dass das Wortpaar Mutter–Vater in sehr vielen Sprachen der Welt durch eine Opposition /ma(ma)/ gegen /pa(pa)/ oder /na(na)/ gegen /ta(ta)/ ausgedrückt wird. Die beiden Wörter unterscheiden sich nur in der Artikulationsart durch den Wechsel Nasal–Verschlusslaut. Der Vokal /a/, die Opposition Verschlusslaut–Nasal und die Artikulationsstellen bilabial/labiodental oder

2.2 Phonologie

Lautsystem des Deutschen (Kernbestand)

Modus \ Ort	labial	alveolar	post-alveolar	palatal	velar	uvular	glottal
Plosiv stimmhaft	b	d			g		
Plosiv stimmlos	p	t			k		ʔ
Frikativ stimmhaft	(v)	z	ʒ			(ʁ)	
Frikativ stimmlos	f	s	ʃ	[ç]	[x]		
Nasal	m	n			ŋ		
Vibrant		(r)				(ʀ)	
Halbvokal / Lateral	(ʋ)	l		j			

(·) Variante [·] Allophon

Abb. 1-4: Konsonanten im Deutschen

Im Kernbestand des (standard-)deutschen Phonemsystems werden knapp zwei Drittel aller in Texten vorkommenden Phoneme durch Konsonanten gebildet. Das häufigste Phonem ist /n/, das zweithäufigste /ə/, wobei der Phonem-Status des Schwa-Lautes umstritten ist (siehe S. 38). Ebenso problematisch ist der Status der Affrikaten wie /ts/ in ⟨Zäsur⟩ oder /dʒ/ in Lehnwörtern wie ⟨Maharadscha⟩, die in die Konsonantentabelle nicht aufgenommen sind und die als Einzellaut oder als Abfolge von zwei Lauten begriffen werden können, wobei /ts/ in der Regel als ein Phonem angesetzt wird. Die Anzahl der deutschen Phoneme ist stark davon abhängig, was als Phonem bewertet wird und was nicht. Der Diphthong /eɪ/ in Lehnwörtern wie ⟨hey⟩ oder ⟨ej⟩ wird zwar hochsprachlich nicht gezählt, tritt aber umgangssprachlich auf. Hier stellt sich ein zentrales Problem: Was versteht man überhaupt unter ›standard‹- oder ›hoch‹-sprachlich?

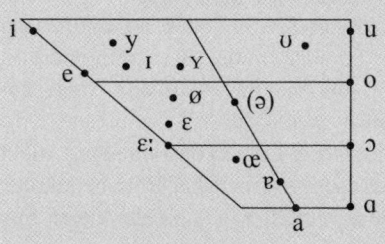
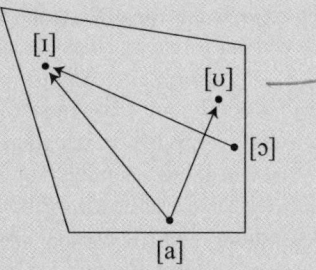

Abb. 1-5: Vokale und Diphthonge im Deutschen

(alveo-)dental sind das, was beim Spracherwerb vom Kleinkind allgemein zuerst beherrscht wird. Schließlich gibt es Beziehungen zwischen bestimmten Lautgruppen und ihrer Umgebung, die in vielen Sprachen immer wieder in ähnlicher Weise vorkommen: /k/ zeigt im Deutschen nach /i/ und /e/ ein weiter vorn artikuliertes Allophon als nach anderen Vokalen. Frontierungen von Konsonanten finden sich nach Vordervokalen in vielen Sprachen, u. a. sind auch die Veränderungen des klassischen lateinischen Phonems /k/ vor /i/ und /e/ im Vulgärlatein (zu [ts]) und in romanischen Sprachen auf alte nicht-phonemische Frontierungen zurückzuführen. Laute mit gleicher Artikulationsstelle oder -art verhalten sich häufig in gleicher Weise; neben /k/ wird im Deutschen auch /x/ vor Vordervokalen frontiert. Obwohl solche generalisierenden Aussagen nicht immer und in allen Sprachen gelten, treffen sie mit einer hohen Wahrscheinlichkeit zu und helfen bei der Erklärung phonologischer Regeln. Diese Art der Herangehensweise an die Phonologie nennt man NATÜRLICHE PHONOLOGIE.

2.2.1 Phonologische Regeln und Beschränkungen

Die Beziehung zwischen einem Phonem und seinen Allophonen wird durch die phonetischen Merkmale der Phoneme bestimmt. Die Allophone unterscheiden sich meist nur in einem Merkmal, entweder in der Artikulationsart, in der Artikulationsstelle oder durch eine sekundäre Modifikation wie z.B. Aspirierung. Häufig wirken sich auch die Artikulationsart und -stelle der im Wort oder Satz unmittelbar benachbarten Phoneme bei der Verwendung eines bestimmten Allophons aus. Im Falle der vorderen und der hinteren Variante von /k/ ist es im Deutschen so, dass das vordere Allophon [kʲ] nur vor einem der vorderen Vokale /i/, /y/, /e/, /ø/ und /ɛ/ steht, während das hintere Allophon [k] vor einem der hinteren Vokale /u/ und /o/ oder vor /a/ vorkommt. Da das eine Allophon in einem Teil der möglichen phonologischen Umgebungen vorkommt, das andere Allophon im genau anderen Teil, ist die Verteilung regelhaft; die beiden Allophone schließen einander aus, d.h., sie haben eine komplementäre Distribution. Die oben für die Allophone von /k/ formulierte Verteilungsregel lässt sich auch kürzer formalisiert darstellen:

$$/k/ \rightarrow [k] / \_\_\_ \begin{Bmatrix} u \\ o \\ a \end{Bmatrix}$$

$$[kʲ] \quad \text{in allen übrigen Fällen, d. h. nach} \begin{Bmatrix} i \\ y \\ e \\ ø \\ ɛ \end{Bmatrix}$$

Noch kürzer, und im vorliegenden Fall auch verständlicher, wird die Regel, wenn man anstelle der Aufzählung der Laute nur die ihnen gemeinsamen Merkmale vorn bzw. nicht-vorn notiert:

$$/k/ \rightarrow [kʲ] / \_\_\_ \underset{[+vorn]}{\text{Vokal}}$$

2.2 Phonologie

Die Anpassung der Artikulationsstelle der Laute wird deutlich, wenn man anstelle des Allophons [kʲ] das Merkmal [+vorn] notiert:

/k/ → [+vorn] / ___ Vokal
                                     [+vorn]

Diese so genannte ASSIMILATION benachbarter Laute hinsichtlich ihrer Artikulationsstelle oder -art ist die wohl häufigste Form phonetischer Veränderungen und zugleich die natürlichste; durch sie können Folgen von Lauten in möglichst gleich bleibender Weise gesprochen werden, d. h. mit weniger Aufwand.

Die Regelschreibweise beruht auf festen Konventionen: Der Pfeil zeigt die Veränderung des Phonems zu einem seiner Allophone an; der Schrägstrich trennt die Veränderungsregel von den Bedingungen, unter denen sie eintritt; der horizontale Strich gibt die Position des zu verändernden Phonems bei der Bedingung an:

Notation	lies:
/x/ → [x_1]	Phonem /x/ wird als Allophon [x_1] realisiert,
/	wenn es im Kontext von ... steht:
/ ___ y_1	vor dem Laut / der Lautverbindung y_1
/ y_1 ___	nach dem Laut / der Lautverbindung y_1
/ y_1 ___ y_2	zwischen y_1 und y_2
V	Platzhalter für beliebigen Vokal
K	bzw. beliebigen Konsonanten

Hierbei werden als Umgebung jeweils nur die für die Regel relevanten Faktoren angegeben, d. h. im Falle der Allophone von /k/ wird der vorausgehende Kontext nicht vermerkt, weil er keinerlei Rolle spielt. Die durch die vorausgehende Umgebung bestimmten Regeln nennt man PROGRESSIV, die durch die nachfolgende bestimmten REGRESSIV. Wenn die Regel für verschiedene Laute gelten kann, von denen jeder für sich die bedingende Umgebung sein kann, so wird die Aufzählung dieser Laute in geschweifte Klammern { } eingeschlossen. Anstelle der Aufzählung der konkreten Laute, für die die Regel gilt, kann man aber auch nur die den Lauten gemeinsamen Merkmale angeben, wie z. B. die Artikulationsstelle. Solche Merkmale werden in eckigen Klammern entweder unmittelbar als bedingende Umgebung angegeben oder aber hinter einem Platzhalter tiefgestellt.

Außer Lauten gibt es noch andere Arten der Umgebung: Laute, die einer Pause benachbart sind – vor allem Anfang und Ende von Wörtern oder Sätzen –, sind häufig durch phonologische Regeln besonders gekennzeichnet. Für diese so genannten JUNKTUREN wird im Folgenden vereinfachend immer das Doppelkreuz # verwendet. Die so genannte Auslautverhärtung des Deutschen, wie z. B. in ⟨Rad⟩ [ʁaːt] oder ⟨Kalb⟩ [kʰalp], kann man in folgender Form wiedergeben:

$$\begin{bmatrix} +\text{plosiv} \\ +\text{stimmhaft} \end{bmatrix} \rightarrow [-\text{stimmhaft}] / \_\_\_ \#$$

Im K'iche' gibt es ein ähnliches Phänomen wie die Auslautverhärtung. Allerdings betrifft die Regel mit Ausnahme der Nasale /m/ und /n/ alle Sonoranten wie /l/, /r/, /w/ und /j/, z. B. /umul/ [umul̥] »Kaninchen« oder /utiw/ [utiw̥] »Kojote«. Da es im K'iche' weder stimmhafte Plosive noch Frikative gibt, kann die Regel formuliert werden:

K'iche' $\begin{bmatrix} -\text{nasal} \\ +\text{stimmhaft} \end{bmatrix}$ → [−stimmhaft] / ___ #

Im Chol, einer anderen Maya-Sprache in Südmexiko, betrifft die Regel auch /m/ und /n/ (und in gewisser Hinsicht sogar die Vokale), so dass sie sich noch einfacher formulieren lässt:

Chol   [+stimmhaft]   →   [−stimmhaft] / ___ #

Das Vorkommen des Glottisverschlusslautes, z. B. ⟨ein Ei⟩ [ʔain ʔai], kann im Deutschen durch die folgende Regel beschrieben werden:

/V/ → [ʔV] / # ___

Die gleiche Regel gilt auch in vielen Maya-Sprachen, z. B. K'iche' ⟨oj⟩ [ʔox] »Avocado«. Da der Glottisverschlusslaut nur in wenigen eingeschränkten Umgebungen vorkommt, wird er im Deutschen nicht als eigenes Phonem gewertet. Neben dem Anlaut findet er sich noch nach Elementen wie ⟨be-⟩ oder ⟨ver-⟩ in ⟨beenden⟩ [bəʔɛndən] bzw. ⟨verenden⟩ [fɐʔɛndən]. Im K'iche' verhalten sich Vokale nach Erweiterungen anders: ⟨aw-oj⟩ [ʔawox] (und nicht etwa *[ʔawʔox] »deine Avocado«). Außerdem kommt der Glottisverschlusslaut auch in anderen Umgebungen vor und hat Phonemstatus, wie Minimalpaare wie ⟨ja⟩ /xa/ »Gebäude« versus ⟨ja'⟩ /xaʔ/ »Wasser, Gewässer« oder ⟨xan⟩ /ʃan/ »Lehmziegel« versus ⟨xa'n⟩ /ʃaʔn/ »Stechmücke« zeigen.

Eine weitere Konvention braucht man für Fälle wie die bei französischen Muttersprachlern häufig zu hörende Weglassung der anlautenden Laryngale des Deutschen, z. B. [er at ain ai] für [ʔer hat ʔaɪn ʔaɪ]. Beim Schwinden bzw. der Tilgung von Lauten wird die durchstrichene Null (Ø) als Symbol für Nichts benutzt:

$\begin{Bmatrix} h \\ ʔ \end{Bmatrix}$ → Ø / # ___

Die Konvention Ø braucht man auch dann, wenn Laute nicht weggelassen, sondern hinzugefügt werden. So lässt sich die oben von einem Ausgangselement /V/ ausgehende Regel für den Glottisverschlusslaut auch anders formulieren:

Ø → ʔ / # ___ V

Neben den bereits erwähnten Assimilationen gibt es auch noch andere Arten phonetischer Veränderungen. Die Auslautverhärtung stellt einen weiteren Typ dar, den der Hinzufügung eines Merkmals. Er ist vor allem bei Lauten im Randbereich (An- oder Auslaut) von Wörtern oder Sätzen zur Kennzeichnung der Grenzen häufiger anzutreffen. Einige Veränderungen kommen zwar auch als systematische phono-

2.2 Phonologie

logische Regeln einer Sprache vor, sind aber besser an Entlehnungen aus anderen Sprachen zu zeigen. Da Häufungen ähnlicher Laute in Folge nicht nur monoton oder dissonant klingen, sondern auch Fehlerquellen beim Sprechen und Hören sein können, gibt es neben der Assimilation auch den gegenteiligen Prozess, die Dissimilation, z. B. geht das deutsche Wort ⟨Kartoffel⟩ auf das italienische ⟨tartufolo⟩ zurück. Aus dem lateinischen Wort ⟨arbor⟩ »Baum« wurde im Italienischen ⟨albero⟩, im Spanischen ⟨árbol⟩. Weitere Formen sind die bereits erwähnten Tilgungen von Lauten und das Gegenstück, die Einfügung von Lauten (Epenthese) bei schwer aussprechbaren Lautverbindungen, z. B. die türkische Form /filim/ von ⟨Film⟩. Verschiedentlich ergeben sich auch Umstellungen von Lauten (Metathese), man vgl. das Berliner Wortspiel ⟨Der Schreifritz⟩ zum Operettentitel ⟨Der Freischütz⟩.

Phonologische Regeln müssen nicht auf das einzelne Wort beschränkt bleiben, sondern sind auch über Wortgrenzen hinweg möglich. Im Chol wird auslautendes /n/ an ein unmittelbar folgendes /b/ oder /m/ regressiv angeglichen, z. B. [an ʔitʃ] »Es gibt Chili(es)«, aber mit /ba/ »Ja-Nein-Frage« [am ba ʔitʃ] »Gibt es Chili(es)?«. Da dies vor /b/ und /m/ immer geschieht, kann als auch über Wortgrenzen, aber nicht über eine Satzgrenze hinaus gültige Regel formuliert werden:

Chol $\begin{bmatrix} +\text{nasal} \\ -\text{bilabial} \end{bmatrix} \rightarrow [+\text{bilabial}] / [+\text{bilabial}] \_\_\_$

Nicht alle phonetischen Variationen sind durch Regeln fassbar, die nur die phonologische Umgebung berücksichtigen. Zum einen gibt es den Typ der freien Variation, bei der zwei mögliche Lautungen nebeneinander existieren, z. B. [laŋ] neben [laŋk] »lang« im norddeutschen Raum. Ein weiterer Typ sind Fälle wie die Pluralbildungen deutscher Substantive. Die Verteilung von ⟨-e⟩, ⟨-er⟩ und ⟨-en⟩ hängt von morphologischen Faktoren ab.

Die komplexen Beziehungen innerhalb eines phonologischen Systems sowie das Konzept der Natürlichkeit können dazu führen, dass die unmittelbarste Form einer phonologischen Regel nicht die beste Lösung ist. Betrachten wir z. B. das klassische Mongolisch, wo sich die folgenden Vokalphoneme finden:

Vordervokale		Hintervokale	
/i/	/y/		/u/
/e/	/ø/	/a/	/o/

Innerhalb eines mongolischen Wortes gibt es die phonologische Regel der Vokalharmonie. Sie bewirkt, dass innerhalb eines Wortes entweder nur vordere oder nur hintere Vokale stehen können; treten z. B. an ein Substantiv Fallendungen, so gleichen sich die Vokale von Substantiv und Endung hinsichtlich der Artikulationsstelle aneinander an, z. B. /-nar/ bzw. /-ner/ »Plural«: /egetʃi-ner/ »ältere Schwestern«, /bøle-ner/ »Kinder der Schwester(n)« und /degy:-ner/ »jüngere Brüder«, aber /aqa-nar/ »ältere Brüder«, /naɣatʃu-nar/ »Brüder der Mutter« und /atʃi-nar/ »Enkelsöhne«. Aufgrund ihres Verhaltens müssen die Vokale anders als im ersten Schema klassifiziert werden:

	Vordervokale			Hintervokale	
–	+	[Rundung]	–	+
/i/	/y/			/u/
/e/	/ø/		/a/	/o/

In dieser Systematik klafft plötzlich eine Lücke über dem /a/, die sich bei genauerer Betrachtung schließen lässt. Ein Teil der Wörter mit /i/ verhält sich nämlich in der gleichen Weise wie Wörter mit hinterem Vokal. Gestützt durch sprachgeschichtliche Indizien, kann in solchen Fällen ein weiterer ungerundeter Hintervokal */ɨ/ angesetzt werden. Er macht zum einen die Vokalharmonie absolut regelmäßig und füllt zum anderen die Lücke im Vokalsystem. Obwohl er phonetisch vollständig mit /i/ zusammengefallen ist, ist es dennoch angemessen, ihn als eigenes Vokalphonem zu behandeln (Poppe 1954).

In manchen Fällen ist es notwendig, Lautveränderungen nicht auf eine einzige Regel zurückzuführen, sondern auf eine Abfolge von Regeln. Im Kuna, einer in Panama und Kolumbien gesprochenen Indianersprache, ergeben sich beim Hinzutreten weiterer Elemente Veränderungen des vorausgehenden Stammes (Sherzer 1975):

1. takke — *er sieht*
2. tuppu — *Insel*
3. mae — *er saugt*
4. neka — *Haus*
5. ma-sa — *er saugte*
6. nej-takke — *er sieht das Haus*
7. tup-takke — *er sieht die Insel*
8. taj-sa — *er sah*

Es wird jeweils der auslautende Vokal des Stamms getilgt (Regel 1). Wenn mehr als zwei Konsonanten zusammentreffen, wird jeweils der erste Konsonant getilgt (Regel 2). Weil ferner die Regel 3 gilt, dass /k/ vor Konsonant (außer /k/) als /j/ ausgesprochen wird, erfolgt nach der Tilgung des /k/ bei */takk-/ + /-sa/, dass das verbleibende /k/ als /j/ realisiert wird. Schließlich wird, wie im Falle von /taj-sa/ aus /takke/, /k/ noch zu /j/, sofern es vor einem anderen Konsonanten als /k/ zu stehen kommt. Im Gegensatz zu den bisher angeführten Regeln zeichnet sich diese Beschreibung von Lautveränderungen dadurch aus, dass die einzelnen Bestandteile nur nacheinander und nur in der angegebenen Reihenfolge korrekte Formen beschreiben. Nur wenn der Vokal getilgt wird, können mehr als zwei Konsonanten zusammentreffen, bzw. im besonderen Fall /k/ mit einem anderen Konsonanten. Es liegt also eine so genannte REGELABFOLGE vor, bei der die Ergebnisse der ersten und mittleren Regeln nur hypothetische Zwischenstufen sind, um zum tatsächlichen Ergebnis zu gelangen:

Regel 1: $V \rightarrow \emptyset\ /\ \_\_\_\ \#\ \{{K \atop V}\}$

Regel 2: $K \rightarrow \emptyset\ /\ \_\_\_\ KK$

Regel 3: $k \rightarrow j\ /\ \_\_\_\ K$ (außer k)

2.2 Phonologie

	Regel 1	Regel 2	Regel 3
5. mae + -sa	ma-sa		
6. neka + takke	*nek- + takke		→ nej-takke
7. tuppu + takke	*tupp- + takke	→ tup-takke	
8. takke + -sa	*takk- + -sa	→ *tak- + -sa	→ taj-sa

Regel 1 muss angewendet worden sein, bevor eine der beiden anderen Regeln eintreten kann. Die Regeln 2 und 3 sind voneinander unabhängig, aber z. T. muss auf das Ergebnis von Regel 2 noch Regel 3 angewendet werden, wobei die Ergebnisse der ersten und mittleren Regeln nur als hypothetische Zwischenstufen zu verstehen sind: (5): R1, (6): R1 + R3, (7): R1 + R2 und (8): R1 + R2 + R3. Tritt noch ein weiteres Element an den Stamm, so wird die Regelabfolge mehrfach durchlaufen und aufgrund der größeren Zahl der Schritte komplexer, sie behält aber immer ihre Gültigkeit:

5a ma-s-moka	*er saugte auch*	R1	+ R1 + R2
8a ta-s-moka	*er sah auch*	R1 + R2 + R3	+ R1 + R2
8b ta-s-suli	*er sah nicht*	R1 + R2 + R3	+ R1 + R2

Im letzten Beispiel wird die entstehende Lautfolge von doppeltem (geminiertem) /s/ phonetisch als [ts] realisiert, das im Kuna keinen Phonemstatus hat. Diese Geminatenanalyse bietet sich im Kuna auch bei den Verschlusslauten /p/, /t/ und /k/ an, so dass in den Formen /neka/ [nega] und /takke/ [dake] der Kontrast einfacher stimmhafter versus geminierter stimmloser Verschlusslaut ebenfalls nicht phonemisch ist.

Das Konzept von Regelapparaten wurde in der von Noam Chomsky (siehe den Kasten S. 115) begründeten GENERATIVEN GRAMMATIK entwickelt, die vielfach weiterentwickelt und modifiziert wurde. In einer aktuellen Theorie, der OPTIMALITÄTSTHEORIE (OT), gibt es als Input die Invariante einer Wortform wie ⟨Rad⟩ /ʁad/. Über einen Generierungsmechanismus werden Kandidaten erzeugt, die im Hinblick auf Grammatikalität bewertet werden. Ein grammatisch korrekter Kandidat ist optimal, nicht-optimale Kandidaten sind ungrammatisch oder nicht präferiert. Die Bewertung der Kandidaten erfolgt über einen Bewertungsmechanismus (Evaluator) auf der Grundlage von universellen Beschränkungen (engl. constraints).

Grundlegende Identitätsbeschränkungen sollen sicherstellen, dass Input und Output sich möglichst wenig unterscheiden. Solche Treuebeschränkungen (engl. faithfulness constraints) sind MAX, DEP und IDENT: Die MAX-Beschränkung besagt, dass alle Informationen des Lexikons im jeweiligen Kandidaten artikuliert sein sollen, so dass kein im Input spezifiziertes Segment getilgt werden darf. Die DEP-Beschränkung fordert, dass der jeweilige Kandidat nur mit der Information aus dem Lexikon artikuliert sein soll, so dass kein Segment eingefügt werden darf, das nicht bereits im Input steht. Die IDENT-Beschränkung verlangt, dass ein Segment in der Eingabeform (Input) identisch ist mit dem in der Ausgabeform, so dass kein Segment verändert werden darf. Die Wahl eines optimalen Kandidaten lässt sich am folgenden Beispiel verdeutlichen, in dem der Verbstamm ⟨hab⟩ /hɑb/ als Input dient und der Generator die Kandidatenmenge {⟨haben⟩ [habn̩], ⟨Maat⟩ [mɑːt], ⟨ham⟩ [hɑːm]} erzeugt:

Lexikon	hab	Max	Dep	Evaluation
Kandidaten	mɑːt	**	***	3
	habn̩		*	☞ 1
	hɑːm	*	*	2

Nach der MAX-Beschränkung ist [habn̩] der beste Kandidat, denn diese Form weist keine Verletzung dieser Beschränkung auf, während [ham] einen Verstoß und [mɑːt] drei Verstöße aufweist. Hinsichtlich der DEP-Beschränkung ist [mɑːt] der schlechteste Kandidat, aber sowohl [habn̩] als auch [ham] haben ein nicht-lexikalisch vorgegebenes Segment, sie sind also beide gleich wenig optimal. Nur wenn die MAX-Beschränkung gegenüber der DEP-Beschränkung höher bewertet wird, ist eindeutig [habn̩] der optimale Kandidat; der Gewinner wird durch das Zeichen ☞ markiert.

In der Optimalitätstheorie ist also die Gewichtung der Beschränkungen entscheidend. Dies lässt sich am Beispiel der Auslautverhärtung verdeutlichen, nach der stimmhafte Plosive wie ⟨Rad⟩ [ʁat] am Silbenende – genauer und weiter unten behandelt Silbenendrand (E) – stimmlos realisiert werden. Im Deutschen ist diese Beschränkung, als E: [-st] dargestellt, wirksamer als die MAX-Beschränkung, sie dominiert also die MAX-Beschränkung:

/ʁad/	E: [-st]	Max	
[ʁad]	*!		
[ʁat]		*	☞

Das Ausrufezeichen gibt an, dass der Verstoß entscheidend dafür ist, dass ein Kandidat verliert. Im Deutschen dominiert die Auslautverhärtungsbeschränkung die MAX-Beschränkung, was aber in anderen Sprachen wie z.B. dem Englischen nicht der Fall ist, da ⟨bed⟩ /bed/ als [bed] und nicht *[bet] ausgesprochen wird. Wenn die Beschränkungen universell sein sollen, muss im Englischen also MAX die Beschränkung E: [-st] dominieren und nicht umgekehrt. Das Sprachspezifische liegt in der Optimalitätstheorie demnach nicht in den Beschränkungen selbst, sondern in der Ordnung der Beschränkungen. Ein weiteres Beispiel hierfür ist das Problem des glottalen Verschlusslautes [ʔ], der einen Unterschied zwischen dem Deutschen und Französischen markiert und der beim Erlernen des Französischen bei Muttersprachlern des Deutschen dazu führt, dass diese zu ›hart‹ sprechen. Umgekehrt sprechen Muttersprachler des Französischen das Deutsche zu ›weich‹ aus, da sie Silben verbinden, bei denen im Deutschen der Verschlusslaut steht. Im Deutschen gilt die Beschränkung, dass der Anfangsrand der akzentuierten Silbe realisiert sein muss (A/S'). Der Glottallaut ist im Deutschen eine Konsequenz dieser Beschrän-

2.2 Phonologie

kung und wird epenthetisch definiert (und ist somit auch kein Phonem). Im Französischen gibt es diese Beschränkung nicht, weshalb Franzosen das deutsche Wort ⟨Ei⟩ häufig [aɪ] und nicht [ʔaɪ] aussprechen. Hinsichtlich der MAX-Beschränkung unterscheiden sich das Deutsche und Französische nicht. Im Deutschen ist allerdings die Anfangsrand-Beschränkung (A/S') höherrangiger als die DEP-Beschränkung, die besagt, dass kein Laut eingefügt werden darf, im Französischen ist dies umgekehrt:

/aɪ/	Deutsch		Französisch	
	A/S'	DEP	DEP	A/S'
[ʔaɪ]		*	*!	
[aɪ]	*!			*

Die Präferenz der glottalisierten Variante im Deutschen gegenüber der nicht-glottalisierten im Französischen und die daraus resultierenden Interferenzfehler können als unterschiedliche Ordnungen der Beschränkung (A/S') und DEP-Beschränkung definiert werden.

2.2.2 Phonotaktik und Silbenstrukturen

Bisher standen nur einzelne Phoneme und ihre Veränderungen im Blickfeld, nicht aber die Anordnung dieser Phoneme zu Lautketten. Mit der von Sprache zu Sprache z. T. recht unterschiedlichen Struktur von Lautketten beschäftigt sich die PHONOTAKTIK. Während im Kroatischen ⟨Krk⟩ [kr̩k] der Name einer Insel ist, könnte ein solches Wort im Deutschen schwerlich vorkommen. Im Chinesischen wird eine deutsche Weltfirma zu ⟨xīménzĭ⟩ [ɕímǎntsẓ̌], da sich der Name so leichter spricht. Innerhalb von Wörtern – der Begriff Wort ist hier zunächst wie in der Alltagssprache verwendet, die fachsprachliche Verwendung wird im folgenden Kapitel Morphologie eingeführt – gibt es jedoch noch kleinere Einheiten mit phonotaktischer Struktur: die Sprechsilben. Eine Silbe ist die kleinste Sprecheinheit, die aus einem Silbenträger (auch Silbenkern) besteht – in der Regel einem Vokal, seltener auch einem silbischen Konsonanten (K̩) – und eventuellen weiteren Lauten, die mit dem Silbenträger eine untrennbare Einheit bilden, dem so genannten Silbenrand.

Die Untrennbarkeit der Silbe lässt sich am deutlichsten mit Hilfe der akustischen Phonetik zeigen. Eine auf Tonband aufgenommene Silbe kann unabhängig von der Feinheit der Messtechnik an keiner Stelle in Konsonant oder Vokal zerschnitten werden, man hört immer beide Elemente gleichzeitig. Silben sind entweder offen, d. h. sie enden mit einem Vokal, oder geschlossen, d. h. hinter dem silbentragenden Vokal steht noch zumindest ein Konsonant. Die Verbindung eines oder mehrerer Konsonanten mit dem vokalischen Silbenkern (NUKLEUS) ist nicht rein zufällig, sondern folgt der so genannten SONORITÄTSHIERARCHIE:

Vokale > Halbvokale > Liquide > Nasale > Frikative > Plosive > Glottale

In der Sonoritätshierarchie sind die einzelnen Laute nach der Schallfülle geordnet, wobei die Schallfülle von links nach rechts abnimmt. Ein offener Vokal zum Beispiel hat eine größere Schallfülle als ein stimmloser Plosiv, wie sich leicht zeigen lässt, indem man versucht über eine Entfernung von 20 Metern den Laut /k/ im Vergleich zum /a/ zu kommunizieren. Eine Silbe (S) ist präferiert so aufgebaut, dass die Sonorität vom Silbenkern zu den Silbenrändern hin abnimmt. Das deutsche Wort ⟨Trumpf⟩ folgt genau dieser Regularität. Der ANFANGSRAND (A) besteht aus den beiden Segmenten /t/ und /r/, der ENDRAND (E) aus den Segmenten /m/, /p/ und /f/ bzw. aus den Segmenten /m/ und /pf/, je nachdem, ob man eine Affrikate annimmt oder nicht (s. u.). Nukleus (N) und Endrand werden in der Regel zu REIM (R) zusammengefasst. Die Begründung hierfür liegt u. a. im Endreimverfahren ⟨er r[ichtet und d[ichtet⟩. Eine Silbe ist also in ihrer Grundstruktur so aufgebaut, dass E(ndrand) und N(ukleus) den R(eim) bilden, und dieser wiederum mit dem A(nfangsrand) die Silbe. Die hierarchische Struktur kann in einer Baumgraphik dargestellt werden. Zusammen mit der zu den Silbenrändern hin abnehmenden Sonoritätskontur ergibt sich folgendes Grundschema einer Silbe:

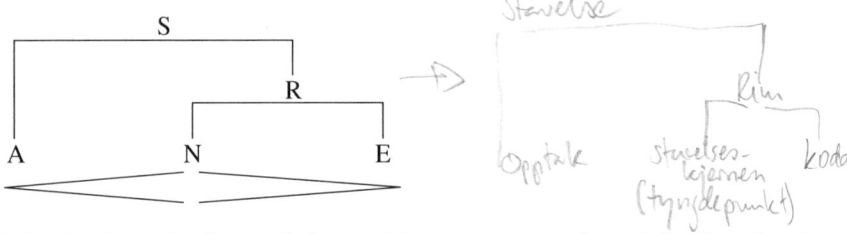

Mit der abnehmenden Sonoritätskontur hängt zusammen, dass einige Sprachen im Auslaut, d. h. im Silbenendrand eines Wortes stimmlose Konsonanten bevorzugen. Dies betrifft bei der deutschen Auslautverhärtung die stimmhaften Plosive, in Maya-Sprachen jedoch die Sonoranten.

Die Darstellung in Form von Baumgraphen spielt in der Linguistik eine wichtige Rolle. Wir führen die Darstellung in Form einer Baumstruktur an dieser Stelle ein und im Kapitel Morphologie fort, werden aber erst im Kapitel Syntax näher auf Strukturierungsprinzipien eingehen. Für die deutschen Wörter ⟨sie⟩, ⟨Sau⟩ und ⟨Simm⟩ lässt sich eine einheitliche Silbenstruktur formulieren:

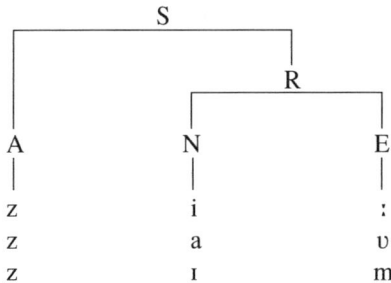

2.2 Phonologie

Unter der Annahme, dass im Deutschen eine prominente (akzentuierte) Silbe einen Anfangs- und einen Endrand hat, werden der zweite Teil des Diphthongs und die Dehnung als Endrand angesetzt. Die Besetzung des Anfangs- und Endrands durch ein Lautsegment führt zu einfachen Silbenstrukturen, Ränder können aber auch komplexer besetzt sein, wie das deutsche Wort /ʃtrʊmpf/ und das itelmenische Wort /qɬtʃ'lesxtʃ/ »Iss Sauerfischköpfe!« zeigen. Der Anfangsrand dieses Wortes aus einer Sprache, die auf der Halbinsel Kamtschatka im Fernen Osten Russlands gesprochen wird, besteht aus vier Konsonanten, der Endrand aus drei Konsonanten.

Für weiterführende Analysen kann es sinnvoll sein, zwischen prominenten Silben (S') und nicht-prominenten (S°) zu unterscheiden. Zum einen unterscheidet sich der Bau von Silben danach, ob sie akzentuiert sind oder nicht, ob sie einen Zentralvokal oder einen Ton haben oder nicht usw. Zum anderen ist dies wichtig, wenn größere Einheiten, Gruppen von Silben (SGr), betrachtet und Wortkonturen analysiert werden. Im Deutschen sind Silben mit einem Schwa-Laut nicht akzentuiert, das Gleiche gilt für tonlose Silben im Chinesischen. Wie in Kapitel 2.2.3 ausgeführt wird, führt die Abfolge von prominenten und nicht-prominenten Silben zu metrischen Schemata, die uns aus der Dichtkunst bekannt sind, wie z. B. Jambus und Trochäus. Eine komplexe Silbengruppe kann in ihrer Struktur auch als Baumdiagramm dargestellt werden:

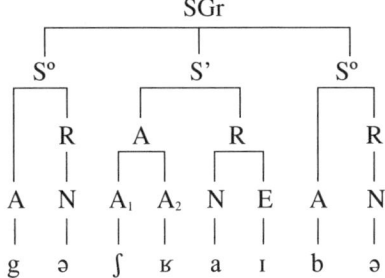

Das Wort ⟨Geschreibe⟩ besteht aus einer Gruppe von Silben mit einer akzentuierten und zwei nicht-akzentuierten Silben. Die prominente Silbe weist einen komplexen Silbenanfangsrand auf.

Eine Silbe kann von Sprache zu Sprache sehr unterschiedlich aufgebaut sein. Im Japanischen finden sich vorwiegend offene Silben des Typs Konsonant-Vokal wie /ʋa/ und /ga/ und wenn der Endrand besetzt ist, dann durch einen Nasal. Andererseits kann es geschlossene Silben mit mehreren Konsonanten im Endrand (und auch im Anfangsrand) geben, so dass im Itelmenischen einsilbige Wörter wie /qɬtʃ'lesxtʃ/ »Iss Sauerfischköpfe!« oder /splank/ »im Wind« möglich sind und im Deutschen ⟨Pfropf⟩ oder ⟨Strumpf⟩. Man kann dem Wort ⟨Pfropf⟩ (und /splank/) die Segmentabfolge KKKVKK zugrunde legen, es gibt aber gute Gründe, die Affrikate [pf] als Merkmalsbündel zu begreifen, als zwei Segmente einer einzigen Konsonantposition. Ein Argument dafür ist die Annahme, dass das Deutsche maximal zwei

Anlaut- und zwei Auslautkonsonanten erlaubt. Wenn [pfr-] dieser Generalisierung genügen soll, muss /pf/ als ein einziges Konsonantsegment behandelt werden.

Die Häufung von Konsonanten in einer Silbe wird bei Entlehnungen aus dem Deutschen in andere Sprachen, in denen solche Konsonantenhäufungen nicht möglich sind, verändert: Entweder werden sie durch Weglassung vereinfacht, oder sie werden auf mehrere Silben aufgeteilt, indem Vokale eingefügt werden. Im Chinesischen, wo im Silbenauslaut nur einer von drei Konsonanten zulässig ist (die Nasale ⟨n⟩ /n/ und ⟨ng⟩ /ŋ/ sowie der Retroflexlaut ⟨r⟩ /ʐ/), erscheinen so deutsche Städtenamen in stark veränderter Form: ⟨fǎ lán kè fú⟩ »Frankfurt«, ⟨kē lóng⟩ »Köln«, ⟨hǎi dé bǎo⟩ »Heidelberg«, ⟨duō tè mèng dé⟩ »Dortmund«. Der Silbenträger kann in manchen Sprachen auch ein Konsonant sein, so dass Silben wie ⟨pst⟩, ⟨hm⟩, ⟨brr⟩ als Interjektionen zulässig sind oder im Kroatischen /kr̩k/ und im Chinesischen /tsz̩/ als Wörter. Solche silbentragenden Konsonanten – meist handelt es sich um Liquide oder Nasale – werden im IPA durch ̩ gekennzeichnet.

Die phonotaktische Struktur von Silben oder Wörtern ist häufig für Veränderungen verantwortlich wie Umstellung, Tilgung oder Einfügung von Lauten. Der Anfangsrand /spl/ im itelmenischen Wort /splank/ »im Wind« kann auch allein als volle Silbe /spəl/ »Wind« vorkommen, wobei als Silbenträger ein epenthetisches /ə/ eingefügt wird. Und das Wort /qɬʧ'lesxʧ/ »Iss Sauerfischköpfe!« resultiert aus einer Vereinfachung, da es grammatisch als /q/ + /kɬʧ'lesxʧ/ zu analysieren ist. Diese Tilgung tritt bei einem weniger komplexen Anfangsrand nicht auf, z.B. /qkzumən/ »Warte auf mich!«. Ein weiteres Beispiel, das zugleich ein Fall einer abstrakten, sich dem tatsächlichen Ergebnis schrittweise annähernden Regelabfolge darstellt, ist die Aussprache [ɑːm̩t] für ⟨Abend⟩:

1. Auslautverhärtung: *ɑːbənt → ɑːbənt
2. Schwa-Tilgung: ɑːbənt → *ɑːbnt
3. Resyllabisierung: *ɑːbnt → *ɑːbn̩t
4. Assimilation: *ɑːbn̩t → *ɑːbm̩t
5. Geminierung: *ɑːbm̩t → *ɑːmm̩t
6. Reduzierung: *ɑːmm̩t → ɑːm̩t

Da sich der Nasal hinsichtlich der Artikulationsstelle an den vorausgehenden Verschlusslaut angleicht, spricht man von progressiver Nasalassimilation. Die Folge aus der Angleichung von Verschlusslaut und Nasal wird weiter zu einem doppelten, so genannten geminierten /m/ vereinfacht, das dann tatsächlich als einfaches silbisches /m/ gesprochen wird.

Neben der an den Silbenrändern zulässigen Zahl der Konsonanten ist oft auch ihre Kombinatorik beschränkt, d.h. nur bestimmte Verbindungen sind möglich; so gibt es im Hochdeutschen im Anlaut Kombinationen wie

ʃt	und	ʃp	nicht aber	*ʃf
ʃr		ʃl		
ʃtr		ʃpr		*ʃtl

2.2 Phonologie

Im Französischen finden sich im Anlaut ähnliche Verbindungen aus [s] + Konsonant, im Spanischen dagegen haben die auf den gleichen lateinischen Ursprung zurückgehenden Wörter ein zusätzliches [e], da [s] + Konsonant im Anlaut nicht zulässig ist:

Französisch	Spanisch	
station [stasjõ]	estación [estasjon]	*Station, Haltestelle*
spiral [spiral]	espiral [espiral]	*spiralförmig*
sphère [sfɛːr]	esfera [esfera]	*Kugel*

Dies führt dazu, dass jedes der Wörter im Spanischen drei Silben hat, im Französischen aber nur eine (〈sphère〉) oder zwei. Bei Wörtern gelten ähnliche Einschränkungen, die allerdings z. T. durch die Silbenstruktur bestimmt sind. Dass im Japanischen jedes Wort auf Vokal oder Nasal endet, ist eine Folge der Silbenstrukturregeln. Die bereits erwähnte Vokalharmonie des Mongolischen ist ein anderer Fall von Einschränkung; innerhalb eines Wortes können entweder nur Hinter- oder nur Vordervokale vorkommen. Ein weiteres Beispiel sind Sprachen, bei denen die nicht-distinktive Vokallänge durch die Silbenstruktur bestimmt wird. Offene Silben haben in solchen Fällen immer lange Vokale, geschlossene Silben kurze Vokale.

2.2.3 Suprasegmentale Phänomene

Wir haben uns bisher nur mit Lauten und ihrer Verkettung zu Silben und Wörtern beschäftigt, d. h. mit Lautsegmenten auf verschiedenen Ebenen. Ein wesentlicher Teilbereich der Phonologie fehlt aber noch, auf den nur bei der Behandlung der Phonetik kurz hingewiesen wurde, nämlich die suprasegmentalen Phänomene. Intonation, Töne, Akzent und quantitative Unterschiede sind immer mit Segmenten verbunden, seien es Laute, Silben oder Wörter. Sie können daher nie von Segmenten losgelöst betrachtet werden, auch wenn sie nicht immer fest an bestimmte Segmente gebunden sein müssen. Suprasegmental können in manchen Sprachen auch sekundäre Modifikationen von Konsonanten oder Vokalen sein, wie z. B. Nasalierung oder Glottalisierung.

Intonation, Akzent und auch Quantität stehen z. T. auch miteinander in Beziehung. Sie werden aber nicht nur von phonologischen oder phonotaktischen Faktoren bestimmt, sondern auch von der Grammatik oder der Pragmatik. Beispielsweise können sich Bildungen mit den gleichen Bestandteilen, aber mit anderem grammatischen Charakter im Akzent unterscheiden. Rhetorische Betonung und ähnliche Erscheinungen sind Beispiele für das pragmatische Zusammenwirken suprasegmentaler Phänomene, die in der Literaturwissenschaft Prosodie genannt werden.

Die Intonationskontur legt sich – nur in ihrem Gesamtverlauf distinktiv – über größere Spracheinheiten, wie z. B. Sätze, wobei vor allem die Stimmlage beim Einsetzen oder aber das Ansteigen bzw. Absinken der Stimme am Ende des Satzes (oder eines Satzteils) für bestimmte Intonationskonturen kennzeichnend sind.

Während der Intonationsverlauf mit Satzarten verbunden sein kann, z. B. Aussage- und Fragesätzen im Deutschen (Beispiele s. o.), hat die Stimmlage bei Tonsprachen innerhalb des Wortes oder der Silbe distinktiven Wert. Tonsprachen können zwei Grundtypen angehören: Bei solchen mit Konturtönen ist der unterschiedliche Verlauf der Stimmlage relevant, also vor allem das Absinken oder Ansteigen innerhalb der Silbe oder des Wortes, während bei solchen mit Registertönen jede Silbe in einer von mehreren (weitgehend) gleich bleibenden Stimmlagen gesprochen wird. So verfügt das Mixtekische im Dialekt von San Miguel el Grande über drei phonemische Tonregister:

Registertöne

/˧ʒa˧ʔa/	/˧ʒa˧ʔa/	/˧ʒa˩ʔa/	/˩ʒa˧ʔa/
/ʒāʔā/	/ʒáʔá/	/ʒāʔà/	/ʒáʔā/
Chili(-Pfeffer)	braun	Rauch, Ruß	hier

Im Hochchinesischen gibt es vier verschiedene Töne:

Konturtöne
Hochton   ˥   /çyé/   ⟨xuē⟩   Stiefel
Steigton   ˧˥   /çyě/   ⟨xué⟩   studieren
Fall-Steigton ˨˩˦ /çyê/   ⟨xuě⟩   Schnee
Fallton   ˥˩   /çyè/   ⟨xuè⟩   Blut

Kontur- und Registertöne kommen auch kombiniert vor wie im Kantonesischen. Dort tritt jeder der vier Konturtöne in Hoch- und Tieflage auf, also z. B. der steigende Ton als Hoch- und Tiefton. Tonverändernde phonologische Regeln können sowohl durch die segmentale Umgebung als auch durch die umgebenden Töne bewirkt werden. Im Chinesischen hat ein Wort im Fall-Steigton wie /nĭ/ in der Begrüßung /nĭ xău/ »Guten Tag« vor einem anderen Wort im Fall-Steigton nicht mehr seinen ursprünglichen Ton, sondern wird mit Steigton als [ní xău] gesprochen. Ein nach Tiefton stehender Hochton wird im Mixtekischen tiefer als in anderen Umgebungen fast wie ein Mittelton gesprochen, z. B. in /ʒàʔá/ »dies« [˩ʒa˧ʔa]. Im Kantonesischen wird mit der Tonveränderung der Aspekt der Handlung verändert: /làì/ »kommen« erhält mit langem, hoch ansteigendem Ton /lāí/ die Bedeutung von »gekommen sein«.

In vielen Sprachen ist der Akzent nicht bedeutungsunterscheidend, sondern wird durch die Wortstruktur bestimmt. Für zweisilbige Wörter liegt im Deutschen in der Regel ein Trochäus vor, es besteht also die Abfolge prominente Silbe (x) vor nichtprominenter Silbe (–), z. B. ⟨Schlobi⟩ [x –]. Im Tschechischen wird immer die erste, im K'iche' (und vielen anderen Maya-Sprachen) immer die letzte Silbe akzentuiert. Im Spanischen wird der Akzent zwar ebenfalls weitgehend starr aufgrund phonologischer Regeln gesetzt, kann aber im Einzelfall distinktive Funktion haben, z. B. /ˈtomo/ »ich nehme«, aber /toˈmo/ »er nahm«. Im Deutschen z. B. unterscheidet der Akzent bestimmte feste Fügungen, wie ⟨Herr Horstmeyer⟩ /ˌhɛr ˈhɔrstˌmaiər/ von freieren wie ⟨Herr Horst Meyer⟩ /ˌhɛr ˈhɔrst ˈmaiər/ oder man denke an Englisch ⟨a blackbird⟩ gegen ⟨a black bird⟩. In vielen Sprachen zeichnet sich die Silbe, die

2.2 Phonologie

den Akzent trägt, nicht nur durch die größere Lautstärke aus, sondern auch durch eine höhere Stimmlage. Daher ist bei manchen Sprachen schwer zu entscheiden, ob der Akzent phonemisch ist oder ob es sich um eine Tonsprache handelt. Auch zwischen Akzent und Länge besteht in manchen Sprachen eine enge Beziehung: Im Deutschen z. B. sind alle akzentuierten Vokale zugleich lang. Im Ungarischen hingegen sind beide Erscheinungen völlig unabhängig, da immer die erste Silbe den Akzent trägt, z. B. ⟨ólom⟩ /ˈoːlom/ »Blei« gegen ⟨ollóm⟩ /ˈolːoːm/ »meine Schere« oder der Name des Komponisten ⟨Béla Bartók⟩ /ˈbeːlɔ ˈbɔrtoːk/. Sofern die Vokallänge nicht distinktiv ist, tendieren Vokale meist dazu, in offenen Silben länger als in geschlossenen zu sein.

Bei der phonologischen Untersuchung rhythmischer Phänomene spricht man von der METRISCHEN PHONOLOGIE, die ihren Ursprung in der antiken Dichtkunst hat. Im Zentrum steht die Analyse von prominenten Silben im Verhältnis zu nicht-prominenten Silben. Das Versmaß kann durch den Wechsel des Akzents bestimmt werden wie im Deutschen oder durch Quantität, d. h. den Wechsel von langen und kurzen Silben, wie im Lateinischen. Die Maßeinheit für die Bestimmung der Quantität ist die MORE (engl. mora). Eine More ist die kleinste metrische Einheit, und eine Silbe dauert mindestens eine More, eine More jedoch kann weniger als eine Silbe umfassen. Im Lateinischen umfasst eine Silbe eine More genau dann, wenn sie auf einen Kurzvokal endet, in allen anderen Fällen ist die Silbe lang und zählt zwei Moren. Die Silbenabfolge ⟨rhētoricā⟩ kann wie folgt dargestellt werden (μ steht für eine More):

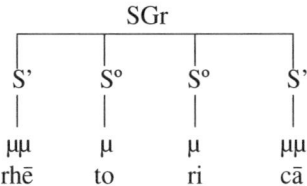

Im Mixtekischen existieren neben zweisilbigen Formen auch einige einsilbige, aber zweimorige Formen mit Langvokal, z. B. [koː] »existieren«. Sie verhalten sich in vieler Hinsicht wie zweisilbige Formen, so können sie wie [koː] »Schlange« ein komplexes Tonmuster haben, das sich analog zu Formen wie /kūt͡ʃì/ »Durst haben« als zweimorig mit zwei Registertönen, d. h. /kōò/, beschreiben lässt.

Die Verkettung einer prominenten Silbe mit mindestens einer nicht-prominenten bezeichnet man als Fuß. Einen links-dominanten Fuß haben wir bereits kennen gelernt: den Trochäus. Spiegelverkehrt in der Abfolge ›betont – unbetont‹ ist der Jambus aufgebaut, z. B. ⟨Figur⟩ [– x], bei ihm handelt es sich um einen rechts-dominanten Fuß. Obwohl es nur ein kleines Inventar an Fußstrukturen gibt – Trochäus, Jambus, Daktylus [x – –] wie in ⟨Ananas⟩, Anapest [– – x] wie in ⟨Produktion⟩ als grundlegende metrische Schemata –, unterscheiden sich die Sprachen darin, wie bzw. in welchem Maße diese Strukturen verankert sind und von welcher phonetischen

Qualität (Akzent, Quantität) die Prominenz einer Silbe ist. Bei zweisilbigen Formen führt im Deutschen die Präferenz des Trochäus dazu, dass die zweite Silbe reduziert ist, d. h. mit /ə/ oder silbischem /n̩/ endet. Im K'iche' bewirkt bei zweisilbigen Formen die jambische Struktur eine gewisse Neutralisierung des ersten Vokals, die dialektal sogar zu einsilbigen Formen mit Konsonantenclustern im Anfangsrand führt wie /knaq'/ neben /kinaq'/ »Bohne« oder /tʃkop/ neben /tʃikop/ »Tier«.

2.3 Exkurs: Laut- und Schriftsysteme

Zu Anfang dieses Kapitels haben wir gesehen, dass zwischen der graphemischen Repräsentation durch die Schrift und der Aussprache keine Eins-zu-eins-Relation besteht, und uns daraufhin für eine Wiedergabe nach dem von Einzelsprachen unabhängig konzipierten IPA entschieden, wenn auch in einer für die praktischen Zwecke dieses Buches vergröberten Form. Dies ist für eine linguistische Betrachtungsweise natürlich sinnvoll, da aber die Wahrnehmung sprachlicher Phänomene in unserem Kulturkreis primär durch geschriebene Sprache geprägt ist, wollen wir zum Abschluss dieses Kapitels noch kurz auf einige Aspekte der Schrift eingehen.

Das zentrale Problem jeder Schrift – der Alltagsorthographie wie auch des IPA – ist die Segmentierung des Lautflusses in graphemisch wiedergebbare Fragmente. Das Zeicheninventar muss genügen, um alles in der jeweiligen Sprache Mitteilenswerte wiederzugeben, sollte aber zugleich noch überschaubar bleiben. Für ›unsere‹ Alphabetschrift spricht vor allem die geringe Zahl der Schriftzeichen, bei einer Silbenschrift werden einige Hundert verschiedene Zeichen benötigt, in einer Wortschrift viele Tausende. Phonetisch betrachtet ist es aber eigentlich verwunderlich, dass sich phon-orientierte Alphabetschriften am weitesten durchgesetzt haben, und nicht etwa Silbenschriften, die der organischen Untrennbarkeit der Silben eher gerecht werden als die ›artifizielle‹ Sektion in Phone bzw. Phoneme. Wobei man noch weiter gehen kann: Denkt man an den von keiner Pause unterbrochenen Redefluss, erscheint selbst die Zuordnung von Zeichen zu ganzen Wörtern als unnatürliches Segmentieren. In Sprachen ohne Schrift fehlt daher häufig eine Bezeichnung für unseren Begriff ›Wort‹ im Sinne eines definierten Segments. Der ihm am nächsten kommende Begriff wird ähnlich wie der Plural ⟨Worte⟩ meist nicht nur für ›Wort‹ bzw. ›Wörter‹ verwendet, sondern auch für größere Redeeinheiten. Im Hinblick auf die suprasegmentalen Eigenschaften größerer Redeeinheiten bleibt bei jedem Schriftsystem vieles auf der Strecke, was in der gesprochenen Äußerung enthalten ist, da Intonationskonturen, Akzentuierungen etc. in der Schrift durch Interpunktion und Kursivdruck o. Ä. nur unzureichend wiedergegeben werden können.

Aber durch den spielerischen Umgang mit Sprache kann man auch ohne Schrift lernen, den Redefluss zu segmentieren. Durch Reimpaare, bei denen es sich oft zugleich auch um Minimalpaare handelt, können in Wörtern und Silben An- und Auslaut segmentiert und Phonemdistinktionen entdeckt werden. In Form eines Rebusrätsels kann durch das Malen eines konkret darstellbaren Gegenstandes, der

2.3 Exkurs: Laut- und Schriftsysteme

gleich oder ähnlich klingt, ein Sprecher mit Intuition auch abstrakte Begriffe indirekt darstellen: Er kann einen Begriff durch zwei Bilder wiedergeben, eines für den Lautwert, eines für die grobe Andeutung der Bedeutung, oder mehrere bildhafte Lautzeichen zur Wiedergabe anderer Lautketten kombinieren. Werden solche Darstellungsmöglichkeiten allmählich systematisiert, so können vollwertige Schriftsysteme entstehen.

Das Lautsystem der eigenen Sprache prägt nicht zuletzt über den Weg der Verschriftung die Fähigkeit des nicht in Phonetik Ausgebildeten, Lautsysteme anderer Sprachen zu erfassen, und nicht nur im Hinblick darauf, ob man [çianti], [ʃianti], [tʃianti] oder formvollendet [kʲanti] bestellt. Bei einer schriftsprachlich geprägten Tradition wirkt sich die Schriftsprache auf die Wahrnehmung der gesprochenen Sprache aus. Oft wird fälschlich Graphie und Lautung gleichgesetzt, z. B. wenn in einer Grammatik eine ›phonetische‹ Aussage steht wie »in der Sprache fehlt der Buchstabe f«. In populären Sprachführern versucht man, sich mit Umschreibungen der Lautung anderer Sprachen anzunähern, wie ›Deutsch‹ für Amerikaner ⟨owkh doo⟩ ⟨auch du⟩ oder ⟨may-dee-tseen⟩ ⟨Medizin⟩. Vor der Entwicklung phonetischer Notationen konnte die Lautung fremder Sprachen nur durch die Kombination von Graphemen umschrieben werden, z. B. wurde stimmloses [ɬ] im 19. Jahrhundert bei Stammesbezeichnungen wie ⟨Tlingit⟩ [ɬingit] (südliches Alaska) oder ⟨Kwakiutl⟩ [kʷaguɬ] (als Sprache Kwak'wala) meist durch ⟨tl⟩ dargestellt, gelegentlich aber durch ⟨hl⟩, ⟨lh⟩, ⟨chl⟩ oder ⟨lch⟩. Vieles, was in der Muttersprache von Missionaren und Forschungsreisenden keine Rolle spielte, wurde überhört, egal, wie wichtig es für die Phonologie der ›gehörten‹ Sprache war. Tonunterschiede oder distinktive Quantitätsunterschiede im Vokalsystem lateinamerikanischer Indianersprachen wurden von Spaniern meist überhört, da sie im Spanischen nicht phonemisch distinktiv sind. Den Unterschied zwischen /k/ und /q/ und die glottalisierten Laute nahm man meist ebenso wenig wahr, z. B. findet sich im kolonialen K'iche' als defektive Orthographie ⟨cac⟩ für ⟨q'aq'⟩ »Feuer«, ⟨k'ak'⟩ »neu«, ⟨kaq⟩ »rot«, u. a. Hierdurch kann die Wiedergabe von Lautketten zum Problem werden; allerdings wurde neben der mehrdeutigen Schreibung ⟨cac⟩ gelegentlich eines der von Missionaren eingeführten neuen Zeichen verwendet, mit denen die Laute eindeutig wiedergegeben werden konnten, so z. B. ⟨εaε⟩ ⟨q'aq'⟩ »Feuer«.

Geschriebene Sprachen haben häufig festgesetzte ›Recht‹-Schreibungen, über die gelegentlich heftig diskutiert wird. Dies gilt nicht nur für die Zuordnung von Zeichen bzw. Zeichenketten zu Lauten oder Lautketten – man erinnere sich nur an die verschiedene Aussprache ([ç], [x], [ʃ], [tʃ], [k]) von ⟨ch⟩ in europäischen Sprachen –, sondern auch für die Abstraktion von regionalen Varianten. Man schreibt überall in Deutschland gleich, spricht das Geschriebene aber oft in unterschiedlicher Weise aus, z. B. klingt ⟨treu⟩ in Sachsen [trai] und ist homophon zu ⟨drei⟩, in nördlicheren Regionen hört man eher die der Schrift nähere Lautung [trøi]. Diese Normierung ist jedoch – zumindest in Deutschland – erst spät erfolgt, lange Zeit war die Verschriftung des Deutschen durch regionale Schreiberschulen geprägt. Bei der Wahl der Konventionen ist vieles Entscheidungssache, wobei auch politische Aspekte wie die Schaffung einer Nationalsprache eine Rolle spielen. Will ein Staat den nationalen Minderheiten gegenüber die Staatssprache durchsetzen, wird er darauf drängen, dass sie ihre Sprachen in möglichst ähnlicher Weise wie die Landessprache schreiben, um so eine günstige Ausgangssituation für zweisprachigen Unterricht zu schaffen. Für Indianersprachen Lateinamerikas sind solche von der Landessprache abgeleiteten, so genannten ethnophonemischen Orthographien weit verbreitet. Dies hat zur Folge, dass das Phonem /k/ gemäß der spanischen Orthographie mit ⟨c⟩, vor ⟨e⟩ und ⟨i⟩ aber mit ⟨qu⟩ geschrieben wird, obwohl dies in den betreffenden Sprachen nicht notwendig ist, da in ihnen – anders als im lateinamerikanischen Spanisch – ⟨c⟩ vor ⟨e⟩ und ⟨i⟩ nicht für /s/ steht. Indigene Sprachexperten entscheiden sich bei neuen offiziellen Orthographien allerdings zunehmend für die Schreibung ⟨k⟩. Die Wiedergabe des Mittelhochdeutschen ist z. B. im Falle der Auslautverhärtung ⟨tac⟩ »Tag« – ⟨tage⟩ »Tage«, ⟨lant⟩ »Land« – ⟨lender⟩ »Länder« phonetisch geprägt, die des Neuhochdeutschen dagegen phonemisch. Im Französischen hat man im Humanismus Graphien wie ⟨sept⟩ »sieben« oder ⟨doigt⟩ »Daumen« für [sɛt] bzw. [dwa] anstelle der altfranzösischen Schreibungen ⟨set⟩ und ⟨doit⟩ eingeführt, um durch den zusätzlichen, nicht gesprochenen Konsonanten die etymologische Beziehung zu den lateinischen Formen ⟨septem⟩ und ⟨digitus⟩ anzuzeigen. Die neuhochdeutsche Orthographie ⟨ie⟩ für [iː] bewahrt die mittelhochdeutsche Lautung der so geschriebenen Wörter, z. B. ⟨hier⟩ [hiːɒ] oder ⟨lieb⟩ [liːp], mittelhochdeutsch aber ⟨hier⟩ [hiɒ] und ⟨liep⟩ [liɒp]. Besonders ausgeprägt sind solche historisierenden Tendenzen in der heutigen irischen Schriftsprache, die in der Orthographie einen älteren Lautstand konserviert, der sich erheblich von der gesprochenen Sprache unterscheiden kann, z. B. ⟨Baile Atha Cliath⟩ [bl̪a: kliəh] »Dublin« oder ⟨Meán Fhómhair⟩ [m̪a:n o:r̥] »September«. In solchen Fällen wird ein entscheidender Vorteil der Alphabetschrift relativiert, nämlich die Möglichkeit, durch die Grapheme die Phone oder Phoneme eindeutig wiederzugeben. Allerdings wird diese Entsprechung aus praktischen Gründen auch in Fällen wie ⟨malen⟩ und ⟨mahlen⟩ oder im Spanischen ⟨como⟩ »wie« und ⟨cómo⟩ »Wie? (als Fragewort)« aufgegeben, in denen durch die Orthographie Homophone unterschieden werden.

Von solchen Ausnahmen abgesehen besteht in allen Alphabetschriften eine relativ starke Beziehung zum Lautsystem der jeweiligen Sprache. Doch wie sieht dies in anderen Schriftsystemen aus? Ist das Chinesische eine rein ideographische Schrift, wie vielfach behauptet, und sind altägyptische Hieroglyphen nur Bildzeichen?

Die ägyptische Hieroglyphenschrift ist zusammen mit der sumerischen Schrift die älteste aller Schriften und entstand vor ungefähr 5000 Jahren. Wie die sumerische und auch die chinesische Schrift entwickelte sich die ägyptische Schrift aus Bildzeichen (Piktogrammen). Allerdings fand frühzeitig eine Phonetisierung der Zeichen statt, und bereits 2750 v. Chr. wurden Zeichen systematisch für die Kodierung von Lautinformation genutzt. Im System der Hieroglyphenschrift finden sich im Prinzip die gleichen Zeichenklassen wie in den modernen Alphabetschriften, allerdings ist die Verwendungshäufigkeit unterschiedlich.

2.3 Exkurs: Laut- und Schriftsysteme

Im Zeicheninventar der Hieroglyphenschrift findet sich eine Reihe von bedeutungstragenden Graphemen (Semogrammen). Tiere können durch Semogramme dargestellt werden wie z. B. der Schakal ⟨🐕⟩ oder die Schildkröte ⟨🐢⟩ oder abstrakte Konzepte wie ⟨𓋴⟩ »edel sein«. Semogramme gibt es auch im deutschen Schriftsystem, man denke an das Zeichen ⟨☏⟩ in Briefköpfen. Wie im Deutschen gibt es in der Hieroglyphenschrift bedeutungsunterscheidende Grapheme (Phonogramme). Während im Deutschen sowohl Konsonanten als auch Vokale durch Grapheme markiert sind, ist dies in der Hieroglyphenschrift anders. Dort werden nur Konsonanten durch Zeichen dargestellt, was zu unterschiedlichen heutigen Vokalisierungen ein und desselben Namens wie ›Nofretete‹ oder ›Nefertiti‹ führt. Es gibt Einkonsonanten-, Zwei- und Dreikonsonantenzeichen: Der Laut /m/ wird durch ⟨𓅓⟩ dargestellt, /r/ durch ⟨𓂋⟩. Die Zweikonsonantenfolge /mr/ kann durch ⟨𓌰⟩, die Folge /msn/ durch das Zeichen ⟨𓍋⟩ dargestellt werden.

Auch die hebräische und die arabische Schrift geben primär das Konsonantengerüst der Wörter wieder, wogegen Vokale den Charakter zusätzlicher (fakultativer) Diakritika haben. Diese Praxis ist den Gegebenheiten der Sprachen angepasst, da arabische Wörter selbst dann noch ein gleich bleibendes Erscheinungsbild ⟨ktb⟩ oder ⟨kbr⟩ behalten, wenn sie wie /kitab/ »Buch« – /kutub/ »Bücher« oder /kabir/ »groß« – /akbar/ »sehr groß« einen der häufigen grammatischen Vokalwechsel erleiden. Würden wir dagegen das Deutsche in einer dieser Schriften schreiben, so würde aufgrund des hohen distinktiven Werts der Vokale ein erhebliches Maß an Mehrdeutigkeit entstehen: In Hieroglyphen würden die Worte ⟨Meer⟩ und ⟨mehr⟩, aber auch ⟨Moor⟩ und ⟨mir⟩ durch das Zeichen ⟨𓌰⟩ oder die Kombination der Einkonsonantenzeichen ⟨𓅓 𓂋⟩ ausgedrückt bzw. durch das Zeichen ⟨𓍋⟩ das Wort ⟨messen⟩, aber auch ⟨Massen⟩ und ⟨müssen⟩.

Neben Phonogrammen und Semogrammen gibt es eine weitere Zeichenfunktionsklasse, die so genannten Determinative oder Klassenindikatoren, die für die ägyptische Hieroglyphenschrift, aber auch für die sumerische Keilschrift und die chinesische Schrift von großer Bedeutung sind. Determinative sind interpretierende bedeutungstragende Grapheme, die nicht-autonom stehen. Das Zeichen ⟨™⟩ gibt an, dass es sich bei ⟨Apple™⟩ um ein eingetragenes Warenzeichen handelt. Im deutschen Schriftsystem spielen Determinative eine marginale Rolle. Wären im Deutschen nun Vokale nicht graphemisch repräsentiert, würden die Wörter ⟨Boot⟩, ⟨Butt⟩, ⟨Beet⟩, ⟨Bit⟩ alle mit der Zeichenkette ⟨b-t⟩ ausgedrückt, die Wörter ⟨Schiff⟩, ⟨Schaf⟩, ⟨Schöffe⟩, ⟨schief⟩ durch ⟨sch-f⟩. Um die Menge der möglichen Interpretationen einzuschränken, fügen wir nun zwei Zeichen ein: für die Klasse der Tiere das Zeichen ⟨🐕⟩ und für die Klasse der Schiffe das Zeichen ⟨⛵⟩. Die Zeichenkette ⟨b-t⟩ in der Bedeutung von »Boot« schreiben wir nun ⟨b-t⛵⟩ und für ⟨sch-f⟩ in der Bedeutung von »Schiff« ⟨sch-f⛵⟩. Analog wird ⟨b-t⟩ in der Bedeutung von »Butt« als ⟨b-t🐕⟩ geschrieben und ⟨sch-f⟩ in der Bedeutung von »Schaf« als ⟨sch-f🐕⟩. Die Determinative geben also einen Hinweise darauf, wie eine Zeichenfolge in ihrer Bedeutung zu interpretieren ist. Im Altägyptischen gibt es eine große Klasse von Determinativzeichen, beispielsweise wird die Zeichenfolge ⟨nb-t⟩ /niːbat/ mit

⟨◯⟩ für ⟨nb⟩ und ⟨△⟩ für ⟨t⟩ in der Bedeutung von »Herrin, Besitzerin« durch den Determinator ⟨𓁐⟩ spezifiziert. Die ägyptische Hieroglyphenschrift nutzt ideographische Elemente, ist aber keineswegs eine ideographische Schrift.

Auch in der chinesischen Schrift gibt es Bezüge zum Lautsystem und Bedeutungshinweise. Zwar gibt es eine kleine Gruppe von Schriftzeichen, die auf alte Bildzeichen zurückgehen, z. B. kann man in den Zeichen ⟨日⟩ »Sonne« und ⟨山⟩ »Berg« noch den bildlichen Charakter erkennen und die Zeichen können von Piktogrammen abgeleitet werden, wie sie auf 3500 Jahre alten Knochen und Schildkrötenpanzern gefunden wurden. Aber über 90 Prozent der heutigen Schriftzeichen sind aus einem Klassenindikator (Signifikum) und einem Lautindikator (Phonetikum) zusammengesetzt. Dabei wird durch eine begrenzte Zahl von Klassenindikatoren ein grober Hinweis auf die Bedeutung gegeben, die dem mit dem Lautindikator angezeigten Lautwert zu Eigen ist. Durch diese Kombination aus Bedeutungs- und Lautindikatoren, die allerdings historisch bedingt heute nur noch begrenzt als Indikatoren nachvollziehbar sind, können die zahlreichen Homophone des Chinesischen in der Schriftsprache auseinander gehalten werden. Es soll dies an einem

Phonetika in nicht-alphabetischen Schriften

Im vorspanischen Mesoamerika, d. h. bei den alten Kulturen Mexikos und Guatemalas, gab es Schrifttraditionen, in denen durch konventionalisierte Bilder u. a. historische Ereignisse tradiert wurden. Besonders bei der Darstellung von Ortsnamen finden sich dabei gelegentlich auch echte Phonetika wie bei dem mixtekischen Ort /ʒuku ðaa/ »Vogelberg« (aus der Bilderhandschrift Codex Nuttall). Dargestellt ist ein Berg (mixt. /ʒuku/) mit einem eingearbeiteten adlerartigen Vogelkopf und, hier zur Verdeutlichung grau eingefärbt, dem unterem Teil eines menschlichen Gesichts mit prominentem Kinn. Da verschiedene Bezeichnungen für Vögel existieren, stellt das hinzugefügte – bis auf das vermutlich andere Tonmuster homophone – /ðaa/ »Kinn« die Lesung /ðaa/ »Vogel« sicher.

Ebenfalls in Mesoamerika findet sich die Maya-Schrift, die sich aus Vorstufen, die der (zeitlich allerdings späteren) mixtekischen Schrift geähnelt haben dürften, zu einer vollwertigen Silbenschrift entwickelt hat. Maya-Schreiber folgten dem Prinzip ›variatio delectat‹, was die Entzifferung dieser Schrift erschwert(e). Daher gab es zahlreiche Schreibvarianten – vom reinen Bildzeichen über Bildzeichen mit den phonetischen Indikatoren (grau hervorgehoben) ⟨ba⟩ bzw. unter Weglassung des Vokals des Silbenzeichens im Auslaut ⟨ma⟩ als Lesehilfe bis hin zur Schreibung ausschließlich mit Silbenzeichen, wie das Beispiel ⟨balam⟩ »Jaguar« zeigt:

balam   ba-balam   balam-m(a)   ba-balam-m(a)   ba-la-m(a)

2.3 Exkurs: Laut- und Schriftsysteme

Beispiel verdeutlicht werden. Die Zeichen ⟨马⟩, ⟨蚂⟩ und ⟨妈⟩ haben eine gemeinsame Komponente ⟨马⟩, das die Aussprache [˧mɑ], in Alphabetschrift ⟨mǎ⟩, und die Bedeutung »Pferd« hat. Mit anderen Zeichenkomponenten kombiniert weist ⟨马⟩ auf die Aussprache des Zeichens hin wie bei ⟨蚂⟩ ⟨mà⟩ und ⟨妈⟩ ⟨mā⟩. Der andere, meist links stehende Teil des Zeichens ist teilweise ein Signifikum. In ⟨蚂⟩ mit der Bedeutung »Heuschrecke« steht vor dem Phonetikum das Zeichen ⟨虫⟩ »Insekt«, bei ⟨妈⟩ »Mutter« das Zeichen ⟨女⟩ »weiblich«.

Auch in anderen Schriftsystemen finden sich solche Hinweise auf die Aussprache, die man auch phonographische Interpretanten nennt. Im altägyptischen Beispiel ⟨𓌸 𓅓 𓉴⟩ = ⟨mr-m-r+Pyramide⟩, zu lesen als /mVr/ »Pyramide« mit Determinativ ⟨𓉴⟩, gibt das Einkonsonantenzeichen ⟨𓅓⟩ = ⟨m⟩ einen zusätzlichen Hinweis auf die Aussprache des Zweikonsonantenzeichens ⟨mr⟩. Aber selbst in Alphabetschriften wie dem Englischen wird gelegentlich von phonetischen Indikatoren Gebrauch gemacht. So nimmt das nicht phonetische Zahlzeichen ⟨2⟩ die Lautmarkierung ⟨nd⟩ und wird als ⟨2nd⟩ geschrieben, wenn die /sekənd/ auszusprechende Ordinalzahl gemeint ist.

Das wohl bekannteste Beispiel einer Schrift, die von Phonetika systematisch Gebrauch macht, ist das Chinesische. Die Zeichen ⟨包⟩, ⟨雹⟩, ⟨抱⟩, ⟨跑⟩ ⟨咆⟩ haben eine gemeinsame Komponente, nämlich ⟨包⟩ mit der Bedeutung »einwickeln, umfassen, Beutel, Blase« und der Aussprache [˥bɑu], in Alphabetschrift notiert ⟨bāo⟩. In Kombination mit anderen Zeichenkomponenten gibt ⟨包⟩ einen Hinweis auf die Aussprache des Zeichens, wobei der Ton variieren oder auch der stimmhaft anlautende Plosiv teilweise stimmlos gesprochen werden kann: ⟨雹⟩ ⟨báo⟩, ⟨抱⟩ ⟨bǎo⟩, ⟨跑⟩ ⟨páo/pǎo⟩, ⟨咆⟩ ⟨páo⟩.

[˥bɑu]	包	»einwickeln, umfassen, Beutel, Blase«
[˧˥bɑu]	雹	»Hagel«
[˨˩˦bɑu]	抱	»in die Arme schließen«
[˧˥pɑu]	跑	»laufen«
[˨˩˦pɑu]	咆	»brausen, heulen«

In der chinesischen Schrift ist – wenn auch wesentlich weniger als einem Alphabetsystem wie dem Deutschen – ebenfalls Lautinformation kodiert. Der Mythos von der chinesischen Ideenschrift, der Symbolschrift der Ägypter oder der Bilderschrift der Maya, die sich einer Laut-Schriftzeichen-Analyse entziehen, ist ein sich hartnäckig haltendes Vorurteil, das eine Entzifferung der Maya-Schrift und zuvor der ägyptischen Hieroglyphenschrift lange Zeit blockiert hat.

2.4 Zusammenfassung

Im Zentrum dieses Kapitels stand die Beschreibung, Klassifikation und Systematisierung von Lauten bzw. Lautgruppen. Bei den Konsonanten dienten uns als Kriterien Art und Ort der Behinderung des Luftstroms im Mund- und Rachenraum und in zweiter Linie Kriterien wie Stimmhaftigkeit oder Aspirierung. Bei den Vokalen bietet die Lage der Zunge (vorn gegen hinten, oben gegen unten) das entscheidende Klassifikationskriterium. Laute werden als Teil von Einheiten mit phonotaktischer Struktur geäußert: den Sprechsilben. Silben sind natürliche Einheiten, die eine feste Struktur aufweisen. Jede Silbe hat einen Kern und optional einen Anfangs- und/ oder Endrand.

Für die Systematisierung von Lauten haben wir den Begriff des Phonems, der kleinsten bedeutungsunterscheidenden Einheit, eingeführt. Die Beziehungen zwischen den Phonemen und ihren Realisierungen (Allophonen) konnten wir wiederum in Form phonologischer Regeln beschreiben. Bestimmte komplexe lautliche Prozesse lassen sich abstrakt durch eine Abfolge von Regeln nachvollziehen bzw. durch eine Anordnung von Beschränkungen.

Neben der segmentalen Lautklassifikation haben wir noch suprasegmentale Eigenschaften betrachtet, also lautliche Phänomene, die zunächst unabhängig vom Einzellaut oder der Silbe betrachtet werden können. Hierzu gehören Phänomene wie Akzent, Länge oder Tonhöhen, die auch für den Aufbau metrischer Strukturen von Bedeutung sind.

Ausgewählte Literatur: Anderson (1985a), von Essen (1957), Gibbon & Richter (1984), Giegerich (1985), Haarmann (1990), Hyman (1975), Jakobson (1941), Kohler (1977), Lass (1984), Maas (2006), McCarthy (2002), International Phonetic Association (1999), Pompino-Marschall (2005), Yip (2002), Wurzel (1970).

2.5 Übungsaufgaben

1. Lautklassifikation

☛ Beschreiben Sie die folgenden Laute hinsichtlich ihrer Artikulationsstelle und -art sowie ihrer Stimmhaftigkeit.

g   ð   q   θ   f
β   x   t   s   ɣ

2. Deutsch

☛ Lesen Sie den folgenden in IPA wiedergegebenen Text, der einer Veröffentlichung der ›International Phonetic Association‹ (1949) entnommen ist. Verschriften Sie den Text in der deutschen Orthographie. Vergleichen Sie die grobe mit der feineren Wiedergabe.

1. grobe Wiedergabe:
ainst ʃtriten zix nortvint unt zone, ve:r fon i:nen baiden vo:l der ʃtɛrkere vɛ:re, als ain vanderer, de:r in ainen varmen mantel ge'hylt va:r, des ve:ges da:'he:r ka:m. zi: vurden ainix, das de:rje:nige fy:r den ʃtɛrkeren gɛlten zolte, der den vanderer tsviŋen vyrde, zainen mantel aptsu:ne:men. der nortvint bli:s mit aler maxt, a:ber je: me:r ɛr bli:s, desto: fester hylte zix der vanderer in zainen mantel ain. ɛntlix ga:p der nortvint den kampf auf. nu:n ɛ'rvɛrmte di: zone di: luft mit i:ren froyntlixen ʃtra:len, unt ʃo:n na:x ve:nigen augenbliken tso:k der vanderer zainen mantel aus. da: muste der nortvint tsu:ge:ben, das di: zone fon i:nen baiden der ʃtɛrkere va:r.

2. feinere Wiedergabe:
ˈʔaɪnst ʃtʁɪtən zɪç ˈnɔʁtvɪnt ʔʊnt ˈzɔnə, ˈveːʁ fɔn ʔiːnən ˈbaɪdən voːl dɐ ˈʃtɛʁkəʁə vɛːʁə, ʔals ʔaɪn ˈvandəʁɐ, deːʁ ʔɪn ʔaɪnən vaʁmən ˈmantəl ɡəˈhʏlt vaːʁ, dəs veːɡəs daːˈheːʁ kaːm. ziː vʊʁdən ˈʔaɪnɪç, das ˈdeːʁjeːnɪɡə fyːʁ den ˈʃtɛʁkəʁən ɡɛltən zɔltə, deːʁ dən ˈvandəʁɐ ˈtsvɪŋən vʏʁdə, zaɪnən ˈmantəl ˈʔaptsuːneːmən. dɐ ˈnɔʁtvɪnt ˈbliːs mɪt ˈʔalɐ ˈmaxt, ʔaːbɐ jeː ˈmeːʁ ʔɐ ˈbliːs, dɛstoˑ ˈfɛstɐ ˈhʏltə zɪç dɐ ˈvandəʁɐ ʔɪn zaɪnən ˈmantəl ˈʔaɪn. ˈʔɛntlɪç gaːp dɐ ˈnɔʁtvɪnt dən ˈkampf ʔaʊf. ˈnuːn ʔɐˈvɛʁmtə diˑ ˈzɔnə diˑ ˈlʊft mɪt ʔiːʁən ˈfʁɔʏntlɪçən ˈʃtʁaːlən, ʔʊnt ˈʃoːn naˑx ˈveːnɪgən ˈʔaʊɡənblɪkən ˈtsoːk dɐ ˈvandəʁɐ zaɪnən ˈmantəl ˈʔaʊs. daː ˈmʊstə dɐ ˈnɔʁtvɪnt ˈtsuːɡeːbən, das diˑ ˈzɔnə fɔn ʔiːnən ˈbaɪdən dɐ ˈʃtɛʁkəʁə vaːʁ.

3. Deutsch

Anhand von Minimalpaaren wie /pig/ neben /big/ oder /fig/ kann man feststellen, dass Konsonanten – hier /p/, /b/ und /f/ – in einer so genannten ›paradigmatischen‹ Beziehung zueinander stehen.

☛ Geben Sie für das Wort /giçt/ sämtliche deutsche Minimalpaare, indem Sie den anlautenden Konsonanten verändern und deren Artikulationsart und -stelle bestimmen.

4. Amerikanisches Englisch der Pennsylvania-Deutschen

Pennsylvania-Deutsch wird von den deutschstämmigen Mennoniten in Lancaster County gesprochen, die in der ersten Hälfte des achtzehnten Jahrhunderts aus der Schweiz nach Pennsylvania auswanderten. Der Erwerb des amerikanischen Englisch der Pennsylvania-Deutschen hängt stark von den religiösen Traditionen der einzelnen Gruppen ab. So zeigen sich in der Sprache derjenigen, die Englisch als zweite Sprache angenommen haben, u. a. die folgenden lautlichen Interferenzerscheinungen:

	amerikanisches Englisch		Englisch der Mennoniten	
1.	⟨big⟩	[big]	[bik]	*groß*
2.	⟨pulled⟩	[puld]	[pult]	*zog*
3.	⟨tab⟩	[tæb]	[tæp]	*Henkel*
4.	⟨leave⟩	[li:v]	[li:f]	*verlassen*

☛ Welcher lautliche Prozess liegt den Interferenzen zugrunde? Begründen Sie das Phänomen, indem Sie die Herkunft der Migrantengruppen berücksichtigen.

5. Deutsch

☛ Geben Sie die folgenden Beispiele in phonetischer Umschrift wieder:

1. ⟨Auf Parkende, Autos und Fußgänger achten⟩
2. ⟨Auf parkende Autos und Radfahrer achten⟩
3. ⟨Einakter⟩ ⟨ein Nackter⟩
4. ⟨Wohlleben⟩ ⟨wohl eben⟩
5. ⟨erstrangig⟩ ⟨erst rang ich⟩

6. Germanisch

Das Germanische, die hypothetische Ahnsprache des Englischen, Deutschen und der anderen germanischen Sprachen, unterscheidet sich durch bestimmte Lautwandelprozesse als ein selbstständiger Zweig von den übrigen indoeuropäischen Sprachen. In der Indogermanistik werden diese Lautwandelprozesse als erste oder germanische Lautverschiebung bezeichnet.

☛ Welche lautlichen Prozesse werden unter den Terminus germanische Lautverschiebung zusammengefasst?

	Indogermanisch			Germanisch		
1.	p	t	k	f	θ	x
2.	pʰ	tʰ	kʰ	f	θ	x
3.	b	d	g	p	t	k
4.	bʰ	dʰ	gʰ	β	ð	ɣ

2.5 Übungsaufgaben

7. Sächsisch

Dem ›Sächsischen‹, genauer eigentlich der obersächsischen Umgangssprache, wird eine lässig-›butterweiche‹ Aussprache nachgesagt. Man kann sich ihr nähern, wenn man den praktischen Ratschlag beherzigt, den Stefan Heym in einer Talkshow gab: »nur den Unterkiefer vorschieben.« – Ein Beispiel: »Gindr! Nennd eire Gindr nichd Gindr! Sonsd, wenn'r ›Gindr‹ rufd, gomm'n alle Gindr, bloß nich eier Gindr!«

Dieses schöne, wenn auch humoristisch überzeichnete ›Zitat‹ macht zwei Eigenheiten des Sächsischen augenfällig: zum einen die Neutralisierung des Kontrastes zwischen den stimmhaften und den stimmlosen Verschlusslauten des Hochdeutschen (phonetisch als nicht-aspirierte stimmlose Verschlusslaute [p], [t] und [k]), zum anderen die Entrundung der gerundeten Vordervokale.

☛ Bilden Sie unter Anwendung dieser beiden Regeln weitere sächsische Formen.

8. Berlinisch

Das Berlinische galt lange Zeit als ein schlichtweg ›unreiner‹, nicht regelhafter Dialekt. Selbst der Heimatdichter Willibald Alexis, der sich nach eigenem Bekunden immerhin »bei Berlin dem großen Naturgeist nahe fühlte«, beschreibt das Berlinische »als Jargon, aus dem verdorbenen Plattdeutsch und allem Kehricht und Abwurf der höheren Gesellschaftssprache auf eine so widerwärtige Weise komponiert, dass er nur im ersten Moment Lächeln erregt, auf die Dauer aber das Ohr beleidigt« (Alexis o.J.: IV). Wenig schmeichelhaft äußert sich auch Friedrich Engels 1885 in einem Brief an Minna Kautsky (Engels 1975:393): »Vergiften Sie alle jebildeten Berliner und zaubern sie eine wenigstens erträgliche Umgebung dorthin, und bauen Sie das ganze Nest von oben bis unten um, dann kann vielleicht noch was Anständiges draus werden. Solange aber der Dialekt da gesprochen wird, schwerlich.«

☛ Prüfen Sie anhand der folgenden Beispiele im Hinblick auf die Rundung des /i/, ob das Berlinische tatsächlich so regellos ist, wie vielfach behauptet worden ist.

1. [ʏma]   *immer*
2. [ʏrə]   *irre*
3. [tʏʃ]   *Tisch*
4. [bɪtə]   *bitte*
5. [fʏʃ]   *Fisch*
6. [mʏlʃ]   *Milch*
7. [hɪsn̩]   *hissen*
8. [naxtʰʏml̩] *Nachthimmel*
9. [bʏrnə] *Birne*
10. [fɪf]   *Pfiff*
11. [ɪnən] *innen*
12. [tɪk]   *Tick*

9. ›Goethe‹-Deutsch

In der folgenden Strophe aus »Glück der Entfernung« (Goethe 1887: 48) des deutschen Dichterfürsten gibt es für den heutigen Leser einige Ungereimtheiten.

☛ Worin genau bestehen im einzelnen die Ungereimtheiten?

Trink', o Jüngling! heil'ges Glücke
Taglang aus der Liebsten Blicke;
Abends gaukl' ihr Bild dich ein.
Kein Verliebter hab' es besser;

Doch das Glück bleibt immer größer,
Fern von der Geliebten sein.

10. Walisisch

Das Walisische oder Kymrische gehört zur britannischen (p-keltischen) Gruppe der keltischen Sprachen und wird vor allem im Westen und Nordwesten von Wales noch von insgesamt etwa 700 000 Menschen gesprochen. Die schriftsprachliche Tradition begann im sechsten Jahrhundert und gehört zu den ältesten in Europa, aber seit langem wird das Kymrische durch das Englische, die politisch und sozial dominierende Sprache, zurückgedrängt, was sich z. B. auch in zahlreichen Lehnwörtern wie ⟨desg⟩ oder ⟨beisicl⟩ zeigt. Bei der Schreibung wurde die Orthographie der heutigen Schriftsprache gewählt; hierbei entspricht: ⟨c⟩ = /k/, ⟨ng⟩ = /ŋ/, ⟨ch⟩ = /x/, ⟨ph⟩ = /f/, ⟨f⟩ = /v/, ⟨th⟩ = /θ/ und ⟨dd⟩ = /ð/, ⟨y⟩ = [ɨ] (nördliches Wales).

☞ Systematisieren Sie die Lautveränderungen bei der Possessivbildung nach Wechsel in Artikulationsart und -stelle.

1. ⟨calon⟩ *Herz*
2. ⟨fy nghalon i⟩ *mein Herz*
3. ⟨dy galon di⟩ *dein Herz*
4. ⟨ei galon ef⟩ *sein Herz*
5. ⟨ei chalon hi⟩ *ihr Herz*
6. ⟨pen⟩ *Kopf*
7. ⟨fy mhen i⟩ *mein Kopf*
8. ⟨dy ben di⟩ *dein Kopf*
9. ⟨ei phen hi⟩ *ihr Kopf*
10. ⟨tad⟩ *Vater*
11. ⟨fy nhad i⟩ *mein Vater*
12. ⟨dy dad di⟩ *dein Vater*
13. ⟨ei thad hi⟩ *ihr Vater*
14. ⟨beisicl⟩ *Fahrrad*
15. ⟨fy meisicl i⟩ *mein Fahrrad*
16. ⟨dy feisicl di⟩ *dein Fahrrad*
17. ⟨ei beisicl hi⟩ *ihr Fahrrad*
18. ⟨gwaith⟩ *Arbeit*
19. ⟨fy ngwaith i⟩ *meine Arbeit*
20. ⟨dy waith di⟩ *deine Arbeit*
21. ⟨ei gwaith hi⟩ *ihre Arbeit*
22. ⟨desg⟩ *Pult, Schreibtisch*
23. ⟨fy nesg i⟩ *mein Pult*
24. ⟨dy ddesg di⟩ *dein Pult*
25. ⟨ei desg hi⟩ *ihr Pult*

☞ Das Paradigma ist nicht regelmäßig. Versuchen Sie, die von der lautlichen Systematik her zu erwartenden Formen zu rekonstruieren.

11. Deutsch

Im Deutschen werden die Plosive /p/, /t/, /k/ aspiriert.

☞ Bestimmen Sie anhand der folgenden Beispiele, wann im Deutschen eine Aspirierung erfolgt und wann nicht, unabhängig davon, ob die Aspirierung stark (K^h) oder schwach (K^H) erfolgt.

1. [tʰaːtʰ] *Tat*
2. [pʰakʰen] *packen*
3. [pʰakʰ] *Pack*
4. [antʰail] *Anteil*
5. [kʰeːks] *Keks*
6. [ɛksə] *Echse*
7. [psiː] *Psi*
8. [pʃɔʀ] *Pschorr*

2.5 Übungsaufgaben

9.	[apʰʃalten]	*abschalten*	20.	[vɛkᴴpʰakᴴen]	*wegpacken*
10.	[veks]	*(des) Wegs*	21.	[ɛntᴴkʰɔmen]	*entkommen*
11.	[vɛkᴴʃauen]	*wegschauen*	22.	[vɛkᴴtʰun]	*wegtun*
12.	[vɛkgeːən]	*weggehen*	23.	[ɛntdekᴴen]	*entdecken*
13.	[apʰgəpʰʀalt]	*abgeprallt*	24.	[ɛnttʰoyʃtʰ]	*enttäuscht*
14.	[kʰɛkʰ]	*keck*	25.	[ɛntlaufen]	*entlaufen*
15.	[kʰɔpfloːs]	*kopflos*	26.	[vɛkkʰulɛːʀn]	*wegkullern*
16.	[pʰlatᴴe]	*Platte*	27.	[appʰʀal]	*Abprall*
13.	[apʰgəpʰʀalt]	*abgeprallt*	28.	[apʰtʰʀeːtᴴen]	*abtreten*
17.	[møkᴴliç]	*möglich*	29.	[kʰɔpʰ]	*Kopp (regional für*
18.	[ʀaps]	*Raps*			*hochdeutsch Kopf)*
19.	[apbinden]	*abbinden*	30.	[kʰɔpfloːziçkʰaitʰ]	*Kopflosigkeit*

12. K'iche'

K'iche' gehört zur Familie der Maya-Sprachen und wird in Guatemala von mehr als einer Million Menschen gesprochen. Im Gegensatz zu den meisten anderen erwähnten Indianersprachen ist K'iche' innerhalb seines Verbreitungsgebietes Mehrheitssprache und der Anteil der Einsprachigen ist relativ hoch. Die nachfolgenden Daten stammen aus dem Dialekt von Nahuala-Ixtahuacán.

☞ Geben Sie die Regeln für die Verteilung der Allophone.

/p/:	[p]	[pʰ]	/t/:	[t]	[tʰ]
/k/:	[k]	[kʰ]	/q/:	[q]	[qʰ]
/r/:	[r]	[r̥]	/l/:	[l]	[ɫ]
/j/:	[j]	[ç]	/w/:	[w]	[ɸ]

1.	[kaːʔ]	*Mahlstein*	15.	[qʼapoːx]	*Mädchen*
2.	[kuːkʰ]	*Eichhörnchen*	16.	[ikax]	*Axt*
3.	[poʔtʰ]	*Bluse*	17.	[kar̥]	*Fisch*
4.	[raqan]	*sein Fuß*	18.	[xuɫ]	*Höhle*
5.	[tapʰ]	*Krabbe*	19.	[uleːɸ]	*Erde*
6.	[kaːqʰ]	*ihr Schwein*	20.	[poːç]	*Vogelscheuche*
7.	[ʔatʰ]	*du*	21.	[jaːkʰ]	*Fuchs*
8.	[nutaːtʰ]	*mein Vater*	22.	[ijoːm]	*Hebamme*
9.	[qaːqʰ]	*unser Schwein*	23.	[elakʼoːm]	*Dieb*
10.	[poːm]	*Kopal (mesoamerikanischer Weihrauch)*			
11.	[aːtaːm]	*früh*	24.	[paːr̥]	*Stinktier*
12.	[tsiːx]	*Wort*	25.	[tʼuʔç]	*Topf*
13.	[ʔuts]	*gut*	26.	[waraːɫ]	*hier*
14.	[qʼuːqʼ]	*Quetzal (mittelamerik. Vogel bzw. dessen Federn)*	27.	[leːx]	*Tortilla*

13. Kuna

Kuna wird auf den San-Blas-Inseln (Panama) und auf dem Festland von Panama und Kolumbien von gut 20 000 Menschen gesprochen. Es wird zur Chibcha-Sprachfamilie gerechnet. Da die meisten Sprachen dieser Sprachfamilie wenig erforscht sind, ist über die Zuordnung noch lange nicht das letzte Wort gesprochen. Die Volksgruppe der Kuna besitzt eine reiche orale Tradition, die auch gut dokumentiert ist. Neben umfangreichen Textsammlungen sind vor allem die Arbeiten von Joel Sherzer zur Ethnographie des Sprechens hervorzuheben.

Neben obligatorischen phonologischen Regeln verfügt das Kuna auch über variable Regeln, deren Anwendung von der Redesituation abhängig ist. Formelle Rede (Mythen, Ansprachen, ...) zeichnet sich durch Anwendung weniger Regeln aus, informelle Rede (Alltagsgespräche) hingegen durch Anwendung des gesamten Inventars, wobei informell und formell nur extreme eines Kontinuums darstellen:

Regel 1:   V   →   Ø / ___ Suffix (variabel)
Regel 2:   K   →   Ø / ___ KK
Regel 3:   k   →   j / ___ K
Regel 4:   l   →   r / ___ K

Die Konsonantenverbindung /ss/ wird phonetisch als [ts] realisiert.

☛ Stellen Sie die schrittweise Anwendung der Regeln (Regelfolge) für die untenstehenden Formen dar:

1. Zugrundeliegende Form:
    *sunmake - sa - suli   *er sprach nicht*
    sprechen - Vergangenheit - nicht
1a sunmajsasuli   (formell)
1b sunmatsuli   (informell)
2. Zugrundeliegende Form:
    *dake - sa - suli - moga   *er sah auch nicht*
    sehen - Vergangenheit - nicht - auch
2a dajsasulimoga   (formell)
2b dajsasurmoga
2c datsulimoga
2d datsurmoga   (informell)

14. Deutsch

In den folgenden Beispielen finden Sie in Kolumne I Infinitivformen und in Kolumne II die entsprechenden Perfektpartizipien.

☛ Geben Sie die Akzentregeln an, die aus dem Verb ⟨stehen⟩ die Form ⟨missverstehen⟩ ableiten und erklären Sie, warum das Perfektpartizip von ⟨stehen⟩ mit der Vorsilbe ⟨ge-⟩ und ⟨missverstehen⟩ ohne diese Vorsilbe gebildet wird.

2.5 Übungsaufgaben

	I	II		I	II
1.	ˈglauben	geˈglaubt	8.	ˈarbeitet	geˈarbeitet
2.	ˈtropfen	geˈtropft	9.	ˈmissˌverstehen	ˈmissverˌstanden
3.	verˈstehen	verˈstanden	10.	ˈüberbeˌlasten	ˈüberbeˌlastet
4.	entˈnehmen	entˈnommen	11.	unterˈrichten	unterˈrichtet
5.	missˈglücken	missˈglückt	12.	ˈunterbelichten	ˈunterbeˌlichtet
6.	überˈfüttern	überˈfüttert	13.	beˈlichten	beˈlichtet
7.	marˈschieren	marˈschiert	14.	ˈgehen	geˈgangen

15. Spanisch

☞ Beschreiben Sie die Regeln, nach denen der Wortakzent gesetzt wird.

1.	/koˈmeɾ/	*essen*	15.	/manθaˈnal/	*Apfelpflanzung*
2.	/koˈmida/	*das Essen*	16.	/ˈrosa/	*Rose*
3.	/ˈkomo/	*ich esse*	17.	/ˈrosas/	*Rosen*
4.	/ˈkomes/	*du isst*	18.	/roˈsal/	*Rosenstrauch*
5.	/koˈmemos/	*wir essen*	19.	/gɾaˈbaɾ/	*gravieren*
6.	/komenˈθad/	*Beginnt!*	20.	/gɾabaˈdor/	*Graveur*
7.	/komenˈθaɾ/	*beginnen*	21.	/gɾabaˈdora/	*Tonbandgerät*
8.	/koˈmjenθo/	*ich beginne*	22.	/ˈgɾabe/	*schwer (Adjektiv)*
9.	/ˈduda/	*Zweifel*	23.	/gɾabeˈaɾ/	*drücken, lasten*
10.	/duˈdaɾ/	*zweifeln*	24.	/gɾabeˈmente/	*schwer (Adverb)*
11.	/ˈdudas/	*Zweifel (Plural)*	25.	/gɾaˈbad/	*Graviert!*
12.	/duˈdable/	*zweifelhaft*	26.	/ˈgɾabas/	*du gravierst*
13.	/manˈθana/	*Apfel*	27.	/ˈgɾabo/	*ich graviere*
14.	/manˈθanas/	*Äpfel*	28.	/gɾaˈbado/	*Stich*

16. Suaheli

Suaheli gehört zu den Bantusprachen. Es ist in Ostafrika weit verbreitet, wobei es auch von Sprechern anderer (Bantu-)Sprachen als Verkehrssprache (›lingua franca‹) der Region verwendet wird. Mit etwa 50 Millionen Sprechern und einer umfangreichen Literaturproduktion ist es die bedeutendste afrikanische Sprache.

☞ Wie ist die Silbenstruktur aufgebaut und nach welchen Regeln erfolgt die Akzentuierung?

1.	⟨mbuzi⟩	[mbuˈzi]	*Ziege*
2.	⟨mchungwa⟩	[mtʃuˈŋwa]	*Orangenbaum*
3.	⟨au⟩	[ʔa.u]	*oder*
4.	⟨shida⟩	[ʃiˈda]	*Ärger*
5.	⟨ndege⟩	[ndɛˈgɛ]	*Vogel*
6.	⟨mbu⟩	[ˈm.bu]	*Moskito*
7.	⟨kahawa⟩	[kaˈha.wa]	*Kaffee*
8.	⟨kaa⟩	[ˈkaː]	*sitzen*

9. ⟨ng'ombe⟩   [ŋo.ˈmbe]   *Kuh*
10. ⟨mto⟩   [ˈm.to]   *Fluss*
11. ⟨mtoto⟩   [mto.ˈto]   *Kind*
12. ⟨mboga⟩   [mbo.ˈga]   *Gemüse*
13. ⟨kifuniko⟩   [ki.fu.ˈni.ko]   *Deckel*
14. ⟨mwanakondoo⟩ [mwa.na.ˈkon.doː] *Lamm*
15. ⟨faida⟩   [fa.ˈi.da]   *profitieren*
16. ⟨wakati⟩   [wa.ˈka.ti]   *Zeit*

17. Deutsch

Die folgenden Äußerungspaare unterscheiden sich durch Pausen, durch unterschiedliche Akzentuierungen oder durch unterschiedliche Tonhöhenverläufe.

☛ Vergleichen Sie die einzelnen Äußerungspaare. Welche Verständnisunterschiede ergeben sich?

1a   Klaus denkt ‖ Hans lenkt
1b   Klaus denkt Hans lenkt
2a   ˈKlaus denkt Hans lenkt
2b   Klaus denkt ˈHans lenkt
3a   Klaus denkt Hans lenkt ↗
3b   Klaus denkt Hans lenkt ↘

18. Kuna

Die Kuna-Indianer kennen ein Wortspiel, das »Rückwärtsreden« (*sorsig sunmake*) genannt wird. Hierbei wird jeweils die erste Silbe an das Ende des Wortes gehängt. Die nachstehenden Beispiele sind grob phonetisch verschriftlicht.

☛ Beschreiben Sie anhand der Wortspielvarianten die Silbenstruktur.

1. ibja / jaib   *Auge*   4. saban / bansa   *Unterleib*
2. dage / geda   *kommen*   5. aswe / weas   *Avocado*
3. ina / nai   *Medizin*   6. mola / lamo   *Tuch, Stoff*

☛ Phonemisieren Sie die Daten aufgrund der Wortspielvarianten.

7. biriga / gabir   *Jahr*   13. dake / gedag   *sehen*
8. diː / idi   *Wasser*   14. sate / desad   *nein*
9. gamːai / maigam *schlafend*   15. ua / wau   *Fisch*
10. muː / umu   *Großmutter*   16. uaja / wajau   *Ohr*
11. sapan / bansab   *Brennholz*   17. ia / jai   *älterer Bruder*
12. dage / geda   *kommen*

2.5 Übungsaufgaben

19. Mazatekisch

Das Mazatekische ist eine mexikanische Indianersprache, die im Bundesstaat Oaxaca von etwa 170 000 Menschen gesprochen wird. Sie gehört zur Familie der Otomangue-Sprachen. Mazatekisch ist eine Tonsprache. Der Dialekt von Huautla de Jiménez, aus dem das folgende Beispiel stammt, hat vier phonemische Tonhöhen sowie Steig- und Falltöne, die von einer Höhenstufe zur anderen fallen oder steigen. Aufgrund der Komplexität des Tonsystems wird anstelle der IPA-Notation eine andere, in diesem Falle praktischere Form der Wiedergabe von Tönen gewählt, nämlich diejenige durch Indexzahlen nach der Silbe: ^{4} = Hoch, ^{3} = Mittelhoch, ^{2} = Mitteltief, ^{1} = Tief, ^{42} = Fallton von Hoch nach Mitteltief, ^{14} = Steigton von Tief nach Hoch, etc. Neben der normalen gesprochenen Sprache gibt es noch eine Pfeifsprache, die vor allem bei Gesprächen über größere Distanz hinweg verwendet wird. Diese Pfeifsprache besitzt nahezu das volle Spektrum von Ausdrucksmöglichkeiten der gesprochenen Sprache.

Der nachfolgende Text gibt ein solches gepfiffenes Gespräch zwischen zwei Personen (Sprecher A und B) mit seiner normalsprachlichen Entsprechung wieder.

☛ Kennzeichnen Sie die Beziehungen, die beide Fassungen in phonologischer Hinsicht verbinden.

1. A: hɲa^4 ti^2-ʔmi^2 *Wohin gehst Du?*
2. B: tʃi^{2}kĩ^4 ti^3-vhi^{2}kʔa^{12} *Ich gehe Brennholz holen.*
3. A: tsĩ^3 khoi^{2}tʃʔa^3 tʃi^{2}kĩ^{42} *Wollen wir nicht zusammen Brennholz holen gehen?*
4. B: sʔai^1-la^3-ni^2 khoi^{2}tʃʔa^3 *Wir können später welches holen gehen.*
5. A: tʃo^{4}ja^2-la^3-nai^{42} *Warte auf mich.*
6. B: to^1-nka^2 he^{23}-ti^3-vhia^{21}-ʔni^2 *Aber ich bin gerade im Begriff zu gehen.*
7. A: to^1-hnko^{2}tho^3-la^3 tʃo^{4}ja^2-nai^{42} *Warte doch noch etwas.*

Gepfiffener Text:

1. A: [notation]   2. B: [notation]   3. A: [notation]
4. B: [notation]   5. A: [notation]   6. B: [notation]
7. A: [notation]

20. Mixtekisch*

Mixtekisch gehört zu den in Zentral- und Südmexiko verbreiteten Otomangue-Sprachen. Es wird von etwa 480 000 Personen im mexikanischen Bundesstaat Oaxaca und angrenzenden Regionen gesprochen, also einer der besonders strukturschwachen Regionen Mexikos; durch Arbeitsmigranten hat die Sprache eine sekundäre Verbreitung bis nach Kalifornien erhalten. Eigentlich kann man nicht von ›einer‹ mixtekischen Sprache sprechen, da die verschiedenen ›Dialekte‹, hier der von Ayutla (Guerrero), nicht mehr gegenseitig verständlich sind – sie unterscheiden sich in ähnlich starkem Maße wie Deutsch und Holländisch.

☛ Beschreiben Sie die Bildung der Negation.

A 1. /nu'ɲa-ra/ ˧˥˥ *er wird öffnen*
    2. /nuɲa-'ra/ ˧˩˥ *er wird nicht öffnen*
    3. /'ʃaku-ra/ ˥˥˥ *er schreit, weint*
    4. /ʃaku-'ra/ ˧˩˥ *er schreit nicht*
    5. /'ʃini-ra/ ˥˥˥ *er versteht*
    6. /ʃini-'ra/ ˧˩˥ *er versteht nicht*
B 7. /ʃa'ku-ra/ ˥˥˧ *er lacht*
    8. /ʃaku-'raa/ ˧˩˥ *er lacht nicht*
    9. /ʃi'ni-ra/ ˥˥˧ *er weiß*
   10. /ʃini-'raa/ ˧˩˥ *er weiß nicht*
C 11. /lu'lu-ra/ ˥˥˧ *er ist klein*
   12. /lulu'u-ra/ ˧˥˧ *er ist nicht klein*
   13. /'kakã-ra/ ˩˧˧ *er wird fragen*
   14. /kakãβã-ra/ ˧˥˧ *er wird nicht fragen*
   15. /'wiʃĩ-ra/ ˧˧˧ *er friert*
   16. /wiʃĩ'ĩ-ra/ ˧˥˧ *er friert nicht*

☛ Entscheiden Sie, ob in der vorliegenden Sprache Betonung (verbunden mit Intonation) phonemisch ist oder ob sie phonemische Töne hat. Hierzu noch zusätzliche Daten:

D 17. /'ʃini-ra/ ˥˧˥ *sein Hut*
   18. /ʃini-'ra/ ˩˧˥ *sein Kopf*
   19. /'ʃini-ra/ ˥˧˥ *er ist betrunken*
   20. /'ʃini-ra/ ˧˧˧ *er wusste*
   21. /'ʃaku-ra/ ˩˧˧ *er lachte*
   22. /'ʃaku-ra/ ˧˧˧ *er weinte*
   23. /'nuɲa-ra/ ˥˥˥ *er öffnet*

21. Chinesisch*

Das Chinesische gehört zu den sino-tibetischen Sprachen und ist mit etwa einer Milliarde Sprechern die sprecherreichste Sprache der Welt. Es ist auch eine der wenigen Sprachen, deren Sprachgeschichte bis ins zweite Jahrtausend vor Christus hinein durch Schriftzeugnisse dokumentierbar ist. Unter Chinesisch wird im engeren Sinne die heute im Norden gesprochene Varietät verstanden, die ⟨Pūtōnghuà⟩ genannt wird; vor allem im englischen Sprachraum ist die Bezeichnung Mandarin-Chinesisch üblich. Das Pūtōnghuà entwickelt sich zu einer überregionalen Normsprache, nicht zuletzt deshalb, weil die seit den fünfziger Jahren eingeführte Alphabetschrift pīnyīn auf dem Lautsystem des Pūtōnghuà aufgebaut ist:

⟨b⟩	⟨d⟩	⟨g⟩			/p/	/t/	/k/		
⟨p⟩	⟨t⟩	⟨k⟩			/pʰ/	/tʰ/	/kʰ/		
⟨z⟩	⟨zh⟩	⟨j⟩			/ts/	/tʂ/	/tɕ/		
⟨c⟩	⟨ch⟩	⟨q⟩			/tsʰ/	/tʂʰ/	/tɕʰ/		
⟨s⟩	⟨sh⟩	⟨x⟩	⟨h⟩	⟨r⟩	/s/	/ʂ/	/ɕ/	/x/	/ʐ/

2.5 Übungsaufgaben

Die vier Töne werden als Akzente über die Vokalgrapheme gesetzt, der neutrale Ton wird nicht wiedergegeben. Meist (vgl. Kapitel 2.2.3) wird davon ausgegangen, dass die Töne folgenden Verlauf haben: Ton 1 (Hochton [55]), Ton 2 (Steigton [35]), Ton 3 (Fall-Steig-Ton [214]), Ton 4 (Fallton [51]).

☞ Überprüfen Sie den Tonverlauf, indem Sie die folgenden Messwerte analysieren. Die Messwerte geben die Grundfrequenzen (in Hz) wieder, die über die Silben /ma/ (1. bis 4. Ton) und /yi/ (ebenfalls 1. bis 4. Ton) von 5 chinesischen Frauen (f) und 5 chinesischen Männern (m) gesprochen wurden.

Nr.		1(m)	2(f)	3(m)	4(f)	5(m)	6(f)	7(m)	8(f)	9(m)	10(f)	arithm. Mittel
1.	⟨mā⟩	125	280	200	250	120	250	150	270	130	280	206
2.	⟨má⟩	115	215	160	215	090	190	100	225	120	215	165
		135	260	200	245	120	265	170	245	140	280	206
3.	⟨mǎ⟩	115	185	----	195	----	175	100	220	115	190	162
		090	150	----	----	----	150	085	195	095	175	134
		115	185	----	175	----	180	115	220	120	215	166
4.	⟨mà⟩	120	285	----	290	120	240	210	280	125	260	215
		120	215	----	270	100	215	105	220	095	215	173
5.	⟨yī⟩	140	280	190	255	115	240	150	280	135	215	200
6.	⟨yí⟩	120	215	175	210	095	195	105	215	115	220	167
		140	255	215	270	135	250	175	275	135	305	194
7.	⟨yǐ⟩	120	185	----	180	----	170	085	215	115	190	158
		090	160	----	155	----	160	070	200	100	185	140
		115	185	----	165	----	185	115	250	115	215	168
8.	⟨yì⟩	155	280	----	275	----	255	210	300	125	265	233
		120	225	----	240	----	240	120	220	090	215	183

22. Deutsch

Für Langvokale gibt es im Deutschen verschiedene graphische Realisierungen, z.B. /e:/ → {⟨e⟩, ⟨ee⟩, ⟨eh⟩} wie in ⟨Heer⟩, ⟨her⟩, ⟨hehr⟩. Es gibt keine feste Regel, nach der man vorhersagen könnte, wann Langvokale mit Dehnungs-h geschrieben werden und wann nicht. Allerdings gibt es bei der Schreibung mit Dehnungs-h gewisse regelmäßige Einschränkungen.

☞ Welche Einschränkungen bestehen?

1. ⟨Kahn⟩
2. ⟨Hohn⟩
3. ⟨loben⟩
4. ⟨Keks⟩
5. ⟨Lehm⟩
6. ⟨rufen⟩
7. ⟨zögern⟩
8. ⟨hohl⟩
9. ⟨Ruhm⟩
10. ⟨Tat⟩
11. ⟨führen⟩
12. ⟨sehr⟩
13. ⟨Uwe⟩
14. ⟨Maat⟩
15. ⟨wählen⟩
16. ⟨Fete⟩
17. ⟨rädern⟩
18. ⟨hoch⟩
19. ⟨stöhnen⟩
20. ⟨Zahl⟩
21. ⟨Wohl⟩

23. Spanisch

Im Spanischen weichen Lautung und Orthographie in einigen Punkten voneinander ab. Diese Abweichungen sind sprachgeschichtlich bedingt und gehen z. T. noch auf das Lateinische zurück. In anderen romanischen Sprachen ist die Diskrepanz zwischen Lautung und orthographischer Repräsentation noch stärker ausgeprägt.

Der Akut ´ auf Vokalen bezeichnet im Spanischen die unregelmäßige Betonung (vgl. Aufgabe 14), die Grapheme ⟨b⟩ und ⟨v⟩ sind Schreibvarianten des Phonems /b/, das intervokalisch als [β] realisiert wird.

☞ Beschreiben Sie die Diskrepanz zwischen Phonem und Graphem anhand der Wiedergabe der Phoneme /x/, /g/, /θ/ und /k/.

1. /xente/ ⟨gente⟩ *Leute*
2. /xigante/ ⟨gigante⟩ *Riese*
3. /xoben/ ⟨joven⟩ *junger Mensch*
4. /xabon/ ⟨jabón⟩ *Seife*
5. /xugo/ ⟨jugo⟩ *Saft*
6. /gato/ ⟨gato⟩ *Katze*
7. /gera/ ⟨guerra⟩ *Krieg*
8. /gisado/ ⟨guisado⟩ *Schmorfleisch*
9. /gusto/ ⟨gusto⟩ *Geschmack*
10. /gobjerno/ ⟨gobierno⟩ *Regierung*
11. /θima/ ⟨cima⟩ *Gipfel, Wipfel*
12. /θentro/ ⟨centro⟩ *Zentrum*
13. /θapato/ ⟨zapato⟩ *Schuh*
14. /θoro/ ⟨zorro⟩ *Fuchs*
15. /θurdo/ ⟨zurdo⟩ *Linkshänder*
16. /kimika/ ⟨química⟩ *Chemie*
17. /keso/ ⟨queso⟩ *Käse*
18. /kabeʎo/ ⟨cabello⟩ *Haar*
19. /komida/ ⟨comida⟩ *Essen*
20. /kura/ ⟨cura⟩ *Geistlicher*

24. Deutsch

Im folgenden Textausschnitt ist ein Kommentar wiedergegeben, der die Fernsehübertragung eines Fußballspiels begleitet.

☞ Erstellen Sie unter Beachtung der Zeichensetzungsregeln des Deutschen eine schriftsprachliche Version.
☞ Diskutieren Sie am Beispiel das Verhältnis von Zeichensetzungsregeln und Segmentierungen in der gesprochenen Sprache.

guten abend meine damen und herren (.) das wort von den minimalisten hat hier in mexiko die runde gemacht gemeint war die deutsche mannschaft ↗ die mit geringen (.) mit geringstem aufwand bisher die größtmögliche wirkung hier erzielt

2.5 Übungsaufgaben

hat ↘ ohne eine wirklich spielerisch (.) überzeugende Leistung mit vier zu vier toren nur ins halbfinale einziehen (.) das ist ja schließlich gar nicht so einfach ↗ (.)

25. Tschechisch

Beim nachfolgenden Text handelt es sich um die tschechische Fassung des IPA-Textes in Aufgabe 2. [ř] ist ein gerollter postalveolarer Frikativ. Typographisches ⟨ť⟩ hat als Großbuchstabe die Variante ⟨Ť⟩ und entspricht handschriftlichem ⟨t̆⟩.

☛ Versuchen Sie die IPA-Wiedergabe der Phone durch die offizielle Orthographie zu bestimmen. Liegt der Verwendung der diakritischen Zeichen eine bestimmte Systematik zugrunde?

1. severaːk a sluntse se haːdali, gdo z ɲix je silɲeiʃiː;
2. f tom spatr̝ili potsestneːho, kteriː kraːt͡ʃel zahalen plaːʃcem.
3. ujednali tedi, ʒe ten se maː povaʒovaci za silɲeiʃiːho,
4. gdo prvɲiː dokaːʒe, abisi potsestniː svleːkl plaːʃc.
5. tu zat͡ʃal severaːk foukaci ze fʃiː siːli;
6. ale t͡ʃiːm viːts foukal, ciːm viːtse se potsestniː zahaloval do sveːho plaːʃce.
7. konet͡ʃɲe vzdal se severaːk marneːho uːsiliː.
8. pak zat͡ʃalo slunko sviːcit a hr̝aːt, a za ɲejakiː okamʒik potsestniː,
9. ktereːmu bilo horko, sxoɟil plaːʃc.
10. tak musil severaːk uznaci, ʒe sluntse je silɲeiʃiː.

Orthographie:
1. Severák a slunce se hádaly, kdo z nich je silnější;
2. vtom spatřily pocestného, který kráčel zahalen pláštěm.
3. Ujednaly tedy, že ten se má považovati za silnějšího,
4. kdo první dokáže, aby si pocestný svlékl plášť.
5. Tu začal severák foukati ze vší síly;
6. ale čím víc foukal, tím více se pocestný zahaloval do svého pláště.
7. Konečně vzdal se severák marného úsilí.
8. Pak začalo slunko svítit a hřát, a za nějaký okamžik pocestný,
9. kterému bylo horko, shodil plášť.
10. Tak musil severák uznati, že slunce je silnější.

26. Chinesisch

Als Grundformen sind die Nummern 1 bis 9 gegeben, in Verbindungen finden sich die in Klammern stehenden Varianten. Die Bedeutung der Zeichen ist stark vereinfacht wiedergegeben und einige der Zeichen sind selten gebrauchte Formen.

☛ Beschreiben Sie die verschiedenen Bildungsweisen der nachfolgenden chinesischen Schriftzeichen.

1. 人 rén Mensch (亻)
2. 木 mù Baum
3. 马 mǎ Pferd
4. 山 shān Berg
5. 水 shuǐ Wasser (氵)
6. 虫 chóng Insekt, Reptil
7. 女 nǚ Frau
8. 言 yán sprechen, Wort (讠)
9. 日 rì Sonne, Tag(eslicht)
10. 从 cóng Menschenmenge
11. 众 zhòng zahlreich
12. 林 lín Wald
13. 森 sēn Urwald, Dickicht
14. 晶 jīng glänzend
15. 昌 chāng glänzend (florierend)
16. 誩 jìn disputieren, streiten
17. 淼 miǎo grenzenlose Wasserfläche
18. 蚂 mǎ Ameise
19. 妈 mā Mutter, alte Frau
20. 杩 mà Brett
21. 犸 mà Figur des Schachspiels
22. 㐷 má viel reden
23. 讪 shàn lächerlich machen, üble Nachrede treiben
24. 汕 shàn Korb zum Fischfang
25. 枞 cōng (bestimmter) Nadelbaum
26. 沐 mù sich die Haare waschen
27. 淋 lín befeuchten, tropfen

3. Morphologie

3.1 Wörter und Wortarten

Im vorigen Kapitel haben wir bereits erwähnt, dass Folgen von Lauten größere Einheiten bilden können, zu denen u. a. auch Wörter gehören. In Schriftsprachen wie dem Deutschen sind Zwischenräume (Spatien), Groß- und Kleinschreibung sowie die Interpunktion Mittel, Wörter und andere Einheiten abzutrennen. In der gesprochenen Sprache können Wortgrenzen durch Pausen gekennzeichnet sein oder aber durch phonologische Regeln wie z. B. die Auslautverhärtung. Die so erhaltenen Einheiten machen für uns Sinn, was zugleich die Probe für richtiges Verstehen ist. Wir sind sogar in der Lage, scheinbar sinnlose Einheiten zu unterteilen, z. B. im folgenden ›Nonsense‹-Gedicht aus »Alice hinter den Spiegeln« (Carroll 1974: 90):

> »Verdaustig wars und glasse Wieben
> Rotterten gorkicht im Gemank;
> Gar elump war der Pluckerwank,
> Und die gabben Schweisel frieben.«

»›Das reicht fürs erste‹, unterbricht Alice Goggelmoggel, ›da kommen schon recht viele schwere Wörter vor.‹« Ob sie schwer sind oder nicht, sei dahingestellt – doch woher wissen wir, dass es sich um Wörter handelt? Immerhin, jeder Muttersprachler des Deutschen wird die Zeichenkette ⟨die gabben Schweisel⟩ beim Lesen intuitiv in die Wörter ⟨die⟩ /diː/, ⟨gabben⟩ /gabən/ und ⟨Schweisel⟩ /ʃvaɪsəl/ aufteilen. Würde aber ein Setzer die Kette zu ⟨diegabbenschweisel⟩ verschmelzen, so wäre man selbst dann in der Lage, intuitiv mehrere Wörter zu erkennen. Wahrscheinlich würde ein Leser entweder ebenfalls die drei Wörter ⟨die⟩, ⟨gabben⟩ und ⟨Schweisel⟩ trennen oder aber nur zwei Wörter ⟨die⟩ /diː/ und ⟨Gabbenschweisel⟩ /gabənʃvaɪsəl/, obwohl es ihm vermutlich schwer fallen dürfte, hierfür Gründe zu nennen.

Um eine Lautkette in Wörter aufteilen zu können, muss man ein Wort von einem anderen unterscheiden können. Dies setzt voraus, dass man weiß, was ein Wort ist. Wie wir weiter unten noch sehen werden, ist die Einheit ›Wort‹ von Sprache zu Sprache – z. T. sehr – unterschiedlich gefasst. So entsprechen in den folgenden Beispielen drei bzw. vier Wörter des Deutschen jeweils nur einem einzigen in einer anderen Sprache:

Deutsch:	ich sah dich	K'iche':	xatwilo	*ich sah dich*
Deutsch:	ich gebe es dir	Nahuatl:	nimitsmaka	*ich gebe es dir*

Die bereits angesprochene intuitive Kompetenz erlaubt daher nur für die eigene Muttersprache ein sicheres Urteil. Wenige können explizit sagen, nach welchen Kriterien man Wörter erkennen kann. Diese Explizierung wird jedoch notwendig, sofern man sich wissenschaftlich mit Sprachen beschäftigt, vor allem dann, wenn es sich um fremde Sprachen handelt, bei denen die Kompetenz für eine andere Muttersprache irreführend sein kann. Hinzu kommt, dass es in vielen Sprachen eine kleine Gruppe von Fällen gibt, bei denen die Einheit Wort problematisch ist: Ist ⟨Ihr-Schlüssel-weg-Tür-zu-Soforthelfer⟩ oder ⟨washing machine⟩ ein Wort oder nicht?

Obwohl die Kategorie ›Wort‹ eine Basiskategorie für die linguistische Beschreibung bildet, ist die Definition von ›Wort‹ schwierig. Neben semantischen Kriterien (vgl. Kap. 5.1) spielen formale eine Rollen. Hierbei kann der Begriff ›Wort‹ nicht direkt definiert werden, sondern muss indirekt durch ein Bündel von Indikatoren beschrieben werden, die bei der sprachspezifischen Definition der Einheit Wort häufig eine Rolle spielen:

- *Phonologische Indikatoren:* Hierzu gehören Pausen, Akzent sowie allophonische Variationen. In der Regel hat ein Wort nie mehr als einen Hauptakzent (vgl. z.B. die Duden-Regeln für Getrennt- und Zusammenschreibung); aus diesem Grund besteht die Lautkette /diːgabənʃvaɪsəl/ aus mehr als einem Wort. Innerhalb eines Segments nicht zulässige Konsonantenverbindungen sind ebenfalls Indizien für die Worttrennung – kein Muttersprachler des Deutschen würde auf die Idee kommen, die Lautfolge z.B. in /gabə/ */nʃvaɪsəl/ zu trennen.
- *Grammatische Indikatoren:* Hier sind häufig vorkommende Endungen anzuführen, z.B. im Deutschen ⟨-er⟩/⟨-en⟩/⟨-et⟩, oder häufige Wörter mit grammatischer Funktion wie der Artikel ⟨die⟩.
- *Isolierbarkeit:* Ein Wort muss auch selbstständig vorkommen können, so z.B. als Antwort auf eine Frage.
- *Beweglichkeit:* Ein Wort muss allein stehend im Satz oder Satzteil beweglich sein, z.B. ⟨Es geht mir gut⟩ neben ⟨Mir geht es gut⟩.
- *Nichtunterbrechbarkeit:* Ein Wort darf nicht durch andere unterbrochen werden. Allerdings gelten diese Kriterien nicht uneingeschränkt. Man denke nur an deutsche Verben wie ⟨einladen⟩, für die das letzte Kriterium nicht gilt, z.B. ⟨Die Gans lädt den Fuchs zum Essen ein⟩. Trotzdem begreifen wir ⟨lädt⟩ ... ⟨ein⟩ als ein Wort. Der wesentliche Punkt dafür ist, dass ⟨einladen⟩ eine feste Bedeutung hat.

Die verschiedenen Faktoren für die Wortdefinition können nicht isoliert betrachtet werden, sondern wirken bei der Aufspaltung von Lautketten in einzelne Wörter zusammen. Als Beispiel dafür können die folgenden Sprachdaten aus dem kalifornischen Luiseño stehen:

(1) ˈnoːˈpokʷaq   *Ich renne.*
(2) ˈhunwutˈpokʷaq   *Der Bär rennt.*
(3) ˈtʃaːmˈmoqnawunˈhunwuti   *Wir töten den Bären.*
(4) ˈtʃaːmˈwotiwunˈhunwuti   *Wir schlagen den Bären.*
(5) ˈnoːˈhunwutiˈwotiq   *Ich schlage den Bären.*
(6) ˈnoːˈhunwutiˈtoːwq   *Ich sehe den Bären.*
(7) ˈhunwutˈnejˈtoːwq   *Der Bär sieht mich.*

Aus dem Vergleich von Sprachmaterial und Übersetzung kann man einzelnen Lautfolgen Bedeutungen zuweisen, die deutschen Wörtern entsprechen. Die Sätze (1) und

(2) unterscheiden sich in den Elementen /ˈnoː/ und /ˈhunwut/ bzw. »ich« und »der Bär« und haben den Bestandteil /ˈpokʷaq/ gemeinsam. Der nahe liegende Verdacht, dass /ˈnoː/ »ich«, /ˈhunwut/ »der Bär« und /ˈpokʷaq/ »renne/rennt« bedeutet, kann durch weiteres Sprachmaterial bestätigt werden: Für »ich« findet sich regelmäßig /ˈnoː/ und für »der Bär« bzw. »den Bären« /ˈhunwut/ bzw. /ˈhunwuti/.

Durch systematisches Vergleichen von Sprachbeispielen kann man auf diese Weise grob Wörter segmentieren, wobei die oben angeführten Kriterien als zusätzliche Argumente dienen. Wenn man noch weiteres Sprachmaterial heranzieht, könnte eine solche Argumentation für das Luiseño etwa folgendermaßen aussehen: Anhand der Betonungen kann man die Zahl der Wörter in der Lautkette bestimmen, da jedes Wort genau eine betonte Silbe besitzt – nicht mehr und nicht weniger. Allerdings würde sich zeigen, dass – anders als es in den Beispielen den Anschein hat – die Betonung nicht immer auf die erste Silbe fällt, sondern wechselnd auf die erste oder zweite, z. B. im Wort /ʔeˈheŋmaj/ »Vogel«, so dass man nicht vor jedem Akzent trennen darf. Konsonantenverbindungen können nicht pauschal als Indikatoren für Worttrennungen herangezogen werden, da auch im Wortinnern zwei Konsonanten zusammentreffen können wie in /ˈhunwut/. Häufig vorkommende Endungen wie /-um/ »Plural«, z. B. in /ˈhunwut-um/, oder /-i/ »Akkusativ«, z. B. in /ˈhunwut-i/ und /ˈhunwut-um-i/, sind gute Indikatoren für Wortgrenzen. Die Beweglichkeit von Subjekt und Objekt im Verhältnis zum Verb – das Objekt /ˈhunwuti/ steht in den Sätzen (5) und (6) zwischen Subjekt und Verb, in den Sätzen (3) und (4) dagegen nach dem Verb – ist zusätzlich zu der Betonung ein weiterer Indikator dafür, dass es sich um jeweils eigenständige Wörter handelt.

Wörter werden gesammelt und in einem Lexikon aufgelistet. Für die Benutzung eines Lexikons ist eine Klassifikation der Wörter nach bestimmten Kriterien hilfreich, und man findet entsprechende Kategorien wie ›Verb‹, ›Adjektiv‹ oder ›Substantiv‹. Solche WORTARTEN können nach semantischen, syntaktischen und auch morphologischen Kriterien definiert werden. Allerdings ist eine allgemein gültige Bestimmung von Wortarten sprachübergreifend sehr schwierig, aber auch sprachspezifisch stellen sich manchmal erhebliche Probleme. An dieser Stelle geht es allein um morphologisch begründete Differenzierungen. Während Formmerkmale für das Chinesische kaum eine Rolle spielen, sind sie für Sprachen wie das Deutsche bei der Definition der Wortarten von zentraler Bedeutung.

Im Deutschen lassen sich flektierbare und nicht-flektierbare Wörter unterscheiden. Verben zeichnen sich dadurch aus, dass sie konjugiert werden können. Sie stimmen mit einem Substantiv oder Pronomen, dem Subjekt, hinsichtlich Person und Numerus überein und sind tempusmarkiert: ⟨Die Mutter liest⟩, ⟨Ich lese⟩, ⟨Wir lesen⟩, ⟨Ich las⟩, ⟨Wir lasen⟩. Substantive, auch NOMINA genannt, werden im Deutschen dagegen dekliniert, d. h. sie erhalten Information über Numerus und Kasus: ⟨das Kind⟩, ⟨die Kinder⟩, ⟨den Kindern⟩. Adjektive modifizieren Nomina, die ihre Flexion bestimmen: ⟨dem guten Buch⟩. Adverbien werden dagegen weder konjugiert noch dekliniert: ⟨Ich lese gern⟩. Nicht-flektierte Wortarten werden auch PARTIKELN genannt. Neben diesen in den meisten Sprachen

OFFENEN Wortklassen, d.h. Wortarten mit einer großen und erweiterbaren Zahl von Elementen, gibt es auch GESCHLOSSENE, die nur wenige Elemente haben, wie z.B. die Wortarten Artikel, Pronomen oder Konjunktion. Pronomina der 3. Person ⟨er⟩, ⟨sie⟩ oder ⟨es⟩ stehen oft für Substantive und werden im Deutschen wie diese dekliniert, z.B. ⟨er⟩ – ⟨ihm⟩ – ⟨ihn⟩. Da sie sich ähnlich wie Adjektive und Substantive verhalten, werden alle auch zu der Gruppe der Nominale zusammengefasst.

Der Zuschnitt der Wortarten ist nicht in allen Sprachen gleich. Im Mixtekischen gibt es nur eine kleine Wortklasse Adjektiv, z.B. /βàʔā/ »gut« in /sāʔmā βáʔā/ »gutes Hemd (sāʔmā)«. Adjektive können aber auch adverbial Verben modifizieren oder die Stelle des Verbs als Prädikat einnehmen: /nátú kāsṳ̀ βàʔa/ »Es ist nicht gut geröstet (kāsṳ̀)« und /βàʔā ʒūkū-ṵ̄́/ »Dieses Kraut (ʒūkū-ṵ̄́) ist gut«. In anderen Sprachen bilden Adjektive keine eigene Wortklasse, sondern sind eine Untergruppe der Nomina. Aus dem Deutschen so gewohnte Wortarten wie Adverb, Artikel oder Konjunktion kommen in einigen Sprachen nicht als eigene Wörter vor, sondern werden an das Prädikat gebunden, z.B. im Kyuquot (Dialekt des Nootka) die Suffixe /-patʃ'/ »sofort« und /-qħ/ »während«:

kamitq-patʃ'
wegrennen-sofort
Er rannte sofort weg.

wał-ju-qħ   waʔitʃ
nach∗Hause∗gehen-vorliegend-während   schlafen
Er schlief, während er zu Hause war.

Wesentlich ist die Unterscheidung nominal gegen verbal, da sie wohl die einzige ist, die es in fast allen Sprachen gibt. Aber selbst diese minimale Unterscheidung ist im Kyuquot und anderen Sprachen der pazifischen Nordwestküste Amerikas wenig hilfreich. Verben und Nomina können kaum als Wortarten getrennt werden, da der grammatische Status austauschbar ist und nur das jeweils als Prädikat gewählte Element nach Tempus und Person flektiert wird:

tɬ'itsu-qtɬis   ʔuja   ʔam'itɬi
Potlatch-Fut/Ich Zeit∗von∗sein   morgen
Ich werde morgen ein Potlatch-Fest veranstalten.

ʔuja-qtɬis   ʔam'itɬi   tɬ'itsu
Zeit∗von∗sein-Fut/Ich morgen   Potlatch
Morgen werde ich ein Potlatch-Fest veranstalten.

Noch weiter gehen die irokesischen Sprachen, bei denen alle ›Wortarten‹ in gleicher Weise verbal flektiert werden, wie z.B. im Cayuga, wo man in mancher Hinsicht nur von der Aneinanderreihung von Ein-Wort-Sätzen sprechen kann:

ækhinaʔtaːk   akatnʔataōt   tekahswaʔneːt
lass uns Gebäck essen   ich habe Gebäck gebacken   es ist eine Torte
Wir wollen eine Torte essen, die ich gebacken habe.

3.2 Das Morphem

Nach den aufgeführten Kriterien ist sowohl ⟨Herr⟩ ein Wort wie auch ⟨Bauherr⟩ oder ⟨Herrin⟩. Die letzten beiden Wörter geben uns eine differenzierende Information, die über das Gemeinsame von ⟨Herr⟩ hinausgeht. Es gibt eine Grundbedeutung ›Herr‹, und diese Grundbedeutung wird durch ⟨Bau⟩ und ⟨-in⟩ näher spezifiziert. ⟨Bau⟩ ist wiederum selbst ein Wort, das sowohl selbstständig vorkommen wie auch näher spezifiziert werden kann, z. B. zu ⟨Rohbau⟩. ⟨-in⟩ hingegen kann weder allein stehen, noch erfüllt es die anderen für ein Wort notwendigen Bedingungen. Es ist nur Bestandteil eines Wortes, trägt aber ebenfalls Bedeutung, nämlich die, das weibliche Geschlecht der Person zu kennzeichnen (vgl. ⟨Dozent-in⟩, ⟨Student-in⟩):

Herr	-in
Grundbedeutung	*weiblich*

Keiner der Bestandteile kann weiter segmentiert werden, ohne dass seine Bedeutung zerstört wird. Derartige kleinste bedeutungstragende Einheiten nennt man MORPHEME, und zwar unabhängig davon, ob sie selbstständig als Wort vorkommen können oder nicht. Morpheme zeichnen sich dadurch aus, dass sich in ihnen eine strukturierte Lautkette mit einer Bedeutung verbindet. Die lautliche Segmentierung in Silben, z. B. bei ⟨Seg-ler⟩, ist dabei von der in Morpheme, also ⟨Segl-er⟩, zu trennen. Wie Phoneme lassen sich auch Morpheme durch Minimalpaare ermitteln:

		Be- sicht-ig-ung
be-	dank-en	be- sicht-ig-en
	dank-en	sicht-en
	Dank	Sicht
	dank-bar	sicht-bar
un-	dank-bar	un- sicht-bar

Die gleiche Bedeutung kann durch verschiedene Lautketten realisiert werden: Die Pluralendung ⟨-er⟩ ist im Deutschen nicht die einzige, es gibt neben ⟨Kind-er⟩ auch ⟨Tisch-e⟩ und ⟨Ohr-en⟩. In Analogie zu den Begriffen Allophon und Phon werden Varianten mit gleicher Bedeutung, aber komplementärer Distribution als ALLOMORPHE eines Morphems zusammengefasst bzw. gegebenenfalls als Morphe behandelt. Umgekehrt kann allerdings auch eine Lautkette für verschiedene Morpheme stehen. Die Lautkette ⟨-er⟩ hat im Deutschen verschiedene Bedeutungen:

$-er_1$	*Plural:*	Kind	–	Kind-er
$-er_2$	*Person, die x-t:*	Fisch	–	Fisch-er
$-er_3$	*Komparativ:*	schnell	–	schnell-er

Allomorphe können phonologisch bedingt sein, wobei die Umgebung die Wahl des Allomorphs bestimmt, wie im Falle des Plurals im Englischen bei Wörtern wie ⟨bags⟩ [bæg-z] oder ⟨cats⟩ [kæt-s]:

/-s/   Plural → [+stimmhaft] / K _____
         [+stimmhaft]

Wie kompliziert solch MORPHOPHONEMISCHE Regeln beim Zusammentreffen mehrerer Morpheme in einem Wort werden können, haben wir bereits im vorigen Kapitel am Beispiel des Kuna gesehen. In dieser Sprache kann sich /dake/ »er sieht« mit /sa/ »Vergangenheit« zu /dajsa/ »er sah« verbinden, diese Form wiederum mit /moga/ »auch« zu /dasmoga/ »er sah auch« sowie mit /suli/ »Negation« zu /datsuli/ »er sah nicht« bzw. /datsulimoga/ »er sah auch nicht«. Allomorphe können aber auch wie im Falle des deutschen Pluralmorphems jeweils eine bestimmte Gruppe von Wörtern auszeichnen; die scheinbare Willkürlichkeit der Gruppen löst sich jedoch vielfach bei einer sprachhistorischen Herangehensweise auf.

-er:	Kind-er, Rind-er	-e:	Tisch-e, Schuh-e, Fisch-e
-(e)n:	Ohr-en, Bote-n, Lehrerin(n)-en	-s:	Park-s, Wrack-s
-Ø:	Fischer-Ø, Lehrer-Ø		

Während in den ersten vier Gruppen zum Grundmorphem jeweils ein Allomorph hinzukommt, das einen eigenen Lautkörper besitzt – man spricht von Ergänzungsmorphen –, sind bei der letzten Gruppe Singular- und Pluralform identisch. Man kann daher sagen, dass die Pluralität durch ein Allomorph ohne eigenen Lautkörper zum Ausdruck kommt, d. h. durch ein so genanntes NULL-Allomorph.

In Fällen wie ⟨Fischer⟩ erscheint die Unterscheidung zweier gleich lautender Formen durch ein zusätzliches ›Nichts‹, das Plural bedeutet, zunächst willkürlich. Die Ansetzung einer Nullform dürfte dagegen unmittelbar einsichtig sein, wenn in einer Liste mit verschiedenen Formen mehrere Morpheme mit Lautkörper vorkommen und ein einzelnes ohne Lautkörper, aber mit fester Bedeutung. In solchen Fällen füllt das Null-Morphem (Ø) eine Lücke im System, wie z. B. im Falle der dritten Person Singular im K'iche':

Singular		Plural	
x-in-ulik	*ich kam*	x-oj-ulik	*wir kamen*
x-at-ulik	*du kamst*	x-ix-ulik	*ihr kamt*
x-Ø-ulik	*er/sie kam*	x-e-ulik	*sie kamen*

Gelegentlich wird durch ein Morphem die Lautgestalt des Grundmorphems nicht um einen Bestandteil erweitert, sondern die Lautgestalt des Grundmorphems wird verändert wie z. B. im Falle von ⟨Mutter⟩ – ⟨Mütter⟩ oder dem Helvetismus ⟨Park⟩ – ⟨Pärke⟩. Solche Morphe nennt man Ersetzungsmorphe, die Lautveränderung des Grundmorphems Umlautung. Dieser Umlaut findet sich jedoch auch mit Ergänzungsmorphen verbunden wie im Falle von ⟨Haus⟩ – ⟨Häus-er⟩. Häufig gehen solche Phänomene sprachgeschichtlich auf geschwundene Ergänzungsmorphe zurück, die phonologische Veränderungen beim Grundmorphem hervorriefen; die frühere Kombination aus Ergänzungsmorph + phonologische Regel wird dann als Ersetzungsmorph umgedeutet. Bei den Pluralformen, die im Deutschen den Umlaut zeigen, ist dies auch tatsächlich der Fall: Sie hatten im Althochdeutschen ein

3.2 Das Morphem

Pluralmorphem ⟨-i⟩, das die Frontierung des Vokals des Grundmorphems bewirkte. In manchen Fällen gibt es aber auch völlig verschiedene Formen eines Grundmorphems, wie z. B. im Mittelhochdeutschen die Steigerung des Adjektivs »gut«: ⟨guot⟩, ⟨beʒʒer(e)⟩, ⟨beʒʒest⟩ bzw. ⟨beste⟩. Solche Ersetzungsmorphe werden als SUPPLETIVE Formen bezeichnet.

Die Analyse von Morphemen ist nicht immer eindeutig möglich, vor allem, wenn in ihnen Merkmale gebündelt erscheinen. Betrachtet man Verbformen im Deutschen wie ⟨ich lege⟩, ⟨du legst⟩, ...; ⟨ich legte⟩, ⟨du legtest⟩, ... oder ⟨ich rufe⟩, ⟨du rufst⟩, ...; ⟨ich rief⟩, ⟨du riefst⟩, ..., so würde man möglicherweise zur folgenden Analyse gelangen (nach Eisenberg 1989: 110–115):

Schwache Verben (regelmäßige Präteritumbildung mit t)				
	Singular Präsens	Singular Präteritum	Plural Präsens	Plural Präteritum
1. Person	leg-e	leg-t-e	leg-en	leg-t-en
2. Person	leg-st	leg-t-est	leg-t	leg-t-et
3. Person	leg-t	leg-t-e	leg-en	leg-t-en
Starke Verben (Präteritumbildung mit Umlautung)				
	Singular Präsens	Singular Präteritum	Plural Präsens	Plural Präteritum
1. Person	ruf-e	rief-Ø	ruf-en	rief-en
2. Person	ruf-st	rief-st	ruf-t	rief-t
3. Person	ruf-t	rief-Ø	ruf-en	rief-en

Man könnte aber genauso gut annehmen, dass im Präteritum bei schwachen Verben das Morphem ⟨-te⟩ vorliegt. Dies würde zu einer alternativen Analyse führen, die den Vorzug hätte, dass der Unterschied bei der Personenmarkierung aufgehoben wäre, der bei der ersten Interpretation zwischen schwachen und starken Verben besteht.

Schwache Verben				
	Singular Präsens	Singular Präteritum	Plural Präsens	Plural Präteritum
1. Person	leg-e	leg-te-Ø	leg-en	leg-te-n
2. Person	leg-st	leg-te-st	leg-t	leg-te-t
3. Person	leg-t	leg-te-Ø	leg-en	leg-te-n
Starke Verben				
	Singular Präsens	Singular Präteritum	Plural Präsens	Plural Präteritum
1. Person	ruf-e	rief-Ø	ruf-en	rief-en
2. Person	ruf-st	rief-st	ruf-t	rief-t
3. Person	ruf-t	rief-Ø	ruf-en	rief-en

Der Grad der Analyse kann ebenfalls variieren. In Fällen wie ⟨die Kinder⟩ – ⟨den Kindern⟩ oder ⟨die Tische⟩ – ⟨den Tischen⟩ etc. könnte man versucht sein, die jeweiligen Endungen in zwei Morpheme zu zerlegen, in das Pluralmorphem ⟨-er⟩ bzw. ⟨-e⟩ und das Dativmorphem ⟨-n⟩. In ähnlicher Weise könnten bei den Artikeln ⟨der⟩, ⟨den⟩ und ⟨dem⟩ und den Fragewörtern ⟨wer⟩, ⟨wen⟩, ⟨wem⟩ als Kasusmorpheme ⟨-r⟩, ⟨-n⟩ und ⟨-m⟩ segmentiert werden. Es ist aber zweifelhaft, ob dies auch sinnvoll ist, da die Regelhaftigkeit der Analyse nur auf einen sehr kleinen Bereich der gegenwärtigen deutschen Sprache beschränkt ist.

Leonard Bloomfield
(*1.4.1887 in Chicago, †18.4.1949 in New Haven)

Der Begründer des amerikanischen Strukturalismus ist Leonard Bloomfield, der die Tradition der vergleichenden Sprachwissenschaft mit dem Strukturalismus (Ferdinand de Saussure, vgl. den Kasten S. 166) und dem ethnolinguistisch fundierten Deskriptivismus (Franz Boas) verband.

Neben seinem nachhaltigsten Werk »Language« (1933) und seinen Arbeiten zu germanischen und zu Algonkin-Sprachen ist ein kurzer, aber bahnbrechender Zeitschriftenartikel mit dem Titel »A set of postulates of the science of language« (1926) besonders hervorzuheben. Bloomfield legt hier in einer bis dato nicht erreichten Exaktheit und Präzisierung die Grundlagen für eine moderne Sprachwissenschaft. Basisbegriffe wie *Morphem, Wort, Phrase, morphologische Konstruktion, Satz* werden definiert und als Axiome für eine strukturalistische Sprachwissenschaft festgelegt.

Die systematische Untersuchung von sprachlichen Strukturen bei möglichst strikter Operationalisierung bildet die eine Grundlage des amerikanischen Strukturalismus, die Systematisierung von Verteilungsverhältnissen, der distributionalistische Aufbau von sprachlichen Strukturen, die andere. Es ist das Verdienst Bloomfields, die Grundlagen hierfür gelegt zu haben, von denen ausgehend dann Charles Hockett und Zellig Harris weiterführende operationale Verfahren entwickelt haben.

3.3 Morphemtypen

Morpheme können hinsichtlich ihres Verhaltens und hinsichtlich ihrer Funktion in verschiedene Gruppen eingeteilt werden. Vielen Morphemen kann man eine mehr oder minder konkrete Bedeutung zuweisen, wie z. B. ⟨Frau⟩, ⟨Mann⟩, ⟨Haus⟩ oder ⟨schön⟩; diese so genannten LEXIKALISCHEN Morpheme gehören den Wortarten an, die wie Nomina, Verben und Adjektive offen sind. Auf der anderen Seite gibt es eher GRAMMATISCHE Morpheme wie Pronomina, Artikel oder Konjunktionen. Morpheme wie ⟨-te⟩, ⟨es⟩ und ⟨und⟩ haben keine eigentliche Bedeutung außerhalb der ›Welt‹ der

3.3 Morphemtypen

Sprache, sondern bringen den Notwendigkeiten der Grammatik gemäß die in einer Sprache grammatikalisierten Kategorien zum Ausdruck: *⟨sie kauf- buch es interessant ist Wunderlich geschrieben wurde von⟩ ist ohne die grammatischen Hilfswörter kein verständlicher Satz der deutschen Sprache (lies: ⟨Sie kaufte das Buch, weil es interessant ist und von Wunderlich geschrieben wurde⟩). Diese grammatischen Morpheme gehören meist Wortarten an, die geschlossen sind.

Manche Morpheme bilden den Grundbestandteil – die Wurzel – eines Wortes; solche Grundmorpheme werden auch als LEXEME bezeichnet. Viele dieser Morpheme können allein bereits als Wort vorkommen, sind also wortfähig. Im Gegensatz zu diesen FREIEN Morphemen gibt es andere, so genannte GEBUNDENE, die zwar gleichfalls den Grundbestandteil eines Wortes bilden, aber nicht aus sich heraus wortfähig sind, da sie immer durch ein weiteres Morphem ergänzt werden müssen:

frei:	Salz	Salz	schön	schön
		salz-en		schön-tun
		Salz-fass		ver-schön-ern
		salz-ig		Schön-heit
				schön-er
gebunden:	such-	Such-e	sag-	Sag-e
		such-en		sag-en
		Such-aufgabe		Ja-sag-er
	ident-	ident-isch		
		Ident-ität		

Morpheme wie ⟨ident⟩, die nur gebunden vorkommen, aber basisfähig sind, werden als KONFIXE bezeichnet. Daneben gibt es andere gebundene Morpheme wie z. B. ⟨ver-⟩, ⟨-en⟩ oder ⟨-ig⟩, die nicht als Grundbaustein eines Wortes vorkommen können, sondern nur an einen Stamm gebunden. Morpheme, die an einen Stamm gebunden sind, nennt man AFFIXE. Stehen sie vor dem Grundmorphem, so handelt es sich um PRÄFIXE, stehen sie nach ihm, um SUFFIXE:

Affixe	
Präfix	Suffix
er-arbeiten	Arbeit-er
be-arbeiten	arbeit-en
ge-arbeitet	Arbeit-er-in

Seltener findet sich eine weitere Affixart, die so genannten INFIXE, die in das Grundmorphem eingefügt werden, z. B. /-(h)m-/ im Kambodschanischen (Khmer):

| soːm | *fragen, bitten* | s-m-oːm | *Bettler* |
| tʃuːəɲ | *Geschäfte machen* | tʃ-hm-u̯ːəɲ | *Geschäftsmann* |

Ebenfalls als Infix wird manchmal das ⟨-s-⟩ in deutschen Wörtern wie ⟨Kompositions-muster⟩ oder dem Austriazismus ⟨Zug-s-verspätung⟩ bezeichnet. Allerdings trägt das ⟨-s-⟩ keine Bedeutung, sondern füllt eine Kompositionsfuge, u. a. regelmäßig nach dem Suffix ⟨-ion⟩. Damit ist es kein Morphem und sollte besser als Fugenelement behandelt werden.

Selten sind auch ZIRKUMFIXE, d. h. Affixe, die einen Wortstamm umrahmen, wie z. B. ⟨Ge-red-e⟩ oder im Itelmenischen der Imperativ /q-tpli-x/ »Schabe es!« und die Erzählform /k-tpli-ʔin/ »Sie schabte es« zum Verb /tpli/ »(etwas) schaben«.

Im Gegensatz zu freien Morphemen sind Affixe normalerweise nicht beweglich. Während sowohl ⟨Mir geht es gut⟩ als auch ⟨Es geht mir gut⟩ möglich ist, ist innerhalb eines Wortes nur eine einzige Reihenfolge zulässig: ⟨un-dank-bar⟩, nicht aber z. B. *⟨bar-dank-un⟩. Es gibt allerdings auch Sprachen, in denen sich bestimmte Morpheme lautlich an Wörter enger anlehnen, ohne so fest verbunden zu sein wie Affixe. Solche Morpheme nennt man, wenn sie nachstehen, ENKLITIKA, und wenn sie voranstehen, PROKLITIKA, den Prozess entsprechend Enklise bzw. Proklise. Im Mixtekischen wird mit dem Pronominalenklitikon /ɲā/ »3. Person feminin« am Verb das Subjekt gekennzeichnet, z. B. /nìkēē ɲā/ »Sie ging (weg)«. Anders als bei einem Suffix kann aber ein Adverb wie /tūkū/ »wieder« dazwischentreten, also /nìkēē tūkū ɲā/ »Sie ging wieder (weg)«. Derartige Enklitika sind im Mixtekischen regelhaft auf eine Silbe verkürzte Varianten zweisilbiger freier Formen, hier /ɲāʔā/ »Frau«. Klitisierungsprozesse finden sich in Sprachen auf der ganzen Welt. Sie kennzeichnen gesprochene Varietäten wie ⟨He'd see it⟩ oder ⟨auf'm⟩, gelegentlich sind sie aber auch in die Schriftsprache eingegangen wie französisch ⟨l'homme⟩. Den absoluten Formen ⟨would⟩, ⟨dem⟩/⟨einem⟩ und ⟨le⟩ stehen die so genannten SANDHI-FORMEN gegenüber: ⟨d⟩, ⟨m⟩ und ⟨l⟩.

Während im Deutschen sowohl Präfigierung als auch Suffigierung vorkommen und mit ihnen jeweils verschiedene Funktionen verbunden sind, gibt es Sprachen, in denen nahezu ausschließlich das eine oder das andere Prinzip Verwendung findet:

	Präfixe	Suffixe
Deutsch	+	+
Türkisch, Inuit	–	+
Kambodschanisch	+	–
klassisches Chinesisch	–	–

Die Funktion von Präfixen und Suffixen ist in manchen Sprachen deutlich geschieden. Im Lateinischen wird bei Verben die grammtische Bedeutung durch Suffixe kodiert und die lexikalische Bedeutung durch Präfixe modifiziert. Im K'iche' ist dies im Prinzip umgekehrt, auch wenn Verbformen teilweise durch ein Suffix abgeschlossen werden, das grammatische Funktion hat:

Latein:	re-	mittē	-ba	-nt	-ur
	zurück	*schicken*	*Imperfekt*	*3. Person Plural*	*Passiv*

Sie wurden zurückgeschickt.

3.4 Wortbildung

K'iche':	x-	Ø-	u-	tel	-eb'a'
	Kom	3sA	3sE	geschultert	etwas in eine bestimmte
	»es (Obj.)«	»er (Subj.)«		sein	Raumlage bringen

Er nahm es auf die Schulter.

Die Zahl der Affixe und ihre Verwendung ist je nach Sprache sehr verschieden. Das klassische Chinesisch (600–200 v. Chr.) besaß keinerlei Affixe, und daher bestanden Wörter normalerweise aus nur einem einzigen Morphem (siehe S. 160ff., Aufgabe 19). Die Verwendung der Beschreibungskategorie Wort ist in solchen Sprachen entbehrlich, teilweise sogar irreführend, weil sie unter Umständen den Blick auf die syntaktisch geprägten grammatischen Prozesse verschleiert, wie z.B. bei den Pronominalenklitika des Mixtekischen.

Im Hinblick auf die Möglichkeit zur Einbindung von Morphemen in Wörter und somit auch auf der Dichte verschiedener Informationen, die in ein Wort gepackt werden können, gibt es ein breites Spektrum. Sprachen wie das Chinesische, die am einen Extrem der Skala stehen, nennt man ISOLIERENDE Sprachen. Am anderen Ende der Skala befinden sich Sprachen mit reichen Affixinventaren; so verfügt das Nootka etwa über 500 Suffixe. Die Zahl der Affixe in einem Wort kann in solchen so genannten POLYSYNTHETISCHEN oder INKORPORIERENDEN Sprachen recht groß sein. Das folgende Wort aus dem Westgrönländischen (Inuit), das sich aus elf Bestandteilen zusammensetzt, zeigt die mögliche Komplexität: /aliːkusirsuillammassuaːnirartassagaluarpaːli/ »Trotzdem werden sie sagen, dass er ein großer Unterhalter ist, obwohl ... (z.B. wir es besser wissen)«. Es besteht aus den folgenden Morphemen, wobei die morphophonemischen Regeln aufgelöst sind: als Grundmorphem dient /aliːkut/ »Unterhaltung«; hinzu treten /lirsur/ »ausstatten mit«, /i/ »grammat. Verbsuffix« (Leute unterhalten), /llammak/ »jemand, der etwas gut kann«, /ssuaq/ »groß«, /u/ »existieren, sein« (ein großer Unterhalter sein), /nirar/ »sagen«, /tar/ »wiederholt tun«, /ssa/ »werden«, /galuar/ »zugegeben, aber«, /paːt/ »sie–ihn« und /li/ »trotzdem«. Das Beispiel bildet einen guten Übergang von der formalen Seite der Morpheme zu der Frage, wie sich denn Affixe auf die Bedeutung eines Grundmorphems auswirken.

3.4 Wortbildung

Die Kombination von Grundmorphemen untereinander oder von einem Grundmorphem und Affixen ist in fast allen Sprachen der Welt ein Prinzip der Wortbildung, wobei die zusätzlichen Morpheme die Bedeutung des Grundmorphems modifizieren und auf diese Weise neue, abgeleitete Lexeme schaffen. Werden mindestens zwei Grundmorpheme miteinander kombiniert, so spricht man von KOMPOSITION. Wird ein Grundmorphem durch mindestens ein Affix erweitert, spricht man von DERIVATION. Obwohl solche Verbindungen aus mehreren Bestandteilen bestehen, verhalten sie sich in vieler Hinsicht wie einfache Lexeme.

Um basishafte lexikalische Elemente von mehrgliedrigen Verbindungen zu unterscheiden, verwendet man die Begriffe Wurzel (engl. root) oder Stamm, die mehrgliedrigen werden teils in Abgrenzung zur Wurzel ebenfalls Stamm (engl. stem) genannt, begrifflich eindeutig auch Stammgruppe. Bei der Komposition können gleiche und verschiedene Wortarten kombiniert werden, bei der Derivation wird entweder die Bedeutung verändert oder es ändert sich die Wortart:

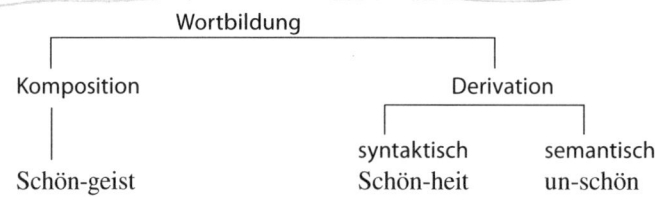

Die häufigste Form der Komposition ist die Determinativkomposition. Bei einem Determinativkompositum steht im Deutschen der bestimmende Bestandteil ⟨schön⟩ vor dem näher bestimmten, also vor dem Substantiv ⟨Geist⟩. Das Grundwort, das die Grundbedeutung und die Wortart des Kompositums festlegt, wird als KOPF (engl. head) bezeichnet. Das Bestimmungswort modifiziert die Bedeutung des Grundworts. Es kann selbst wiederum aus einem Bestimmungswort und einem Grundwort zusammengesetzt sein, z. B. ⟨Rattenfängerkonstruktion⟩. In ⟨Rattenfängerkonstruktion⟩ bildet ⟨Konstruktion⟩ den Kopf des Kompositums, und damit sind die Wortart, der Numerus, das Genus und die Flexionsklasse festgelegt. Im Plural schließt das Pluralsuffix die Konstruktion nach rechts ab. Formal besteht die Struktur des Kompositums aus hierarchisch geordneten Stammgruppen (StGr), was sich wie folgt verdeutlichen lässt:

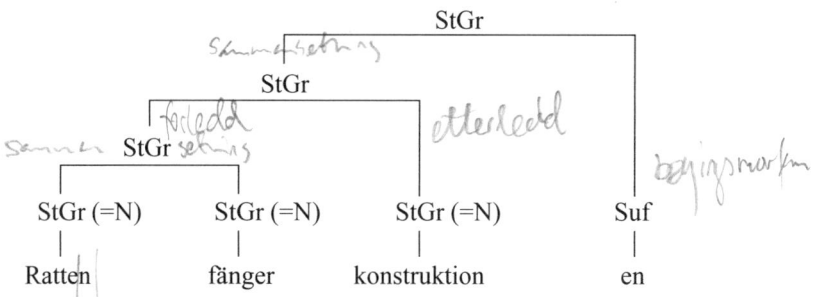

Noch komplizierter kann es werden, wenn sowohl Grund- als auch Bestimmungswort aus mehrgliedrigen Stammgruppen bestehen, z. B. ⟨Seenotrettungsdienst⟩. Durch das ebenfalls existierende Wort ⟨Rettungsdienst⟩ wird nahe legt, dass eine besondere Form von ⟨Rettungsdienst⟩ vorliegt und es sich nicht, inhaltlich nahezu gleichbedeutend, um einen ⟨Dienst⟩ zur ⟨Seenotrettung⟩ handelt.

Die Beziehung zwischen verschiedenen Bestimmungswörtern und ihrem Grundwort kann recht vielfältig sein, z. B. beim Grundwort ⟨Kuchen⟩:

3.4 Wortbildung

Butter-kuchen	*Kuchen mit hohem Butteranteil*
Zwiebel-kuchen	*Kuchen mit Zwiebeln als Zutat*
Streusel-kuchen	*Kuchen mit einer Oberfläche aus Streuseln*
Hunde-kuchen	*Kuchen für Hunde*
Marmor-kuchen	*Kuchen mit dem Muster von Marmor*

In einem Kompositum wie ⟨Butterkuchen⟩ lässt sich die Gesamtbedeutung aus den Bestandteilen erschließen, man spricht in diesem Fall von vollmotiviert. Im anderen Fall spricht man von demotiviert, d. h. die Lexeme sind semantisch eher undurchsichtig wie z. B. ⟨Einbildung⟩.

Bei der Derivation kann man zwischen zwei Arten unterscheiden: der syntaktischen und der lexikalischen Derivation. Bei der SYNTAKTISCHEN Derivation ändert sich die grammatische Verwendung im Satz, d. h. die Wortart, wobei gleichzeitig eine leichte Bedeutungsveränderung stattfindet, z. B. ⟨schreien⟩ – ⟨das Schreien⟩ – ⟨der Schrei⟩ – ⟨das Geschreie⟩. Bei der LEXIKALISCHEN findet innerhalb der Wortart eine Bedeutungsveränderung statt, z. B. ⟨schön⟩ – ⟨unschön⟩. Diese Unterscheidung ist natürlich nur eine Arbeitshilfe, da manche Derivationsprozesse sich nicht ohne weiteres in diese einfache ›Opposition‹ einordnen lassen. Dies zeigt sich vor allem bei morphologisch komplexen Sprachen, in denen die Vielfalt der Bedeutungsmodifikationen, die durch Derivationsaffixe zum Ausdruck kommen, enorm sein kann – man betrachte das oben erwähnte Beispiel aus dem Inuit oder Derivationssuffixe des Kwak'wala wie /-ʔənga/ »im Traum gewonnene Information«, z. B. /guxʷʔənga/ »im Traum gesehenes Haus«, oder /-alisəm/ »aufgrund nicht-äußerlicher Faktoren sterben«, z. B. /xʷəljalisəm/ »vor Sehnsucht oder Verlangen sterben« oder /kəlalisəm/ »vor Angst sterben«. Obwohl es semantisch sehr spezifische Derivationen gibt, sind Derivationsmorpheme häufig durch eine große Vagheit ausgezeichnet, d. h. durch eine Vielzahl von im Einzelfall unterschiedlichen Bedeutungen:

-er: *jemand, der x-t / etwas, das x-t*
   – *Person, die gerade ge-x-t hat:*   Find-er
   – *Person, die habituell x-t:*   Trink-er
   – *Person, die berufsmäßig x-t:*   Bau-er
   – *Mittel, das man zum x-en braucht:* Düng-er

Im K'iche' leitet das Derivationssuffix /-b'al/ von Verben Substantive ab, die »Instrument, Mittel zum ...« bedeuten. Während /kunab'al/ die recht konkrete Bedeutung »Heilmittel, Medizin« und /warab'al/ »Schlafgelegenheit, Bett« haben, ist /il(a)b'al/ »Sehmittel« schillernd und kann »Brille, Fernglas, Spiegel, Kristall zur Divination«, aber auch »Vision« oder »(Aus-)Sicht, Aussichtspunkt« bedeuten. Andererseits kann es für eine Grundbedeutung unterschiedliche Affixe geben, die feine Bedeutungsnuancierungen ausdrücken und/oder morphophonemisch determiniert sind. Im Englischen beispielsweise gibt es für die Negation von Adjektiven eine Reihe von Präfixen: ⟨im-possible⟩, ⟨dis-functional⟩, ⟨il-legal⟩, ⟨ir-regular⟩, ⟨ab-normal⟩, ⟨anti-social⟩, ⟨un-social⟩, ⟨a-typical⟩ oder ⟨non-essential⟩.

Formal betrachtet besteht die Struktur eines Derivats aus einem Wortstamm (St), der zusammen mit den Affixen eine Stammgruppe bildet. Das Affix, das die grammatischen und kategorialen Eigenschaften des Derivats festlegt, bildet den Kopf (hd) der Stammgruppe. In dem Wort ⟨Einheit⟩ bildet also ⟨-heit⟩ den Kopf der jeweiligen Stammgruppe, in dem Wort ⟨einheitlich⟩ dagegen ⟨-lich⟩. Ein Derivat wie ⟨Einheitlichkeit⟩ ist strukturell also wie folgt aufgebaut:

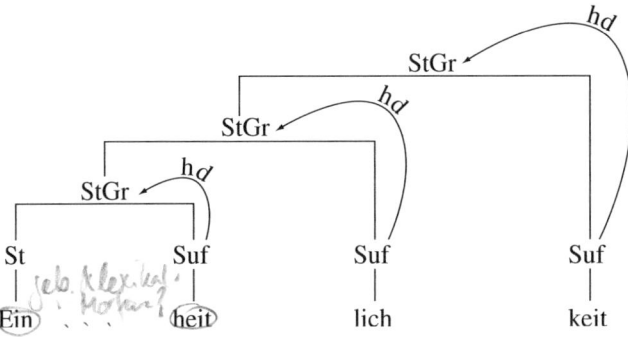

Das Suffix ⟨-keit⟩ bildet den Kopf der Stammgruppe, ⟨einheitlich⟩ die lexikalische Basis, die man funktional als Ergänzung (oder Komplement) zu dem Suffix begreifen kann. Eine weitere morphologische Funktionsbeziehung ist die Modifikation (mod). In einem Derivat wie ⟨undankbar⟩ modifiziert das Präfix die lexikalische Basis ⟨dank⟩. Im Gegensatz zu dem Suffix ⟨-bar⟩, das in einer Ergänzungsbeziehung zur Basis steht, hat es keinen Einfluss auf das kategoriale Format des Derivats.

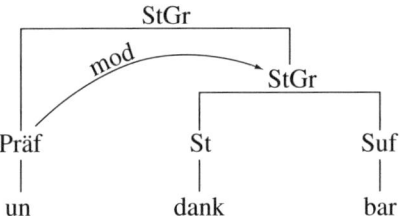

Neben Komposition und Derivation gibt es noch eine dritte Art der Wortbildung, die aber im Deutschen kaum eine Rolle spielt, nämlich die so genannte REDUPLIKATION. Ein Morphem oder ein bestimmter Bestandteil eines Morphems wird hierbei verdoppelt:

Yoruba (Westafrika):	púpɔ̀	*viel*	púpɔ̀púpɔ̀	*sehr viel*
	díɛ̀	*wenig*	díɛ̀díɛ̀	*sehr wenig*
	wéré	*schnell*	wéréwére	*sehr schnell*
Chol (Mexiko):	$K_1V_1K_2$		$K_1V_1\text{-}K_1V_1K_2$	
	jiʃ	*blaugrün*	jɨ-jiʃ	*grünlich*
	sɨk	*weiß*	sɨ-sɨk	*weißlich, hell*
	ʔikʼ	*schwarz*	ʔɨ-ʔikʼ	*schwärzlich, dunkel*

3.4 Wortbildung

Durch die Verdoppelung wird oft im weitesten Sinne ein ›Mehr an‹ zum Ausdruck gebracht, in manchen Sprachen aber auch im Gegenteil ein ›Weniger‹ oder ›in der Art von‹ (siehe S. 99f., Aufgabe 7, und S. 218f., Aufgabe 22). Durch Reduplikation kann auch grammatische Bedeutung zum Ausdruck gebracht werden, z. B. bei der Präteritumbildung einzelner gotischer Verben:

| haita | *ich heiße* | ˈhaihaita | *ich hieß* |
| fraisa | *ich versuche* | ˈfaifraisa | *ich versuchte* |

Im Deutschen findet sich Reduplikation sehr selten. Nur die Bildung ⟨klimpimpern⟩ kann als echte Reduplikation angesehen werden, wogegen in Bildungen wie ⟨Zwickzwack⟩ oder ⟨Singsang⟩ zwei Stämme beteiligt sind.

Daneben gibt es noch einige besondere Formen der Wortbildung, die aber nur in Einzelfällen vorkommen, jedoch nicht systematisch. Bei Wörtern wie ⟨verdaustig⟩ (›englisch‹ ⟨slithy⟩) aus »Alice hinter den Spiegeln« liegt ein Sonderfall von Komposition vor, bei dem die Bestandteile ⟨verdaut⟩ + ⟨durstig⟩ verkürzt und verschmolzen wurden (Carroll 1970: 271):

»Well, ›*slithy*‹ means ›lithe and slimy‹. ›Lithe‹ is the same as ›active‹. You see it's like a portmanteau – there are two meanings packed up into one word.«

Diese PORTMANTEAU-Bildungsmethode oder auch so genannte WORTKREUZUNG liegt beispielsweise dem Wort ⟨Brunch⟩ zugrunde, einer Kombination aus ⟨breakfast⟩ + ⟨lunch⟩. Sie kommt auch bei grammatischen Formen wie deutsch ⟨im⟩ oder französisch ⟨au⟩ vor, die für eine Verbindung von Präposition und Artikel stehen, nämlich ⟨in⟩ + ⟨dem⟩ bzw. ⟨à⟩ + ⟨le⟩.

Verkürzungen grammatischer Formen sind auch im Mixtekischen üblich und erfolgen weitgehend systematisch. Sowohl enklitisch gebraucht wie auch in Komposita werden bestimmte zweisilbige Grundmorpheme auf eine Silbe verkürzt. Die proklitische Kurzform /nū/ von /ʒūnū/ »Baum, Holz« bezeichnet als Kopf eines Kompositums vorangestellt Baumarten, z. B. /nū-ndèʔé/ »Obst-, bes. Pfirsichbaum« mit /ndèʔè/ »(Baum-)Obst, bes. Pfirsich«. Neben den verkürzten Formen gibt es auch nicht verkürzte Bildungen, die weniger fest oder gar nicht lexikalisiert sind, z. B. das Kompositum /ʒūnū βīxí/ »Obstbaum (allgemein)« vs. /ʒūnū káʔnū/ »großer Baum« mit den Adjektiven /βīxì/ »süß, fruchtig« bzw. /káʔnū/ »groß«. Der Unterschied zwischen lexikalisierten und nicht lexikalisierten Verbindungen findet sich auch im Deutschen und stellt ein Problem der Rechtschreibung dar: Während ein Mitarbeiter der Stadtreinigung immer ⟨wieder kehrend⟩ durch Berlin zieht, tut es mancher Tourist immer ⟨wiederkehrend⟩. Das nicht verkürzte mixtekische Grundmorphem /ʒūnū/ kann, wenn der Kontext eindeutig ist, auch ohne den Modifikator für »Obstbaum« etc. verwendet werden. Entsprechendes findet sich auch im alltäglichen Gebrauch des Deutschen, z. B. die KURZWORTBILDUNG ⟨Rad⟩ für ⟨Fahrrad⟩ oder – nur im jeweiligen Kontext eindeutig – ⟨Gib' mir mal den Schlüssel!⟩, womit sowohl ein ⟨Tür-⟩ als auch ein ⟨Schraubenschlüssel⟩ gemeint sein könnte.

Insgesamt zeichnen sich alle Arten der Wortbildung durch ein breites Spektrum an Bedeutungsmodifikationen aus, das sie bewirken. Hierbei muss die zum Ausdruck einer bestimmten Bedeutung gewählte Art der Wortbildung nicht unbedingt die gleiche sein:

Deutsch: Komposition	Französisch: Derivation
Apfel-baum	pomm-ier
Birn-baum	poir-ier

Durch Wortbildungsprozesse können von einem Grundlexem viele neue Lexeme abgeleitet werden, die in ihrer Bedeutung eine mehr oder weniger enge Beziehung zum Grundlexem haben und mit diesem zusammen eine Wortfamilie bilden:

Ver-kauf	–	Kauf	–	An-kauf
ver-kauf-en	–	kauf-en	–	an-kauf-en
ver-käuf-lich	–	käuf-lich		
Ver-käuf-er	–	Käuf-er	–	An-käuf-er

Zugleich haben Wortbildungsprozesse einen hohen Grad an Vagheit, der von der Notwendigkeit herrührt, viele verschiedene Einzelfälle mit einem möglichst ökonomischen Inventar an Prozessen zu verändern. In manchen Fällen wird die abgeleitete Bedeutung in einem Maße verschoben und zugleich verfestigt – d. h. LEXIKALISIERT –, dass die Beziehung zwischen dem Grundmorphem und der abgeleiteten Form nicht mehr vorhersagbar ist, z. B. ⟨Rollschuh⟩, ⟨Lederschuh⟩, ⟨Hausschuh⟩, aber ⟨Handschuh⟩, oder ⟨herauslegen⟩, ⟨hineinlegen⟩, aber ⟨hereinlegen⟩. Ein weiteres Merkmal der Wortbildung ist der z. T. sehr unterschiedliche Grad der Produktivität. Bestimmte Bildungsmuster führen fast immer zu sinnvollen oder zumindest denkbar möglichen Formen, wie z. B. ⟨gut⟩ – ⟨un-gut⟩, ⟨schön⟩ – ⟨un-schön⟩, ⟨wahr⟩ – ⟨un-wahr⟩, ⟨angenehm⟩ – ⟨un-angenehm⟩. Allerdings ist auch die Kombinierbarkeit produktiver Affixe nicht unbegrenzt, man kann zwar z. B. ⟨Hund⟩ – ⟨Hünd-chen⟩, ⟨Haus⟩ – ⟨Häus-chen⟩ und ⟨Pferd⟩ – ⟨Pferd-chen⟩ bilden, wohl aber nur schwerlich ⟨Wal⟩ – ?⟨Wal-chen⟩ oder ⟨Hochhaus⟩ – ?⟨Hochhäus-chen⟩.

Ein anderer Aspekt der Produktivität, nämlich der der Nachvollziehbarkeit, zeigt sich bei Komposita: Während wir Komposita wie ⟨Erd-beere⟩ oder ⟨Stachelbeere⟩ ohne weiteres verstehen, ist uns der erste Bestandteil in ⟨Brom-beere⟩ oder ⟨Preisel-beere⟩ nicht mehr geläufig. Solche nicht frei und nicht in anderen Wörtern vorkommenden Morpheme bezeichnet man als UNIKALE MORPHEME. Sie erklären sich meist aus der Sprachgeschichte. ⟨Brom-⟩ geht so z. B. zurück auf ein mittelhochdeutsches Wort ⟨brâme⟩ »Dornenstrauch, bes. Brombeerstrauch«, das nicht mehr gebräuchlich ist. Auch viele Derivationsaffixe waren ursprünglich freie lexikalische Morpheme, die im Laufe der Sprachgeschichte grammatikalisiert wurden. Die heutigen Nominalisierungssuffixe ⟨-heit⟩ und ⟨-schaft⟩ treten im Alt- bzw. Mittelhochdeutschen frei auf: ⟨schaft⟩, ahd. ⟨scaf⟩ »Gestalt, Eigenschaft« und mhd. ⟨heit⟩ »Art und Weise, Beschaffenheit, Person, Stand«.

Morphologisch nicht segmentierbare neue Lexeme können auch auf Namen oder Abkürzungen (AKRONYME) zurückgehen, wie z. B. das englische Verb ⟨to lynch⟩ auf den Namen des Friedensrichters Lynch aus dem amerikanischen Westen oder das Wort ⟨AIDS⟩, das für ›Acquired Immune Deficiency Syndrome‹ steht. Neue Wörter entstehen in einer Sprache auch dadurch, dass Fremdwörter integriert werden. Ist dieser Prozess so weit verfestigt, dass die Wörter in Lautung und Grammatik sich der Zielsprache angeglichen haben, spricht man von Lehnwörtern wie bei dem deutschen Verb ⟨lynchen⟩. Die aus dem Russischen entlehnten Wörter ⟨Droschke⟩ ⟨дрошки⟩ und ⟨Datscha⟩ ⟨дача⟩ haben sich voll an das System des Deutschen angepasst und bilden beispielsweise den Plural ⟨Droschken⟩ bzw. ⟨Datschen⟩ (daneben auch ⟨Datschas⟩). Ähnlich verhält es sich im Itelmenischen mit dem russischen Lehnwort ⟨промысел⟩ /promɨsel/ »Gewerbe, Handwerk, Jagd«, das als reguläres Verb konjugiert werden kann, z. B. /promɨslʲajqzuneʔn/ »er jagte (mehrere Objekte)«.

3.5 Flexion

Wenden wir uns nun der Kodierung grammatischer Bedeutung zu, die in vielen Sprachen durch die Morphologie geleistet wird. Flexionsaffixe haben im Allgemeinen eine hohe Produktivität, da sie grammatikalisierte Merkmale von Wörtern wie beispielsweise im Deutschen ›Mehrzahl‹, ›Nominativ‹ oder ›Präsens‹ markieren. Sie tragen nicht zur lexikalischen Bedeutung bei. Daher entstehen bei der Flexion – anders als bei der Derivation und Komposition – keine neuen Wörter, sondern nur Wortformen eines Lexikoneintrages. So findet sich in einem italienisch-deutschen Wörterbuch nur die Entsprechung ⟨vedere⟩ »sehen«, ohne dass flektierte Formen wie ⟨vedi⟩ »du siehst« oder ⟨vidi⟩ »ich sah« besonders aufgeführt werden.

In vielen Sprachen sind bestimmte Flexionsaffixe obligatorisch, so dass ein Wort im Satzkontext ohne sie nicht vorkommen kann, wie z. B. das Verb ⟨les-⟩ in ⟨Sie lesen das Buch⟩. Da sie gebundene grammatische Morpheme sind, gilt für sie gleichermaßen, was über grammatische Morpheme im Allgemeinen gesagt wurde. Fast immer stehen die Flexionsaffixe weiter vom Grundmorphem eines Wortes entfernt als Derivationsaffixe, d. h. näher an den Rändern des Wortes, wobei in manchen Sprachen das Grundmorphem von den Flexionsaffixen umrahmt wird, z. B. im K'iche':

Flexion	Person		Wurzel (+Derivation)		Flexion
ka-	Ø-		b'iq'	-ilaj	-ik
Ink	3sA		schlucken	ein Geräusch	intransitiv
	»er (Subj.)«			machen	
Er schluckt hörbar.					
x-	Ø-	u-	b'iq'		-o
Kom	3sA	3sE	schlucken		transitiv
	»es (Obj.)«	»er (Subj.)«			
Er schluckte es.					

Verbindungen von Grundmorphemen oder von einem Grundmorphem mit Derivationsaffixen verhalten sich hinsichtlich der Flexion wie einfache Grundmorpheme:

Dozent	–	Dozent	-en
Gast-dozent	–	(Gast-dozent)	-en
Dozent -in	–	(Dozent-inn)	-en
Gast-dozent -in	–	(Gast-dozent-inn)	-en

In manchen Sprachen wie z. B. dem K'iche' werden einfache Morpheme und Verbindungen von Grundmorphemen bei der Flexion verschieden behandelt, so dass die Unterscheidung von Wurzel vs. Stamm hilfreich ist. Während einsilbige Verbwurzeln wie ⟨b'iq'⟩ »etwas schlucken« auf ⟨-o⟩ enden, enden zweisilbige Verbstämme wie ⟨tzuku⟩ »etwas suchen« auf ⟨-j⟩: ⟨x-Ø-u-tzuku-j⟩ »er suchte es«.

Im Hinblick darauf, wie grammatikalisierte Merkmale durch Flexionsmorpheme zum Ausdruck gebracht werden, kann man zwei Grundtypen unterscheiden. In Sprachen wie dem Deutschen und Lateinischen werden bei der Flexion in einem Affix mehrere Informationen gebündelt. Im lateinischen Wort ⟨bon-ae⟩ steckt im Suffix ⟨-ae⟩, dass »gut« hier sowohl im Dativ, der Einzahl und im weiblichen Genus vorliegt; im Plural würde die Form ⟨bon-īs⟩ lauten. Sprachen wie das Lateinische nennt man im engeren Sinne FLEKTIERENDE Sprachen. Dem stehen die so genannten AGGLUTINIERENDEN Sprachen gegenüber, in denen die Merkmale getrennt durch jeweils eigene Affixe ausgedrückt werden, z. B. im Mongolischen (mit r → Ø / __ -d »Plural«):

	Singular		Plural	
Nominativ	nøkør	*der Freund*	nøkø-d	*die Freunde*
Akkusativ	nøkør-i	*den Freund*	nøkø-d-i	*die Freunde*
Dativ	nøkør-tyr	*dem Freund*	nøkø-d-tyr	*den Freunden*

Besonders bei flektierenden Sprachen können gelegentlich verschiedene Formen zusammenfallen, wie z. B. erste und dritte Person Präteritum im Deutschen ⟨(ich) las⟩ – ⟨(er) las⟩ oder Genitiv Singular und Nominativ Plural in einigen lateinischen Deklinationen ⟨fīliae⟩ »der Tochter« – »die Töchter«. Man spricht in solchen Fällen von SYNKRETISMUS.

Flektierende Sprachen wie das Deutsche oder das Lateinische zeichnen sich neben dem Phänomen des Synkretismus dadurch aus, dass Kategorien fusionieren. So fallen im Deutschen bei der verbalen Flexion Person und Numerus zusammen: In ⟨sage⟩ markiert das Suffix ⟨-e⟩ die Information »1. Person Singular«. Welche Kategorien fusionieren, ist nicht zufällig, sondern es besteht ein Form-Funktionszusammenhang. Die so genannte ›Hierarchie der verbalen Kategorisierungen‹

Genus verbi > Aspekt > Tempus > Modus > Person > Numerus

gibt an, dass die weiter rechts stehenden Kategorien vom Verbstamm weiter entfernt auftreten und dass präferiert nur unmittelbar benachbarte Kategorien fusionieren, also z. B. Person und Numerus, aber nicht Person und Tempus. Die am weitesten links stehenden Elemente sind in manchen Sprachen auch nicht Teil des Konjugationssystems, sondern der Derivation, z. B. im K'iche' das Genus Verbi Passiv mit langem Wurzelvokal ⟨x-Ø-b'aan-ik⟩ »es wurde gemacht« vs. ⟨x-Ø-u-b'an-o⟩ »er machte es«. In einem Satz wie ⟨Wenn du mit Fußgängern liefest und sie dich ermüdeten, wie wolltest du denn mit Rossen wetteifern?⟩ gilt für die konjunktivische Form ⟨lief-e-st⟩: Tempus > Modus > Person/Numerus. Der Verbstamm ist wurzelflektiert und konjugiert wie das Präteritum Indikativ (⟨du liefst⟩), das Suffix ⟨-e⟩ markiert den Konjunktiv und das Suffix ⟨-st⟩ die »2. Person Singular«. Auch im Evenischen, einer im östlichen Sibirien verbreiteten tungusischen Sprache, entspricht die Abfolge der möglichen Konjugationssuffixe der Hierarchie Genus verbi > Aspekt > Tempus/Modus > Person/Numerus, beim Imperativ fusionieren sogar Tempus/Modus/Person/Numerus, z. B.

tegetʃ-Ø-id-de-n *Er/sie saß.*
sitzen-aktiv-progressiv-Nonfutur-3s
tegetʃ-Ø-id-li *Setz' dich!*
sitzen-aktiv-progressiv-Imperativ/2s

Das Evenische und Deutsche folgen hier also konsequent der verbalen Kategorisierungshierarchie. Allerdings gibt es einzelsprachlich erhebliche Variationen, man vgl. allein im Deutschen ⟨du verdrießt⟩, ⟨verdrossest⟩, ⟨verdrießest⟩, ⟨verdrössest⟩.

Die Flexion konzentriert sich auf die beiden wichtigsten Pole einer Folge von Wörtern, die eine Aussage darstellen sollen, nämlich um das Verb und das Nomen. Die nominale Flexion bezeichnet man als DEKLINATION. Andere Wortarten werden in vielen Sprachen nicht oder in geringem Maße flektiert: Artikel und Adjektive werden im Deutschen zwar flektiert, nicht aber z. B. im Englischen oder K'iche'. Folgen von aufeinander bezogenen Wörtern müssen in einigen Sprachen hinsichtlich der Merkmale ihrer Flexion übereinstimmen, wie z. B. im Lateinischen Nomen und zugehöriges Adjektiv:

Nominativ	discipul-us sedul-us	*der fleißige Schüler*
Nominativ	fīli-a sedu-la	*die fleißige Tochter*
Dativ	fīli-īs sedul-īs	*den fleißigen Töchtern*
Akkusativ	discipul-ōs sedul-ōs	*die fleißigen Schüler*

Diese so genannte KONGRUENZ findet sich jedoch nicht in allen Sprachen, wie bereits das Englische zeigt:

die schwarze Katze   the black cat
die schwarzen Katzen the black cats

Für die Darstellung von Kongruenzbeziehungen und für weiterführende Analysen kann es hilfreich sein, die morphologische Information in Form von Merkmalstrukturen darzustellen. In dem Ausdruck ⟨den fleißigen Töchtern⟩ sind der Artikel, das Adjektiv und das Substantiv im Hinblick auf die Kategorien Kasus, Person und Numerus formal aufeinander abgestimmt. Die Wortform ⟨Töchtern⟩ lässt sich in folgender Merkmalsmatrix darstellen:

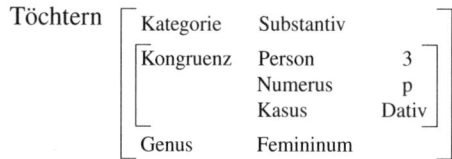

Der Wortform ⟨Töchtern⟩ wird u. a. das Attribut ›Kongruenz‹ zugewiesen, das die Werte ›Person, Numerus, Kasus‹ annimmt. Die einzelnen Werte stellen selbst wieder Attribute dar, die wiederum Werte annehmen können, so das Attribut ›Numerus‹ den Wert ›Plural‹.

In Abhängigkeit von der Wortart werden bei der Flexion bestimmte grammatische Kategorien zum Ausdruck gebracht, wobei aber z. T. recht große Unterschiede zwischen den Sprachen bestehen. Im Deutschen oder Lateinischen müssen beim Nomen und auch bei anderen Wortarten wie Adjektiv und Pronomen die Kategorien Kasus, Numerus und Geschlecht markiert werden:

	Lateinisch	Deutsch
Nominativ	vīn-um bon-um	der gute Wein
Genitiv	vīn-ī bon-ī	des guten Weines
Dativ	vīn-ō bon-ō	dem guten Wein(e)
Akkusativ	vīn-um bon-um	den guten Wein

In Maya-Sprachen wie dem K'iche' wird weder Kasus noch Geschlecht markiert, der Numerus wird nur in besonderen Fällen gekennzeichnet. Anderseits ist die uns fremde Flexionskategorie ›Besitzbarkeit‹ obligatorisch: Bestimmte Nomina – vor allem Körperteil- oder Verwandtschaftsbezeichnungen – können immer nur mit einem Possessivpräfix flektiert vorkommen. Besondere Formen der Besitzbarkeit wie die Teil-Ganzes-Beziehung werden ebenfalls mit Affixen markiert, beispielsweise *⟨b'aq⟩ »Knochen«, ⟨nu-b'aq-il⟩ »mein Knochen (als Bestandteil des eigenen Körpers)« neben ⟨nu-b'aq⟩ »mein Knochen(-werkzeug)«.

Die Flexion des Verbs bezeichnet man als KONJUGATION. Im Deutschen und Lateinischen werden Angaben über Tempus, Numerus und Aktiv/Passiv gemacht sowie über Numerus und Person des Subjekts. Solche mit den notwendigen Konjugationsmerkmalen versehenen Verben nennt man FINITE VERBFORMEN:

Lateinisch	Deutsch	Lateinisch	Deutsch
amō	ich liebe	amā-re-m	ich würde lieben
amā-s	du liebst	amā-rē-s	du würdest lieben
amā-mus	wir lieben	amo-r	ich werde geliebt
amā-tis	ihr liebt	amā-ris	du wirst geliebt
amā-ba-m	ich liebte		
amā-bā-s	du liebtest		

Im Mongolischen stellt sich die Konjugation dagegen völlig anders dar. Es gibt kein morphologisch unterscheidbares Passiv; Person und Numerus des Subjekts werden

3.5 Flexion

nicht im Verb zum Ausdruck gebracht. Genauso wenig gibt es Zeiten in unserem Sinne oder die Unterscheidung zwischen Indikativ und Konjunktiv. Eine Form wie z. B. /jabu-mui/ kann daher sowohl »ich gehe«, »du gehst«, »er geht« bedeuten als auch »ich werde gehen«, ..., /jabu-luɣa/ »er ist gegangen« oder »er wird gehen«, wobei das Suffix beinhaltet, dass der Sprecher sich seiner Sache völlig sicher ist. Auf der anderen Seite gibt es aber Formen wie /jabu-muː/ »Geht er?«, »Wird er gehen?« oder wie /jabu-ɣuʤai/ »Was ist, wenn er kommt?«, bei der das Suffix die Angst ausdrückt, dass jemand eine nicht erwünschte Handlung ausführen könnte.

Sobald man verschiedene Sprachen betrachtet, drängt sich der Eindruck auf, dass die Kategorien, die bei der Flexion zum Ausdruck kommen, von Sprache zu Sprache in starkem Maße wechseln. Obwohl dieser Eindruck in vieler Hinsicht zutreffend ist, ist er es in anderer nicht und bedarf der Relativierung: Was nämlich in einer Sprache durch Flexion markiert wird, wird es in einer anderen eventuell durch ein freies grammatisches Morphem. Ein Vergleich der Konjugation des Deutschen und des Lateinischen zeigt, dass beim Futur und bei verschiedenen anderen Tempora das Lateinische als finites Verb ein Wort hat, im Deutschen aber die Formen aus einem Hilfsverb und einem Infinitiv bzw. Partizip zusammengesetzt sind, z. B. ⟨amā-b-ō⟩ : ⟨ich werde lieben⟩ oder ⟨amā-ris⟩ : ⟨du wirst geliebt⟩. Im gesprochenen Deutschen wird der Genitiv ⟨Peters Buch⟩ regional mit ⟨Peter sein Buch⟩ ausgedrückt und nicht mit dem Genitivsuffix ⟨-(e)s⟩. Dem lateinischen Nomen im Dativ ⟨fīliō⟩ in ⟨Pater fīliō librōs dōnāvit⟩ »Der Vater schenkte dem Sohn(e) Bücher« entspricht im Englischen ein im Hinblick auf Kasus unflektiertes Nomen ⟨son⟩: ⟨The father gave his son books⟩ oder ⟨The father gave books to his son⟩. Entsprechende Abweichungen kann es sogar innerhalb einer Sprache geben, so wird im Russischen in der Vergangenheit nicht wie bei den anderen Zeiten nach Person und Numerus, sondern nur nach Geschlecht bzw. Pluralität konjugiert: ⟨читал⟩ /tʃita-l/ »(ich, du, er)$_{mask}$ las«, ⟨читала⟩ /tʃita-la/ »(ich, du, sie)$_{fem}$ las«, ⟨читали⟩ /tʃita-li/ »(wir, ihr, sie) lasen«. Anders als andere Verbformen sind solche Formen erst nach Hinzufügen eines Pronomens eindeutig wie ⟨я читал⟩ /ja tʃita-l/ »ich$_{mask}$ las«.

Ein Blick auf Sprachen wie Nahuatl oder K'iche' verdeutlicht einen weiteren Aspekt der Variation in der Kennzeichnung grammatischer Bedeutung. Da es keine Kasusmarkierungen gibt, haben beide Sprachen Konstruktionen wie K'iche' ⟨u-wuj Pedro⟩ »Peters Buch, wörtlich: sein-Buch Peter« anstelle des Genitivs. Substantive und freie Pronomina bieten ohne Kasusmarkierungen wie Akkusativ oder Dativ – anders als die deutschen ⟨dich⟩ oder ⟨dir⟩ – morphologisch keinen Anhaltspunkt dafür, ob sie Subjekt oder Objekt des Satzes sind, aber auf der anderen Seite wird bei der Verbflexion nicht nur das Subjekt, sondern auch das direkte Objekt und im Nahuatl sogar das indirekte Objekt gekennzeichnet:

K'iche':	x-at-w-il-o	*ich* (w-) *sah dich* (at-)
Nahuatl:	ni-mits-notsa	*ich* (ni-) *rufe dich* (mits-)
	ni-mits-Ø-maka	*ich gebe es* (Ø-) *dir* (mits-)
	ni-mits-im-pijeli-s	*ich werde sie* (im-) *für dich* (mits-) *bewachen*

3.6 Zusammenfassung

Wir haben uns in diesem Kapitel mit Wörtern und mit den Grundbausteinen der Sprache beschäftigt, den Morphemen. Morpheme sind die kleinsten bedeutungstragenden Einheiten in einem Sprachsystem. Sie können frei vorkommen und Wörter bilden, sie können aber auch gebunden und nicht wortfähig als Affixe fungieren. Je nach Position werden Affixe in Präfixe, Suffix und Infixe differenziert. Die morphologische Komplexität weist unter den Sprachen der Welt große Unterschiede auf, sowohl hinsichtlich der möglichen Zahl der Affixe in einem Wort wie auch hinsichtlich der lautlichen Verschmelzung der einzelnen Bestandteile.

Morpheme kodieren einerseits lexikalische Bedeutungen, andererseits grammatische. Aus Morphemen werden einfache und komplexe Wörter aufgebaut. Sind bei der Wortbildung Affixe beteiligt, spricht man von Derivation, werden Grundmorpheme verbunden, von Komposition. Andere Wortbildungsmuster sind die Wortkreuzung, die Reduplikation und die Wortkürzung.

Bei der Flexion ging es um die Kodierung grammatischer Bedeutung. Die nominale Flexion bezeichnet man als Deklination, die verbale als Konjugation. Deklination und Konjugation sind im Deutschen von der Bündelung von Funktionen und von Synkretismus geprägt. Das Deutsche gehört wie das Lateinische zu den flektierenden Sprachen. In vielen Sprachen ist die Flexion wichtig für den Aufbau syntaktischer Strukturen, man spricht dann auch von der Morphosyntax einer Sprache. Diese wird uns im nächsten Kapitel beschäftigen.

Ausgewählte Literatur: Anderson (1985b), Booij (2004), Bybee (1985), Eisenberg (2004a), Fleischer & Barz (1992), Nida (1949), Olsen (1986), Wurzel (1984).

3.7 Übungsaufgaben

1. Tschechisch

Es wird die Orthographie des Tschechischen verwendet, jedoch zusätzlich der Wortakzent vermerkt. ⟨ů⟩ = /uː/

☞ Versuchen Sie, in den nachfolgenden Sätzen die Wortgrenzen zu ermitteln.

1. ˈchciˈjítˈdomů   *Ich will nach Hause gehen.*
2. ˈchciˈjítˈdodivadla   *Ich will ins Theater gehen.*
3. ˈchcešˈjítˈdomů?   *Willst du nach Hause gehen?*
4. ˈchcešˈjítˈzdivadla?   *Willst du aus dem Theater gehen?*
5. ˈchciˈjístˈdoma   *Ich will zu Hause essen.*
6. ˈpřijduˈzdomova   *Ich komme von zu Hause.*
7. ˈpřijdešˈzdomova?   *Kommst du von zu Hause?*
8. ˈjduˈdomů   *Ich gehe nach Hause.*
9. ˈjíšˈdoma   *Isst du zu Hause?*
10. ˈjdešˈdomů   *Gehst du nach Hause?*
11. ˈmusímˈpřijítˈdomů   *Ich muss nach Hause kommen.*
12. ˈmusíšˈpřijítˈdomů   *Musst du nach Hause kommen?*
13. ˈmusímˈjítˈdomů   *Ich muss nach Hause gehen.*
14. ˈmusímˈpřijítˈzdomova   *Ich muss von zu Hause kommen.*
15. ˈmusíšˈpřijítˈzdomova   *Musst du von zu Hause kommen?*
16. ˈmusíšˈpřijítˈzdivadla   *Musst du aus dem Theater kommen?*
17. ˈpřijduˈzdivadla   *Ich komme aus dem Theater.*
18. ˈpřijdu   *Ich komme.*
19. ˈmusímˈjítˈdodivadla   *Ich muss ins Theater gehen.*
20. ˈjdu   *Ich gehe.*

2. Deutsch

☞ Bilden Sie weitere Wörter entsprechend den vorgegebenen Kategorien und tragen Sie diese in eine Tabelle ein.

	-Nomen	-Verb	-Adjektiv	-Präposition
Nomen-	Regelfolge	...		
Verb-		...		
Adjektiv-				
Präposition-				

3. Deutsch

☞ Stellen Sie die Strukturen der folgenden Nominalkomposita in Baumgraphen dar; gehen Sie dabei von dem folgenden Beispiel aus:

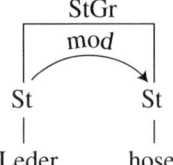

1. Schreibunterlage, 2. Kleinkind, 3. Altstadt, 4. Armbanduhr, 5. Reiseschreibmaschine, 6. Klarsichtschutzscheibe.

4. Mixtekisch

Die Daten stammen aus dem Dialekt von San Miguel el Grande (Oaxaca). /VV/ wird phonetisch als [V:] realisiert. Die Unterschiede im Tonmuster zwischen isolierten Formen und solchen in Komposita sollten nicht berücksichtigt werden.

☛ Arbeiten Sie die unterschiedlichen Bildungsweisen der Komposita heraus.

1. βē?ē — *Haus*
2. kàā — *Metall*
3. βē?ē kàā — *Metallhaus (Haus mit Wellblechdach)*
4. βē-kàā — *Gefängnis*
5. βē-ʒùʔū — *Kirche*
6. βē?ē ʒūù — *Steinhaus*
7. kīt̄ī — *Tier*
8. kīt̄īʒúkú — *Wildtier*
9. ʒūkū — *Berg*
10. tɨ-sū?mā — *Skorpion*
11. sū?mà — *Schwanz*
12. tɨ-ɲūū — *Eule*
13. ɲùū — *Nacht*
14. ʒūnū — *Baum*
15. nū-ndè?ē — *Fruchtbaum*
16. nū-ndíká — *Bananenbaum*
17. ndīkā — *Banane*
18. ndē?è — *Frucht*

5. Chinesisch

☛ Beschreiben Sie die Bildung zusammengesetzter Formen.

Die in Isolation vorkommenden Formen sind unter 1. bis 8. aufgelistet.

1. mēnr — *Tür, Tor*
2. huār — *Blume*
3. yǐzi — *Stuhl*
4. fángzi — *Haus*
5. shàngbiān — *oben (auf)*
6. xiàbiān — *unter*
7. lǐbiān — *im Innern von*
8. màibiān — *außerhalb von*
9. mùyǐ — *Holzstuhl*
10. ruǎnyǐ — *Polsterstuhl*
11. báihuā — *weiße Blume*
12. hónghuā — *rote Blume*
13. lóufáng — *mehrstöckiges Gebäude*
14. lóutī — *Treppe*
15. mēnhù — *Tür, Tor*
16. mēnkǒu — *Eingang, Türöffnung*
17. shānshàng — *auf dem Berg*
18. lóuxià — *im Untergeschoss*
19. mēnwài — *vor der Tür*
20. jiāli — *zu Hause*
21. cóngshàng dàoxià — *von oben nach unten*

6. Deutsch

Im Deutschen können Nomina durch eine Reihe von Suffixen abgeleitet werden.

☞ Geben Sie anhand der folgenden Beispiele an, wie im Deutschen eine Teilklasse grammatisch derivierter Nomina gebildet wird.

1. (der) Schrei
2. (das) Liefern
3. (das) Bauen
4. (der) Bau
5. (die) Schreierei
6. (die) Lieferung
7. (der) Bauer
8. (der) Auslieferer
9. (das) Schreien
10. (der) Schreier
11. (die) Bebauung
12. (die) Belieferung
13. (das) Geschrei / Geschreie
14. (der) Schreier
16. (das) Gebaue (umgangssprachlich)
17. (die) Anlieferei
18. (die) Schreie (jugendsprachlich)
19. (die) Bauerei
20. *Schreiung

7. Nahuatl

Nahuatl gehört zu den uto-aztekischen Sprachen; verschiedene Dialekte werden heute noch von über einer Million Personen in Mexiko gesprochen. Aztekisch ist die gebräuchliche, wenn auch nicht ganz korrekte Bezeichnung für diejenige Dialektgruppe des Nahuatl, die im Zentrum des aztekischen ›Reiches‹ gesprochen wurde. Nach der Eroberung durch die Spanier 1521 entstanden innerhalb von wenigen Jahrzehnten zahlreiche Chroniken und Verwaltungsakten in Nahuatl, da die Sprache neben Spanisch inoffiziell die zweite Amtssprache des Vizekönigreichs Neuspanien war. Die Texte wurden in lateinischer Schrift teils von missionierten und alphabetisierten Angehörigen der alten indianischen Oberschicht, teils von spanischen Missionaren verfasst. Nahuatl war – von den semitischen Sprachen Hebräisch und Arabisch abgesehen – die erste außereuropäische Sprache, mit der sich europäische Philologen intensiv beschäftigt haben. Die ersten Grammatiken und Wörterbücher entstanden Mitte des 16. Jahrhundert. Sie lehnen sich an die spanische Grammatik und die Wörterbücher (Latein–Spanisch, Spanisch–Latein) an, die Antonio de Nebrija in den Jahren 1492 und 1495 als erste Werke dieser Art für eine lebende europäische Sprache veröffentlichte. Die vermutlich beste Grammatik wurde von dem Jesuiten Horacio Carochi im Jahre 1645 verfasst; ihr entstammen auch die folgenden Beispiele. Sie gibt als einzige die im Nahuatl distinktive Vokallänge an, was im Folgenden jedoch vernachlässigt wird.

/-tɬ/, /-tɬi/ und /-li/ sind Allomorphe eines Suffixes, das Singulargrundformen von Nomina kennzeichnet (Distribution: -tɬ → -tɬi / K ___ bzw. -tɬi → -li / l ___).

☞ Beschreiben Sie den Unterschied zwischen Singular- und Pluralform.

	Singular	Plural	
1.	tekʷtɬi	tetekʷtin	*Fürst*
2.	pilli	pipiltin	*junger Mann*
3.	siʔtɬi	sisiʔtin	*Hase*
4.	totʃtɬi	tototʃtin	*Kaninchen*
5.	mistɬi	mimistin	*Puma*

6. oselotɬ	ooselo?	*Jaguar*
7. weʔʃolotɬ	weweʔʃolo?	*Truthenne*
8. masatɬ	mamasa?	*Hirsch*
9. kojotɬ	kokojo?	*Kojote*
10. koatɬ	kokoa?	*Schlange*

Die folgenden drei Beispiele sind Diminutiv-Formen zu /pilli/ »junger Mann«.

-pil	*Diminutiv der Anerkennung, des Lobes*
	(im Gegensatz zu den anderen beiden Suffixen ohne /-tɬi/)
-ton(tɬi)	*Diminutiv der Herabsetzung, Geringschätzung*
-tsin(tɬi)	*Diminutiv des Mitgefühls*

Singular	Plural
11. pilpil	pipilpipil
12. piltontɬi	pipiltotontin
13. piltsintɬi	pipiltsitsintin

☛ Beschreiben Sie die Reduplikation bei den folgenden Verbformen.

1.	tʃoka	*weinen, klagen*
	tʃoʔtʃoka	*immer wieder weinen*
	tʃotʃoka	*sehr (intensiv oder lange andauernd) weinen*
2.	itʃteki	*etwas stehlen*
	iitʃteki	*(intensiv oder lange andauernd, auch berufsmäßig) stehlen*
	iʔitʃteki	*immer wieder bzw. überall etwas stehlen*
3.	ni-wetska	*ich lache*
	ni-weʔwetska	*ich lache immer wieder*
	ni-wewetska	*ich lache sehr (lange)*
4.	nik-notsa	*ich rufe (ermahne) ihn*
	nik-nonotsa	*ich berate ihn*
	nik-noʔnotsa	*ich unterhalte mich mit ihm*
5.	in-tʃan o-jaʔ-keʔ	*Sie gingen nach Hause (in ein gemeinsames Zuhause).*
	ihr Heim sie∗gingen	
6.	in-tʃaʔtʃan o-jaʔjaʔ-keʔ	*Sie gingen nach Hause (ein jeder zu sich nach Hause).*

8. Maltesisch

Maltesisch ist Amtssprache des ca. 350 000 Einwohner zählenden Inselstaates Malta, wobei Zweisprachigkeit – Maltesisch und Italienisch – auf Malta weit verbreitet ist. Maltesisch gehört zu den semitischen Sprachen und wird zur Maghreb-Untergruppe des Arabischen gezählt. Es weicht jedoch aufgrund starker italienischer Einflüsse deutlich von den anderen semitischen Sprachen ab.

☛ Beschreiben Sie die Pluralbildung der folgenden Nomina und versuchen Sie, die für semitische Sprachen wie Maltesisch verwendete typologische Kategorisierung ›wurzelflektierend‹ zu erläutern.

3.7 Übungsaufgaben

	Singular	Plural			Singular	Plural	
1.	basla	basal	*Zwiebel*	9.	ʃemʃ	ʃmuʃ	*Sonne*
2.	baʔra	baʔar	*Kuh*	10.	demɣa	dmuɣ	*Träne*
3.	tamla	tamal	*Dattel*	11.	ʔoʃra	ʔʃur	*Hülse*
4.	ʔmis	ʔomos	*Hemd*	12.	bint	bniət	*Tochter*
5.	triʔ	toroʔ	*Straße*	13.	denb	dniəb	*Schwanz*
6.	toʔba	toʔob	*Loch*	14.	ʔoffa	ʔfief	*Korb*
7.	sodda	sodod	*Bett*	15.	sinna	sniən	*Zahn*
8.	ʔalb	ʔlub	*Herz*				

☛ Beschreiben Sie die Bildung der folgenden Verbalnomina.

	finites Verb		konkret-einmalig	abstrakt-generell
16.	daħak	*er lacht*	daħka	daħk
17.	marad	*er ist krank*	marda	mard
18.	ħolom	*er träumt*	ħolma	ħolm
19.	raʔad	*er schläft*	raʔda	rʔad
20.	daħal	*er tritt ein*	daħla	dħul
21.	haredʒ	*er geht hinaus*	hardʒa	ħrudʒ
22.	ħadem	*er arbeitet*	ħidma	ħdim

9. Türkisch

Im Türkischen gibt es bei der Deklination nur eine Flexionsklasse, d. h., alle Nomina werden in übereinstimmender Weise flektiert. Das Türkische ist ein typisches Beispiel für eine agglutinierende Sprache. Der Einfachheit halber sind bestimmte Possessivformen wie /jɨl-im/ »mein Jahr« vernachlässigt worden.

☛ Charakterisieren Sie das Deklinationssystem von /jɨl/ »Jahr«.

	Singular	Plural
Nominativ	jɨl	jɨllar
Genitiv	jɨlin	jɨllarin
Dativ	jɨla	jɨllara
Akkusativ	jɨli	jɨllari
Ablativ	jɨldan	jɨllardan
Lokativ	jɨlda	jɨllarda

10. Sanskrit*

Das Sanskrit gehört zu den Sprachen der indogermanischen Sprachfamilie, die am frühesten durch Schriftzeugnisse belegt sind. Es besteht eine über zweitausendjährige Tradition der Grammatikschreibung, deren bekanntester Vertreter Pāṇini (vermutlich viertes Jahrhundert vor Christus) ist (Böhtlingk 1966, Nr. 3339; Übersetzung nach Gundert et al. 1965: 200):

»Ein Neutrum ist das Herz, So hat Grammatik mich belehrt,
Drum, als es hin zur Liebsten zog, Hab ich's ihm nicht verwehrt;
Was mag für Unglück denn geschehn, Wenn Neutra zur Geliebten gehn? –

Doch nun bleibt's dort und kost mit ihr Und will nicht mehr zurück zu mir!
Was tu ich da? Wie schaff ich's fort? Wie bring ich es zur Ruh?
O Pāṇini, o Pāṇini, Mein Unglück wurdest du!«

Die ›Entdeckung‹ des Sanskrit im späten 18. Jahrhundert war der wesentliche Stimulus für die Entstehung der sprachvergleichenden Linguistik und der Indogermanistik. Sanskrit wird meist in der Nagari-Schrift wiedergegeben, der in Indien gebräuchlichsten Schriftform, die seit dem siebten Jahrhundert durch Inschriften belegt werden kann. Sie vereinigt Merkmale einer Alphabetschrift mit denjenigen einer Silbenschrift, da Vokale als diakritische Zeichen markiert werden, wobei /a/ unbezeichnet bleibt. Die Beispiele sind in einer bei Indologen und Indogermanisten gebräuchlichen Transliteration phonemisch wiedergegeben, d. h. Lautveränderungen (sandhi) durch benachbarte Wörter bleiben unberücksichtigt: ⟨Kh⟩ = aspirierter Verschlusslaut, ⟨r̥⟩ = silbischer Liquid, ⟨ḥ⟩ = auslautende Aspirierung nach Vokal, Unterpunktung (außer r̥ und ḥ) = retroflexer Laut, ⟨j⟩ = /ʤ/, ⟨ñ⟩ = /ɲ/, ⟨y⟩ = /j/, ⟨V̄⟩ = /V:/.

☛ Erstellen Sie eine Tabelle der Suffixe und achten Sie auf Synkretismen.

1. kānta »geliebt« + pitr̥ »Vater«

	Singular	Dual	Plural
Nom	kāntaḥ pitā	kāntau pitarau	kāntāḥ pitaraḥ
Akk	kāntam pitaram	kāntau pitarau	kāntān pitr̥̄n
Inst	kāntena pitrā	kāntābhyām pitr̥bhyām	kāntaiḥ pitr̥bhiḥ
Dat	kāntāya pitre	kāntābhyām pitr̥bhyām	kāntebhyaḥ pitr̥bhyaḥ
Abl	kāntāt pituḥ	kāntābhyām pitr̥bhyām	kāntebhyaḥ pitr̥bhyaḥ
Gen	kāntasya pituḥ	kāntayoḥ pitroḥ	kāntānām pitr̥̄ṇām
Lok	kānte pitari	kāntayoḥ pitroḥ	kānteṣu pitr̥ṣu
Vok	kānta pitar	kāntau pitarau	kāntāḥ pitaraḥ

2. kānta »geliebt« + rājan »König«

	Singular	Dual	Plural
Nom	kāntaḥ rājā	kāntau rājānau	kāntāḥ rājānaḥ
Akk	kāntam rājānam	kāntau rājānau	kāntān rājñaḥ
Inst	kāntena rājñā	kāntābhyām rājabhyām	kāntaiḥ rājabhiḥ
Dat	kāntāya rājñe	kāntābhyām rājabhyām	kāntebhyaḥ rājabhyaḥ
Abl	kāntāt rājñaḥ	kāntābhyām rājabhyām	kāntebhyaḥ rājabhyaḥ
Gen	kāntasya rājñaḥ	kāntayoḥ rājñoḥ	kāntānām rājñām
Lok	kānte rājñi	kāntayoḥ rājñoḥ	kānteṣu rājasu
Vok	kānta rājan	kāntau rājānau	kāntāḥ rājānaḥ

3. kānta »geliebt« + mātr̥ »Mutter«

	Singular	Dual	Plural
Nom	kāntā mātā	kānte mātarau	kāntāḥ mātaraḥ
Akk	kāntām mātaram	kānte mātarau	kāntāḥ mātr̥̄ḥ
Inst	kāntayā mātrā	kāntābhyām mātr̥bhyām	kāntābhiḥ mātr̥bhiḥ
Dat	kāntāyai mātre	kāntābhyām mātr̥bhyām	kāntābhyaḥ mātr̥bhyaḥ

Abl	kāntāyāḥ mātuḥ	kāntābhyām mātṛbhyām	kāntābhyaḥ mātṛbhyaḥ
Gen	kāntāyāḥ mātuḥ	kāntayoḥ mātroḥ	kāntānām mātṝṇām
Lok	kāntāyām mātari	kāntayoḥ mātroḥ	kāntāsu mātṛṣu
Vok	kānte mātar	kānte mātarau	kāntāḥ mātaraḥ

11. Latein

☛ Bestimmen Sie aus den Daten die einzelnen Tempus- und Personalsuffixe. Im Konjugationsparadigma gibt es eine Unregelmäßigkeit. Welche?

1.	laudābō	ich werde loben	11.	instābam	ich bedrängte
2.	lavābant	sie wuschen	12.	dabāmus	wir gaben
3.	tacēbis	du wirst schweigen	13.	habēbit	sie wird haben
4.	prōmovēmus	wir kommen voran	14.	increpābātis	ihr scheltetet
5.	desperābās	du verzweifeltest	15.	flētis	ihr weint
6.	moneō	ich mahne	16.	domābam	ich bändigte
7.	solvēbō	ich werde lösen	17.	laudābat	er lobte
8.	florēbunt	sie werden blühen	18.	placēbat	es gefiel
9.	crepābunt	sie werden krachen	19.	solvēbāmus	wir lösten
10.	lavābimus	wir werden waschen	20.	laudō	ich lobe

12. Nahuatl

Verben wie »töten« und »schlagen« erfreuen sich seit langem als Beispiele besonderer ›Beliebtheit‹. Dies sollte man allerdings nicht auf dementsprechende Neigungen oder Phantasien der Linguisten – im folgenden des Jesuiten Carochi – zurückführen, sondern darauf, dass diese Verben aus semantischen Gründen zur Illustration bestimmter Bildungen besonders geeignet sind.

☛ Beschreiben Sie das System der Pronominalmarkierung in den folgenden Beispielen.

1.	temiktia	er tötet jemanden
2.	nitemiktia	ich töte jemanden
3.	nimitsmiktia	ich töte dich
4.	titłamiktia	du tötest etwas (ein Tier)
5.	tikinmiktia	du tötest sie (Plural)
6.	tinetʃmiktia	du tötest mich
7.	netʃmiktia	er tötet mich
8.	mitsmiktia	er tötet dich
9.	kinmiktia	er tötet sie (Plural)
10.	nikmiktia	ich töte ihn
11.	kimiktia	er tötet ihn
12.	momiktia	er tötet sich selbst
13.	timomiktia	du tötest dich selbst
14.	ninomiktia	ich töte mich selbst

☛ Beschreiben Sie die Pronominalmarkierung des Verbs /maka/ »geben«.

Hinweis: Sätze mit identischer Übersetzung sollen nur hinsichtlich morphosyntaktischer Unterschiede verglichen werden. Der Unterschied in semantischer und pragmatischer Hinsicht steht hier nicht zur Debatte.

15. nikmaka tɬaʃkalli in nopiltsin   *Ich gebe meinem Sohn Brot.*
16. niktemaka tɬaʃkalli   *Ich gebe jemandem Brot.*
17. niktɬaʃkalmaka in nopiltsin   *Ich gebe meinem Sohn Brot.*
18. nitetɬaʃkalmaka   *Ich gebe jemandem Brot.*
19. niktɬamaka in nopiltsin   *Ich gebe meinem Sohn Brot.*
20. nitetɬamaka   *Ich gebe jemandem etwas.*
21. nimitsmaka tɬaʃkalli   *Ich gebe dir Brot.*
22. nimitstɬamaka   *Ich gebe dir etwas.*

13. K'iche'*

Die folgenden Beispiele entstammen nicht einem der modernen Dialekte des K'iche'. Wie auch bei einigen anderen Indianersprachen Mesoamerikas entwickelte sich in der Zeit nach der Eroberung durch die Spanier im 16. Jahrhundert eine von der indianischen Oberschicht getragene schriftsprachliche Tradition, die sich der lateinischen Schrift bediente. Für das K'iche' liegt mit dem »Popol Vuh« ein ›Klassiker‹ vor. Aus diesem literarischen Werk über Mythen und Geschichte des K'iche'-Volkes stammen die folgenden Beispiele.

☛ Beschreiben Sie das Flexionssystem des K'iche', das Tempus-/Aspekt- und Personenmarkierungen umfasst. Gehen Sie dabei schrittweise vor; bearbeiten Sie also zunächst nur die Formen unter A, dann die unter B, zuletzt die unter C.

A 1. xkamik   *er starb*   6. xojkamik   *wir starben*
    2. xkeb'ek   *sie werden gehen*   7. xekamik   *sie starben*
    3. kixb'ek   *ihr geht*   8. kinb'ek   *ich gehe*
    4. xkojb'ek   *wir werden gehen*   9. kixkamik   *ihr sterbt*
    5. kojkamik   *wir sterben*   10. katkamik   *du stirbst*

B 11. xkib'ano   *sie machten es*   16. xqab'ano   *wir machten es*
   12. xib'ano   *ihr machtet es*   17. kaqab'ano   *wir machen es*
   13. kub'ano   *er macht es*   18. kakib'ano   *sie machen es*
   14. xub'ano   *er machte es*   19. xkiti'o   *sie bissen ihn*
   15. kab'ano   *du machst es*   20. xuk'amo   *er holte es*

C 21. xkixqati'o   *wir werden euch beißen*
   22. xojik'amo   *ihr habt uns geholt*
   23. xojiti'o   *ihr habt uns gebissen*
   24. xkeqasik'ij   *wir werden sie rufen*
   25. xkixnusik'ij   *ich werde euch rufen*
   26. xkich'ako   *sie besiegten ihn*
   27. kojkich'ako   *sie besiegen uns*

28. xeqach'ako *wir besiegten sie*
29. xkixqakamisaj *wir werden euch töten*
30. xkisik'ij *sie riefen ihn*
31. kinikamisaj *ihr tötet mich*
32. kinkiq'aluj *sie umarmen mich*
33. kojiti'o *ihr beißt uns*
34. kojkiq'aluj *sie umarmen uns*

14. Bella Coola

Bella Coola /bəlxʷəla/ ist eine Sprache der Salish-Sprachfamilie, die an der Pazifikküste Kanadas in British Columbia noch von etwa hundert älteren Personen gesprochen wird. Zusammen mit benachbarten Sprachen, insbesondere der Wakash-Familie, können die Salish-Sprachen als typische Vertreter des polysynthetischen Sprachtypus angesehen werden.

Der Wechsel /ti-kuɫank/ mit /ti-skuɫank/ und /ti-kuɫuɫik/ mit /ti-skuɫuɫik/ sollte vernachlässigt werden. Er hängt damit zusammen, dass die Formen mit dem einen Körperteil bezeichnenden Suffix /-ak/ »Hand, Arm« kombiniert sind. Alle Varianten sind grammatisch korrekt; der Grad der Akzeptabilität und die pragmatische Einbettung sind aber verschieden und sollen hier nicht zur Debatte stehen.

☞ Versuchen Sie, anhand der Beispielsätze die Inkorporierung lexikalischer Elemente in das Wort zu beschreiben.

1a kma ti-suxa-ts-tx
 *schmerzen nah-Hand/Arm-ich/mein-*Art
1b kma-ak-ts
 schmerzen-Hand/Arm-ich/mein
 Mein Arm/meine Hand schmerzt.

2a tsp-is ti-ʔimlk-tx ti-suxa-ts-tx
 *abreiben-er nah-Mann-*Art *nah-Hand/Arm-ich/mein-*Art
2b tsp-ak-tss ti-ʔimlk-tx
 *abreiben-Hand-er/mich nah-Mann-*Art
 Der Mann reibt meine Hand ab.

3a kma ti-kuɫank ti-kuɫuɫik ti-suxa-ts-tx
 *schmerzen nah-Seite nah-Rücken nah-Hand/Arm-ich/mein-*Art
3b kma ti-skuɫank-uɫik-ak-ts-tx
 *schmerzen nah-Seite-Rücken-Hand/Arm-ich/mein-*Art
3c kma ti-kuɫank ti-skuɫuɫik-ak-ts-tx
 *schmerzen nah-Seite nah-Rücken-Hand/Arm-ich/mein-*Art
3d kma-ank-uɫik-ak-ts-tx
 *schmerzen-Seite-Rücken-Hand/Arm-ich/mein-*Art
3e kma-ank ti-skuɫuɫik-ak-ts-tx
 *schmerzen-Seite nah-Rücken-Hand/Arm-ich/mein-*Art
 Die Seite meines Handrückens schmerzt.

15. Esperanto

Esperanto ist die bekannteste Welthilfssprache, die von dem polnischen Arzt Ludwig Zamenhof Ende des 19. Jahrhunderts entwickelt worden ist. Esperanto hat wie eine natürliche Sprache ein phonologisches, morphologisches und syntaktisches System. Die Wortstämme stammen vorwiegend aus romanischen Sprachen, aber auch vom Deutschen abgeleitete Wörter kommen vor, z. B. ⟨schranko⟩.

☛ Führen Sie – so weit möglich – eine vollständige Morphemanalyse anhand der folgenden Beispiele durch.

1. mantelo — *Mantel*
2. sub la lito — *unter dem Bett*
3. domo — *Haus*
4. apud la sofo — *neben dem Sofa*
5. varmo — *Wärme*
6. sur la tabloj — *auf den Tischen*
7. super la sego — *über dem Stuhl*
8. doma — *häuslich*
9. patra — *väterlich*
10. varmaj manteloj — *warme Mäntel*

16. Blisstalk

Bei dem von Charles Bliss (1965) entwickelten nonverbalen Kommunikationssystem handelt es sich um eine Symbolsprache für sprechunfähige Körper- und Mehrfachbehinderte.

☛ Führen Sie eine morphologische Analyse durch.

1. *Gehirn*
2. *Ich denke.*
3. *Sie dachte.*
4. *Er wird denken.*
5. *Das Bett wird gemacht.*
6. *Der Mann macht das Bett.*

17. Berlinisch

Die nachfolgende Passage stammt aus den »Notizen aus meinem Leben« des Berliner Bankiers Johann David Müller (1973: 32), der in der ersten Hälfte des 19. Jahrhunderts lebte.

☛ Erklären Sie, was unter dem so genannten ›Akkudativ‹ zu verstehen ist.

Um jedoch zu den nöthigen Vorschüssen zu gelangen [...] hatte ich mir an meinem Freunde und Protektor Rothe, Haupt-Rendant der Seehandlungs-Casse gewandt, ihm meine Lage vorgestellt und ihn an sein früheres Versprechen erinnert. Er hatte Vertrauen zu meiner Redlichkeit, zu meinem Eifer empor zu kommen und übersah überhaupt, daß by diesen Unternehmungen, die schnell realisiert werden konnten, keine Gefahr für mich und ihm vorhanden war, und so übernahm er denn auch bereitwillig die Garantie by der Seehandlungs-Direktion für einen Vorschuß von 5 000 Thlr., der by den zweiten Contract auf 10 000 Thlr. erhöht wurde. Während ich by dieser Unternehmung für eigene Rechnung natürlich aus den Dienstverhältnis des p. Schwartz scheiden musste, um meine eigene Geschäfte nun zu leiten.

18. Quechua*

Quechua-Sprachen werden im mittleren Andenraum vom Süden Kolumbiens bis in den Nordwesten Argentiniens von ca. 9 Millionen Personen gesprochen, die Varietät der folgenden Beispiele, das »Quechua Cuzqueño«, von etwa 1,5 Millionen Menschen im Süden Perus um das alte Zentrum des Inkareiches Cuzco. Fast alle grammatischen und manche pragmatischen Beziehungen werden durch Suffixe hergestellt, die einem komplexen, aber klar durchgebildeten Ordnungsmuster folgen.

Hinweis: In den Beispielen gibt es zwei unterschiedliche Suffixe /-n_1/ und /-n_2/, wobei /-n_1/ Allomorph (nach Vokal) zu dem Suffix /-mi/ »Bestätigung (aus eigener Kenntnis)« ist. /-mi/ ~ /-n_1/ kann bei Aussagen der Form »A ist B« anstelle der Konjugation stehen. /-qa/ markiert das, worüber im Satz etwas ausgesagt werden soll.

☞ Beschreiben Sie die Suffixe und ihre Abfolge.

1. ʎaxta-manta hamu-nki-tʃu?
   Kommst du vom Dorf?

2. mana-n_1, urqu-manta hamu-ni, ʎama-iku-kuna-ta mitʃi-rqa-ni-n_1
   Nein, ich komme vom Berg, ich habe unsere Lamas gehütet.

3. ʎaxta-man ri-nki-tʃu?
   Gehst du zum Dorf?

4. mana-n_1, qutʃa-man-mi ri-ʃa-ni
   Nein, ich gehe (gerade) zum See.

5. taita-iki-qa mitʃi-x-tʃu?
   Ist dein Vater Hirte?

6. mana-n_1, taita-i-qa pirqa-x-mi
   Nein, mein Vater ist Maurer.

7. taita-iki-qa wasi-tʃa-n_2-rax-tʃu?
   Baut dein Vater noch Häuser (hausbaut er)?

8. ʎaxta-iku-pi-qa, runa-kuna-wan wasi-tʃa-n_2-mi
   In unserem Dorf baut er mit den Einheimischen Häuser.

9. sumax-ta-ʎa-n_1 pirqa-rqa-n_2
   Er hat halt schön (›Schönes‹) gemauert.

10. adubis-wan-tʃu pirqa-n_2?
    Mauert er mit Lehmziegel(n)?

11. adubis-manta-pis kal rumi-manta-pis pirqa-kuna-ta-qa ruwa-n_2-mi
    Aus Lehmziegel(n) (auch) und auch aus Kalkstein macht er die Mauern.

12. kunan-qa, ʎaxta-ikitʃis-pi sumax wasi-kuna ka-n_2-mi
    Jetzt sind in euerem Dorf schöne Häuser vorhanden.

13. ari, musux wasi-iku-pis sumax-ʎa-n₁
    Ja, auch unser neues Haus ist halt schön.
14. ʎaxta-ikitʃis-pi, mana-rax-tʃu musux iskwila wasi-ta ruwa-nkitʃis?
    Baut (macht) ihr in euerem Dorf das neue Schulhaus noch nicht?
15. hamu-x kiʎa-pi ɲa iswkila-ta ruwa-sun!
    Lasst uns (alle) schon im kommenden Monat die Schule bauen (machen)!
16. ʎaxta-i-pi tuta-pi kunan-qa tʃiri-ʃa-n₂-mi
    In meinem Dorf ist es in der Nacht jetzt kalt (andauernd, gerade).
17. kai kiʎa-pi tuta-pi-qa tʃiri-ʎa-n₁
    In diesem Monat ist es in der Nacht halt kalt.
18. ɲa tuta-ja-n₂; ri-sun!
    Es wird schon Nacht. Lasst uns (alle) gehen!

19. Itelmenisch*

Itelmenisch (oder Kamtschadalisch) wurde bis Ende des 19. Jahrhunderts auf dem südlichen Teil Kamtschatkas im Fernen Osten Russlands gesprochen. Heute gibt es nur noch weniger als 100 Sprecher an einigen Flussläufen im Westen der Halbinsel.

Hinweis: Imperative werden im Singular mit dem Zirkumfix /q-...-xtʃ/ (bzw. dessen Allomorph /q'-...-xtʃ/) gebildet. Zwischen den Stamm und die Endung können u. a. die Suffixe /-qzu-/ »Imperfektiv« und /-s-/ (oder Allomorph /-əs-/) »Präsens« treten. Bei den zum Vergleich gegebenen Formen sind Suffixe (u. a. die Allomorphe /-z-/ ~ /-əz-/ des Präsens oder das bei bestimmten Substantiven gebrauchte Singulativsuffix /-tʃ/) zu ignorieren.

☞ Ermitteln Sie den jeweiligen Verbstamm.

1. q'nuxtʃ   *Iss!*
2. q'nusxtʃ   *Iss (jetzt)!*   Vgl. /nuzen/ »er/sie isst«
3. q'nuqzuxtʃ   *Iss (fang an zu essen)!*
4. qtʃ'extʃ   *Komm herein!*
5. qtʃ'esxtʃ   *Komm (jetzt) herein!*
6. qɬəxtʃ ~ qəɬxtʃ *Sei es!*   Vgl. /ɬqzuzen/ »er/sie/es existiert«
7. qtekejəsxtʃ   *Steh (jetzt) auf!*
8. qtekejxtʃ   *Steh auf!*
9. q'isteləsxtʃ   *Tanze (jetzt)!*   Vgl. /isteləzen/ »er/sie tanzt«
10. qkərβeɬχetəsxtʃ *Sprich!*
11. qtʃaka?ɬxtʃ   *Sing!*
12. qk'oɬxtʃ   *Komm her!*
13. qtʃajasxtʃ   *Trink (jetzt) Tee!*   Vgl. /tʃaj/ »Tee«
14. qχeβli?sxtʃ   *Iss (jetzt) rohe Fischköpfe!*   Vgl. /χeβlitʃ/ »roher Fischkopf«
15. qɬxixtʃ   *Übernachte!*   Vgl. /kɬfiŋle/ ~ /kɬxiŋle/ »Nacht«
16. qɬtʃ'lesxtʃ   *Iss Sauerfischköpfe!*   Vgl. /kɬtʃ'letʃ/ »Sauerfischkopf«

4. Syntax

Im letzten Kapitel haben wir uns mit Morphemen und Wörtern beschäftigt, den Grundbausteinen der Grammatik. Wörter sind jedoch mehr als nur isolierbare Einheiten. Sie bilden verknüpft, gelegentlich aber auch einzeln, größere Informationseinheiten. Wie diese komplexeren Einheiten aufgebaut sind, ist Gegenstand der Syntax. Gehen wir von einigen Beispielen aus, von den Wörtern /ninemi/ (Nahuatl), ⟨pluit⟩ (Lateinisch) und ⟨lái⟩ (Chinesisch). Das Verb ⟨lái⟩ finden wir in jedem Wörterbuch des Chinesischen. Es bedeutet »kommen«. Wenn jedoch ein Sprecher ⟨lái⟩ äußert, um jemanden zum Kommen zu bewegen, wird das Wort als Aufforderung verstanden. Im Deutschen würde man in diesem Fall ⟨Komm!⟩ gebrauchen, also den Verbstamm ohne das Infinitivsuffix. Mit nur einem einfachen Wort lässt sich also eine Aufforderung bzw. ein Befehl ausdrücken. In vielen Sprachen der Welt werden Imperative mit Hilfe eines Verbs, häufig mit dem Verbstamm, ausgedrückt, z. B. ⟨lái⟩, ⟨komm⟩ oder entsprechend in der australischen Sprache Pitjantjatjara /piṭa/. Dieses spezielle Konstruktionsmuster eines Imperativs bezeichnet man als Imperativsatz.

Verständigung erfolgt jedoch nicht in erster Linie mit Imperativen; Sprecher beziehen sich durch ihre Äußerungen vielmehr auf Sachverhalte in der Welt. Mit dem Nahuatl-Wort /ninemi/ »ich lebe« wird etwas ausgesagt, indem auf einen Vorgang bzw. Zustand Bezug genommen wird. Diese Aussage wird im Deutschen durch zwei Wörter kodiert, durch ein Personalpronomen und eine Verbform. Mit ⟨pluit⟩ gibt ein lateinischer ›Klassiker‹ einen Zustand wieder, der im Deutschen durch »es regnet« ausgedrückt wird. Wenn wir uns noch an das im vorigen Kapitel angeführte Inuit-Wort /aliːkusirsuillammassuaːnirartassagaluarpaːli/ erinnern, das Deutsch mit »Trotzdem werden sie sagen, dass er ein großer Unterhalter ist, obwohl ... (z. B. wir es besser wissen)« wiedergegeben werden kann, wird deutlich, dass diese einzelnen Wörter jeweils im Deutschen dem entsprechen, was wir intuitiv einen Satz nennen würden. Da mit ihnen Aussagen kodiert werden, spricht man von Aussagesätzen.

Diese Beispiele zeigen, dass Sprecher (und Schreiber) Wörter/Morpheme nicht zum Selbstzweck gebrauchen, sondern um damit Aussagen zu treffen, aufzufordern, Fragen zu stellen usw. Hierzu werden Wörter/Morpheme in der Regel zu größeren Einheiten zusammengestellt. Die Struktur dieser Einheiten ist primärer Gegenstand der Syntax, wobei sich mehrere Fragen aufdrängen:
- Aus welchen Elementen sind (syntaktische) Strukturen aufgebaut? Beispielsweise aus Nomen und Verb: ⟨Petra arbeitet⟩.
- Wie sind diese Elemente markiert? Beispielsweise durch Kasus- und Tempussuffixe: ⟨Magister laudābat⟩ »Der Lehrer lobte«.
- Wie sind die Elemente positionell angeordnet? Beispielsweise ⟨Peter met John⟩, *⟨met Peter John⟩, etc.

- Welche Funktion haben die Elemente in der syntaktischen Struktur? Welcher Funktionszusammenhang besteht z. B. zwischen ⟨es⟩ und ⟨regnet⟩ in ⟨Es regnet⟩ oder ⟨Peter⟩, ⟨John⟩ und ⟨met⟩ in ⟨Peter met John⟩?
- Wie hängen die Markierung der Elemente, die Anordnung und die Funktion der Wörter in größeren Gefügen zusammen?
- Wie verbinden sich suprasegmentale Merkmale, insbesondere Intonationskonturen, mit syntaktischen Einheiten?

Bei der Beschreibung syntaktischer Strukturen ist die Unterscheidung von syntagmatischen und paradigmatischen Beziehungen ein Schlüssel zur Analyse. SYNTAGMATISCHE Beziehungen zwischen Elementen stellen die linearen Verknüpfungsfolgen von Wörtern und Satzgliedern dar, PARADIGMATISCHE hingegen die Beziehungen der Elemente zueinander als Teile des syntaktischen Systems. Auf der syntagmatischen Ebene werden bei einem Satz wie ⟨Er arbeitet⟩ die Relationen zwischen ⟨er⟩ und ⟨arbeitet⟩ betrachtet, auf der paradigmatischen Ebene z. B. die Tatsache, dass ⟨er⟩ durch ⟨Werner⟩ oder ⟨der Student⟩ ersetzt werden kann. Man kann die Relationen in folgender Weise darstellen:

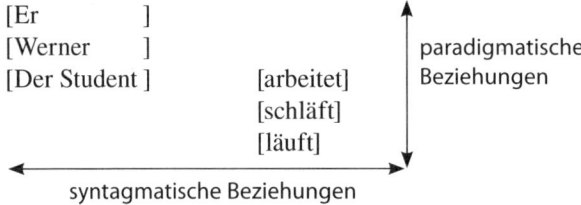

Vor dem Hintergrund syntagmatischer und paradigmatischer Beziehungen und daraus resultierenden Prinzipien lässt sich eine Reihe von Proben zur Ermittlung von syntaktischen Teilstrukturen ermitteln:

- SUBSTITUTION (Austausch- oder Ersatzprobe): In dem Ausdruck ⟨Werner schläft⟩ können wir ⟨Werner⟩ durch ⟨der Student⟩, ⟨er⟩ oder ⟨der fleißige Student⟩ ersetzen. Die ersetzbaren Ausdrücke bilden eine bestimmte Teilstruktur, eine so genannte KONSTITUENTE, innerhalb der übergeordneten Struktur, dem Satz. Werden Ausdrücke durch ein Pronomen ersetzt, ⟨Werner⟩ durch ⟨er⟩, so spricht man auch vom Pronominalisierungstest. Können Ausdrücke erfragt werden, z. B. ⟨Wer kommt?⟩ mit der Antwort ⟨Werner (kommt)⟩, so wird ein Fragetest zur Ermittlung von Konstituenten durchgeführt.
- REDUKTION (Tilgung oder Weglassprobe): Das, was weggelassen werden kann, bildet in der Regel eine Konstituente: In dem Satz ⟨Klaus-Michael studiert fleißig an der Universität Hannover⟩ können ⟨fleißig⟩ und ⟨an der Universität Hannover⟩ weggelassen werden, sie sind deshalb Konstituenten. Die Weglassprobe wird häufig angewandt, um ungrammatische von grammatischen Strukturen zu scheiden: Wird in dem Satz ⟨Das Buch liegt auf dem Tisch⟩ der Ausdruck ⟨auf dem Tisch⟩ weggelassen, führt dies zu einer ungrammatischen Struktur. Diese wird mit einem * gekennzeichnet: *⟨Das Buch liegt⟩.

- PERMUTATION (Umstell- oder Verschiebeprobe): Durch Permutation wird die lineare Anordnung von Wörtern oder Wortgruppen verändert: Im Satz ⟨Das Buch liegt auf dem Tisch⟩ kann ⟨auf dem Tisch⟩ in die Anfangsposition verschoben werden: ⟨Auf dem Tisch liegt das Buch⟩, aber nicht ⟨liegt auf dem⟩. Deshalb bildet ⟨liegt auf dem⟩ keine Konstituente, aber ⟨auf dem Tisch⟩.
- KOORDINATION (Erweiterungsprobe): Werden zwei Ausdrücke koordiniert, z. B. ⟨Werner⟩, ⟨Maria⟩ zu ⟨Werner und Maria⟩, so bilden die koordinierten Ausdrücke eine Konstituente, in unserem Fall eine Nominalgruppe bestehend aus zwei Nomina, die durch die Konjunktion ⟨und⟩ verbunden sind.

4.1 Grundprinzipien des Aufbaus syntaktischer Strukturen

Auf der Folie der praktischen Proben lassen sich Konstituenten aus größeren Einheiten ermitteln bzw. segmentieren und Verbindungen zwischen Einheiten feststellen. Dem Segmentieren liegt das PRINZIP DER KONSTITUENZ zugrunde, dem Herstellen von Verbindungen zwischen den einzelnen Segmenten das PRINZIP DER DEPENDENZ. Beide Prinzipien sind zentrale und komplementäre Beschreibungsprinzipien grammatischer Strukturen, inbesondere syntaktischer Strukturen. Um sie und die daraus abgeleiteten Darstellungsformen zu verdeutlichen, gehen wir von dem Satz ⟨Werner schläft im Bett⟩ aus und wenden die Proben an. Durch Umstell- und Ersetzungsprobe lassen sich leicht drei Konstituenten identifizieren: ⟨Werner⟩, ⟨schläft⟩, und ⟨im Bett⟩. Während ⟨im Bett⟩ ohne weiteres weggelassen werden kann, gilt dies für ⟨Werner⟩ und ⟨schläft⟩ nicht. Ein Satz scheint also aus zwei sich ergänzenden Teilen zu bestehen. Auch eine Erweiterung des Fragetests spricht hierfür: Das Frage-Antwort-Paar ⟨Was macht Werner?⟩ – ⟨Er [schläft im Bett].⟩ legt den Schluss nahe, ⟨schläft im Bett⟩ als Konstituente zu begreifen. Die Konstituente ⟨im Bett⟩ kann per Ersetzungsprobe (⟨im Sessel/Heu⟩) weiter in die Konstituenten ⟨im⟩ und ⟨Bett⟩ zerlegt werden. Aus der Zerlegung des Satzes in Teilstrukturen ergibt sich folgender Strukturbaum:

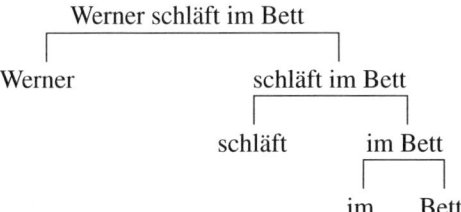

Obwohl es noch andere Darstellungsformen von Konstituenz gibt, z. B. in Form einer Klammernotation [ ] wie

[[Werner] [[schläft] [[im] [Bett]]]]

wird zur Veranschaulichung syntaktischer Strukturen in der Regel ein Baumgraph gewählt, eine Darstellungsweise, die auch, wie in Kapitel 2 und 3 gezeigt wurde, für silbische und morphologische Strukturen verwendet wird. Abstrakt ist ein solcher Strukturbaum ein auf dem Kopf stehender Baumgraph mit einer Wurzel (Wurzelknoten), Zweigen (Kanten) und Blättern (Knoten):

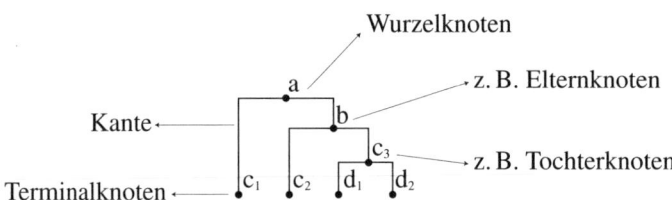

In dem Strukturbaum finden sich Knoten und Kanten. Wenn sich die Knoten nicht weiter verzweigen, so spricht man von End- oder Terminalknoten. An den Knoten stehen Etikettierungen (Kategorien) wie a und b und bilden Konstituenten. Die Konstituente b ist der Konstituente a untergeordnet, während c_3, c_2 nebengeordnet ist, d.h. beide Konstituenten stehen auf einer Ebene. Dieser hierarchische Aufbau von Konstituenten wird KONSTITUENTENSTRUKTUR genannt. Eine syntaktische Konstituentenstruktur gibt den hierarchischen Aufbau von syntaktischen Strukturen wieder. Anstelle der allgemeinen Kategorien stehen syntaktische Kategorien wie S für Satz, N für Nomen, V für Verb und P für Präposition. Neben den Basiskategorien, die weitgehend Wortarten entsprechen, gibt es erweiterte Kategorien wie NGr (Nominalgruppe), VGr (Verbalgruppe), PGr (Präpositionalgruppe) usw. Der Satz ⟨Werner schläft im Bett⟩ kann in seiner Konstituentstruktur nun wie folgt dargestellt werden:

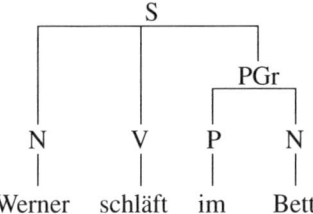

Statt ›Gruppe‹ wird häufig der Terminus PHRASE gebraucht, der Ausdruck ⟨im Bett⟩ wäre somit eine Präpositionalphrase. Alle Phrasen können als Expansion eines Kerns begriffen werden: …X… → XP, z.B. wird die Präposition expandiert zur Präpositionalphrase. Man bezeichnet dies als das KOPFPRINZIP und jede Phrase hat einen Kopf. Der Kopf einer Präpositionalphrase also ist P, bei einer Nominalphrase NP ist der Kopf N.

Eine Konstituentenstruktur kann durch Regeln erzeugt werden, und es ist das Verdienst von Noam Chomsky (siehe den Kasten S. 115), dies in die Sprachwissenschaft eingeführt zu haben. In seiner berühmten Schrift »Syntactic Structures« aus dem Jahre 1957 zeigte er, wie mit Hilfe eines Vokabulars, syntaktischer Kategorien

4.1 Grundprinzipien des Aufbaus syntaktischer Strukturen

und Regeln syntaktische Strukturen einer Sprache aufgebaut werden können. Zum Vokabular gehören Formen wie z. B. ⟨run⟩, ⟨hit⟩, ⟨man⟩, ⟨the⟩, ⟨a⟩, ⟨ball⟩ und es bestehen folgende Regeln:

(R1) Sentence → NP + VP
(R2) NP → T + N
(R3) VP → Verb + NP
(R4) T → the
(R5) N → man, ball, ...
(R6) Verb → hit, took, ...

Die Regeln sind als Ersetzungsregeln zu lesen, also beispielsweise ›Ersetze die Kategorie NP durch die Kategorien T und N‹. Aus den Ersetzungsregeln R1 bis R6 lässt sich u. a. der Satz ⟨the man hit the ball⟩ ableiten. Eine Anwendung und Folge von Regeln kann wie folgt aussehen:

NP + VP	(R1)
T + NP + VP	(R2)
T + N + Verb + NP	(R3)
the + N + Verb + NP	(R4)
the + man + Verb + NP	(R5)
the + man + hit + NP	(R6)
the + man + hit + T + N	(R2)
the + man + hit + the + N	(R4)
the + man + hit + the + ball	(R5)

Die Ableitungen können als Strukturbaum dargestellt werden:

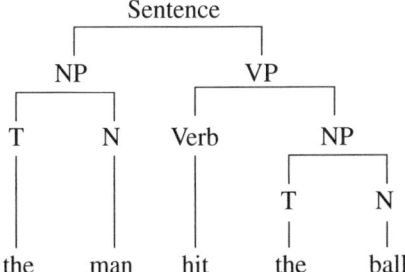

Die Darstellung syntaktischer Strukturen in Form von Konstituentenstrukturen ist ein Grundprinzip der Syntaxanalyse und Gegenstand unterschiedlichster syntaktischer Theorien.

Das andere Grundprinzip bezieht sich auf Abhängigkeitsbeziehungen zwischen Elementen. Beispielsweise hängt ⟨Bett⟩ von ⟨im⟩ ab und nicht umgekehrt ⟨im⟩ von ⟨Bett⟩. Dies schlägt sich formal bei der Kasuszuweisung nieder. Die Präposition ⟨im⟩ hat die Fähigkeit dem abhängigen Element den Kasus zuzuweisen, und zwar den Dativ wie ⟨im Hause⟩. Die Form von ⟨Hause⟩ wird durch ⟨im⟩ kontrolliert. Man spricht in einem solchen Fall allgemein von DEPENDENZ. Dependenz bezeichnet eine Beziehung, genauer formuliert eine zweistellige Relation, zwischen zwei Wörtern W_1 und W_2, wobei das Vorkommen und die Form von W_1 durch W_2 kontrolliert werden. Das abhängige Element wird als DEPENDENS bezeichnet, das kontrollierende als REGENS. Die Präposition ⟨im⟩ regiert die Wörter ⟨Hause⟩ bzw. ⟨Bett⟩, diese wiederum sind dependent von ⟨im⟩. In Dependenzstrukturen bildet das Regens die Wurzel des Strukturbaums, die Präpositionalphrase kann wie folgt dargestellt werden:

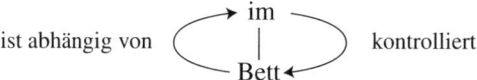

Bezogen auf den Satz wird dem Verb in Dependenzansätzen eine besondere Stellung zugewiesen. Das Verb regiert bestimmte Ausdrücke, z.B. verlangt und kontrolliert das Verb ⟨liegen⟩ zwei Mitspieler, z.B. ⟨Werner⟩ und ⟨im Bett⟩. Man spricht in diesem Fall auch von Verbvalenz (s.u.). Die elementare Dependenzstruktur für den Satz ⟨Werner liegt im Bett⟩ sieht wie folgt aus:

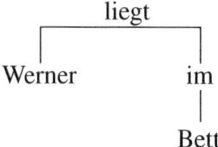

Zwischen Dependenz und Konstituenz besteht ein systematischer Zusammenhang: Eine regierende Kategorie, z.B. P: ⟨im⟩, bildet mit allen von ihr abhängigen Kategorien wie N: ⟨Bett⟩ oder NP: ⟨warmes Bett⟩ eine Konstituente (PP).

Die syntaktische Analyse und auch die Darstellungsform fallen abhängig von theoretischen Annahmen und praktischen Zielsetzungen unterschiedlich aus. Für die Beschreibungsebene wollen wir theoretische Aspekte nicht vertiefen. Wir gehen deshalb von der gegebenen Abfolge der Wortformen im Satz aus und weisen dem Verb eine besondere Stellung zu, weil Ergänzungen von ihm regiert werden. In die Konstituentenstruktur werden Dependenzen als Relationen eingebaut. In dem Satz ⟨The man hit the ball⟩ haben wir eine Konstituentenstruktur, in der die Rektionsbeziehungen integriert sind. Das Verb ⟨hit⟩ verlangt zwei Mitspieler, im Beispielsatz ⟨the man⟩ und ⟨the ball⟩. Die Relation, ausgedrückt durch den Pfeil, gibt an, dass das Verb die beiden Nominalphrasen regiert.

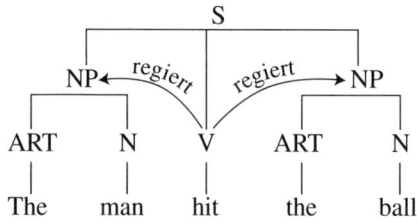

> **Noam Chomsky** (*7.12.1928 in Philadelphia)
>
> Kein anderer Sprachwissenschaftler des 20. Jahrhunderts hat die moderne Linguistik so stark beeinflusst wie Noam Chomsky, und er zählt zu den weltweit meistzitierten Wissenschaftlern. Dies nicht nur wegen seiner sprachwissenschaftlichen und sprachphilosophischen Arbeiten, sondern auch wegen seiner zahlreichen politischen Schriften.
>
> Chomsky, geboren 1928 in Philadelphia (Pennsylvania), studierte Linguistik, Mathematik und Philosophie und ist ein Schüler von Zellig Harris, bei dem er 1951 sein linguistisches Studium mit einer morphologischen Untersuchung zum Neuhebräischen im Rahmen distributioneller Analysen abschloss. Von 1955 an arbeitete Chomsky am Massachusetts Institute of Technology (MIT).
>
> Chomsky ist der Gründungsvater der so genannten GENERATIVEN LINGUISTIK und speziell der GENERATIVEN GRAMMATIK. Der Paradigmenwechsel von der strukturalistischen Sprachwissenschaft (siehe die Kästen S. 82 und 166) zur generativen wird durch ein schmales Bändchen mit dem Titel »Syntactic Structures« (Chomsky 1957) eingeleitet. Es sind zunächst drei Grundannahmen, die für die generative Grammatik konstitutiv sind. Zum einen werden sprachlichen Strukturen Ableitungsmechanismen zugrunde gelegt, die über Regeln definiert werden können (siehe auch S. 113f.). Ziel ist es, in einer Menge von Sätzen grammatische Strukturen von ungrammatischen zu scheiden. Zum Zweiten wird das Problem der sprachlichen Kreativität als Ausgangspunkt genommen, und drittens führt Chomsky die grundlegende Unterscheidung in Kompetenz und Performanz ein. Sprachkompetenz ist »die Kenntnis des Sprecher-Hörers von seiner Sprache« (Chomsky 1978: 14), Sprachverwendung »der aktuelle Gebrauch von Sprache in konkreten Situationen« (ebd.).
>
> Die Entwicklung der generativen Grammatik seit der Mitte des 20. Jahrhunderts lässt sich in vier grundlegende Phasen aufteilen: 1. frühe Transformationsgrammatik (1955–1964), 2. Standardtheorie (1965–70), 3. Erweiterte Standardtheorie (1967–1980) und das Konzept der Modularität und 4. ›Government and Binding‹ (seit 1980), parametrisierte Prinzipien bis hin zur Erweiterung hinsichtlich Ökonomiebedingungen im sog. ›Minimalistischen Programm‹ der 90er Jahre.

4.2 Kernsatz und Satzkern

Zu Beginn dieses Kapitels haben wir verschiedene Wörter behandelt, die zugleich auch Sätze sind. Solche Ein-Wort-Sätze wie Chinesisch ⟨lái⟩ bestehen nur aus einer verbalen Grundform. Ein Mitspieler wie ⟨es⟩ in ⟨Es regnet⟩ wird nicht explizit zum Ausdruck gebracht, ist aber in Form des Angesprochenen implizit vorhanden. Das Verb ⟨lái⟩ bildet den Kern des Imperativs so wie ⟨regnet⟩ den Aussagekern von ⟨Es regnet⟩. Dieser Aussagekern wird in der Grammatik als PRÄDIKAT bezeichnet. Sätze zeichnen sich nun dadurch aus, dass sie ein Prädikat haben. Anders formuliert:

In seiner minimalen Form besteht ein Satz (S) aus einem Prädikat, z. B. S → ⟨lái⟩, S → ⟨komm⟩ oder S → /ninemi/. In diesen Beispielen handelt es sich jeweils um Sätze mit verbalen Prädikaten. Prototypischerweise fungieren als Prädikat Verben. Es gibt aber in vielen Sprachen auch nominale Prädikate, wie wir noch sehen werden.

Das Prädikat als Kern eines Satzes steht in der Regel nicht allein. Im Falle von Nahuatl /ninemi/ ist in der deutschen Entsprechung »ich lebe« nicht nur das Verb, sondern auch ein weiteres Wort notwendig, nur ?⟨lebe⟩ würde als Übersetzung nicht genügen. Verben wie ⟨leben⟩ eröffnen Leerstellen, die durch ERGÄNZUNGEN besetzt werden müssen. Im Deutschen ist ein Aussagesatz nicht vollständig, wenn nicht zumindest die eröffneten Leerstellen mit jeweils einem passenden Wort besetzt werden. Verben, die wie ⟨leben⟩ oder ⟨gehen⟩ obligatorisch eine Stelle eröffnen, – nicht mehr und nicht weniger – heißen INTRANSITIVE VERBEN. Intransitive Verben sind also einstellige Verben. Auch im Nahuatl und K'iche' sind »leben« und »gehen« intransitive Verben. Anders jedoch als im Deutschen ist die Ergänzung der Leerstelle in Form eines Pronominalpräfixes (⟨in⟩ bzw. /ni/) in das Verb inkorporiert:

K'iche'	Nahuatl	Deutsch
k-in-k'ase'ik	ni-nemi	ich lebe
k-in-b'ek	ni-jaw	ich gehe

Das Pronomen fungiert hier jeweils als Pronominalpräfix. Während im Deutschen die Ergänzung verbextern ist, ist sie in Sprachen wie dem K'iche' oder dem Nahuatl verbintern. In dem Satz ⟨Ich gehe⟩ ist also das Pronomen ⟨ich⟩ eine obligatorische externe Ergänzung zu dem intransitiven Verb ⟨gehen⟩. Von daher kann man beim Nahuatl und ähnlich aufgebauten Sprachen von WORTINTERNER SYNTAX, bei Sprachen wie dem Deutschen oder Chinesischen von WORTEXTERNER SYNTAX reden.

Die Idee, dass Wörter notwendige Ergänzungen verlangen, findet sich bereits in Bühlers »Sprachtheorie«. Dort wird gesagt, dass in jeder Sprache »Wörter einer bestimmten Wortklasse eine oder mehrere Leerstellen um sich eröffnen, die durch Wörter bestimmter anderer Wortklassen ausgefüllt werden müssen« (Bühler 1934: 173). Diese Vorstellung findet sich weiter ausgearbeitet im Konzept der VALENZ. Hierunter versteht man die Fähigkeit von Wörtern, Leerstellen zu eröffnen und die Besetzung dieser Leerstellen zu regeln, wobei diese Fähigkeit vor allem Verben auszeichnet. Die notwendigen Ergänzungen, die die eröffneten Leerstellen füllen, nennt man ARGUMENTE. Die Anzahl der besetzten Leerstellen, der Valenzpartner, und auch die Spezifikation der Partner hängt von der Bedeutung des einzelnen Verbs ab. Wie wir gesehen haben, ist für intransitive Verben wie ⟨gehen⟩ ein Argument valenznotwendig. Man kann zwar ⟨Er geht⟩ oder ⟨Der Mann geht⟩ sagen, nicht aber *⟨Das Atom geht⟩. Die Besetzung der Leerstelle ist also durch die Verbbedeutung eingeschränkt: ⟨gehen⟩ setzt einen belebten Mitspieler voraus, der die Handlung des Gehens ausführt – es sei denn, man verwendet das Verb metaphorisch, um bei einem unbelebten Mitspieler die dynamische Komponente hervorzuheben: ⟨Der Hefeteig geht⟩ oder ⟨Die Uhr geht⟩. Das Argument des Verbs ⟨gehen⟩ nimmt hinsichtlich der Handlung eine bestimmte Rolle ein, und zwar typischerweise die eines dynamischen und kontrollierenden belebten Mitspielers, eines Agens. Diese so genannten SEMANTISCHEN ROLLEN der Ergänzung (Näheres in Kap. 5.2) sind ebenfalls von der Verbbedeutung abhängig: Während im Falle von ⟨Er geht⟩ das Pronomen ein agentives Subjekt kodiert, ist es bei dem Ausruf ⟨Ich bin verliebt!⟩ die Frage, ob ⟨ich⟩ ein Agens kodiert oder nicht vielmehr ein Patiens, ein leidendes Subjekt. Neben mehr oder weniger stark valenzgebundenen Ergänzungen gibt es auch valenzunabhängige Angaben. Alle diese Eigenschaften der Verben sind neben der Bedeutung im engeren Sinn Bestandteil des Lexikoneintrags für ein Verb.

4.2.1 Intransitive und transitive Sätze

Intransitive Sätze haben als Prädikat ein intransitives Verb und somit genau eine obligatorische Ergänzung, das so genannte SUBJEKT. Im Deutschen ist dieses Argument formal auf das Verb abgestimmt: Zum einen steht das Subjekt im Nominativ, zum anderen korrespondiert es in Person und Numerus mit dem Verb. So kann man im Deutschen sagen ⟨Er geht⟩, aber nicht *⟨Ihn geht⟩. Korrekt ist im Deutschen auch ⟨Ich gehe⟩, aber nicht *⟨Du gehe⟩ oder *⟨Ich gehen⟩. Wird der verbabhängigen Ergänzung ein spezieller Kasus zugewiesen, bezeichnet man dies als REKTION oder speziell auch Kasusrektion. Das Pronomen im obigen Beispiel ist vom Verb kasusregiert, und zwar im Nominativ. Die formale Übereinstimmung von Teilen des Satzes hinsichtlich bestimmter grammatischer Kategorien mit Hilfe von morphologischen Markierungen bezeichnet man dagegen als KONGRUENZ. Wie wir gesehen haben, kongruiert im Deutschen die obligatorische Ergänzung mit dem intransitiven verbalen Prädikat in Person und Numerus. Sprachen, in denen wie im Deutschen abhängige Glieder markiert werden, haben so genannte ›DEPENDENT-MARKING‹-Strukturen. Im Chinesischen ist dies nicht so, denn es gibt generell keine morphologische Markierung von Kasus, Numerus oder Person. Daher findet sich zwischen Pronomen und Verb auch keine Kongruenzbeziehung: ⟨Tā lái⟩ »Er (tā) kommt« versus ⟨Tāmen lái⟩ »Sie (tāmen) kommen« und ⟨Wǒ lái⟩ »Ich (wǒ) komme«.

Es gibt aber auch Verben, die mehr als genau eine Leerstelle eröffnen. Im Deutschen hat ⟨nehmen⟩ obligatorisch zwei Ergänzungen wie bei ⟨Ich nehme es⟩. Da zwei Mitspieler auftreten, stellt sich bei diesen so genannten TRANSITIVEN VERBEN anders als bei intransitiven das Problem, die Mitspieler, die ja in verschiedener Weise an der Handlung beteiligt sind, auseinander zu halten. Dies ist im Deutschen meist ohne weiteres möglich: Das Subjekt steht wie beim intransitiven Verb im Nominativ und kongruiert mit dem Verb, während das andere, das OBJEKT, im Akkusativ steht und nicht mit dem Verb kongruiert. In dem Beispielsatz ⟨Je t'aime⟩ »Ich liebe dich« hat das Pronomen ⟨je⟩ die syntaktische Funktion eines Subjekts, während das Pronomen ⟨t(e)⟩ die syntaktische Funktion eines Objekts hat. Das pronominale Subjekt bildet den Ausgangspunkt der Satzbedeutung und kodiert den aktiv Liebenden, während das pronominale Objekt das faktische Objekt des Liebenden, das Geliebte, kodiert.

Ein TRANSITIVER SATZ im Deutschen lässt sich wie folgt beschreiben: Er besteht aus einem Subjekt, einem direkten Objekt und einem Prädikat. Das Prädikat besteht aus einem transitiven Verb, die Subjekt- und Objektfunktion sind durch ein Pronomen oder Nomen (bzw., wie wir noch sehen werden, durch andere, komplexere Fügungen) realisiert.

Bei transitiven Sätzen stellt sich im Gegensatz zu intransitiven das Problem, die semantischen Rollen der Mitspieler zu unterscheiden. Es ist schon ein Unterschied, ob ⟨der Hund die Katze beißt⟩ oder ob ⟨die Katze den Hund beißt⟩. Im Deutschen wird diese Eindeutigkeit – mit Ausnahme von Personennamen – durch die Kasusmarkierungen erreicht. In vielen Sprachen ist dies jedoch anders. So ist das Chinesische zwar in seiner syntaktischen Grundstruktur dem Deutschen ähnlich – der Satz »Mutter liebt dich« würde ⟨Māma ài nǐ⟩ lauten –, da es aber im Chinesischen keine Kasusmarkierungen gibt, ist die Frage, wie entschieden werden kann, wer im Beispielsatz wen liebt:

Wǒ   ài   nǐ.   *Ich liebe dich.*
ich   lieb du

Im chinesischen Beispiel ist die Subjektfunktion mit der Erstposition verbunden, während das direkte Objekt nach dem Verb steht. Durch diese festgelegte Stellung der Mitspieler ist der Satz nicht ambig und wir können die wichtige Frage, wer wen liebt, zweifelsfrei beantworten: ⟨Wǒ ài nǐ⟩ »Ich liebe dich«, aber ⟨Nǐ ài wǒ⟩ »Du liebst mich«. Im Englischen ist die Subjekt- und Objektfunktion nur bei Pronomina kasusdifferenziert, z.B. ⟨I love her⟩, bei Nomina hingegen ist wie im Chinesischen die Position entscheidend: ⟨God loves man⟩. Die Erstposition ist immer Subjekt. Da im Deutschen die Eindeutigkeit bereits durch die Kasusmarkierungen gewährleistet ist, kann im Gegensatz zum Chinesischen oder Englischen die Position der Elemente im Satz variiert werden, ohne dass sich die Satzbedeutung grundlegend ändert: ⟨Dich liebe ich⟩.

Es gibt allerdings auch Sprachen, in denen Mitspieler weder durch Kasusmarkierungen noch durch eindeutige Satzstellungen markiert sind. In verschiedenen Sprachen wie dem K'iche' müssen die beiden Leerstellen obligatorisch nur verbintern gefüllt werden, d. h. am Prädikat als Kopf des Satzes. Die externe Nennung ist dagegen optional:

X-Ø-u-sik'ij   Wuqub' Kaqix   ri   mama.
Kom-3sA-3sE-rufen   ⟨*Name*⟩   A<small>RT</small>   *Greis*
Wuqub Kaqix rief den alten Mann.

X-Ø-u-sik'ij   ri   mama.
Kom-3sA-3sE-rufen   A<small>RT</small>   *Greis*
Er rief den alten Mann. Oder auch: Der alte Mann rief ihn.

X-Ø-u-sik'ij.
Kom-3sA-3sE-rufen
Er rief ihn.

4.2 Kernsatz und Satzkern

Sprachen, in denen jeweils der Kopf einer Konstruktion – und nicht das abhängige Element – markiert wird, bezeichnet man im Gegensatz zu ›dependent-marking‹-Sprachen wie dem Deutschen als ›HEAD-MARKING‹-Sprachen. Im K'iche' verweist so das Pronomen der dritten Person ⟨u⟩ auf ein Agens, das entweder im Satz durch ein Nomen explizit ist oder aus dem Kontext erschlossen werden muss. Die Mitspielerrollen sind nur indirekt ermittelbar, sei es durch die Wortstellung oder aus dem Kontext. Ist die Wortstellung relativ frei, d. h. mehr von semantischen oder pragmatischen Kriterien bestimmt, können die Mitspielerrollen unter Umständen nicht eindeutig festgelegt werden. Im folgenden Satz aus dem Sierra Popoluca (Mexiko) kann die Eindeutigkeit nur durch einen Zusatz erreicht werden:

i-joh   Petoh   heʔm ʃiwan; Ø-joh-ta   heʔm Petoh
er/ihn-zahlen-Kom Peter   ART   Johann er-zahlen-Passiv-Kom ART   Peter
Johann/Peter bezahlte Peter/Johann; Peter wurde bezahlt.

Neben Sätzen mit transitiven Verben, die ein Objekt als Valenzpartner nehmen, treten so genannte ditransitive Verben auf, die valenzmäßig zwei Objekte binden: ⟨Ich schenke ihm einen Topf⟩ oder ⟨I give him a book⟩. Verben wie ⟨schenken⟩ oder ⟨give⟩ sind dreistellig. Neben dem Pronomen in Subjektfunktion tritt in Objektfunktion ein weiteres Pronomen auf, das durch den Dativ markiert ist und das im Gegensatz zum direkten Objekt als INDIREKTES OBJEKT bezeichnet wird. Die drei Stellen können auch wie im Nahuatl verbintern gefüllt werden:

ni-mits-tła-maka   *Ich gebe dir etwas.*
ich-dir-etwas-geben

Das Subjekt kodiert das Agens des durch das Verb ausgedrückten Prozesses, das direkte Objekt das an der Handlung beteiligte Thema, das an einen Empfänger (Rezipienten) gerichtet ist, der durch das indirekte Objekt ausgedrückt ist. Stellen wir uns die Bedeutung des Satzes schematisch als ein abstraktes Situationsdiagramm vor, so sieht dies etwa folgendermaßen aus:

```
              ein Objekt wird übermittelt
Agens  ─────────────────────────────▶  Rezipiens / Ziel
```

Der Satz ⟨Ich schenke ihm einen Topf⟩ hat den folgenden Aufbau:

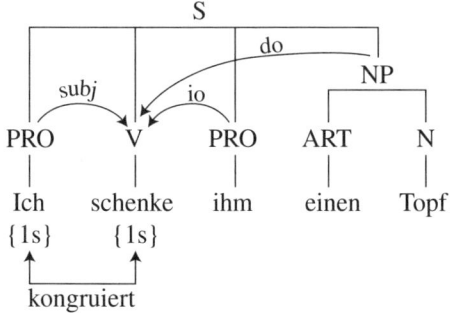

Im Strukturbaum sind die syntaktischen Funktionen subj = Subjekt, io = indirektes Objekt, do = direktes Objekt als Relationen dargestellt. X →$_R$ Y ist zu lesen als ›X steht in der syntaktischen Relation R zu Y‹, und der Index spezifiziert die syntaktische Relation. Im obigen Strukturbaum steht beispielsweise die NP in direkter Objekt-Relation zu V. Die Kongruenz-Beziehung ist ebenfalls durch einen Pfeil zum Ausdruck gebracht. Das Subjektpronomen und das Verb kongruieren hinsichtlich der Kategorien Person und Numerus, und zwar in den Werten {1. Person} und {Singular}.

Im Deutschen ist das Subjekt häufig mit einem Agens assoziiert und mit dem Nominativ markiert, das indirekte Objekt mit einem Rezipienten oder einem Ziel und mit dem Dativ, das direkte Objekt als Thema mit dem Akkusativ. Während das indirekte Objekt immer dativmarkiert ist und von einem Ursprungspunkt her gesehen ein Ziel kodiert, ist das Subjekt nicht immer agentiv, z. B. in ⟨Er bekommt ein Buch⟩, wo das Subjekt den Rezipienten kodiert. Sprachtypologisch zeigt sich eine Präferenz bei der Subjektmarkierung, die als Subjekthierarchie

Agens > Ziel > Thema > andere

formuliert werden kann. Diese Hierarchie besagt, dass in einem einfachen Satz das Agens-Argument präferiert als Subjekt kodiert wird. Hat der Satz kein Agens-Argument, so wird das Ziel-Argument als Subjekt kodiert, und hat der Satz weder ein Agens- noch ein Ziel-Argument, dann wird das Thema-Argument zum Subjekt gemacht. Der Vorrang des Agens-Arguments zeigt sich sowohl sprachvergleichend als auch einzelsprachlich. Regiert im Englischen ein Verb zwei Argumente, dann folgt die Kodierung der Subjekthierarchie:

Charles talked to Queen Mom.	(Agens > Ziel)
Does Charles read The Sun?	(Agens > Thema)
Charles went to Edinburgh Castle.	(Agens > Lokalangabe)
Charles got a book.	(Ziel > Thema)
The book fell on the floor.	(Thema > Lokalangabe)

4.2.2 Transitivität und Ergativität

Transitivität ist eine universelle Eigenschaft einer Teilklasse von Verben. Doch bedeutet dies tatsächlich – wie die angeführten Beispiele nahe legen –, dass Argumente immer Subjekt- oder Objektfunktion haben? Oder anders gefragt: Sind Subjekt- und Objektfunktion universelle Eigenschaften von Sprachen? Greifen wir zunächst noch einmal auf das Deutsche zurück. Sowohl im transitiven als auch intransitiven Satz kongruiert ein Pronomen (auch ein Nomen) in Subjektfunktion mit dem Verb hinsichtlich Numerus und Person, und es steht im Nominativ, z. B. ⟨Sie schläft⟩ oder ⟨Er liebt dich⟩. Bei einer kleinen Teilklasse von Verben stimmt dies jedoch nicht mehr. Verben wie ⟨frieren⟩ können ein Pronomen in Subjektfunktion nehmen, das im Akkusativ steht und nicht mit dem Verb kongruiert: ⟨Mich friert⟩, ⟨Ihn friert⟩; man findet auch ⟨Mir ist kalt⟩. Im Sierra Miwok, einer Sprache Kaliforniens, gibt es intransitive und transitive Verben, die den Genitiv regieren:

ʔɨnɨ-ni-t	kanɨ-ŋ	*Ich kann kommen.*
kommen-Pot-mein	*ich-Gen*	
kawaju-ŋ	kalaŋ-e-ʔ-sɨ	*Das Pferd trat ihn.*
Pferd-Gen	*treten-Verg-Nom-3s*	

Offensichtlich gelten die bisher gemachten Aussagen in diesen Fällen nicht mehr: Ist ⟨mich⟩ in ⟨Mich friert⟩ Subjekt oder Objekt? Wie ist die Beziehung zu ⟨Es friert mich⟩, wo durch das Subjekt ⟨es⟩ die Welt der deutschen Grammatik wieder heil ist? Immerhin, der Begriff Argument ist neutral genug, um diese Erscheinungen zu beschreiben. Im Deutschen erfordert ⟨frieren⟩ ein Rezipiens-Argument im Nominativ oder Akkusativ, im Miwok »treten« ein Agens-Argument im Genitiv. In den meisten Sprachen, so auch im Deutschen, treten diese Kasusmarkierungen nur selten auf und können deshalb als Brüche im System der Kasusmarkierung zu ›Ausnahmen‹ erklärt werden. Gerade solche Ausnahmefälle aber helfen, die Beziehung zwischen semantischen Kasusrollen und grammatischer Mitspielerkodierung besser verstehen zu lernen. Insbesondere zeigt sich, dass aufgrund dieser und ähnlicher Erscheinungen syntaktische Funktionen wie Subjekt und Objekt nicht als universell eingestuft werden können. In manchen Grammatiken des Deutschen werden Erscheinungen wie ⟨Mich friert⟩ unter dem Begriff Ergativstrukturen behandelt, um die Begriffe Subjekt und Objekt aufrechtzuerhalten. Während solche Ergativstrukturen im Deutschen Sonderfälle sind und es sinnvoll ist, sie als solche zu behandeln, ist in Sprachen wie dem K'iche' Ergativität die vorherrschende Art der Markierung.

Unter ERGATIVITÄT versteht man ein Prinzip der Kasusmarkierung von Ergänzungen intransitiver und transitiver Verben, das in gewisser Weise spiegelverkehrt zu Nominativ-Akkusativ-Sprachen wie dem Deutschen funktioniert. Wir hatten bereits darauf hingewiesen, dass bei transitiven Sätzen die Notwendigkeit auftritt, die semantischen Rollen der Mitspieler eindeutig zu kodieren, während sich bei intransitiven Verben dieses Problem nicht stellt. Bei der Markierung kann nicht nur die Methode der Kodierung – vor allem Kasusmarkierungen oder feste Stellung – variieren, sondern auch die Behandlung der Mitspieler bei der Markierung. In den meisten europäischen Sprachen, wie z. B. dem Deutschen, werden Argumente in folgender Weise behandelt:

	Nominativ	Akkusativ
Intransitiv/einwertig	Argument *Subjekt-Argument*	
Transitiv/zweiwertig	Argument$_1$ *Subjekt-Argument*	Argument$_2$ *Objekt-Argument*

Ergativsprachen wie das K'iche' und andere Maya-Sprachen machen die Beziehung zwischen dem Prädikat und seinen Argumenten auf andere Weise eindeutig:

	Ergativ	Absolutiv
Intransitiv/einwertig		Argument *Thema-Argument*
Transitiv/zweiwertig	Argument$_1$ *Agens-Argument*	Argument$_2$ *Thema-Argument*

Zur Verdeutlichung dieser unterschiedlichen Arten, bei der Referierung der Argumente die Eindeutigkeit zu gewährleisten, kontrastiere man die folgenden Sätze aus dem K'iche' und ihre deutschen Entsprechungen (/k-/ bezeichnet nicht-abgeschlossene Handlungen):

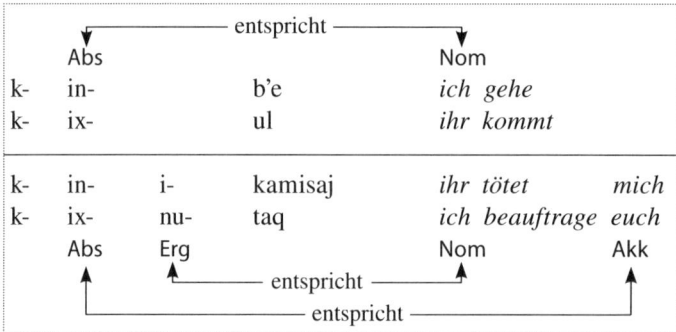

Da im K'iche' der Patiens-Mitspieler des transitiven Satzes (= Thema-Argument) in gleicher Weise wie der einzige Mitspieler des intransitiven (= einziges Argument) markiert wird, leuchtet die Bezeichnung Ergativstruktur für deutsche Konstruktionen wie ⟨Mich$_{Akk}$ friert⟩ ein. Diese ergative Referierung von Argumenten ist mit den Kategorien Subjekt und Objekt nicht vereinbar, da in ihr das Subjekt des intransitiven Satzes anders behandelt wird als das Subjekt des transitiven:

Deutsch		K'iche'	
Subjekt Nominativ		›Subjekt‹ Absolutiv	
Subjekt Nominativ	Objekt Akkusativ	›Subjekt‹ Ergativ	›Objekt‹ Absolutiv

Beide Konzepte, die Gleichsetzung von Argument$_{intrans}$ und Argument$_{trans1}$ wie auch die von Argument$_{intrans}$ und Argument$_{trans2}$, haben eine Motivation in den semantischen Eigenschaften. Die Mitspielerrolle intransitiver Sätze kann nämlich sowohl Agens sein, wie in ⟨Ich esse⟩, als auch Patiens wie in ⟨Die Blume vertrocknet⟩. Im Hinblick auf die Syntax ist entscheidend, dass die semantischen Rollen der Mitspieler in transitiven Sätzen disambiguiert werden. Wie wir noch sehen werden, haben die Mitspieler bei intransitiven und transitiven Verben Eigenschaften, die mehr oder weniger prototypisch sind und mit denen man nicht nur den Unterschied zwischen Nominativ/Akkusativ-Sprachen und Ergativsprachen erklären kann, sondern auch Sonderfälle wie ⟨Mich friert⟩ oder ⟨Mir ist kalt⟩, bei denen die dem Prototyp des deutschen Agens-Subjekt fernen Mitspieler durch einen anderen Kasus als den üblichen Nominativ gekennzeichnet werden.

4.2.3 Verbale Komplemente

Verben regieren nicht nur nominale, sondern auch verbale Komplemente. Allerdings lassen nur bestimmte Klassen von Verben verbale Komplemente zu. Sprachtypologisch lassen sich drei Hauptklassen feststellen: Modalverben (⟨können⟩), manipulative Verben (⟨befehlen⟩, ⟨bitten⟩), insbesondere kausative Verben (⟨lassen⟩), und kognitive Verben, insbesondere Verben des Sagens und der Wahrnehmung:

Er muss (den Aufsatz) schreiben.
Ich bitte ihn, (den Aufsatz) zu schreiben.
Ich lasse ihn (den Aufsatz) schreiben.
Ich sehe ihn (den Aufsatz) schreiben.

Semantisch gesehen werden zwei Ereignisse miteinander verkettet, z. B. ⟨Ich sehe ihn⟩ und ⟨Er schreibt den Aufsatz⟩. Syntaktisch gesehen sind die Ereignisse mehr oder weniger stark integriert. Bei Verben wie ⟨lassen⟩ oder ⟨sehen⟩ gibt es einen festen Konstruktionstyp, der als AcI (accusativus cum infinitivo) bekannt ist und der – wie der Name andeutet – aus dem Lateinischen kommt (⟨Video te venire⟩ »Ich sehe dich kommen«).

Der Infinitiv ist Ergänzung zum jeweiligen Verb, und er kann selbst wieder Ergänzungen nehmen (⟨den Aufsatz⟩). Der Subjektreferent des Infinitivs steckt im Akkusativ-Argument (⟨ihn⟩), so dass das Akkusativ-Argument auch Subjekt zum Infinitiv zu sein scheint. Da aber das Subjekt normalerweise im Nominativ steht und mit dem Verb kongruiert, kann das Akkusativ-Argument nicht Subjekt sein. Eine einfache Lösung auf der Beschreibungsebene ist, dass der Akkusativreferent als INDIREKTES SUBJEKT zum Infinitiv bezeichnet wird. Allerdings hätte die Akkusativ-NP (⟨ihn⟩) dann zwei syntaktische Funktionen, nämlich direktes Objekt zum finiten Verb und indirektes Subjekt zum Infinitiv. Im Chinesischen, wo es eine vergleichbare Konstruktion gibt, jedoch keine Kasusmarkierung, heißt diese Konstruktion auch ›Doppelfunktionswort-Konstruktion‹. Das Pronomen ⟨tā⟩ ist direktes Objekt zu ⟨ràng⟩ und Subjekt zu ⟨lái⟩:

Wǒ	ràng	tā	lái.		*Ich lasse ihn kommen.*
ich	*lass*	*er*	*komm*		

Im Griechischen wird das verbale Komplement durch einen Subjunktor eingeleitet, das Komplement selbst ist finit:

Τον	αφηνω	να	δουλεψει.	*Ich lasse ihn arbeiten.*
ton	afino	na	doulepsei	
ihn	*lassen-1p/Präs*	*Subjunktor*	*arbeiten-3s/Präs*	

Diese entspräche im Deutschen einer ⟨zu⟩-Konstruktion mit finitem Verb anstelle des Infinitivs. Im Japanischen hingegen gibt es keine vergleichbare Konstruktion für solche verbalen Komplemente, sondern eine spezifische Nominalkonstruktion:

Rori-ga	naiteiru	no	ga	kikoeru.
Vogel-Subj	*singen*	*Assoz*	*Subj*	*hören*

Ich höre die Vögel singen. Oder auch: Das Singen der Vögel ist zu hören.

Der Satz ⟨Rori ga naiteiru⟩ wird durch die Partikel ⟨no⟩ zu einer NP nominalisiert und der nominalisierte Satz wird durch die Partikel ⟨ga⟩ als Subjekt von ⟨kikoeru⟩ markiert.

Subordination, Infinitkonstruktionen und Nominalisierungen sind grundlegende Kodierungen der Syntax verbaler Komplemente. Im Deutschen finden sich alle drei Strategien nebeneinander:

Ich sehe, dass er kommt.
Ich sehe ihn kommen.
Ich sehe sein Kommen.

Der Grad der syntaktischen Integration ist unterschiedlich stark. Liegt ein Subjunktor und/oder eine physikalische Pause zwischen den kodierten Ereignissen vor und ist das verbale Komplement finit und kongruiert, so ist die syntaktische Verbindung relativ locker. Liegt aber ein infinites Komplement vor, so ist die syntaktische Verbindung wesentlich enger. Der Grad der syntaktischen Integration korreliert mit dem Grad auf der Skala ›Verbalisierung‹ – ›Nominalisierung‹.

4.2.4 Sätze mit nicht-verbalen Prädikaten

Wir sind davon ausgegangen, dass Sätze als Kern ein Prädikat haben. Das Prädikat wird prototypischerweise durch ein Verb besetzt, aber es gibt in vielen Sprachen auch noch andere als verbale Prädikate. So finden sich vielfach Prädikate, die durch ein Nomen oder Adjektiv vertreten werden. Mit nominalen Prädikaten wird in der Regel ein nicht-dynamischer Zustand ausgedrückt, bei dem Aussagen über die Existenz oder über Eigenschaften des Mitspielers gemacht werden. Man nennt solche Sätze ÄQUATIONSSÄTZE oder auch EXISTENZSÄTZE. Im Deutschen wird bei diesem Satztyp das Hilfsverb/die Kopula ⟨sein⟩ verwendet, z. B. ⟨Allah ist groß⟩ oder ⟨Das Kind ist ein Schüler⟩. ⟨Schüler⟩ ist im Deutschen eine notwendige Ergänzung des Verbs ⟨sein⟩, man spricht in solchen Fällen auch vom ›Gleichsetzungsnominativ‹.

4.2 Kernsatz und Satzkern

Im Portugiesischen – und anderen romanischen Sprachen – gibt es sogar zwei Varianten des Kopulaverbs, nämlich ⟨ser⟩ und ⟨estar⟩. Wie im Deutschen regieren die Kopulaverben zwei Argumente, das eine hat die syntaktische Funktion des Subjekts, das andere die des PRÄDIKATIVS:

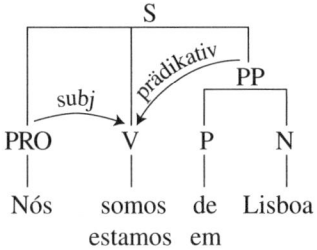

Nós	somos de Lisboa	*Wir sind (stammen) aus Lissabon.*
	estamos em	*Wir sind (momentan) in Lissabon.*

Im Arabischen hingegen fungiert das Adjektiv ⟨akbar⟩ »sehr groß« allein als Prädikat:

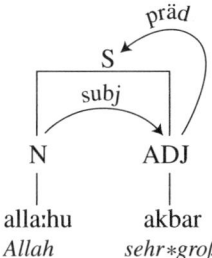

alla:hu	akbar	*Allah ist (sehr) groß.*
Allah	*sehr∗groß*	

In einem Satz mit einem Adjektivprädikat besteht der Kern des Prädikats aus einem Adjektiv, bei einem Nominalprädikat wie im folgenden Beispiel aus dem Indonesischen aus einem Nomen:

Ija	guru.	*Er ist Lehrer.*
er	*Lehrer*	

Der Kern kann jedoch weiter modifiziert sein, z. B. durch eine Negation in dem chinesischen Beispielsatz:

Déyǔ	bù	nán.	*Die deutsche Sprache ist nicht schwer.*
Deutsch	*nicht*	*schwer*	

Aber auch im Deutschen kann man nominale Prädikate in bestimmten Redewendungen wie ⟨Lange Haare – kurzer Sinn⟩ oder ⟨Ehestand – Wehestand⟩ finden, aber auch in bestimmten Textsorten wie der Fußballreportage: ⟨leicht abgefälschter Schuss vielleicht⟩. Im amerikanischen Slang findet man analog zum Black English Äquationssätze wie ⟨You crazy⟩. Während im Deutschen Partizipialkonstruktionen immer mit einem der Hilfsverben ⟨sein⟩ oder ⟨haben⟩ gebildet werden, fungieren z. B. im K'iche' Partizipien ebenfalls als Prädikat ohne finites Verb:

Kam-inaq	Jun Kame.	*Jun Kame ist/war gestorben.*
sterben-Partizip∗Perfekt	⟨*Name*⟩	
War-inaq	Jun Kame.	*Jun Kame hat geschlafen.*
schlafen-Partizip∗Perfekt	⟨*Name*⟩	

4.3 Erweiterung des minimalen Satzes

Bisher haben wir uns mit Sätzen in ihrer Minimalform beschäftigt. Man muss nun nicht eine Politikerrede hören oder Thomas Mann lesen, um zu wissen, dass wir fast immer komplexer sprechen und schreiben als in Form der bisher behandelten Sätze. Eine höhere Komplexität kann auf verschiedene Weise zustande kommen.

4.3.1 Erweiterung der Satzkonstituenten

Eine Möglichkeit besteht darin, einzelne Leerstellen im Satz komplexer auszufüllen:

(a) [Sie] schreiben [ein Buch].
(b) [Sie] schreiben [ein interessantes Buch].
(c) [Sie] schreiben [ein interessantes Buch über die deskriptive Linguistik].

In den obigen Beispielen ist die Objektfunktion verschieden realisiert, während das Prädikat in allen Fällen durch das gleiche Verb ausgedrückt ist und das Subjekt durch das gleiche Personalpronomen. Die Objektfunktion ist jeweils durch Ausdrücke besetzt, die ein Nomen als Kern haben, der Kern indes ist jedoch in unterschiedlich starkem Maße erweitert. Diese Erweiterungen modifizieren den Kern. Die Funktion der Modifizierung (mod) lässt sich als (semantische) Relation in den Strukturbaum einbeziehen. Handelt es sich bei diesem Kern um ein Nomen oder Pronomen, also um ein Nominal, bezeichnet man die erweiterte nominale Gruppe als NOMINALPHRASE (NP), der Kern bildet den Kopf der Phrase. Die NP im Satz (b) besteht aus Artikel (ART) und einem Nomen (N):

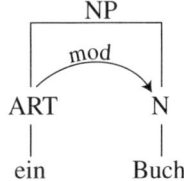

Der Artikel hat im Deutschen die Funktion, ein Nomen hinsichtlich Bestimmtheit/Unbestimmtheit (±definit) zu modifizieren. Dieser Artikel kann im Gegensatz zu den Erweiterungen des dritten Beispielsatzes nicht weggelassen werden: *⟨sie schreiben Buch⟩ ist kein korrekter deutscher Satz, wogegen sowohl ⟨Sie schreiben ein interessantes Buch⟩, ⟨Sie schreiben ein Buch über die deskriptive Linguistik⟩ als auch ⟨Sie schreiben ein interessantes Buch über Linguistik⟩ möglich sind. Obwohl der Artikel und das Adjektiv das Nomen modifizieren, ist der syntaktische Status unterschiedlich. Innerhalb der NP verlangt der Kopf der Phrase (N) ein Komplement, und der Artikel besetzt diese Stelle. Das Komplement könnte auch durch ein Pronomen wie ⟨mein⟩ oder ⟨dieses⟩ ausgedrückt sein. Das Adjektiv hingegen ist optional und ein vom Kopf unabhängiger Modifikator.

In dem Ausdruck ⟨Sie schreiben ein interessantes Buch über die deskriptive Linguistik⟩ können wir zwei Nominalphrasen ausgliedern, die die gleiche syntaktische Struktur haben. Das Bezugsnomen ⟨Buch⟩ wird durch ein Adjektiv und eine Präpositionalphrase modifiziert. Die Gesamtstruktur der Nominalphrase lässt sich wie folgt darstellen:

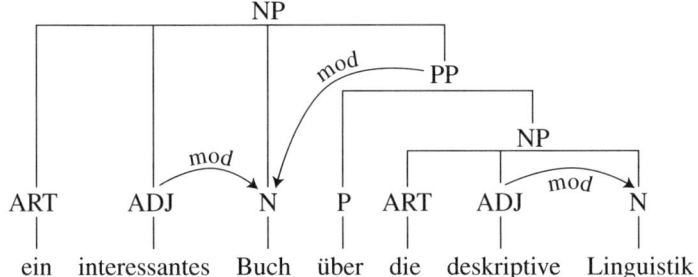

Ein wichtiger Mechanismus hierbei ist die adnominale Modifizierung, die in allen Sprachen der Welt eine Rolle spielt und die im Deutschen in der Attributfunktion morphosyntaktisch relevant ist. ATTRIBUTE modifizieren den nominalen Kern und sind ihm strukturell nebengeordnet. Im Deutschen spielen die folgenden Attributivkonstruktionen die wichtigste Rolle:

(a) das Genitivattribut: ⟨das Buch des Dozenten⟩,
(b) das Präpositionalattribut: ⟨das Buch von dem Dozenten⟩ und
(c) das attributiv gebrauchte Adjektiv: ⟨das interessante Buch⟩.

Wie wir sehen, befinden sich in allen drei Fällen die in Attributivfunktion stehenden Elemente auf der gleichen hierarchischen Ebene wie das Kernnomen, sind diesem also nebengeordnet. Das Genitivattribut ist – wie der Name schon sagt – durch den Genitiv markiert, das attributive Adjektiv hingegen kongruiert in Kasus, Genus und Numerus mit dem Kernnomen:

    ein interessantes Buch
nicht aber:
    *einem interessantes Buch
    *einigen interessantes Büchern

Im Deutschen werden gemäß seines Charakters als ›dependent-marking‹-Sprache auch in der Nominalphrase die vom Kernnomen abhängigen Glieder markiert, und zwar durch den Genitiv. Dies ist beispielsweise im K'iche' anders. Dort wird der Kopf markiert und nicht die modifizierenden Elemente. Ebenso wird im K'iche'

– umgekehrt zum Deutschen – in einer Präpositionalgruppe nicht die abhängige NP, sondern das mit der Lokativmarkierung ⟨ch(i)⟩ eingeleitet präpositionsartig gebrauchte Nomen markiert:

der Name des Berges	u-b'i	juyub'
	3sE-Name	*Berg*
in dem Haus	ch-u-pam	ja
	Lok-3sE-Inneres	*Haus*

Mit dem Possessivpräfix der dritten Person ⟨u⟩ wird im K'iche' gemäß seines Charakters als ›head-marking‹-Sprache jeweils der Kopf der Phrase markiert. In dem umgangssprachlichen Ausdruck ⟨ihm sein Vater⟩ ist zwar auch der Kopf (durch Dativ) markiert, aber ebenso das Attribut (durch das Possessivpronomen).

Attribuierungen, insbesondere durch Adjektive, finden wir in vielen Sprachen. Im Chinesischen und K'iche' steht das Adjektiv vor dem Bestimmungswort, aber anders als im Deutschen gibt es keine morphologische Korrespondenz zwischen Adjektiv und Nomen. Im Hebräischen hingegen steht das attributive Adjektiv hinter dem Bezugsnomen:

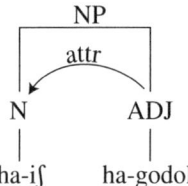

ha-iʃ   ha-godol   *der große Mann*

Man spricht in diesen Fällen von einem postnominalen Adjektiv in Attributfunktion. Der postnominale Gebrauch adjektivischer Attribute ist auch – wenngleich selten und stilistisch motiviert – in Sprachen möglich, die normalerweise das Adjektiv vor dem Bezugsnomen haben wie das Englische. Man denke an die erste Zeile des Gedichtes »The Raven« von Edgar Allan Poe: ⟨Once upon a midnight dreary ...⟩. Im Spanischen steht abhängig von der Bedeutung ein Teil der Adjektive vor, ein anderer nach dem Bezugsnomen:

| un gran letrado | *ein großer (= bedeutender) Gelehrter* |
| un letrado grande | *ein großer (= groß gewachsener) Gelehrter* |

Im Zhuang, einer in Südchina gesprochenen Tai-Sprache, modifiziert die Stellung des attributiven Adverbs das Bezugswort wie folgt:

dǐng	lāi	*sehr rot*	lāi	dǐng	*schwach rot*
rot	*sehr*		*sehr*	*rot*	

Ein Spezialfall der Attributfunktion wird durch die Possessor-Possessum-Relation gebildet, die im Deutschen u. a. durch das Genitiv- und Präpositionalattribut (vgl. oben) ausgedrückt wird. In den NPs ⟨Peters Buch⟩ bzw. ⟨das Buch des Dozenten⟩ bestehen folgende semantischen und syntaktischen Beziehungen:

4.3 Erweiterung des minimalen Satzes

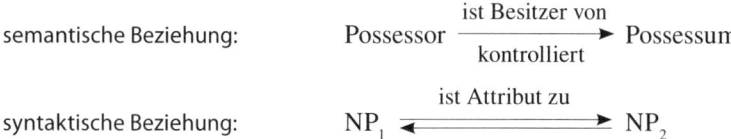

In dem Beispiel ⟨das Buch von Peter⟩ ist der Besitzer in der attributiven Präpositionalphrase kodiert, das, was er besitzt, in der nebengeordneten NP. Die gleiche Struktur findet man in den romanischen Sprachen, z. B. im Spanischen ⟨el libro de Pedro⟩ und im Französischen ⟨le livre de Pierre⟩. Eine ähnliche Konstruktion ist die chinesische ⟨de⟩-Konstruktion, wenn man der romanischen Possessivpräposition eine assoziierende Funktion zwischen Possessor und Possessum zubilligt, wie sie die Partikel ⟨de⟩ hat:

tā	de	shū	*sein Buch*
er/sie	*Assoziativ*	*Buch*	

Im Japanischen wird »mein Buch« durch ein genitivmarkiertes Personalpronomen und Bezugsnominal ausgedrückt:

watashi-no	hon-o	*mein Buch*
ich-Gen	*Buch-Akk*	

Im Persischen wird die Possessor-Possessum-Relation durch ein konnektives ⟨-e⟩ ausgedrückt (so genannte possessive ›ezâfe‹-Konstruktion):

ketabe-e	Hasan	*das Buch von Hassan*
Buch-Konnektor	*Hassan*	

Während im Deutschen die Nominalphrasen ⟨Maries Buch⟩ und ⟨das Buch von Marie⟩ äquivalent sind, ist im Englischen die Genitivkonstruktion ⟨Mary's book⟩ üblich, der Anschluss mit der ⟨of⟩-Phrase ?⟨the book of Mary⟩ wird hingegen kaum gebraucht. Bei der Possessor-Possessum-Relation steht im Englischen die Genitivkonstruktion, obwohl sonst Genitiv und ⟨of⟩-Phrase äquivalent sind und nur stilistische Unterschiede markieren. Im K'iche' bestehen diese Konstruktionen aus dem Possessum mit einem Possessivpräfix und einer Possessor-NP, auf die sich das Possessivpräfix des Possessums bezieht:

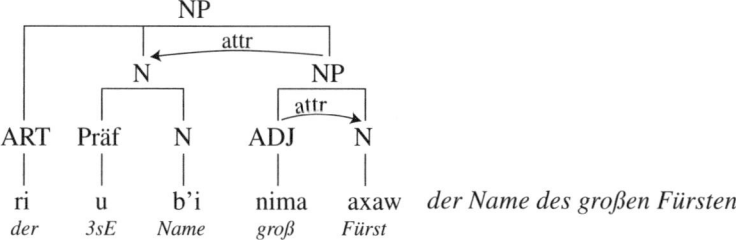

Auch Verbalnomina behalten im K'iche' bei solchen Konstruktionen die Valenz. Anders als im Deutschen, wo bei transitiven Verbalnomina die Zweiwertigkeit verloren geht und die beiden Mitspieler doppeldeutig in einer einzigen Genitivkonstruktion zusammenfallen, wie z. B. ⟨das Töten der Katze⟩ – ›Tötet die Katze?‹ oder ›Wird die Katze getötet?‹ –, bleibt im K'iche' die Zweiwertigkeit erhalten:

xajo-j	pujuy	*das Tanzen des Pujuy-Tanzes*
tanzen-Verbalnomen	⟨Name⟩	

aber:

ki-xajo-j	Junajpu	*das Tanzen der (Tänzer) Junajpu (und ...)*
3pE-tanzen-Verbalnomen	⟨Name⟩	

4.3.2 Periphere Angaben

Neben der Erweiterung einzelner Satzkonstituenten können einfache Sätze auch durch periphere Angaben in ihrer Komplexität erhöht werden. Unter PERIPHEREN ANGABEN sind nicht-valenzgebundene Ergänzungen zu verstehen. Dabei wollen wir uns primär Lokal- und Temporalangaben zuwenden, mit denen die verbale Bedeutung modifiziert wird:

(a) *Gestern Nachmittag* regnete es.
(b) Er schläft *in einem Wasserbett*.
(c) Er wirft den Ball *in das Wasser*.

Neben obligatorischen Lokalangaben bei Verben wie ⟨wohnen⟩ oder ⟨liegen⟩ – *⟨das Buch liegt⟩ – gibt es freie Lokalangaben wie in den Sätzen (b) und (c). Im Deutschen sind Hauptkandidaten für Lokalangaben Präpositionalphrasen wie ⟨in das Wasser⟩. Sind diese valenzgebunden, so haben sie den Status von Objekten und man spricht von einem PRÄPOSITIONALOBJEKT, z. B. ⟨Er wohnt auf dem Land⟩. Sind sie frei, so spricht man auch von ADVERBIALEN BESTIMMUNGEN oder ADVERBIALEN des Ortes; ⟨in einem Wasserbett⟩ und ⟨in das Wasser⟩ sind also adverbiale Bestimmungen.

Die Präpositionalphrasen, mit denen im Deutschen lokale Angaben ausgedrückt werden, haben als Kopf eine lokale Präposition und eine nebengeordnete NP. Als Faustregel gilt, dass eine Lokalangabe, bei der ein Objekt von einem Ausgangspunkt zu einem Zielpunkt bewegt wird, den Akkusativ erhält, ansonsten steht der Dativ. Dies wird deutlich bei Präpositionen, die sowohl Dativ als auch Akkusativ regieren wie in den obigen Beispielen ⟨auf⟩. Bei der zielgerichteten Handlung weist die Präposition dem abhängigen Nomen den Akkusativ zu, ist das Prädikat ohne gerichtete Handlungskomponente, steht der Dativ. Das Gleiche gilt für die ⟨in⟩-Phrase:

Bin in der Schule.
Gehe in die Bibliothek.

4.3 Erweiterung des minimalen Satzes

Hier werden durch unterschiedliche Kasus semantische Unterschiede gekennzeichnet. In Präpositionalphrasen markiert der Akkusativ als Kasus die Richtung (Destinativ) und der Dativ den Platz (Lokativ). Sätze können gleichzeitig durch mehrere Lokalangaben ergänzt werden, z. B. ⟨Er schießt den Ball über das Tor, hoch über das Tor, 5, 6 Meter, und 3 Meter am linken Pfosten vorbei⟩.

Im Chinesischen sind Präpositionalphrasen wie im Deutschen die gebräuchlichste Form lokaler Angaben. Besonders häufig wird die ⟨zài⟩-Phrase gebraucht, mit der eine Platzangabe kodiert wird. Allerdings wird die genaue lokale Struktur durch eine Partikel angegeben, sofern es sich nicht um Ortsnamen handelt:

P	N	Part	
zài	chéngshì	wàibiān	*außerhalb der Stadt*
»Ort«	Stadt	außerhalb	

Die Bedeutung der Präposition ⟨zài⟩ leitet sich davon ab, dass ⟨zài⟩ auch als Verb in der Bedeutung von »sich befinden« besteht. Die ⟨zài⟩-Phrase steht meist vor dem Verb:

Tā	zài	chuáng	shàng	shuì.	*Er schläft auf dem Bett.*
er	»Ort«	Bett	auf	schlaf	

Neben Lokalangaben spielt in allen Sprachen auch die zeitliche Verortung von Sachverhalten eine Rolle. Wie wir bereits im Kapitel Morphologie gesehen haben, wird Zeit in vielen Sprachen morphologisch am Verb markiert (z. B. lateinisch ⟨laudā-ba-t⟩). Daneben gibt es aber auch lexikalische Angaben, mit denen zeitliche Verhältnisse ausgedrückt werden, wie z. B. das Zeitadverb ⟨morgen⟩ oder die temporale Präpositionalphrase ⟨at 5 o'clock⟩. Solche Zeitangaben modifizieren das Prädikat. Allerdings sind die Zeitkonzepte unterschiedlich differenziert. Im Deutschen werden lexikalische Zeitangaben primär durch Adverbiale ausgedrückt; zum einen durch Adverbien wie ⟨morgen⟩ oder ⟨heute⟩, zum anderen durch Präpositionalphrasen in adverbialer Funktion wie ⟨bis 10 Uhr⟩:

PRO$_{subj}$	V$_{präd}$	PP$_{adv}$
Er	arbeitet	bis 10 Uhr.

Durch mehrere temporale Angaben werden Ereignisse/Zustände in ihrer Zeitdimension modifiziert/spezifiziert: ⟨Vor sieben Wochen, am 2.8.1982, um 15 Uhr 30, wurde sie geboren⟩. Temporale Angaben haben oft eine ähnliche Struktur wie die lokalen, da sie als Präpositionalphrasen ausgedrückt werden:

Sie kommt in einem Jahr.
Sie fährt in einem Auto.

Temporale Angaben ohne einleitende Präposition können aufgrund gleicher Kasusmarkierung (Synkretismus) die gleiche Grundstruktur haben wie Objekte:

Er isst den ganzen Käse.
Er isst den ganzen Tag.

4.4 Topologie

Jeder von uns hat im Englischunterricht die Regel ›SPO‹: ›Subjekt – Prädikat – Objekt‹ gehört. Gemeint ist damit, dass im einfachen Aussagesatz die Satzteile, die in Subjektfunktion stehen, dem verbalen Prädikat vorangehen, und die Satzteile, die in Objektfunktion stehen, dem verbalen Prädikat nachgestellt sind. In einem Satz wie ⟨Peter Pim met Billy Ball⟩ ist ⟨Peter Pim⟩ Subjekt und ⟨Billy Ball⟩ Objekt.

Die Stellung von Wörtern und Wortgruppen, die so genannte Topologie, spielt eine wichtige Rolle bei der syntaktischen Analyse. Das Deutsche hat die gleiche Grundwortstellung ›Subjekt – Verb – Objekt‹ (SVO) wie das Englische, das Russische ebenfalls. Ungefähr ebenso häufig findet man Sprachen wie das Türkische oder das Japanische, die als Grundwortstellung SOV haben, während die Konstellation VSO (z. B. Walisisch) nicht so häufig anzutreffen ist. Neben diesen drei Hauptkonstellationen unter den Sprachen der Welt (SOV, SVO, VSO) gibt es allerdings auch VOS-Sprachen, oder OVS-Sprachen wie das Hixkaryana, eine nordbrasilianische Sprache:

Japanisch:	Taro-ga	tegami-o	kakimasu.
(S O V)	⟨Name⟩-Subj	Brief-Akk	schreiben
	Taro schreibt einen Brief / Briefe.		
Hixkaryana:	kana	janɨmno	bɨrjekomo
(O V S)	Fisch	er∗fängt∗ihn	Junge
	Der Junge fängt den Fisch.		

Hinsichtlich der topologischen Eigenschaften des verbalen Prädikats und seiner Komplemente gibt es interessante Korrelationen mit anderen Stellungseigenschaften. VO-Sprachen sind in der Regel präpositional und ihre Genitivattribute pränominal, während Sprachen mit OV-Stellung postpositional und ihre Genitivattribute postnominal sind.

Die Einteilung der Sprachen nach SVO etc. oder nach der Stellung der Adjektive vor oder nach dem Bezugsnomen liefert allerdings nur ein grobes sprachtypologisches Raster. Wenn man sich einzelne Sprachen genauer ansieht, müssen solche Aussagen meist wesentlich differenziert werden. In der SOV-Sprache Japanisch ist entscheidend, dass das Prädikat am Ende steht, die Reihenfolge OSV ⟨Tegami-o Taro-ga kakimasu⟩ wird zwar seltener gebraucht, ist aber durchaus zulässig. Für solche unterschiedlichen Wortstellungen gibt es eine Reihe von Faktoren. Im Deutschen gibt es unterschiedliche Satztypen, die mit topologischen Eigenschaften verbunden sind. Während der Hauptsatz SVO-Stellung aufweist, findet man im Nebensatz SOV und in Frage- oder Ausrufesätzen VSO:

Taro schreibt einen Brief.
Ich weiß, dass Taro einen Brief schreibt.
Schreibt Taro einen Brief?
Schriebe Taro doch einen Brief!

4.4 Topologie

In vielen Sprachen, wie z. B. im Französischen und Deutschen, besteht ein Unterschied hinsichtlich der Wortstellung darin, ob das Objekt pronominal oder durch eine NP besetzt ist. Im Französischen steht das pronominale Objekt vor dem Verb, während die Objekt-NP dem Verb nachgestellt ist:

Pierre a vu *Michel*.	*Peter hat* Michael *gesehen*.
Pierre *l'*a vu.	*Peter hat* ihn *gesehen*.
Ich schenke *Michael* das Buch.	
Ich schenke es *ihm*.	
?Ich schenke ihm es.	

In ditransitiven Sätzen des Isländischen steht die Negation nur dann nach dem direkten Objekt, wenn es ein Pronomen ist, ansonsten steht sie zwischen dem indirekten und dem direkten Objekt:

Ég	gaf	honum	ekki	bókina.	*Ich gab ihm das Buch nicht.*
ich	*gab*	*ihm*	*nicht*	*Buch*	
Ég	gaf	honum	hana	ekki.	*Ich gab es ihm nicht.*
ich	*gab*	*ihm*	*es*	*nicht*	
Ég	gaf	hana	ekki.		*Ich gab es nicht.*
ich	*gab*	*es*	*nicht*		

Der Grad der Variabilität der Stellung ist recht unterschiedlich und hängt von der Explizitheit der syntaktischen Markierungen wie Kasus ab. So gibt es im Deutschen wesentlich mehr Wortstellungsmöglichkeiten als z. B. im Chinesischen, dessen Wortstellung relativ festgeschrieben ist. Andererseits ist das Deutsche nicht so frei in der Wortstellung wie das Lateinische. Sehen wir uns einen einfachen Satz des Deutschen an: ⟨Ich schreibe dir einen Brief⟩. Das Subjekt steht vor dem Verb, die Objekte sind dem Verb nachgestellt, das indirekte Objekt steht dabei vor dem direkten Objekt. Die normalerweise übliche Reihenfolge, man bezeichnet sie als die unmarkierte, ist [S V IO DO]. Eine freie Lokalangabe in Form einer PP steht in der Regel nach den Objekten: ⟨Ich schreibe dir einen Brief aus Berlin⟩; ein temporales Adverb kann aber normalerweise zwischen den Objekten stehen, z. B. ⟨Ich schreibe dir morgen einen Brief⟩, aber nicht vor den Objekten oder direkt nach dem Verb: ?⟨Ich schreibe morgen dir einen Brief⟩. An den bisherigen Erweiterungen sehen wir, dass das verbale Prädikat der Dreh- und Angelpunkt ist, um den sich die anderen Satzglieder systematisch gruppieren. Wir wollen diesen Dreh- und Angelpunkt als Pivot bezeichnen. Das Subjekt steht in den obigen Beispielen vor dem Pivot, im so genannten Vorfeld, die anderen Satzglieder danach. Sehen wir uns das Deutsche genauer an, so lässt sich die Gleichung Pivot = verbales Prädikat nicht aufrechterhalten, da eine Aufspaltung (Diskontinuität) des verbalen Prädikats in einen finiten und infiniten Teil erfolgt:

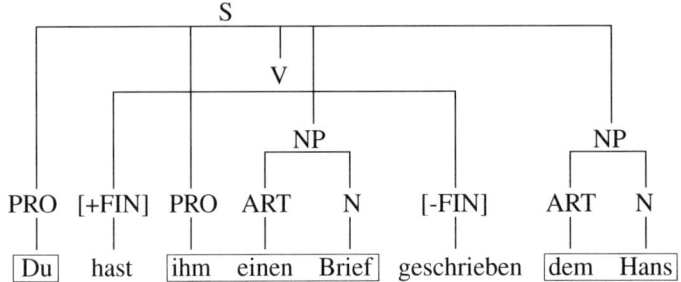

Pivot ist also der finite Teil des verbalen Prädikats, der im Aussagesatz in Zweitposition steht. Finiter und infiniter Teil umrahmen die nominalen Objekte und rahmen das so genannte MITTELFELD ein. Das Verb bildet eine Klammer: Links des Finitums, im VORFELD, steht das nominale Subjekt, während nach der rechten Verbklammer, im NACHFELD, eine Nominalphrase steht.

Während im Chinesischen nun die Satzglieder in Subjektfunktion immer im Vorfeld des pivotalen Prädikats stehen, ist dies im Deutschen nicht so. Ohne dass sich die Satzbedeutung ändert, können im Deutschen prinzipiell andere Ergänzungen und periphere Angaben das Vorfeld besetzen:

(a) Ich schenke dir ein Buch.
(b) Dir schenke ich ein Buch.
(c) Ein Buch schenke ich dir.
(d) Morgen schenke ich dir ein Buch.
(e) In Berlin schenke ich dir ein Buch.
(f) In Berlin wurde dir ein Buch geschenkt.

Das Subjekt wird dem finiten Verb direkt nachgestellt, wenn ein anderes Satzglied die Erstposition besetzt, man spricht in diesem Fall von INVERSION. Je nach dem, welcher Satzteil im Vorfeld steht, ist die Aussage anders strukturiert. Während im einfachen Satz das Subjekt den Ausgangspunkt der Aussage bildet und auch im Vorfeld steht, wird in Satz (b) etwas über den Empfänger ausgesagt, in (d) bildet ⟨morgen⟩ den Ausgangspunkt der Aussage. Diesen bezeichnet man als THEMA oder TOPIK, das, was darüber ausgesagt wird, als RHEMA oder COMMENT. Im Deutschen ist die Erstposition mit dem Topik verbunden, normalerweise die Subjektposition. Wird nun ein anderes Satzglied in diese Position gebracht, so spricht man von TOPIKALISIERUNG. Die Adverbiale in (d) und (e) sind also topikalisiert. Was unterscheidet nun die Sätze (a)–(f) noch voneinander? Während in den Sätzen (a), (d) und (e) die Akzentstrukturen im Vorfeld gleich sind, werden in (b) und (c) die Satzglieder durch einen besonderen Akzent markiert. Die Hervorhebung eines Satzteiles durch sprachliche Mittel (z. B. durch Akzent) nennt man FOKUSSIERUNG. Die Fokussierung des Dativpronomens hat hier Kontrastfunktion: ⟨Ich schreibe morgen dir einen Brief (und heute dem Finanzamt)⟩. Während in der normalen Reihenfolge eine Fokussierung möglich, aber nicht notwendig ist, sind die Objekte im

4.4 Topologie

Vorfeld fokussiert, sonst ist der Satz nicht akzeptabel. In den Sätzen (b) und (c) sind das pronominale indirekte Objekt und die direkte Objekt-NP also topikalisiert und fokussiert. Topikalisierung und Fokussierung sind zentrale Konzepte bei der Erklärung von Variation in der Wortstellung. Aber auch andere Faktoren spielen eine Rolle. So ist im folgenden deutschen Beispielsatz ein fokussiertes ([+Fokus]) indirektes Objekt nur dann akzeptabel, wenn das direkte Objekt nicht fokussiert ([–Fokus]) und definit ist:

Ich habe	das Buch	der Claudia geschenkt.
	[–Fokus,+definit]	[+Fokus]
?Ich habe	ein Buch	der Claudia geschenkt.
	[–Fokus,–definit]	[+Fokus]

Änderungen der Wortstellung zum Zwecke der Topikalisierung oder Fokussierung können aber auch anders aussehen. Im Kyuquot ist die Satzstellung relativ fest, aber die Wortarten sind sehr variabel. Fokussierung und Topikalisierung werden dadurch erreicht, dass das entsprechende Satzglied zum Prädikat gemacht wird, wie das folgende Zeit-›Adverb‹ /ʔuja/:

tɫ'itsu-qtɬis   ʔuja   ʔam'itɬi
Potlatch-Fut/Ich   *Zeit∗von∗sein*   *morgen*
Ich werde morgen ein Potlatch-Fest veranstalten.

ʔuja-qtɬis   ʔam'itɬi   tɫ'itsu
Zeit∗von∗sein-Fut/Ich *morgen*   *Potlatch*
Morgen werde ich ein Potlatch-Fest veranstalten.

Bisher haben wir nur einfache Aussagesätze betrachtet. Es gibt aber auch andere Satzarten. So steht im Deutschen in Entscheidungsfragesätzen, bei denen als Antwort ⟨ja⟩ oder ⟨nein⟩ erwartet wird, nicht das Subjekt, sondern das verbale Prädikat in der Erstposition, im Nachfeld steht das Subjekt vor dem indirekten Objekt und dem direkten:

[[Schreibst]_präd [du]_subj [mir]_io [einen Brief]_do?]_S

Bei Fragen nach einem Satzteil steht jedoch das Fragewort in Erstposition:

Wer gab dir das Buch?	–	*Jutta* gab mir das Buch.
Wo war das Buch?	–	*Das Buch* lag auf dem Schrank.
Wovon handelt das Buch?	–	Das Buch handelt *von Linguistik*.

Bei der Antwort muss das erfragte Satzglied fokussiert werden. Im K'iche' tritt in Fragesätzen das Fragewort ebenfalls in Erstposition, anders als im Deutschen aber muss in dem als Antwort gegebenen Aussagesatz der erfragte Satzteil ebenfalls in Erstposition stehen, da Erstposition in dieser Sprache Fokussierung markiert:

A   pa   k-at-b'e   wi?   –   Pa   ab'ix   k-in-b'e   wi.
Wo PART *Ink-2sA-gehen* PART   *Lok* *Feld* *Ink-1sA-gehen* PART
Wohin gehst du?   –   *Ich gehe aufs Feld.*

4.5 Diathesen

Mitspieler können aber nicht nur durch Veränderung der Wortstellung fokussiert oder topikalisiert werden. Eine andere Möglichkeit, die es bei transitiven Sätzen in vielen Sprachen gibt, ist die Passivierung, z. B. ⟨Petra isst den ganzen Käse⟩ gegen ⟨Der ganze Käse wird (von Petra) gegessen⟩. Der PASSIVSATZ kann aus dem Aktivsatz abgeleitet werden, man spricht dann von Passivtransformation:
- Das transitive Verb wird intransitiv, die Zahl der Argumente wird von zwei auf eins vermindert.
- Das Subjekt$_{Agens}$ wird in der Regel getilgt oder durch eine Präpositionalphrase mit ⟨von⟩ ausgedrückt. Man spricht auch davon, dass das Agens-Argument zur Präpositionalergänzung ›degradiert‹ wird.
- Das direkte Objekt$_{Patiens}$ wird zum Subjekt des Passivsatzes, das Patiens-Argument wird zum Subjekt erhoben bzw. ›promoviert‹.
- Das finite Verb wird infinit, und gleichzeitig wird das Hilfsverb ⟨werden⟩ bzw. ⟨sein⟩ des Passivsatzes Träger der finiten Information.

Andere Teile des Satzes bleiben bei der Passivierung unberührt, z. B. ⟨Petra isst den Käse heute nicht⟩ – ⟨Der Käse wird heute (von Petra) nicht gegessen⟩. Analoge Strukturen zum Deutschen findet man in vielen Sprachen der Welt. Im Englischen wird der Satz ⟨George kissed the woman⟩ zu ⟨The woman was kissed (by George)⟩ passiviert. Im K'iche' wird das Passiv gebildet, indem das Verb u. a. ein Passivsuffix ⟨-x⟩ erhält und das Ergativpräfix getilgt wird. Gleichzeitig wird die Agensergänzung mit Hilfe des Funktionsworts ⟨rumal⟩ angeschlossen:

X-Ø-u-sik'i-j Wuqub' Kaqix ri mama.
Kom-3sA-3sE-rufen-trans ⟨*Name*⟩ A*RT* *Greis*
Wuqub' Kaqix rief den alten Mann.

X-Ø-sik'i-x ri mama rumal Wuqub' Kaqix.
Kom-3sA-rufen-Passiv A*RT* *Greis* *durch* ⟨*Name*⟩
Der alte Mann wurde von Wuqub' Kaqix gerufen.

Im Chinesischen wird das Passiv durch die ⟨bèi⟩-Konstruktion ausgedrückt. Der Satz ⟨Tā zhuā zhù le xiǎotou⟩ »Er hat einen Dieb gefasst« wird im Passiv ⟨Xiǎotou bèi tā zhuā zhù le⟩ »Ein Dieb wurde von ihm gefasst«. Aus dem Konstruktionstyp [Subjekt$_{Agens}$ V Objekt$_{Patiens}$] wird die Passivkonstruktion [Subjekt$_{Patiens}$ P: ⟨bèi⟩ Objekt$_{Agens}$ V]. Wie im Deutschen kann die Agensangabe wegfallen, allerdings bleibt im Chinesischen die Partikel ⟨bèi⟩ erhalten:

Tā zhuāzhù le xiǎotou. *Er hat einen Dieb gefasst.*
er *fass* P*ART* *Dieb*

Xiǎotou bèi tā zhuāzhù le. *Ein Dieb wurde von ihm gefasst.*
Dieb P*ART* *er* *fass* P*ART*

Xiǎotou bèi zhuā zhù le. *Ein Dieb wurde gefasst.*
Dieb P*ART* *fass* P*ART*

4.5 Diathesen

Neben dem kanonischen Passiv gibt es andere Passivformen wie das IMPERSONALE PASSIV. Im Deutschen ist das impersonale Passiv eine Variante des Vorgangspassivs. Der Aktivsatz ⟨Man tanzt⟩ kann in den Passivsatz ⟨Es wird getanzt⟩ transformiert werden. Im Portugiesischen hingegen gibt es wie in vielen anderen Sprachen eine Reflexivkonstruktion:

No Porto as pessoas bebem muito vinho.
In Porto trinken die Menschen viel Wein.
No Porto bebe-se muito vinho.
In Porto trinkt man viel Wein / wird viel Wein getrunken.

Der in vieler Hinsicht spiegelbildliche Aufbau von Ergativsprachen zeigt sich nicht nur in der Art und Weise, wie Mitspieler kodiert werden, sondern auch darin, dass es in manchen Ergativsprachen das so genannte ANTIPASSIV gibt. Beim Antipassiv wird wie beim Passiv aus dem transitiven Verb ein intransitives gemacht, wobei das Agens, ursprünglich ergativ kodiert, im neuen intransitiven Satz eine absolutive Markierung erhält. Es wird im K'iche' gebraucht, um z. B. das Agens transitiver Sätze zu fokussieren:

Apachinaq	pa	x-Ø-xaj-owik?		*Wer tanzte?*
Wer	PART	Kom-3sA-tanzen-Antipassiv		
Ri	ixoqib'	x-e-xaj-owik.		*Die Frauen tanzten.*
ART	Frauen	Kom-3pA-tanzen-Antipassiv		

Die Fokussierung des absolutiven Patiens dagegen wird durch ein transitives Verb ausgedrückt:

Naqi	pa	x-Ø-ki-xaj-o?	*Was tanzten sie?*
Was	PART	Kom-3sA-3pE-tanzen-trans	
Ronojel		x-Ø-ki-xaj-o.	*Sie tanzten alle Tänze.*
alles		Kom-3sA-3pE-tanzen-trans	

Solche Manipulationen der Valenz transitiver Verben nennt man DIATHESEN oder GENERA VERBI. Neben der Reduzierung der Valenz auf ein Argument durch Passiv oder, in Ergativsprachen, Antipassiv, findet sich auch die Erhöhung der Valenz. Hier sind Kausativ- und Applikativkonstruktionen zu nennen, wie z. B. Nahuatl:

ni-k-paka	*Ich wasche es.*
ich-es-waschen	
ni-k-no-paki-lia	*Ich wasche es für mich.*
ich-es-mich-waschen-Applikativ	
ni-mits-tła-paka-ltia	*Ich lasse dich etwas waschen.*
ich-dir/dich-etwas-waschen-Kausativ	
ni-mits-no-tła-paka-lti-lia	*Ich lasse dich etwas für mich waschen.*
ich-dir/dich-mich-etwas-waschen-Kausativ-Applikativ	

Beim Kausativ tritt ein weiterer Mitspieler hinzu, und zwar in die Subjektfunktion, beim Applikativ tritt ein Nutznießer als indirektes Objekt hinzu. Im Deutschen sind beide Konstruktionen nicht in gleicher Weise grammatikalisiert. Der Kausativ muss mit ⟨lassen⟩ umschrieben werden, der Nutznießer wird in der Regel durch eine Präpositionalphrase mit ⟨für⟩ wiedergegeben.

In anderen Fällen wird die Valenz nicht erhöht, sondern die Rolle eines der Mitspieler wird verändert, so z. B. die zum Objekt gemachte periphere Angabe von ⟨Gregor streicht Farbe über das Graffito⟩ in ⟨Gregor überstreicht das Graffito mit Farbe⟩. Durch das Präfixverb wird das Objekt des Basisverbs zu einer Instrumental-PP degradiert, während die instrumentale PP zur Objekt-NP promoviert wird. Ob man hier von echten Diathesen sprechen kann, ist umstritten. Ähnliches gilt auch für die Instrumentalkonstruktion im K'iche', durch die ein normalerweise als periphere Angabe kodiertes Instrument in Fokusposition vorangestellt wird:

xa	tzalam	xa	ch'ut	x-Ø-ki-kej-b'ej
nur	*Stein*	*nur*	*Stachel*	*Kom-3sA-3pE-einzäunen-Instrumental*
r-ij	ki-tinamit			
3sE-Rücken	*3pE-Stadt*			

Nur mit Steinen und Stacheln befestigten sie die Außenseite ihrer Stadt.

Diese Diathesen können im größeren Textgefüge recht unterschiedliche Funktionen haben; sie können positiv Topikalisierung oder Fokussierung bewirken oder negativ den als Argument entfernten Mitspieler vage halten – z. B. ist es schwer, jemanden verantwortlich zu machen, wenn ⟨am 16. September 1988 die folgende Vorschrift erlassen wurde⟩.

4.6 Komplexe Sätze

Obwohl die Beispielsätze, die wir verstehen können, inzwischen schon einige Komplexität besitzen, haben wir uns bisher nur mit einfachen Sätzen beschäftigt. Aber nicht nur Wörter und Phrasen, sondern auch Sätze können miteinander zu neuen, übergeordneten Satzstrukturen kombiniert werden. Sätze, die aus zwei oder mehr Sätzen bestehen, bezeichnet man als KOMPLEXE SÄTZE. Ein komplexer Satz besteht also aus mindestens zwei Teilsätzen. In der Syntax interessiert primär die syntaktische Verbindung zwischen zwei oder mehr Teilsätzen. Werden Teilsätze aneinander gereiht, so spricht man von Koordination, z. B. ⟨Jutta schreibt und Klaus sonnt sich⟩. Nehmen Sätze die Stelle einer Ergänzung oder einer peripheren Angabe ein, so hat man es mit subordinierten Strukturen zu tun, z. B. ⟨Während Jutta schreibt, sonnt sich Klaus⟩.

Komplexe Sätze als grammatische Einheiten sind von SATZKOMPLEXEN als Text- oder Diskurseinheiten zu unterscheiden. Satzkomplexe bestehen aus syntaktisch unabhängigen Sätzen, z. B. ⟨Jutta arbeitet⟩; ⟨Klaus sonnt sich⟩, während komplexe Sätze aus Teilsätzen zusammengebaut sind. Zwischen komplexen Sätzen und Satzkomplexen gibt es jedoch Überschneidungen, z. B. ⟨Jutta arbeitet, Hans arbeitet, aber Klaus sonnt sich〉. Wir wollen uns im Folgenden jedoch nur mit den Grundstrukturen der Koordination und Subordination beschäftigen.

4.6.1 Koordination und Subordination

Der Prototyp eines Satzes mit koordinierten Teilsätzen ist im Deutschen ein Satzgefüge mit der Konjunktion 〈und〉:

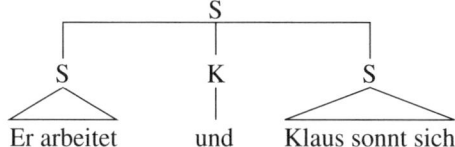

Die Konjunktion 〈und〉 bindet die gleichartigen Teilsätze ›additiv‹. Innerhalb der Teilsätze ändert sich die Wortfolge nicht. Die Teilsätze können im Vorfeld oder Nachfeld der Konjunktion stehen, ohne dass sich die Satzbedeutung des komplexen Satzes ändert; sind die Teilsätze wahr, dann ist auch die Aussage des gesamten Satzes wahr. Während im Deutschen durch die Konjunktion 〈und〉 sowohl Satzteile als auch Sätze miteinander verbunden werden können, z.B. 〈Jutta und Hans arbeiten, und Klaus sonnt sich〉, ist es im Chinesischen nicht möglich, mit der Konjunktion 〈hé〉 »und« Sätze zu koordinieren, wohl aber Satzteile. Da im Chinesischen für die Satzkoordination eine entsprechende kopulative Konjunktion fehlt, wird der Zusammenhang zweier oder mehrerer Sätze durch Partikeln oder allein durch semantische und pragmatische Zusammenhänge deutlich. Es gibt also im Chinesischen wie auch in vielen anderen Sprachen weitaus weniger komplexe Sätze mit explizit koordinierten Teilsätzen als etwa im Deutschen.

Koordination kann mit Hilfe von Konnektoren wie 〈und〉 oder 〈sowohl ... als auch〉 erfolgen oder aber auch ohne. Im ersten Fall spricht man von SYNDETISCHER, im zweiten Fall von ASYNDETISCHER Koordination. Die Nominalphrase 〈Evi, Peter und Michael〉 besteht aus drei Nominalen, von denen die letzten beiden durch eine Konjunktion verbunden sind. Strukturell gesehen verbindet die Konjunktion zwei Konjunkte, nämlich 〈Peter〉 und 〈Michael〉 oder 〈Evi, Peter〉 und 〈Michael〉, aber nicht 〈Evi〉 und 〈Michael〉. Konjunktionen und Konjunkte bilden zusammen die so genannte Konjunktstruktur.

Die Koordination von Sätzen bzw. Satzteilen muss nicht notwendigerweise durch freie Partikeln (Konjunktionen) erfolgen. Im Lateinischen steht neben den Konjunktionen 〈et〉 und 〈atque〉 auch 〈-que〉, das den Status eines Suffixes hat. So finden wir beispielsweise bei Cicero nebeneinander 〈socius et amicus〉 »Gefährte und Freund«, 〈socius atque amicus〉 und 〈socius amicusque〉. Nicht nur nominale Elemente, sondern auch verbale Prädikate können durch 〈-que〉 koordiniert werden: 〈Aristīdēs in cōntiōnem vēnit dīxitque perūtile esse cōnsilium〉 »Aristides kommt auf die Rednerbühne und sagt, ein Kriegsrat wird sehr nützlich sein.« Im Quechua von Cuzco (Peru) erfolgt die Koordination häufig durch Suffigierung, so im Falle der adversativen Koordination durch /-tax/:

kunan-qa	iskwila-ta-n	ripu-sax	paqarin-tax
heute-Top	*Schule-Akk-affirmativ*	*fortgehen-1s/Fut*	*morgen-und/aber*
itʃa-qa	taita-i-ta	janapa-sax	
vielleicht-Top	*Vater-1sPossessiv-Akk*	*helfen-1s/Fut*	

Heute gehe ich in die Schule, aber morgen werde ich meinem Vater helfen.

Bei subordinierten Strukturen besteht ein Abhängigkeitsverhältnis der Unterordnung und nicht der Nebenordnung wie bei der Koordination. Subordinierte Sätze sind in einen Satz eingebettet. Die Einbettung entsteht dadurch, dass obligatorische Ergänzungen, periphere Angaben oder nominale Modifikationen durch Sätze besetzt werden. Man unterscheidet ganz allgemein:
- Sätze als Argumente
- Adverbialsätze
- Attributsätze

Haben Sätze den Status von Argumenten, kann die Objektfunktion durch einen Satz ausgedrückt werden: ⟨Ich weiß, dass er kommt⟩. In Adverbialsätzen wird die adverbiale Funktion durch einen Satz ausgedrückt, z. B. ⟨Ich schreibe einen Brief, während es regnet⟩. In Attributsätzen wird das Attribut durch einen Satz ausgedrückt: ⟨Der Brief, den ich schreibe, wird nachher gleich abgeschickt⟩.

Subordinierte Strukturen können durch Subjunktoren wie subordinierende Konjunktionen (⟨weil⟩, ⟨obwohl⟩, ⟨während⟩, ⟨wenn⟩) markiert sein. Im Deutschen leiten sie einen Nebensatz ein: [[Petra flucht] [weil [es geregnet hat]]].

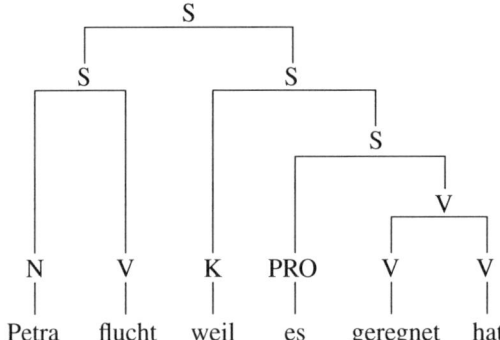

Der strukturelle Unterschied zur Koordination lässt sich am Konnektor ⟨weil⟩ verdeutlichen. Im gesprochenen Deutsch finden sich immer häufiger ⟨weil⟩-Konstruktionen in Hauptsatzstellung, z. B. ⟨Petra flucht, weil es hat geregnet⟩. Es scheint, als ob in der Umgangssprache ⟨weil⟩ als sub- und koordinierende Konjunktion auftritt analog zu standardsprachlich ⟨weil⟩ und ⟨denn⟩. Mit ⟨weil⟩ als Konjunktor ändert sich gegenüber der subordinierten Struktur das Strukturformat:

4.6 Komplexe Sätze

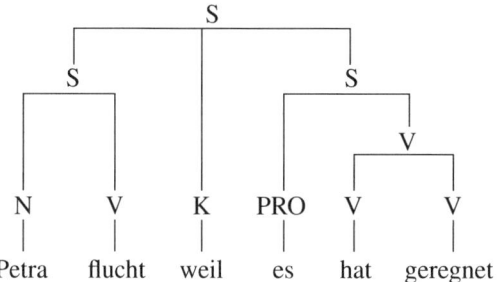

Was im Deutschen durch einen Nebensatz ausgedrückt wird, der z. B. durch eine Konjunktion explizit subordiniert ist, kann auch auf andere Weise mitgeteilt werden. Eine mögliche Form ist die Wiedergabe des subordinierten Satzes durch Konstruktionen mit einem Partizip oder einem Verbalnomen: ⟨Der von mir geschriebene Brief wird nachher abgeschickt⟩; ⟨Ich schreibe während des Zugfahrens einen Brief⟩. Solche Bildungen gelten im Deutschen als umständlich, sind aber im Spanischen vielfach eine stilistisch gleichwertige Alternative: ⟨Si voy contigo, hago este viaje⟩ neben ⟨Yendo contigo, hago este viaje⟩ »Wenn ich mit dir gehe, werde ich diese Reise machen«. In einer Sprache wie dem Mongolischen ist diese Verwendung von Partizipialkonstruktionen sogar die Regel: /jabu-basu/ »Wenn er geht, ...« bzw. »Als er ging, ...« oder /jabu-batʃu/ »Obwohl er geht/ging, ...« Im Spanischen und anderen Sprachen gibt es noch die Möglichkeit, Infinitivkonstruktionen zu verwenden wie z. B. ⟨Caso de ir contigo, hago este viaje⟩. Sofern diese Bildungen nicht in so starkem Maße grammatikalisiert sind wie im Mongolischen, geben sie die Bedeutung z. T. nicht eindeutig wieder: ⟨Discutiendo, estamos tomando café⟩ kann sowohl »Während wir diskutieren, trinken wir Kaffee«, »Obwohl wir ...« als auch »Weil wir ...« bedeuten. Hier kann nur der Kontext entscheiden.

In anderen Sprachen werden Sätze nicht durch Konjunktionen subordiniert, sondern durch besondere Tempus/Aspekt- und Personenmarkierungen, so z. B. im Oluta Popoluca (Mexiko) anstelle der freien Verbformen /Ø-nɨkṣ-pa/ »er geht« und /tɨ-tṣiʔv-am/ »ich werde (mich) waschen«:

i-nɨkṣ-i	Ø-pijiʔk-pa	*Wenn er geht, rennt er.*
3s-gehen-Ink/subordiniert	*3s-rennen-Ink*	
tɨn-vam-pe	tɨn-tṣiʔv-aʔn	*Ich will baden, wörtlich:*
1s/3s-wollen-Ink	*1s-waschen-Fut/subordiniert*	*ich will, dass ich (mich) wasche.*

Auch in diesen Fällen ist die Beziehung zwischen Hauptsatz und subordiniertem Satz nicht immer eindeutig. Einige Sprachen kennen so gut wie keine Subordinierung und bringen die im Deutschen durch Nebensätze ausgedrückten Beziehungen in der Regel nicht explizit zum Ausdruck, sondern implizit durch das Zusammenspiel von Tempus/Aspekt und Partikeln. Im K'iche' können Beziehungen zwischen Sätzen in der Regel nur implizit aus dem Kontext erschlossen werden, so z. B. bei der folgenden irrealen Bedingung:

Ma	k-i-kam	taj,			
nicht	*1nk-1sA-sterben*	P<small>ART</small>			
la	k'i	ta	xch-Ø-in-ch'up	jun	oq'.
P<small>ART</small>	*sicherlich*	P<small>ART</small>	*Fut-3sA-1sE-pflücken*	*eins*	*Zählwort*

Ich sterbe bestimmt nicht, wenn ich eine davon pflücken werde.

4.6.2 Sätze als Argumente

Im Deutschen können Subjekt- und Objektfunktion durch einfache Hauptsätze oder Konjunktionalsätze – Sätze, die durch eine Konjunktion eingeleitet werden – ausgedrückt werden. Die Eigenschaft, Sätze als Objekt zu nehmen, ist Merkmal bestimmter Verben. Man vergleiche die folgenden Objektsätze:
(a) Ich glaube, er kommt gern.
(b) Ich denke, dass er gern kommt.
(c) Ich weiß, warum er gern kommt.

Solche Verben haben im Hinblick auf ihr Objekt einige Besonderheiten. In einigen Fällen kann an die Stelle des Objektsatzes zwar ein Pronomen treten, nicht aber eine Nominalkonstruktion:

Er kommt: Ich glaube es. / Das glaube ich.
*Ich glaube sein Kommen.

Der Anschluss einer Nominalkonstruktion ist jedoch mit einer Präpositionalphrase möglich: ⟨Ich glaube an sein Kommen⟩. Manche Verben können anstelle des Objektsatzes eine Infinitivkonstruktion als Ergänzung nehmen: ⟨Ich sehe, dass er kommt⟩ – ⟨Ich sehe ihn kommen⟩. In Satz (a) ist der einfache Hauptsatz ⟨Er kommt gern⟩ vom Verb über die Objektfunktion abhängig:

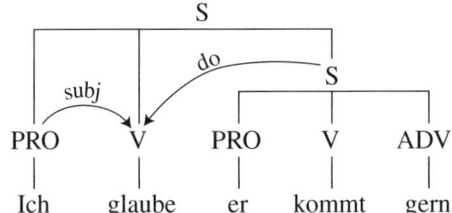

Die Wortstellung im abhängigen O<small>BJEKTSATZ</small> ist die eines normalen Aussagesatzes. Demgegenüber ist die Wortstellung in den subordinierten Konjunktionalsätzen (b) und (c) anders: Das finite Verb steht am Satzende. Im Deutschen ist dies vor allem die Form des eingeleiteten Nebensatzes. Objektsätze können also im Deutschen durch die Konjunktion ⟨dass⟩ eingeleitet werden, müssen es aber nicht. Im Chinesischen wird ein Objektsatz wie im Deutschen aufgebaut, wobei der abhängige Satz nicht durch eine Konjunktion eingeleitet wird (und schriftsprachlich nicht durch ein Komma abgetrennt wird):

4.6 Komplexe Sätze

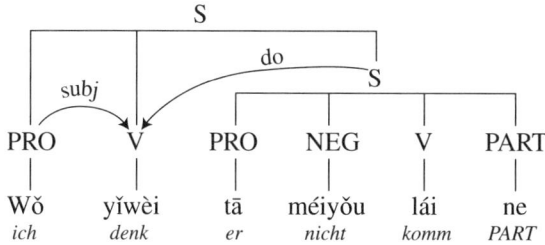

Ich dachte, er wäre nicht gekommen.

SUBJEKTSÄTZE sind im Deutschen spiegelbildlich zu den Objektsätzen aufgebaut. Der abhängige dass-Satz steht normalerweise im Vorfeld, die Konjunktion ist obligatorisch: ⟨Dass er kommt, freut mich⟩. Während Subjektpronomina in Person und Numerus mit dem Verb kongruieren und Nomina in der dritten Person und im Numerus, besteht eine formale Korrespondenz zwischen dem Satz/den Sätzen in Subjektfunktion nur in der dritten Person:

Ich freue mich. / Sie freuen sich.
Die Frau freut sich. / Die Frau und der Mann freuen sich.
Dass er kommt und dass er bald wieder geht, freut mich.

Neben der Erststellung des Satzes gibt es noch die Variante mit dem Subjektplatzhalter ⟨es⟩, die strukturell den Objektsätzen gleicht: ⟨Es freut mich, dass er kommt⟩. Subjektsätze können durch Nominalkonstruktionen und Pronomen ersetzt werden: ⟨Sein Kommen freut mich⟩; ⟨Das freut mich⟩.

4.6.3 Adverbialsätze

Adverbiale Erweiterungen können nicht nur durch Adverbien und Präpositionalphrasen, sondern auch durch Sätze gebildet werden. In einem Satz wie ⟨Er arbeitet, weil sie schreibt⟩ wird der Sachverhalt p: ⟨Er arbeitet⟩ behauptet unter der Bedingung, dass q: ⟨Sie schreibt⟩. Syntaktisch ist der Satz ⟨Sie schreibt⟩ dem Satz ⟨Er arbeitet⟩ adjungiert, ADVERBIALSÄTZE haben im Deutschen die folgende Basisstruktur:

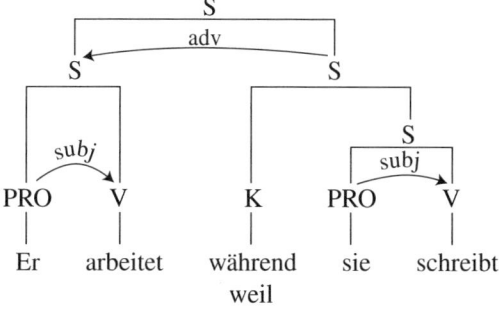

In vielen Fällen können solche Sätze durch adverbiale Präpositionalphrasen ersetzt werden: ⟨Er arbeitet während ihres Schreibens⟩ oder ⟨Er arbeitet wegen ihres Schreibens⟩ – man beachte die Mehrdeutigkeit der zweiten Umformung. Konjunktionen wie ⟨während⟩ und ⟨weil⟩ stellen einen spezifischen Zusammenhang zwischen dem Bezugssatz und dem abhängigen Satz her. Durch ⟨während⟩ werden die durch die Teilsätze ausgedrückten Sachverhalte zeitlich parallelisiert. Durch ⟨weil⟩ werden zwei Sachverhalte in einen Ursache-Folge-Nexus gebracht. Die jeweiligen Konjunktionen verknüpfen also in einer bestimmten Art und Weise Sachverhalte miteinander, sie haben somit eine lexikalische Bedeutung und sind deshalb nicht bedeutungsleer, wie oftmals behauptet wird. Nach ihrer Leistung klassifiziert man Konjunktionen u. a. in temporale und kausale. Durch die Konjunktionen ⟨da⟩ und ⟨weil⟩ wird ein Kausalzusammenhang zwischen dem Sachverhalt im Bezugssatz und dem im abhängigen Satz hergestellt: weil Sachverhalt$_2$ deshalb Sachverhalt$_1$, nicht aber umgekehrt, ⟨Ich bin nass, weil es regnet⟩, aber nicht ⟨Weil ich nass bin, regnet es⟩. Im Chinesischen werden Bezugssatz und abhängiger Satz jeweils durch eine Konjunktion markiert, z. B. im folgenden Konditionalsatz:

> Yīnwèi wǒ méi qián, suǒyǐ mǎi bù qǐ.
> *weil ich nicht Geld deshalb kauf nicht möglich*
> *Weil ich kein Geld habe, kann ich es mir nicht leisten.*

Die Konjunktion ⟨yīnwèi⟩ ist mit dem Sachverhalt$_1$ gekoppelt, ⟨suǒyǐ⟩ mit dem Sachverhalt$_2$.

4.6.4 Attributsätze

Auch Attribute können in Form eines Satzes auftreten. Dass-Sätze erfüllen nicht nur die Funktion eines Subjekt- oder Objektsatzes, sondern auch die eines ATTRIBUTSATZES. Ein präpositionales Attribut beispielsweise kann durch einen dass-Satz ausgedrückt werden: ⟨die Hoffnung auf Regen⟩ – ⟨die Hoffnung, dass es regnet⟩. Der Hauptkandidat jedoch unter den Nomen modifizierenden Sätzen ist im Deutschen der Relativsatz. Relativsätze leisten im Prinzip das Gleiche wie attributive Adjektive, sie beziehen sich auf ein Nomen: ⟨das interessante Buch⟩ – ⟨das Buch, das interessant ist⟩. Kernnomen und relativischer Anschluss sind morphologisch aufeinander abgestimmt. Relativpronomen und Kernnomen kongruieren in Genus und Numerus:

> das Buch, das interessant ist
> die Bücher, die interessant sind

Während im Deutschen das Relativpronomen obligatorisch ist, kann im Englischen der relativische Anschluss durch ⟨that⟩ wegfallen: ⟨Can I have the book (that) I lent you?⟩ In anderen Sprachen wie z. B. dem Chinesischen gibt es Relativsätze nicht. Deutschen Relativsätzen entspricht am ehesten die ⟨de⟩-Konstruktion, die aber

4.6 Komplexe Sätze

ebenso gut als NP mit Adjektiv wiedergegeben werden kann: ⟨piàoliàng de nǚháizi⟩ »ein Mädchen, das schön ist« oder »ein schönes Mädchen«. Relativsätze werden im Allgemeinen in restriktive und nicht-restriktive Relativsätze unterschieden:

restriktiv: The books that you lent me were interesting.
nicht-restriktiv: I met Mike, who lives in Berlin.

Der restriktive Relativsatz schränkt die Menge der Bücher ein auf diejenigen, die von der mit ⟨you⟩ bezeichneten Person ausgeliehen wurden. Im nicht-restriktiven Fall wird eine durch den Eigennamen ⟨Mike⟩ bezeichnete Person weiter beschrieben. Im Englischen können nicht-restriktive Relativsätze nicht durch ⟨that⟩ eingeleitet werden, sondern nur durch ein wh-Pronomen (⟨who⟩, ⟨where⟩, ⟨which⟩). Restriktive Relativsätze können hingegen durch ⟨that⟩ oder durch ein wh-Pronomen eingeleitet werden, oder sie werden uneingeleitet gebraucht.

In manchen Sprachen gibt es bei Relativsätzen Einschränkungen im Hinblick auf die Verknüpfung transitiver Sätze. Im Deutschen ist das Relativpronomen kasusflektiert und kann daher sowohl für das Subjekt im Nominativ als auch für das Objekt im Akkusativ stehen:

Ich sah den Mann, der das Untier getötet hat.
Ich sah den Mann, den das Untier getötet hat.

Im Englischen ist die dem zweiten Satz entsprechende Form zwar möglich, jedoch weniger gebräuchlich als die passivische Form:

I saw the man who killed the monster.
I saw the man who was killed by the monster.
?I saw the man whom the monster killed.

Im K'iche' (Dialekt von Nahuala-Ixtahuacán) dagegen kann das mit dem Artikel identische Relativpronomen ⟨ri⟩ in solchen Fällen nur das im Absolutiv markierte Argument, d. h. das Patiens, vertreten:

X-Ø-inw-il ri achi,
Kom-3sA-1sE-sehen A<small>RT</small> *Mann*
ri x-Ø-u-kamisa-j ri aq.
R<small>EL</small> *Kom-3sA-3sE-töten-trans* A<small>RT</small> *Schwein*
Ich sah den Mann, den das Schwein getötet hat.

Um das Relativpronomen als Agens zu identifizieren, muss entsprechend der ergativen Grundstruktur des K'iche' eine Antipassiv-Form gewählt werden:

X-Ø-inw-il ri achi,
Kom-3sA-1sE-sehen A<small>RT</small> *Mann*
ri x-Ø-kamisa-n ri aq.
R<small>EL</small> *Kom-3sA-töten-Antipassiv* A<small>RT</small> *Schwein*
Ich sah den Mann, der das Schwein getötet hat.

Die Positionen, aus denen heraus relativiert werden kann, sind in den Sprachen, die Relativierung zulassen, unterschiedlich. Im Deutschen ermöglichen Subjekte, Objekte und Attribute eine Relativierung:

Dem Mann, dem Clara vertraut, schenkt Maria ein Buch.
Maria, die Clara vertraut, schenkt dem Mann ein Buch, das lesenwert ist.
Das Buch des Mannes, dem ich vertraue, ist lesenswert.

In anderen Sprachen ist die Relativierung eingeschränkt. Im Madegassischen kann allein das Subjekt relativiert werden, im Luganda, einer Bantu-Sprache, nur das Subjekt und das direkte Objekt. Für die Relativierung gibt es eine universelle Hierarchie:

Subjekt > direktes Objekt > indirektes Objekt > Possessor

Die RELATIVIERUNGSHIERARCHIE ist so zu lesen, dass Sprachen, die beispielsweise die Relativierung des direkten Objektes zulassen, auch oberhalb davon stehende Relativierungen zulassen (Subjekt), nicht aber unbedingt darunter stehende (indirektes Objekt, Possessor). Allerdings ist wohl keine derartige Präferenzregel ohne Ausnahme: Westaustronesische Sprachen bevorzugen die Relativierung von Subjekt und Possessor.

4.7 Elliptische Ausdrücke

Bisher haben wir uns mit vollständigen und wohlgeformten Sätzen beschäftigt. Aber im Alltag haben wir es häufig mit davon abweichenden Strukturen zu tun. Man gehe nur an einem Kiosk vorbei und lese in Balkenlettern eine Schlagzeile wie ⟨Von U-Bahn-Tür geköpft!⟩ Der weiter unten stehende Krimi hat den Titel ⟨Tagebuch eines grell karierten Anzugs⟩, und wenn man zu lange die plakativen Sprachmuster studiert, kommt man eventuell zu der Erkenntnis ⟨Na toll!⟩, die vielleicht mit dem Ausruf ⟨Weitergehen!⟩ quittiert wird. Solche Texte bzw. Äußerungen sind verkürzt und/oder durch Auslassungen gekennzeichnet; man bezeichnet sie als ELLIPSEN. Das Verständnis solcher Ellipsen ergibt sich aus dem Kontext. Überschriften, Schlagzeilen etc. sind text- und genrespezifisch erklärbar, ⟨Weitergehen!⟩ ist eine Handlungsaufforderung und ⟨Na toll!⟩ ein expressiver Ausruf. Neben diesen Ellipsentypen, die aus einem Text- oder situativen Kontext heraus ihre volle Bedeutung gewinnen, gibt es elliptische Ausdrücke, die vom sprachlichen Kontext abhängen. Zu diesen Kontextellipsen gehören Koordinationsellipsen und Adjazenzellipsen. Koordinationsellipsen sind durch Auslassung identischer Teile innerhalb von Koordinationen gekennzeichnet. Klassischer Fall ist die so genannte NULL-ANAPHER. Man vergleiche zunächst die folgenden Beispiele:

Evi war beim Konzert, und sie hat Jutta getroffen.
Evi war beim Konzert und Ø hat Jutta getroffen.

4.7 Elliptische Ausdrücke

Das Pronomen ⟨sie⟩ verweist auf ⟨Evi⟩ zurück, es hat eine anaphorische (rückverweisende) Funktion. Da das Pronomen getilgt werden kann und praktisch eine Nullstelle entsteht, wird diese Nullstelle als NULL-ANAPHER bezeichnet, denn man schließt aus dem Vordersatz, dass ⟨Evi⟩ Subjekt des zweiten Satzes ist.

Manche Auslassungen sind nur in Abhängigkeit von einer Vorgängeräußerung zu verstehen, so z. B. bei der auf das erfragte Satzglied reduzierten minimalen Antwort auf eine Frage. Eine solche Adjazenzellipse bietet das folgende Beispiel: ⟨Was schreiben Norbert und Wolfgang? – Ein Buch⟩. Die Sequenz ⟨Ein Buch⟩ kann nur im Hinblick auf die vorangehende Frage sinnvoll interpretiert werden. Eine vollständige Antwort wäre ⟨Norbert und Wolfgang schreiben ein Buch⟩, aber aufgrund der Vorgängeräußerung können die thematisch bekannten Teile weggelassen werden.

Das folgende Beispiel aus dem Chinesischen zeigt die Verbindung von Adjazenz- und Koordinationsellipsen, wodurch der einmal als Thema festgelegte Mitspieler über eine längere Textpassage weggelassen werden kann. In der Antwort auf die Frage werden die Subjekt-Mitspieler durch kein einziges Pronomen angezeigt:

Nǐmen   dǎsuàn   zuò   shénme   ne?
ihr   *beabsichtig*   *mach*   *was*   P<small>ART</small>
Was wollt ihr unternehmen?

Xià   ché   yǐhòu,   xiān   dào   Dàhuá
aussteig   *Fahrzeug*   *danach*   *zuerst*   *ankomm*   ⟨*Name*⟩
Fàndiàn,   xiūxi   yíhuìr,   chī   le   wǔ   fàn,
Hotel   *bleib*   *eine∗Weile*   *ess*   P<small>ART</small>   *mittag*   *Essen*
jiù   qù   kāi   huì   sàn   le   huì,
dann   *geh*   *öffn*   *Treffen*   *end*   P<small>ART</small>   *Treffen*
méi   shì   le   kěyi   dào   hú   biān,
nicht   *Sache*   P<small>ART</small>   *könn*   *geh*   *See*   *Seite*
kàn   kan   huòzhě   gù   yí   tiáo   chuán   huá   hua.
seh   *seh*   *oder*   *miet*   *ein*   K<small>L</small>   *Boot*   *ruder*   *ruder*
Wenn (wir) aus dem Zug steigen, gehen (wir) zuerst ins Hotel Dahua. Wenn (wir) dann zu Abend gegessen haben, werden (wir) an der Versammlung teilnehmen. Ist die Versammlung zu Ende, dann haben (wir) nichts mehr zu tun und können zum See gehen und (uns) umsehen oder ein Ruderboot mieten.

Wann welche Teile genau weggelassen werden können, ist ein weites Feld. Neben strukturellen Fragen, die offen bleiben, gilt ein besonderes Interesse dem tatsächlichen Gebrauch (nicht nur) elliptischer Ausdrücke. All dies ist Gegenstand der so genannten funktionalen Syntax. Einige der hier angesprochenen Fragen werden wir später im Kapitel Pragmatik wiederaufnehmen.

4.8 Zusammenfassung

Wir haben uns in diesem Kapitel damit beschäftigt, wie aus kleinen Einheiten (Morphemen, Wörtern) komplexere Strukturen (Phrasen, Sätze) aufgebaut werden. Nach dem Prinzip der Konstituenz und Dependenz konnten sprachliche Einheiten zerlegt, hierarchisch angeordnet und in Form einer Konstituentenstruktur dargestellt werden. Einen besonderen Stellenwert für den Aufbau von Sätzen wurde dem Verb mit seinen Valenzeigenschaften zugewiesen. Syntaktische Funktionen wie Objekt und Subjekt als Ergänzungen zum Verb, Transitivität und Intransitivität wurden über das Valenzkonzept motiviert. Dabei spielt die Kasuszuweisung und die damit verbundene Markierung von Mitspielern des Verbs eine wichtige Rolle. Neben der morphologischen Markierung von Elementen sind deren positionelle Anordnung von Bedeutung. Während in morphologisch reichhaltigen Sprachen die Wort- und Satzgliedstellung relativ flexibel sein kann, trägt sie vor allem in isolierenden Sprachen wesentlich zum funktionalen Aufbau bei.

Ausgehend vom einfachen Satz mit seinen nominal- und verbalbezogenen Adjunkten haben wir in einem zweiten Schritt komplexe Sätze und deren Aufbau behandelt. Bei der konjunktionalen Verknüpfung sind koordinierte und subordinierte Strukturen zu unterscheiden. Subordinierte Sätze treten funktional als Komplement- oder Adjunktsätze auf. Während durch Satzverknüpfungen eine erhebliche Komplexitätssteigerung erreicht werden kann, führen Ellipsen zu einer Reduktion von Komplexität.

Neben der – im engeren Sinne – ›reinen‹ Syntax sind auch Faktoren wie Akzentuierung, semantische Rollen, Definitheit, Merkmalshierarchien, Thema-Rhema-Strukturen sowie der situative Kontext für die syntaktische Analyse wichtig.

Ausgewählte Literatur: Altmann (1981), Comrie (1981), Dürscheid (2003), Engel (1988), Eisenberg (2004b), Foley & van Valin (1984), Givón (1984/1990), Lutzeier (1991), Schlobinski (1993).

4.9 Übungsaufgaben

1. Deutsch

Verben wie ⟨arbeiten⟩ und ⟨kommen⟩ sind einstellig, da sie jeweils eine Subjektergänzung nehmen und kein direktes Objekt haben.

☛ Warum werden Verben wie ⟨arbeiten⟩, ⟨gehen⟩, ⟨lachen⟩ als Agens-Verben und solche wie ⟨sterben⟩, ⟨bleiben⟩, als Thema-Verben bezeichnet?
☛ Welche morphosyntaktischen Unterschiede bestehen zwischen den beiden Klassen der intransitiven Verben?

1. Es wurde lange Zeit gearbeitet.
2. Sie sind gekommen.
3. Andrej und Simone haben geschrieben und gelacht.
4. Die Schreiber sind eine Woche geblieben.
5. Das geschriebene Manuskript ist überarbeitet worden.

2. Deutsch

☛ Stellen Sie folgende Attributkonstruktionen als Baumgraphen dar:

1. das gut geschriebene Buch
2. das gute, geschriebene Manuskript
3. das von ihm geschriebene Buch
4. der neue Präsident der Vereinigten Staaten von Amerika

3. Deutsch

In »Alice's Adventures in Wonderland« ist Folgendes zu lesen (Carroll 1970: 47):
«‹ ... and even Stigand, the patriotic archbishop of Canterbury, found it advisable ... › ‹Found *what*?› said the Duck. ‹Found *it*,› the Mouse replied rather crossly: ‹of course you know what 'it' means.› ‹I know what 'it' means well enough, when *I* find a thing,› said the Duck: ‹it's generally a frog or a worm. The question is, what did the archbishop find?›»

☛ Wissen Sie, was ⟨es⟩ alles bedeutet? – Bestimmen sie in den folgenden Beispielsätzen die (syntaktischen) Funktionen von ⟨es⟩.

1a (Wo liegt das Buch?) Es liegt auf dem Tisch.
1b (Wann bekomme ich endlich das Übungsbuch?) Ich brauche es dringend.
2a Es hat sich gestern ein Arbeitsunfall ereignet.
2b Es wurde bis in den Morgen gearbeitet.
3a Es tagt bereits.
3b Die Aufgaben haben es mir angetan.

4. Deutsch

Gegeben sei die folgende Liste von Wörtern: ⟨auf⟩, ⟨dem⟩, ⟨die⟩, ⟨gern⟩, ⟨Katze⟩, ⟨schläft⟩, ⟨Sofa⟩.

☛ Ordnen sie die Wörter in einer syntaktisch zulässigen Weise, so dass grammatisch korrekte Sätze entstehen. Mindestens einer der so gebildeten Sätze ist mehrdeutig. Worin ist die Mehrdeutigkeit begründet?

5. Deutsch

Gegeben seien die Sätze:

1. Der Mann schlägt den Hund.
2. Der Hund stirbt.

1. Spiegelung. Stellen Sie sich vor, Sie sollten die obigen Sätze an eine Ergativsprache anpassen.

☛ Wie würden die Sätze lauten, wenn Ergativ = Nominativ und Absolutiv = Akkusativ wären?

2. Spiegelung. Stellen Sie sich vor, die auf diese Weise gespiegelte ›Ergativsprache Deutsch‹ sei eine Nominativ-Akkusativsprache mit Absolutiv = Nominativ und Ergativ = Akkusativ.

☛ Wie lauten die Sätze nun?

6. Tsimshian

Das Küsten-Tsimshian (oder Sm'algyax) hat noch etwa 500 Sprecher und schließt sich im Norden British Columbias an das Verbreitungsgebiet der Wakash-Sprachen an. Es gehört einer anderen Sprachfamilie an als die benachbarten Sprachen und unterscheidet sich typologisch auch von diesen; allerdings haben sich in der Region, in der die Sprachen vorkommen, zahlreiche gemeinsame Merkmale entwickelt, vor allem in kultureller, aber auch in sprachlicher Hinsicht.

Hinweis: Auslautendes ⟨u⟩ ist das Pronominalsuffix ⟨-u⟩ ›erste Person Singular‹. Das Morphem ⟨yagwa⟩ kennzeichnet Verlaufsformen und bedeutet ›im Vorgang befindlich, Präsens‹. Auslautendes ⟨-m⟩ verbindet bei Nomina ein modifizierendes Element mit dem Grundwort und bei Verbkonstruktionen den verbalen Kern mit dem inkorporierten nominalen Objekt. In Satz 9 und 10 ist der Verbstamm ⟨dzam⟩ als *⟨dzam-m⟩, in Satz 13 als ⟨u-m⟩ und in Satz 14 als ⟨suwilinsk-m⟩ (mit eingefügtem ⟨a⟩) aufzufassen. In der Orthographie ist ⟨y⟩ = /j/ und Doppelschreibung von Vokalen zeigt Vokallänge an ⟨VV⟩ = /V:/.

☛ Wie wird das Konzept ›essen‹ ausgedrückt?
☛ Unterscheidet sich diese Bildung von der Inkorporierung des (direkten) Objekts?
☛ Welchen Status haben Nominalphrasen (hier nur durch Modifikator + Kern vertreten) bei den nachstehenden Verbindungen?

4.9 Übungsaufgaben

1. hoon — *Fisch (insbesondere Lachs)*
2. Yagwa xhoonu. — *Ich esse gerade Fisch.*
3. maguul — *Erdbeeren*
4. Yagwa xmaguulu. — *Ich esse gerade Erdbeeren.*
5. wan — *Hirsch*
6. sami — *Fleisch*
7. samim wan — *Hirschfleisch*
8. Yagwa xsamim wanu. — *Ich esse gerade Hirschfleisch.*
9. Yagwa dzam samim wanu. — *Ich koche gerade Hirschfleisch.*
10. Yagwa dzam hoonu. — *Ich koche gerade Fisch.*
11. Yagwa um hoonu. — *Ich fische gerade.*
12. Yagwa um txawu. — *Ich fische Heilbutt.*
13. Yagwa suwilinskam matiyu. — *Ich jage gerade Bergziegen.*
14. Yagwa suwilinskam wanu. — *Ich jage gerade Hirsche.*

Zusätzliche Sätze mit nicht inkorporiertem Objekt:

15. Niidzu hoon. — *Ich sehe einen Fisch.*
16. Niidzu wan. — *Ich sehe einen Hirsch.*

In einer anderen praktischen Orthographie des Tsimshian würden einige Sätze abweichend getrennt werden.

☞ Diskutieren Sie Vor- und Nachteile der jeweiligen Trennung, vor allem in Hinblick auf eventuelle Inkonsistenzen der einen oder der anderen Schreibung.

8a Yagwa xsamimwanu.
9a Yagwa dzamsamimwanu.
10a Yagwa dzamhoonu.
11a Yagwa umhoonu.
12a Yagwa umtxawu.
13a Yagwa suwilinskammatiyu.
14a Yagwa suwilinskamwanu.

7. Englisch

Im logischen Sinne ist die Konjunktion ⟨and⟩ symmetrisch: p & q = q & p. Die Oberflächenstruktur einer Sequenz wie ⟨Brown & Levinson⟩ ist daher offensichtlich:

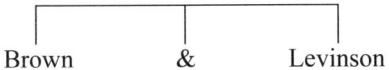

Man könnte sich aber auch folgende Strukturen denken:

So könnte die Nennung auf dem Firmenschild ⟨Brown & Levinson Ltd.⟩ in ihrer Struktur rechts- oder linksverzweigt dargestellt werden, je nachdem, wer 90 % der Aktien hält. In der natürlichen Sprache drückt die Konjunktion ⟨and⟩ oft asymmetrische Relationen aus.

☛ Vergleichen Sie die folgenden Beispielsätze und geben Sie die Ursachen für die Asymmetrien an.

1a He plays the flute and she plays the clarinet.
1b She plays the clarinet and he plays the flute.
2a He got drunk and crashed the car.
2b He crashed the car and got drunk.
3a Afghanistan, and Soviet troops have occupied Kabal.
3b *Soviet troops have occupied Kabal, and Afghanistan.
4a Do that again and I'll hit you.
4b *I'll hit you and do that again.

8. Hausa

Hausa wird im Norden Nigerias und in Niger von etwa 25 Millionen Menschen gesprochen. Durch Hausa sprechende Händler etc. hat die Sprache in den Städten Westafrikas eine weit über das eigentliche Sprachgebiet hinausgehende sekundäre Verbreitung erhalten. Hausa ist eine Tonsprache. Im Hausa werden nicht die Verben, sondern die Pronomina flektiert, wobei der Wechsel zwischen /náː/ und /ná/ bzw. /jáː/ und /já/ syntaktisch bedingt ist.

Hinweise: Die z. T. auftretenden Tonveränderungen sollten bei der Lösung vernachlässigt werden. Obwohl es im Hausa keine Verbflexion gibt, wechselt der vokalische Auslaut der Verben.

☛ Unter welchen Bedingungen tritt dieser Vokalwechsel auf?

1. já: kò:rí   bìrái   dà   jáwà:
   er/Verg wegjagen Affen   mit   viele
   Er jagte viele Affen weg.

2. já: kò:ré: sù   jâu
   er/Verg wegjagen sie(Pl) heute
   Er jagte sie heute weg.

3. ɗíjà   má   já   kò:rá:
   gestern auch   er/Verg   wegjagen
   Er hat sie auch gestern weggejagt.

4. ná: tàmbájà: jáddà   zá à   jí   ʃì
   ich/Verg fragen   wie   er/Fut machen es
   Ich fragte, wie man es macht.

5. ná: tàmbàjí   má:làm
   ich/Verg fragen   Lehrer
   Ich fragte den Lehrer.

4.9 Übungsaufgaben

6. sún   tàmbàjé: ʃì   ʤíjà
   sie(Pl)/Verg fragen ihn gestern
   Sie fragten ihn gestern.

7. ná: kó:rà: másà   áwá:kí:
   ich/Verg wegjagen ihm Ziegen
   Ich jagte die Ziegen für ihn weg.

8. ná: ɗàukí   dú:tsè:
   ich/Verg nehmen Stein
   Ich nahm einen Stein.

9. já: ɗàuké: ʃì   zúwà: kà:sú:wá:
   er/Verg nehmen es zu Markt
   Er trug es zum Markt.

10. já: támbàjá: mínì   má:làm
    er/Verg fragen für mich Lehrer
    Er fragte den Lehrer für mich.

11. ʃí: nè: ná   ʤè:fá:
    ihn Fok ich/Verg bewerfen
    Er war's, den ich mit Steinen bewarf.

12. ʃí: nè: ná   kò:rá: yâu
    ihn Fok ich/Verg wegjagen gestern
    Er war's, den ich gestern wegjagte.

13. ná: ʤè:fí   bírì: dà   dú:ts'è:
    ich/Verg bewerfen Affe mit Stein
    Ich bewarf den Affen mit einem Stein.

14. wà:né: nè: ká   ʤè:fá: dà   dú:ts'è:
    wen Fok du/Verg bewerfen mit Stein
    Wen hast du mit einem Stein beworfen?

15. dà   mè: ká   ʤè:fé: ʃì
    mit was du/Verg bewerfen ihn
    Womit hast du ihn beworfen?

9. Isländisch

Das Isländische ist eine germanische Sprache, deren Morphosyntax sich seit dem 9. Jahrhundert nur wenig geändert hat, weshalb viele Isländer noch heute die alten Sagas lesen können. Das Isländische hat heute etwa eine Viertelmillion Sprecher. Interessanterweise ist die Wortstellung des Deutschen der des Isländischen sehr ähnlich. ⟨þ⟩ steht für /θ/.

☞ Beschreiben Sie die Grundwortstellung im Isländischen anhand der Beispiele, in denen die Verbformen und Umlautungsprozesse nicht weiter analysiert sind.

1. Nú   rignir.
   jetzt   regnet
   Es regnet.
2. Góði   maður-in   gaf   honum   bók-ina.
   gut/Nom Mann-Art/Nom   gab   er/Dat   Buch-Art/Akk
   Der gute Mann gab ihm das Buch.
3. Honum   gaf   ég   fagra   bók-ina.
   er/Dat   gab   ich/Nom   schön/Akk   Buch-Art/Akk
   Ihm gab ich das schöne Buch.
4. Bók-ina   gaf   ég   honum.
   Buch-Art/Akk   gab   ich/Nom   er/Dat
   Das Buch gab ich ihm.
5. Komdu   með   bók-ina   Þína.
   bring! mit   Buch-Art/Akk   dein/Akk
   Bring dein Buch mit!
6. Guðmundur   kenndi   honum   reglu-na.
   Gudmund/Nom   beibrachte   er/Dat   Regel-Art/Akk
   Gudmund brachte ihm die Regel bei.
7. Oddur   hefur   oft   rænt   bændur-na   kindu-num   Þeirra.
   Odd/Nom   hat   oft   beraubt   Bauern-Art/Akk   Schafe-Art/Dat   ihr/Gen
   Oddur hat die Bauern oft ihrer Schafe beraubt.
8. Þó að   ég   gæfi   honum   bók-ina
   obwohl   ich/Nom   gab/Konj   er/Dat   Buch-Art/Akk
   væri   hann   ekki   ánægdur.
   war/Konj   er/Nom   nicht   zufrieden
   Obwohl ich ihm das Buch gab, war er nicht zufrieden.

10. Yoruba

Yoruba wird von etwa 15 Millionen Menschen im Westen Nigerias und in den angrenzenden Gebieten Dahomeys gesprochen. Neben der offiziellen Landessprache Englisch ist Yoruba die zweite Landessprache Nigerias. Es gibt eine fest etablierte Orthographie, die für Zeitungen und Buchpublikationen in der Sprache Verwendung findet; sie wurde in den folgenden Beispielen beibehalten: ⟨n⟩ nach Vokal = Nasalvokal, ⟨j⟩ = /ʤ/ ~ /ʝ/, ⟨y⟩ = /j/, ⟨ẹ⟩ = /ɛ/, ⟨ọ⟩ = /ɔ/; Mittelton ist unbezeichnet.

☛ Beschreiben Sie die Systematik der Fokussierung.

1. Mo   fún   Àjàyí   ní   ìwé.   *Ich gab Ajayi ein Buch*
   ich geben   ⟨Name⟩   Lok   Buch
2. Ìwé ni mo fún Àjàyí.   *Ich gab Ajayi* ein Buch.
3. Àjàyí ni mo fún ní ìwé.   *Ich gab* Ajayi *ein Buch.*
4. Èmi ni ó fún Àjàyí ní ìwé.   *Ich gab Ajayi ein Buch.*
   ich∗Fok er

5. Òjó   ń-kọ   lẹ́tà   nísisìyìí.   *Ojo schreibt jetzt einen Brief.*
   ⟨Name⟩ Habitual-schreiben Brief jetzt
6. Òjó ni ó ń-kọ lẹ́tà nísisìyìí.   Ojo *schreibt jetzt einen Brief.*
7. Lẹ́tà ni Òjó ń-kọ nísisìyìí.   *Ojo schreibt jetzt* einen Brief.
8. Nísisìyìí ni Òjó ń-kọ lẹ́tà.   *Ojo schreibt* jetzt *einen Brief.*
9. Olú   jẹ́   akẹ́kọ̀.   *Olu ist Student.*
   ⟨Name⟩ sein   Student
10. Akẹ́kọ̀ ni Olú.   *Olu ist* Student.

11. Deutsch

☞ Welche syntaktischen Unterschiede bestehen zwischen den folgenden Sätzen?

1. Der Lehrer sagt, Hänschen beherrscht die Kommaregeln nicht.
2. Der Lehrer, sagt Hänschen, beherrscht die Kommaregeln nicht.
3. Die Kommaregeln werden von Hänschen nicht beherrscht, sagt der Lehrer.
4. Hänschen sagt, die Kommaregeln werden vom Lehrer nicht beherrscht.

12. Deutsch

☞ Handelt es sich bei den folgenden Sätzen um Passivsätze?

1. Er kriegt ein Buch.
2. Er kriegt ein Buch geschenkt.
3. Er kriegt ein Buch von Michael geschenkt.
4. Er kriegt eine Aufgabe zu lösen.
5. Er kriegt eine Aufgabe gelöst.
6. Schließlich kriege ich doch noch ein Buch von Michael.
7. Schließlich kriegte ich doch noch ein Buch für Michael.

13. Deutsch

Bei den folgenden Beispielen handelt es sich um Fragen, die mit W-Wörtern (⟨was⟩, ⟨wer⟩, ⟨wenn⟩, ...) gebildet werden; man achte auf die Fokussierung durch Akzentsetzung (').

☞ Welche Unterschiede bestehen syntaktisch zwischen W-Fragen und W-Echofragen?
☞ Warum ist Satz 7 ungrammatisch?
☞ Unter welchen Bedingungen sind Echofragen möglich?

W-Fragen
1. 'Wann hat Peter das Buch geschrieben?
2. *Hat Peter wann das Buch geschrieben?

W-Echofragen
3. Wer 'wann das Buch geschrieben hat?

4. ˈWann Peter das Buch geschrieben hat?
5. Wann Peter das ˈBuch geschrieben hat?
6. Wer wann ˈwas geschrieben hat?
7. *ˈWer wann das Buch geschrieben hat?

14. Hopi

Das Hopi ist eine im nördlichen Arizona gesprochene, zur uto-aztekischen Sprachfamilie zählende Sprache. Es wird von etwa 5000 Personen gesprochen. Das Hopi gelangte zu einer gewissen Bekanntheit, da Benjamin Lee Whorf vor allem an dieser Sprache sein sprachliches ›Relativitätsprinzip‹ zu erläutern versuchte.

☛ Beschreiben Sie die Bildung der Konditionalsätze und achten Sie dabei auf die Verbmarkierungen.

1. pam   nimeʔ   itsivɨtini
   er/Subj   nach∗Hause∗gehen   sich∗ärgern/Fut
   Wenn er₁ nach Hause geht, wird er₁ sich ärgern.

2. pam   nimeʔ   haːlajni
   er/Subj   nach∗Hause∗gehen   sich∗freuen/Fut
   Wenn er₁ nach Hause geht, wird er₁ sich freuen.

3. pam   nimaq   nɨʔ   haːlajni
   er/Subj   nach∗Hause∗gehen   ich/Subj   sich∗freuen/Fut
   Wenn er nach Hause geht, werde ich mich freuen.

4. pam   nimaq   pam   itsivɨtini
   er/Subj   nach∗Hause∗gehen   er/Subj   sich∗ärgern/Fut
   Wenn er₁ nach Hause geht, wird er₂ sich ärgern.

5. ɨm   tumalaʔtaq   nɨʔ   tawlawni
   du/Subj   arbeiten   ich/Subj   singen/Fut
   Wenn du arbeitest, werde ich singen.

6. ɨm   tɨːtɨjteʔ   mokni
   du/Subj   erkranken   sterben/Fut
   Wenn du erkrankst, wirst du sterben.

7. nɨʔ   pɨt   tiweʔ   waːjani
   ich/Subj   er/Akk   sehen   wegrennen/Fut
   Wenn ich ihn sehe, werde ich wegrennen.

8. itam   naː-tɨweʔ   pɨʔ   waːjani
   wir/Subj   Reflexiv-sehen   dann   wegrennen/Fut
   Wenn wir einander sehen, dann werden wir wegrennen.

9. pam   nɨj   tɨwaq   pɨʔ   nɨʔ   waːjani
   er/Subj   ich/Akk   sehen   dann   ich/Subj   wegrennen/Fut
   Wenn er mich sieht, dann werde ich wegrennen.

15. Deutsch/Bairisch

☛ Bestimmen Sie die (syntaktischen) Eigenschaften von ⟨weil⟩ und ⟨denn⟩.
1. A: Warum kommst du nicht?
   B: Weil (?da/*denn) es regnet.
2. Da (??weil/*denn) die Heizungsröhren geplatzt sind, hat es Frost gegeben.
3. Die Heizungsröhren sind geplatzt, weil (da/*denn) es Frost gegeben hat.
4. Aber das hat er dann aufgehört –, weil er ist ja immer noch verschlossener geworden.
5. »Und der Seelenhirt schaut wieder zu, weil er predigt nur, und wies gemacht werden soll, weiß er nicht.« (Aus: Bertholt Brecht, *Mutter Courage*)
6. »Das gibt Kraft und Vitamine. Man muss immer ein Zucker habn. Weil die Fettn und das fehlt dir ja im Essn.« (Aus: Franz Xaver Kroetz, *Dolomitenstadt Lienz*)
7. I hoab koan Hunga ned, weil i hab schon was gessn.

16. Deutsch

Wir haben dass-Sätze behandelt, die von einem Verb wie z. B. ⟨wissen⟩ oder ⟨glauben⟩ über die Subjekt- bzw. Objektfunktion abhängen. Neben diesen eingebetteten dass-Sätzen gibt es auch solche, die nicht-eingebettet sind. In dem folgenden Diskursausschnitt, der den Prototyp einer klientenzentrierten Therapie repräsentiert, findet sich eine Häufung von nicht-eingebetteten dass-Sätzen.

☛ Um welche elliptischen Konstruktionen handelt es sich und wie lassen sich diese erklären? T = Therapeut (männlich), K = Klientin (weiblich)

T_1: Ist es so, dass Sie immer das Gefühl haben bei diesen Dingen, dass sie da niemals so eine, eine Anerkennung voll akzeptieren können.
K_1: Ja. Kann ich nicht. Auch bei Jochen nicht. Obwohl ich's da vielleicht am ehesten noch kann. Und ich bin deshalb
T_2:   Hm.
K_1: auch so unheimlich äh ich bin richtig begierig auf Anerkennung, weil, ich bekomme Anerkennung, ich bekomme
T_3:   Hm.
K_1: vielleicht genauso viel wie andere und das würde völlig ausreichen, aber es reicht nicht aus, weil ich sie immer
T_4:   Hm.
K_1: zunichte mache, und deshalb möchte ich wieder neue, und ich kann eigentlich genug Anerkennung kriegen (.)
T_5: Hm. Dass Sie immer das Gefühl haben, irgendwie bleibt das unvollständig und - es ist eben noch so (..) in irgendeiner Weise bei der ganzen Sache ein Stachel des Zweifels drin.
K_2: Ja, und vor allen Dingen, es ist so verkehrt, ich meine, wenn mich jemand jetzt im Moment mag, sollte ich das momentan nehmen, ich sollte sagen ›prima, ich freu

mich darüber‹, und und wenn er tatsächlich also, weiß ich, in
T_6:   Hm.
K_2: zwei Monaten oder so mich nich mehr so nett findet, ja, dann ist das eben seine Sache oder dann ist das dann
T_7:   Hm.
K_2: ist das einfach so das, was oft passiert und wie es vielen vielleicht passiert.
T_8: Ja, dass sie daran leiden, dass Sie das nicht so voll akzeptieren können, dass Sie das
K_3: Ja, ich leide sehr darunter (..) ja, darum, ich meine, wenn ich, wenn ich 'n bisschen selbstsicherer wäre, würd
T_9:   Hm.
K_3: ich auch viel öfter ganz anders handeln und so bin ich
T_{10}:   Hm.
K_3: eben so unsicher.
T_{11}:Ach ja, dass Sie das Gefühl ham, alles das ist in irgendeiner Weise Ihnen hinderlich, sich so zu entfalten ----
K_4: Ja, Das ist also (..) meine, meine Zweifel und diese Unsicherheit und dieses (.) eigentlich doch wieder etwas Pessimistische, was da zum Ausdruck kommt, dass mich das
T_{12}:   Hm.
K_4: doch eben sehr hindert äh meine Entwicklung voranzutreiben und und und äh auch irgendwo viel
T_{13}:   Hm.
K_4: im Leben zu sein.

17. T'in

T'in bezeichnet eine Dialektgruppe innerhalb der Mon-Khmer-Sprachen und wird in Thailand und Laos von etwa 25 000 Menschen gesprochen. Die Dialektgruppe hat die beiden Hauptzweige Mal und Pray. Während Mal eine Dialektgruppe mit klar differenzierten Einzeldialekten ist, fließen die Grenzen der Pray-Dialekte ineinander. Die folgenden Daten entstammen einem Mal-Dialekt.

☛ Beschreiben Sie die Struktur der Nominalphrase.

1. sɔc   ʔi:bun   tʰo:n   suʔ
   Fleisch Boon   kaufen   verdorben
   Das Fleisch, das Frau Boon kaufte, ist verdorben.

2. siŋ   bakɛ:w   tʰo:n   piaʌ   naŋ   pəl
   Schwein Kaew   kaufen   zwei   KL   starb
   Die zwei Schweine, die Herr Kaew kaufte, starben.

3. siŋ   bakɛ:w   tʰo:n   piaʌ   naŋ   ʔe:n   pəl
   Schwein Kaew   kaufen   zwei   KL   diese   starb
   Diese zwei Schweine, die Herr Kaew kaufte, starben.

4. ʔiaʌ   kluak   bakɛːw   tʰoːn   pəl
   Hühner weiß Kaew kaufen starb
   Die weißen Hühner, die Herr Kaew kaufte, starben.

5. ʔiaʌ   kluak   ʔəɲ   bakɛːw   tʰoːn   pəl
   Hühner weiß ich Kaew kaufen starb
   Meine weißen Hühner, die Herr Kaew kaufte, starben.

18. Dyirbal*

Dyirbal ist eine in North Queensland gesprochene australische Sprache. Sie wird noch von etwa 30 älteren Personen fließend gesprochen, von jüngeren nur noch gebrochen. Mit dem Erscheinen von Dixons Grammatik im Jahre 1972 rückte das Dyirbal ins Blickfeld des linguistischen Interesses. Insbesondere Dixons Versuch, der Syntax eine ergative Tiefenstruktur zugrunde zu legen, war in den folgenden Jahren umstritten und löste eine anhaltende Diskussion über Ergativität aus.

Hinweis: Die Sätze 5 bis 7 stellen kein authentisches Sprachmaterial dar, sondern wurden durch Austausch von Nomina in Analogie zu gleichartigen Sätzen bei Dixon gebildet. Bei Satz 7 ist zu beachten, dass die Kasusmarkierungen für Ergativ und Instrumental identisch sind. /-ɲu/ und /-n/ sind Allomorphe des Tempussuffixes ›Nonfutur‹.

☞ Vergleichen Sie die syntaktischen Kasusmarkierungen der transitiven Satzes im Dyirbal mit denen der deutschen Übersetzung.
☞ Wie unterscheiden sich die Sätze 2 und 3 von den Relativsätzen in 6 und 7? Welche Funktion hat dabei das Suffix /-ŋa(j)/?

1. balan   ḏugumbil   ɲina-ɲu
   Art/Abs Frau/Abs sich∗setzen-Nonfutur
   Die Frau setzt sich.

2. balan   ḏugumbil   baŋgul   jaraŋgu   bura-n
   Art/Abs Frau/Abs Art/Erg Mann/Erg sehen-Nonfutur
   Der Mann sieht/sah die Frau.

3. baji   jara   baŋgun   ḏugumbiṟu   bura-n
   Art/Abs Mann/Abs Art/Erg Frau/Erg sehen-Nonfutur
   Die Frau sieht/sah den Mann.

4. baŋgul   jaraŋgu   balan   ḏugumbil   ɲina-ɲu   bura-n
   Art/Erg Mann/Erg Art/Abs Frau/Abs sich∗setzen-Rel/Abs sehen-Nonfutur
   Der Mann sah die Frau, die sich setzt.

5. baji   jara   baŋgun   ḏugumbiṟu   ɲina-ɲuru   bura-n
   Art/Abs Mann/Abs Art/Erg Frau/Erg sich∗setzen-Rel/Erg sehen-Nonfutur
   Die Frau, die sich setzt, sah den Mann.

6. balan   ḏugumbil   baŋgul   jaraŋgu   bura-ŋu   ɲina-ɲu
   Art/Abs Frau/Abs Art/Erg Mann/Erg sehen-Rel/Abs sich∗setzen-Nonfutur
   Die Frau, die der Mann sah, setzt sich.

7. balan   ḏugumbil   baŋgul   jaraŋgu
   Art/Abs Frau/Abs   Art/Ins   Mann/Ins
   bura-ŋa-ɲu   ɲina-ɲu
   sehen-Antipassiv-Rel/Abs sich∗setzen-Nonfutur
   Die Frau, die den Mann sah, setzt sich.

19. Klassisches Chinesisch*

Der folgende Dialog entstammt einem der taoistischen Klassiker, dem »Wahren Buch vom südlichen Blumenland« des Zhuang Zi, eines Philosophen, der im vierten Jahrhundert vor Christus lebte. Diese Zeit war nicht nur in Griechenland die Blütezeit der klassischen Philosophie, sondern auch in China. Viele verschiedene philosophische Richtungen stritten miteinander; im nachfolgenden Textauszug wird, wenn auch nicht sehr deutlich, der chinesische Sophismus in seinem Vertreter Hui Zi angegriffen. Man sollte im Folgenden jedoch nicht den Skeptizismus und Relativismus der Taoisten zum Vorbild nehmen, »Unser Leben ist endlich, das Wissen hingegen unendlich. Mit endlichen Mitteln dem Unendlichen nachzugehen, ist gefährlich. Darum bringt man sich nur in Gefahr, wenn man sein Selbst einsetzt, um zu Erkenntnis zu gelangen«, sondern es lieber mit den erfolgreicheren Gegenspielern halten, den Konfuzianern, deren Philosophie China über zwei Jahrtausende bestimmt hat: »Lernen und stets das Gelernte üben, bringt nicht auch das Zufriedenheit?«

Hinweis: 之 ⟨zhī⟩ ist eine Partikel mit verschiedenen deiktischen Funktionen. Die Syntax von Satz 5-D ist korpusintern nicht korrekt analysierbar. Bei der Analyse soll das eingeklammerte deiktische ⟨zhī⟩ nicht berücksichtigt werden, das Morphem 全 ⟨quán⟩ soll als nachgestelltes Adverb behandelt werden.

☛ Versuchen Sie, die Syntax des nachfolgenden Text so weit wie möglich zu beschreiben. Achten Sie hierbei vor allem auf die Wortstruktur, die Struktur der Nominalphrase, auf Sätze als Argumente, die Tilgung des Subjekts und die Markierung zeitlicher Bezüge.

1. 庄 Zhuang
   子 Zi
   与 gemeinsam mit
   惠 Hui
   子 Zi
   游 spazierengehen
   于 Lokativ (Ortsangabe folgt)
   豪 Hao (Flussname) ⎫
   梁 Brücke, Wehr   ⎬ Ortsangabe
   之 Part   ⎪
   上 Oberseite   ⎭

2. 庄 Zhuang
   子 Zi
   曰 sagt: (direkte Rede folgt)
   儵 ??? ⎫
   鱼 Fisch ⎬ besondere Fischart
   出 hervorkommen ⎫
   游 schwimmen   ⎪
   从 frei, sorglos ⎬ serielle Verben
   容 bewegen   ⎭
   是 dies ⎫
   鱼 Fisch ⎬ NP
   乐 Freude ⎭
   也 Part: generelle Aussage

4.9 Übungsaufgaben

3.
惠	Hui	
子	Zi	
曰	sagt:	
子	mein Herr (Anrede)	
非	nicht sein	
鱼	Fisch	
安	wie, woher?	
知	kennen	
鱼	Fisch	⎫
之	Part	⎬ NP
乐	Freude	⎭

4.
庄	Zhuang	
子	Zi	
曰	sagt:	
子	mein Herr	
非	nicht sein	
我	ich	
安	wie, woher?	
知	kennen	
我	ich (Subj)	⎫
不	nicht	⎪
知	kennen	⎬ Objektsatz
鱼	Fisch	⎫ ⎪
之	Part	⎬ NP ⎪
乐	Freude	⎭ ⎭

5.
惠	Hui	
子	Zi	
曰	sagt:	
我	Ich	
非	nicht sein	
子	mein Herr	
固	sicherlich	
不	nicht	
知	kennen	
子	mein Herr	
矣	Part: punktuell	
子	mein Herr	
固	sicherlich	
非	nicht sein	
鱼	Fisch	
也	Part: generelle Aussage	
子	mein Herr	
之	Part	
不	nicht	
知	kennen	
鱼	Fisch	⎫
之	Part	⎬ NP
乐	Freude	⎭
全	völlig	
矣	Part: punktuell	

6.
庄	Zhuang	
子	Zi	
曰	sagt:	
请	einladen, bitten	
循	(einem Weg) folgen	
其	sein (Possessiv)	
本	Wurzel (Ausgangspunkt)	
子	mein Herr	
曰	sagen: (Zitat in Zitat folgt)	
女	Du [eigentlich 汝]	
安	wie, woher?	
知	kennen	
鱼	Fisch	
乐	Freude	
云	Part: Zitat Ende	
者	Part: S → N	
既	Part: vorzeitig	
已	Part: schon	
知	kennen	
吾	ich (Subj) [Variante von 我]	
知	kennen	
之	Part: ›es‹ (Obj)	
而	und (satzverknüpfend)	
问	fragen	
我	ich (Obj)	

我　ich (Subj)
知　kennen
之　Part: ›es‹ (Obj)
濠　Kanal   ⎫
上　Oberseite   ⎬ NP
也　Part: generelle Aussage ⎭

Freie Übersetzung:
1. Zhuang Zi und Hui Zi gingen gemeinsam auf dem Wehr des Hao-Flusses spazieren.
2. Zhuang Zi sagte: »Die Fische springen und schwimmen sorglos umher. Dies ist die Freude der Fische.«
3. Hui Zi antwortete: »Sie sind kein Fisch, wie wollen Sie die Freude der Fische kennen?«
4. Zhuang Zi sagte: »Sie sind nicht ich. Wie wollen Sie (also) wissen, dass ich die Freude der Fische nicht kenne?«
5. Hui Zi antwortete: »Ich bin nicht Sie, (daher) kenne ich Sie sicherlich nicht. Dass Sie die Freude der Fische nicht kennen, ist aber (genauso) vollständig (evident).«
6. Zhuang Zi sagte: »Bitte kommen wir zum Ausgangspunkt zurück. Sie sagten, dass ich die Freude der Fische nicht kenne. (Obwohl) Sie bereits wussten, dass ich sie kenne, haben Sie mich (trotzdem) gefragt: Ich kenne sie (aufgrund des Vergnügens) über dem Fluss (spazieren zu gehen).«
[Der letzte Satz ist situationsgebunden sehr verkürzt und kryptisch. Die Interpretation folgt chinesischen Kommentatoren.]

20. Deutsch*

In Grammatiken des Deutschen werden Äquationssätze mit der Kopula ⟨sein⟩, so genannte Kopulasätze, sehr unterschiedlich behandelt. Bei einem Satz wie ⟨Paul ist Schreiner⟩ wird das Argument ⟨Schreiner⟩ von Engel (1988: 196) als ›Nominalergänzung‹, von Eisenberg (1989: 94) als ›Prädikatsnomen‹, von Weinrich (1993: 115ff.) als ›Prädikament‹ und in der »Duden-Grammatik« (1995: 658) als ›Gleichsetzungsnominativ‹ bezeichnet. Analog zur unterschiedlichen Terminologie werden Kopulasätze unterschiedlich analysiert. Strukturbaum (1) gibt die Analyse nach Engel (1988: 187ff.) wieder, (2) die Analyse nach der »Duden-Grammatik« (1984: 615). Strukturbaum (3a) ist der ersten Auflage von Eisenberg (1986: 92) entnommen, (3b) der zweiten Auflage des Werkes (1989: 95).

Hinweis: Die Begründung für die Analyse nach (3b) gegenüber (3a) ist darin zu sehen, dass der Satz ⟨Dass sie schreibt, ist ein Erfolg⟩ möglich ist, aber nicht *⟨Dass sie schreibt, ist ein Buch⟩.

☛ Welche Unterschiede bestehen bei der Analyse von Kopulasätzen in den einzelnen Grammatiken und worin sind diese begründet? (Ziehen Sie ggf. die einzelnen Grammatiken zur Analyse heran.)

4.9 Übungsaufgaben

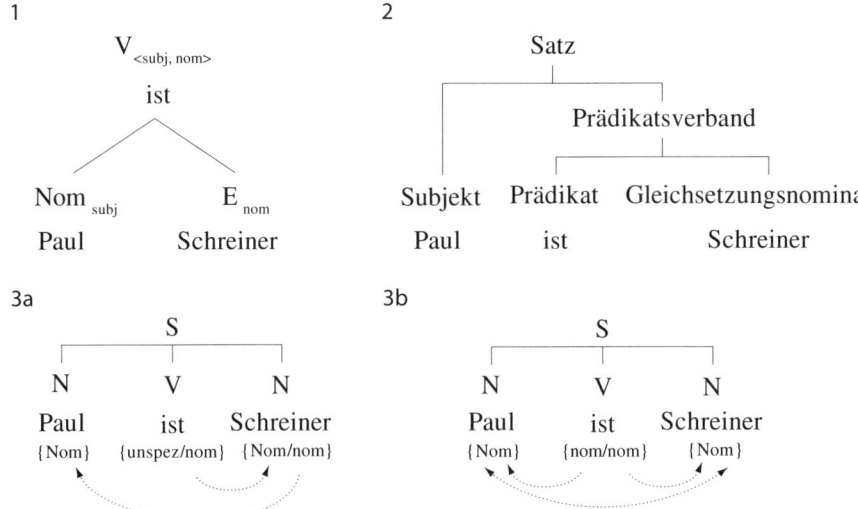

21. Deutsch

☛ Stellen Sie folgende Konstituentenstruktur in Form eines Strukturbaums dar:

[[[die]$_{ART}$[Frau]$_N$]$_{NP}$[[liebt]$_V$[[den]$_{ART}$[Jungen]$_N$]$_{NP}$]$_{VP}$]$_S$

22. Japanisch

☛ Stellen Sie folgende Konstituentenstruktur in Form eines Strukturbaums dar:

[[[watashi]$_N$[wa]$_{PART}$]$_{NP}$[[[gamera]$_N$[ga]$_{PART}$]$_{NP}$[[hoshii]$_{ADJ}$[desu]$_V$]$_{VP}$]$_{VP}$]$_S$

Watashi-wa	gamera-ga	hoshii	desu.
ich-TOP	*Kamera-Subj*	*wünschenswert*	*sein*

Ich möchte eine Kamera.

23. Deutsch

Gegeben sei folgende Grammatik:

(1) S   → NP + VP
(2) VP   → V + NP
(3) NP   → (ART) N
(4) V   → Vst + Präs
(5) N   → Harald, Buch
(6) Vst → verschling
(7) Präs → t
(8) ART → das

☞ Bilden Sie einen korrekten deutschen Satz und stellen Sie diesen als Baumgraphen dar.

24. Deutsch

☞ Erstellen Sie für den folgenden Satz (a) die Konstituentenregeln und (b) den Strukturbaum:

Er braucht einen Schirm, weil es regnet.

25. Deutsch

In dem Satz ⟨Der Astronom beobachtet das grüne Männlein mit dem Teleskop⟩ liegt eine strukturelle Ambiguität (Mehrdeutigkeit) vor.

☞ Geben Sie für beide Lesarten die Konstituentenstrukturbäume und gehen Sie dabei aus von S → NP + VP.

26. Englisch

Ein Aktivsatz kann in einen Passivsatz transformiert werden (vgl. S. 136f.). Vereinfacht liegt für das deutsche Vorgangspassiv folgende Transformation zugrunde: $[NP_1]_{subj}$ $[V]$ $[NP_2]_{do}$ → $[NP_2]_{subj}$ $[werden\ geVt/en]$ ($[von\ NP_2]_{erg}$).

☞ Geben Sie für die folgenden Beispiele die jeweilige Transformationsregel und diskutieren Sie das zugrunde liegende Phänomen.

(1) A woman gave the book to the girl.
    The book was given by the woman to the girl.

(2) He cut the meat with a knife.
    The knife cut the meat.

(3) He kicked the door.
    He gave a kick to the door.

(4) She sprayed the paint on the wall.
    She sprayed the wall with paint.

(5) She promised the car to him.
    She promised him the car.

(6) They hunted the deer.
    They went deer-hunting.

5. Semantik

In den vorangegangenen Kapiteln haben wir uns im Wesentlichen mit den Bausteinen der Sprache und ihren Formseiten beschäftigt sowie mit den Verknüpfungen der Bausteine zu größeren Einheiten. Die ›Nonsense‹-Gedichtzeile ⟨Und die gabben Schweisel frieben⟩ können wir nunmehr analysieren, auch wenn uns die Bedeutung einzelner Wortformen wie ⟨gabben⟩, ⟨Schweisel⟩, ⟨frieben⟩ nicht bekannt ist. Per Analogieschluss werden wir davon ausgehen, dass es sich bei dem Ausdruck um die koordinierende Konjunktion ⟨und⟩ und ein Satzkonjunkt handelt, das aus einer Nominalphrase in Subjektfunktion und einem finiten Verb – möglicherweise mit der Infinitivform ⟨frieben⟩ – besteht:

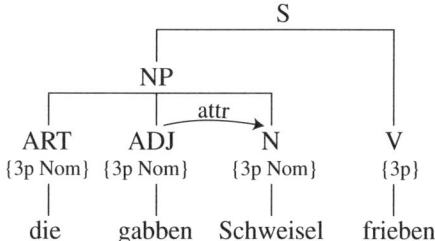

Wir können also fünf Grundformen – ⟨und⟩, ⟨die⟩, ⟨gab⟩, ⟨Schweisel⟩, ⟨frieben⟩ oder ⟨frieben⟩ – annehmen und diese über morphosyntaktische Eigenschaften miteinander in Beziehung setzen. Allerdings wissen wir nicht, was der Satz bedeutet, weil wir die Bedeutung der Wörter ⟨gab⟩, ⟨Schweisel⟩, ⟨frieben⟩ bzw. ⟨frieben⟩ nicht kennen. Denn Wörter verlangen nach einer Formseite und einer Inhaltsseite. Es ist die Aufgabe der Semantik, sich mit der Bedeutung sprachlicher Formen (Wörter, Sätze) zu beschäftigen. Dabei gibt es unterschiedliche Perspektiven bei der Betrachtung: Die Bedeutungslehre oder SEMASIOLOGIE hat die Ausprägungen auf der inhaltlichen Seite für eine vorgegebene Formseite im Auge, die Bezeichnungslehre oder ONOMASIOLOGIE hingegen die Ausprägungen auf der Formebene für eine vorgegebene Inhaltsseite.

Die Semantik ist ein Teilgebiet der SEMIOTIK, der Wissenschaft von den Zeichensystemen aller Art. Die unter linguistischer (Teil-)Perspektive interessierenden sprachlichen Zeichen haben sowohl eine Form- als auch eine Inhaltsseite. Nach Ferdinand de Saussure (siehe den Kasten S. 166), der diese Unterscheidung in die Linguistik eingeführt hat, besitzen sprachliche Zeichen ein SIGNIFIKAT (signifié), d. h. eine Bedeutungsseite (z. B. ›Baum‹), und einen SIGNIFIKANTEN (signifiant), durch den das sprachliche Zeichen /baʊm/ manifestiert ist:

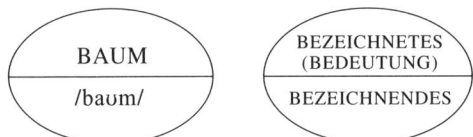

Die Verbindung von Lautseite und Bedeutung ist arbiträr, es gibt also keine Motivation dafür, dass dem Signifikat ›Baum‹ genau das Lautbild /baʊm/ entspricht. In verschiedenen Sprachen ist daher dieses Signifikat mit unterschiedlichen Lautbildern verbunden: Deutsch /baʊm/, Englisch /triː/, Spanisch /aɾbol/, K'iche' /tʃeʔ/ oder Mixtekisch /ʒūnū/. Das Sprachzeichen beruht wie »jedes in einer Gesellschaft rezipierte Ausdrucksmittel im Grunde auf einer Kollektivgewohnheit, oder, was auf dasselbe hinauskommt, auf der Konvention« (Saussure 1967: 80). Arbitrarität und Konventionalisierung sind die beiden zentralen Charakteristika sprachlicher Zeichen.

Besteht bei einem Zeichen zwischen Form und Inhalt ein solches arbiträres Verhältnis, so handelt es sich um ein symbolisches Zeichen. Sprachliche Zeichen sind also in erster Linie SYMBOLE, aber es gibt auch andere Arten von Zeichen. Ein ikonisches Zeichen oder ein IKON ist ein Zeichen, bei dem die Gestalt der Form den Inhalt angibt ⟨☏⟩. Auch Lautwörter wie ⟨grr⟩ oder ⟨peng⟩ sind ikonische Zeichen, denn sie imitieren ein Geräusch der Wirklichkeit. Ein indexikalisches Zeichen oder INDEX ist ein Zeichen, bei dem die Beziehung zwischen Zeichen und Bezeichnetem nicht auf Konvention oder Ähnlichkeit beruht, sondern der Inhalt aus der Gestalt

Ferdinand de Saussure
(*26.11.1857 in Genf; †22.2.1913 in Vufflens-le-Château)

Ferdinand de Saussure wurde 1857 in Genf geboren, studierte in Leipzig und Berlin Indogermanistik und hielt von 1906 bis 1911 Vorlesungen in Genf über Allgemeine Sprachwissenschaft. Seine Zeichentheorie und sprachwissenschaftliche Arbeiten haben die Linguistik des 20. Jahrhunderts maßgeblich beeinflusst. Er gilt als Begründer der strukturalistischen Sprachwissenschaft.

Der Strukturalismus bildet ein Wissenschaftsparadigma, das für die moderne Sprachwissenschaft von eminenter Wichtigkeit war und ist, aber auch für anderen Wissenschaften wie z. B. die Literaturwissenschaft oder die Ethnologie. Der Strukturalismus ist in seiner Entstehungsgeschichte eng mit den Arbeiten von Ferdinand de Saussure verbunden, insbesondere mit den durch seine Schüler Charles Bally und Albert Sechehaye posthum veröffentlichten Vorlesungsmitschriften, die unter dem Titel »Cours de linguistique générale« (1916; deutsch »Grundlagen der allgemeinen Sprachwissenschaft« 1931) erschienen sind. Die Interpretation des »Cours«, seine Originalität und Authentizität sind umstritten, sicher ist jedoch: Der »Cours« hat eine breite und tiefgehende Rezeption erfahren und war in vielerlei Hinsicht paradigmenbildend für die moderne Linguistik.

der Form durch regelhafte Beziehungen (wie Kausalität) ermittelt werden kann. So ist Rauch ein Anzeichen (Index) für Feuer. Wenn allerdings über der Sixtinischen Kapelle weißer Rauch aufsteigt und wir diesen als Zeichen für eine erfolgreiche Papstwahl interpretieren, dann ist der Rauch ein symbolisches Zeichen. Typische indexikalische Ausdrücke auf der sprachlichen Ebene sind Pronomina. In dem Satz ⟨Alfred ärgert sich immer⟩ verweist das Reflexivpronomen ⟨sich⟩ auf ⟨Alfred⟩. Allerdings sind die Verweisbeziehungen nicht immer so klar: ⟨Die Ärztin hat der Patientin eine Salbe verschrieben, sie sollte sehr wirksam sein und ihr helfen⟩. In diesem Satz stellt sich die Frage, worauf sich die Personalpronomina beziehen bzw. woher wir wissen, dass ⟨ihr⟩ sich auf ⟨Patientin⟩ und ⟨sie⟩ sich auf ⟨Salbe⟩ bezieht.

Wenn man sich in der Semantik mit den Bedeutungen und Inhalten sprachlicher Zeichen beschäftigt, ist der Blick vor allem auf zwei Ebenen gerichtet: auf die Wortebene und zum anderen auf die Satzebene. Die LEXIKALISCHE SEMANTIK fragt nach der Bedeutung von Lexemen, welche Bedeutungsrelationen zwischen Lexemen bestehen, wie der Wortschatz strukturiert ist usw. In der SATZSEMANTIK beschäftigt man sich mit den Fragen, wie eine Satzbedeutung entsteht, welche Beziehung Sätze zu außersprachlichen Sachverhalten haben, wie Sätze miteinander verknüpft sind und welche Konsequenzen dies hat.

5.1 Lexikalische Semantik

Was also ist die Bedeutung eines Wortes? Da es keine allgemein gültige Theorie der Wortbedeutung gibt, wird dies sehr unterschiedlich gesehen. In so genannten REFERENTIELLEN Bedeutungstheorien ist die Bedeutung eines Zeichens die außersprachliche Einheit, für die das Zeichen steht. Das durch ein Zeichen bezeichnete Objekt nennt man auch DENOTAT. Für Eigennamen wie ⟨Simone Schlobinski⟩ scheint eine Referenztheorie plausibel, aber wie ist dies bei fiktiven Charakteren wie ⟨Harry Potter⟩ oder bei Wörtern wie ⟨Einhorn⟩, ⟨dort⟩ oder ⟨zwei⟩? Aber auch dann, wenn sich Referenzobjekte finden lassen, fallen Bezug und Bedeutung nicht zusammen. Ein berühmtes Argument hierfür hat der Philosoph Gottlob Frege gegeben: Die Wörter ⟨Abendstern⟩ und ⟨Morgenstern⟩ beziehen sich beide auf den Planeten Venus, der je nach Konstellation als heller Punkt nach Sonnenuntergang am Abendhimmel oder vor Sonnenaufgang am Morgenhimmel zu sehen ist. Die beiden Wörter haben zwar das gleiche Bezugsobjekt, sind aber in ihren Bedeutungen nicht identisch.

Saussure hat sich in seiner Zeichenkonzeption explizit gegen einen referentiellen Ansatz für das Verständnis von Bedeutung gewandt und folgt demgegenüber einem Ansatz, der zu den MENTALISTISCHEN Bedeutungstheorien zu zählen ist. Demnach ist das Signifikat ein Vorstellungsbild. Wörter verdankten ihre Bedeutung der Tatsache, dass sie für Vorstellungen bzw. Ideen stehen. Dies mag plausibel für Wörter mit einem konkreten Denotat wie ⟨Elefant⟩ oder ⟨Tisch⟩ erscheinen. Aber unter dem Begriff ⟨Tisch⟩ stellt sich der eine einen ⟨Holztisch⟩, der andere einen ⟨Esstisch⟩

oder einen ⟨Schreibtisch⟩ vor – und einige verbinden damit vielleicht am liebsten einen ⟨Nachtisch⟩. Und wie ist es mit Begriffen wie ⟨Freiheit⟩ oder ⟨Kamerad⟩ oder mit der Konjunktion ⟨und⟩? Über Vorstellungen oder geistige Bilder ist die Bedeutung derartiger sprachlicher Ausdrücke nicht hinreichend begründbar.

Was also – noch einmal gefragt – ist die Bedeutung eines Wortes? Folgen wir der Argumentation von Goggelmoggel aus »Alice hinter den Spiegeln«, der die Zeile ⟨Und die gabben Schweisel frieben⟩ immerhin zu deuten versteht, dann liegt die Bedeutung eines Wortes im individuellen Gebrauch (Carroll 1974: 80): »»Wenn *ich* ein Wort gebrauche«, sagte Goggelmoggel in recht hochmütigem Ton, ›dann heißt es genau, was ich für richtig halte – nicht mehr und nicht weniger.‹« Wenn dem so wäre, wenn man, wie Alice einwendet, »Wörter einfach etwas anderes heißen lassen kann«, dann gäbe es letztlich kein Verstehen und Wörter hätten überhaupt keinen Sinn. Jedes Wort wäre so willkürlich und sinnlos wie ⟨frieben⟩ oder ⟨Schweisel⟩. Damit aber nicht jeder unter einem Wort nur das versteht, was er darunter verstehen will, müssen feste Bedeutungen mit Lautkörpern (Wörtern) verbunden sein. Feste Bedeutungen bilden sich innerhalb von Sprachgemeinschaften auf der Basis sprachlicher und sozialer Konventionen aus. Individuen einer Sprachgemeinschaft haben ein gemeinsam geteiltes Wissen, auf das sie zurückgreifen können und dem sie regelhaft folgen. Im Rahmen einer so genannten KONVENTIONALISTISCHEN Bedeutungstheorie, die an die Sprachphilosphie Ludwig Wittgensteins anknüpft (vgl. den Kasten S. 225), ist für den bedeutungsrelevanten Gebrauch von Wörtern (und auch Sätzen) kennzeichnend, dass er in der Befolgung von konventionalen Regeln besteht und dass Sprache nicht etwas rein Subjektives ist.

Ein Versuch, Konzepte mentalistischer und konventionalistischer Bedeutungstheorien zu integrieren, findet sich in der PROTOTYPENSEMANTIK. Was ein Mitglied einer Sprachgemeinschaft einen ⟨Vogel⟩ nennt, muss den Kriterien genügen, die seinem und dem konventionalisierten Schema von ›Vogel‹ entsprechen. Jeder Sprecher verbindet mit Wörtern bestimmte Konzepte, die stereotyp sind. Man kann sagen, dass mit Wörtern prototypische Bedeutungen verbunden sind. Was eine prototypische Bedeutung ist, hängt von den einzelnen Teilen des Ganzen ab, ist aber mehr als die Summe der Einzelteile. Nicht alles, was Flügel hat und fliegen kann, ist ein Vogel; nicht jeder Vogel kann fliegen. Trotzdem ist mit dem Wort ⟨Vogel⟩ für Sprecher des Deutschen eine prototypische Bedeutung verbunden, die sich aus dem Weltwissen und dem kulturellen Wissen der Teilnehmer der Sprachgemeinschaft ergibt. Eine Kategorie wie ›Vogel‹ ist durch ein bestimmtes Muster (Prototyp) bestimmt, das die Struktur der Kategorie als Ganzes reflektiert; die lexikalische Bedeutung wird als holistische Einheit angesehen.

Bedeutungen wie derjenigen von ›Vogel‹ liegen prototypische Merkmale zugrunde, wie die Fledermaus in der folgenden Fabel, die in Westafrika erzählt wird, richtig erkannt hat:

5.1 Lexikalische Semantik

»Als im Urwald der König der Säugetiere, der Löwe, die Steuerpflicht einführen wollte, erklärte sie den Steuereintreibern: Die Steuer gilt doch nur für Säugetiere. ›Habt ihr schon mal ein Säugetier gesehen, das Flügel hat und fliegen kann?‹ Sprach's und flog davon, ohne Steuern zahlen zu müssen. Bald darauf wollte auch der Adler, König der Vögel, Steuergelder einziehen. Die Fledermaus zeigte dem Boten ihren Penis und sagte: ›Seit wann hat denn ein Vogel einen Penis?‹«

Das Beispiel zeigt, dass es im Hinblick auf die Sichtweise nicht unbedingt Konsens geben muss: Die Fledermaus hebt jeweils das Merkmal hervor, das gegen die Einordnung in die steuerpflichtige Gattung spricht. Merkmale werden der Kategorie aufgrund von Ähnlichkeitsbeziehungen zugeordnet, die den Grad der Übereinstimmung mit dem Prototypen reflektieren. Neben prototypischen Vertretern von Gattungen gibt es also auch weniger prototypische. Die Einordnung in eine Kategorie wird bei den prototypischen von fast allen Sprechern vollzogen, bei weniger prototypischen nur von einem geringeren Teil. Hierzulande wird jeder Erwachsene einen anderen Erwachsenen, der über 1,90 m groß ist, ohne Zögern als ›groß‹ bezeichnen, und einen, der 1,60 m groß ist, als ›klein‹. Dazwischen ist man sich der Sache nicht so sicher, aber es wird, zumindest auf Männer bezogen, bei weniger als 1,70 m die Bezeichnung als ›klein‹ deutlich zunehmen, bei über 1,80 m die als ›groß‹. Andererseits ist für einen dreijährigen Knirps seine 1,60 m ›große‹ Mutter eine Riesin. Bei relativen Kategorisierungen ist also immer der jeweilige Bezugsbereich entscheidend. Unter diesen Rahmenbedingungen sind die beiden Prototypen ›klein‹ und ›groß‹ benachbarte und ineinander übergehende Kategorien:

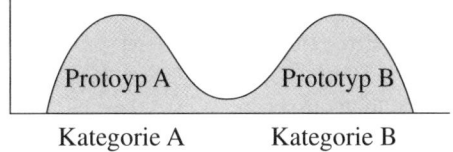

Lexikalische Kategorien haben also verschwommene Grenzen, wobei es einen zentralen und einen peripheren Bedeutungsbereich gibt und entsprechend zentrale bzw. weniger zentrale Instanzen eines Begriffs. So ist ›Amsel‹ eine zentrale Instanz von ›Vogel‹ als ›Ente‹ und diese wiederum eine zentralere als ›Strauss‹ oder ›Pinguin‹ (siehe hierzu auch S. 205, Aufgabe 4).

Kategorisierungen lassen sich auch zu übergeordneten Kategorien zusammenfassen. Säugetiere und Vögel sind Tiere. In der übergeordneten Kategorie Tiere sind Säugetiere wie auch Vögel als untergeordnete Teilkategorien enthalten. Durch Über- und Unterordnung entstehen hierarchisch verknüpfte Kategorien, die man TAXONOMIEN nennt. Elemente einer Taxonomie können durch andere Kategorisierungen ausgedrückt werden: Hunde, Katzen und Adler sind im Gegensatz zu Pferden oder Papageien Fleischfresser; Pudel, Dackel, Hauskatzen und, zumindest hierzulande, Papageien sind Haustiere:

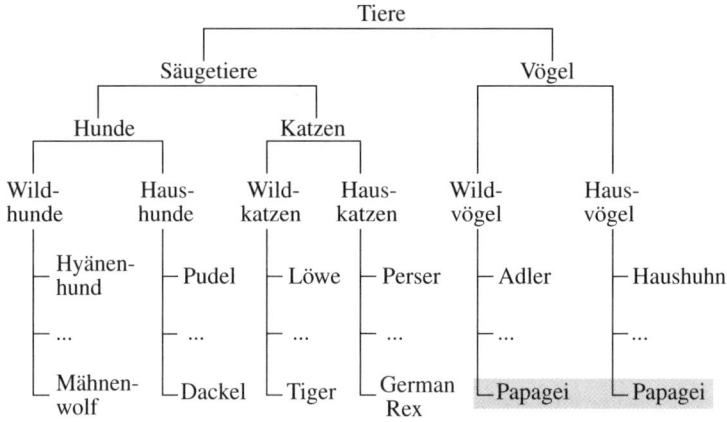

Die Elemente einer Kategorie schließen die jeweils übergeordneten Kategorien mit ein: ›Pudel‹ impliziert ›Hund‹, ›Pudel‹ und ›Hund‹ implizieren ›Fleischfresser‹, aber auch ›Haustier‹. Die Beziehungen zwischen Wörtern innerhalb von Taxonomien lassen sich über semantische Relationen spezifizieren. Das Verhältnis der semantischen Überordnung (Säugetier → Hund → Dackel) bezeichnet man als HYPERONYMIE, das der semantischen Unterordnung (Säugetier ← Katze ← Perserkatze) als HYPONYMIE. Die semantische Gleichordnung bezeichnet man als KOHYPONYMIE. In Bezug auf Großkatzen sind ⟨Löwe⟩ und ⟨Tiger⟩ kohyponym (Löwe ↔ Tiger).

Um Taxonomien besser nachzuvollziehen, kann die Darstellung in Form einer Merkmalsmatrix hilfreich sein. Dabei werden einzelne semantische Komponenten, Merkmale isoliert, die für eine Bedeutungsdifferenzierung notwendig und hinreichend sind. Für die Wörter ⟨Tiger⟩, ⟨Stute⟩, ⟨Rüde⟩, ⟨Papagei⟩, ⟨Adler⟩, ⟨Dackel⟩ und ⟨Hengst⟩ könnte eine Merkmalsmatrix wie folgt aussehen:

	Säugetier	Haustier	Vogel	weiblich
Tiger	+	−	−	±
Stute	+	−	−	+
Rüde	+	(+)	−	−
Papagei	−	(+)	+	±
Adler	−	−	+	±
Dackel	+	+	−	±
Hengst	+	−	−	−

Wie in der Phonologie können auf diese Weise Merkmale über oppositionelle Unterschiede klassifiziert werden. Ist der Wert eines semantischen Merkmals neutral bzw. ist das Merkmal unspezifiziert, so wird dies mit ›±‹ angegeben. Der Begriff ⟨Dackel⟩ ist im Hinblick auf Sexus unspezifiziert. Der Begriff ⟨Rüde⟩ wird allgemein für männliche Hunde gebraucht, und da Hunde Haustiere sind, erhält dieses Attribut den Wert ›+‹. Da aber ⟨Rüde⟩ auch für andere hundeartige Tiere und Marder gebraucht wird, die nicht Haustiere sind, ist der Wert in Klammern gesetzt.

5.1 Lexikalische Semantik

Hinter der Merkmalskonzeption steht die einer strukturalistischen Sichtweise geschuldeten Idee, dass die Bedeutung eines Wortes in Merkmale zerlegt werden kann. Allerdings erfasst die Merkmalsanalyse nur jeweils einen Teil der Bedeutung eines Begriffs in Bezug auf andere Wörter, und auch der Status der Merkmale als semantische Primitive ist umstritten.

Manche Kategorien schließen einander wie ⟨Vogel⟩ und ⟨Säugetier⟩ aus, aber es gibt auch gegensätzliche Kategorien wie ⟨groß⟩ und ⟨klein⟩, die einen ineinander übergehenden Zwischenbereich haben und die man als ANTONYME bezeichnet. Sie können im Deutschen graduiert werden, z. B. ⟨groß⟩, ⟨größer⟩, ⟨am größten⟩. Sich ausschließende Kategorien sind komplementär: ⟨lebendig⟩ – ⟨tot⟩, ⟨verheiratet⟩ – ⟨unverheiratet⟩. Sie haben keinen Zwischenbereich und können folglich nicht graduiert werden. Kategorisierungen, die in dieser Weise in Opposition zueinander stehen, kann man oft durch Negation gewinnen: Säugetiere und Nicht-Säugetiere bzw. Vögel und Nicht-Vögel. Hier wird die eine Kategorie durch Merkmale positiv definiert, während die andere, durch Negation gewonnene, hinsichtlich ihrer Merkmale nicht definiert ist. Eine durch Merkmale wie Negation (⟨un-schön⟩), Genus/Sexus-Markierung (⟨Student-in⟩) oder Plural (⟨Tisch-e⟩) veränderte Kategorie bezeichnet man als semantisch markiert.

Semantische Oppositionen spielen beim Aufbau des Wortschatzes, insbesondere beim Aufbau von Wortfeldern, eine wichtige Rolle. Temperaturadjektive sind in der Regel durch graduelle Oppositionen gekennzeichnet, z. B. ⟨kalt⟩ – ⟨kühl⟩ – ⟨warm⟩ – ⟨heiß⟩. Neben Opposition, Über-, Gleich- und Unterordnung gibt es auch noch die außersprachliche Teil-von-Beziehung, die so genannte PARTONYMIE. So kann das Substantiv ⟨Mähne⟩ als partonym zu den Substantiven ⟨Löwe⟩ oder ⟨Pferd⟩ angesehen werden.

Kategorisierungen fallen von Sprache zu Sprache recht unterschiedlich aus. Ein gut nachvollziehbares Beispiel sind Verwandtschaftsbezeichnungen. Im Deutschen wird bei den folgenden Verwandtschaftstermini nach den Merkmalen Geschlecht, Generation und Grad der verwandtschaftlichen Beziehung unterschieden:

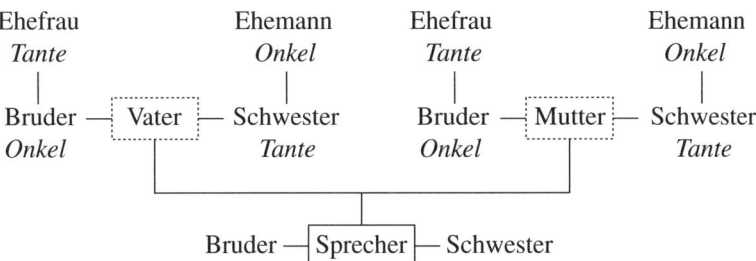

Im Lateinischen werden dagegen zwei Merkmale für die Kategorisierung relevant, die im Deutschen keine Rolle spielen: zum einen die Unterscheidung Vater- gegen Mutterseite und zum anderen das Angeheiratetsein, das anders als im Deutschen nicht direkt als Verwandtschaftsverhältnis gesehen wird und für das es nur umschreibende Bezeichnungen der Form »Ehefrau des *avunculus*« usw. gibt:

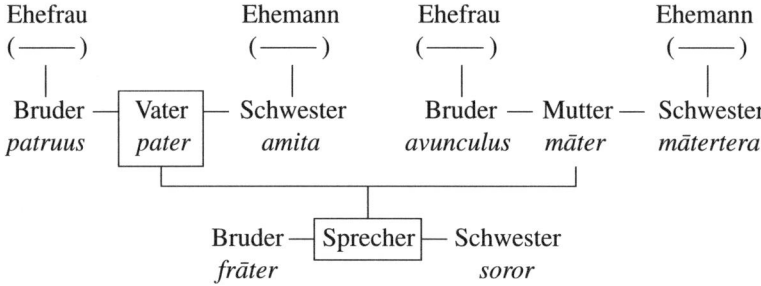

In anderen Sprachen kann bei der Bezeichnung der Geschwister auch das relative Alter eine Rolle spielen, z. B. im Chol /i jiskun/ »sein/ihr älterer Bruder« bzw. /i tʃitʃ/ »seine/ihre ältere Schwester«, aber /i jihts'in/ »sein/ihr jüngerer Bruder, seine/ihre jüngere Schwester«, wobei bei den jüngeren Geschwistern nicht nach dem Geschlecht unterschieden wird. Die Form /i tʃitʃ/ wird allerdings auch für »seine/ihre Tante (väterlicherseits)« verwendet.

Betrachtet man Wortbedeutungen im größeren Zusammenhang von zueinander in Beziehung stehenden Wörtern, so spricht man von lexikalischen Feldern, die auf der Inhaltsseite SEMANTISCHE FELDER bilden. Nicht nur die Merkmalskombinationen, die relevant sind, sondern auch der Grad der Ausdifferenzierung und der Zuschnitt dessen, was in einem bestimmten Wortfeld lexikalisiert ist, hängen in starkem Maße von der jeweiligen Sprache ab. Während in der Schriftsprache und einem Teil der deutschen Dialekte ⟨Fuß⟩ und ⟨Bein⟩ differenziert werden, erstreckt sich in einigen Dialekten der ⟨Fuß⟩ bis an den Rumpf, schließt also wie z. B. auch im Itelmenischen /qtχəŋ/ »Fuß, Bein« die Bedeutung von ›Bein‹ mit ein. Oder denken wir an Wörterbucheinträge mit Eins-zu-eins-Entsprechungen wie Dänisch ⟨træ⟩ = Deutsch ⟨Baum⟩ = Englisch ⟨tree⟩ und ⟨skov⟩ = ⟨Wald⟩ = ⟨wood⟩, die in dieser Vereinfachung nicht stimmen:

Dänisch		Englisch			
træ	skov	tree	wood		forest
Baum Holz	*Wald*	*Baum*	*Holz Wald*		*Wald*

Im Lateinischen ist die Opposition der Farbadjektive für ›schwarz‹ vs. ›weiß‹ doppelt besetzt, wobei der Lichteffekt ein zusätzlicher Faktor der Differenzierung ist:

ohne Lichteffekt		mit Lichteffekt	
āter	*schwarz*	niger	*leuchtend schwarz, tiefschwarz*
albus	*weiß*	candidus	*glänzend weiß, schneeweiß*

Die Klassifikation der Farben kann von Sprache zu Sprache recht unterschiedlich ausfallen:

Deutsch	grün	blau	grau	braun
Walisisch	gwyrdd	glas		llwyd
	[guirð]	[glas]		[ɬuid]

5.1 Lexikalische Semantik

Ein Waliser würde frisches Gras, die azurblaue Farbe des Himmels bei schönem Wetter und ergrauende Haare in gleicher Weise mit ⟨glas⟩ bezeichnen, obwohl er die Unterschiede genauso wahrnimmt wie ein Deutscher oder Italiener. Die minimale Ausdifferenzierung von Farbbezeichnungen findet sich im Dani, das in Neuguinea gesprochen wird und wo nur ›schwarz‹ und ›weiß‹ als eigene Lexeme existieren. Bei der Ausdifferenzierung der Farben greifen wiederum Implikationshierarchien:

schwarz/weiß > rot > gelb > grün > blau > braun

Diese Hierarchie ist so zu interpretieren, dass Sprachen, bei denen es ein Lexem für ›gelb‹, aber nicht für ›grün‹ und ›blau‹ gibt, mit hoher Wahrscheinlichkeit auch solche für ›schwarz‹, ›weiß‹ und ›rot‹ haben, Sprachen mit einem Lexem für ›blau‹ auch solche für ›grün‹, ›gelb‹ etc.

Beim Vergleich von Sprachen finden sich auch in vielen anderen Zusammenhängen sehr generelle oder grobe Klassifikationen von lexikalischen Feldern und sehr spezielle. Dem Deutschen ⟨er isst⟩ stehen im Chol zwei Verben gegenüber, bei denen je nach Konsistenz der Nahrung differenziert wird: /k'uš/ »feste Nahrung (wie Fleisch) essen, beißen« und /mɨk'/ »weiche Nahrung (wie Bananen) essen«. Im Navajo gibt es neben einem allgemeinen Verb für ›essen‹ /jìjá̰/ auch mehrere spezifische Verbformen wie /jìldèːɬ/ »er isst (kleinere Nahrungsstücke) auf einmal«, /jìlkèːd/ »er isst etwas Rundes (Apfel o. a.)«, /jìlɣàːɬ/ »er isst Fleisch«, /jìlts'éːh/ »er isst breiartige Nahrung«, /jìɬtʃòʒ/ »er isst grasartige Nahrung, (ein Tier) grast«. Im Navajo werden Handlungen auch in anderen Fällen im Hinblick auf die Gestalt des Zielobjekts klassifiziert und nicht nach der Eigenart der Handlung, z. B. /ʔá̰/ »sein/handeln in Bezug auf ein rundes Objekt« oder /tá̰/ »sein/handeln in Bezug auf ein langes (stockartiges) Objekt«, z. B. /tsé sì-ʔá̰/ »Ein Stein liegt da«, oder /tsìn sì-tá̰/ »Ein Stock liegt da«.

Bestimmte Konzepte, die in der einen Sprache lexikalisiert sind, können in einer anderen Sprache entweder nur durch mehrere Lexeme oder unter Umständen auch lexikalisch gar nicht zum Ausdruck gebracht werden. Der Bedeutung des deutschen Verbs ⟨sein⟩ entsprechen im Spanischen die zwei Verben ⟨ser⟩ »sein (im Sinne eines dauerhaften Zustands)« und ⟨estar⟩ »sein (im Sinne eines temporären Zustands)«, z. B. ⟨Soy lingüista⟩ »Ich bin Linguist«, aber ⟨Estoy cansado⟩ »Ich bin müde«. Im Chol gibt es für die gleichsetzende Verwendung von ⟨sein⟩ kein Verb, die Äquation wird ohne Verb gebildet: /linguista-j-on/ »Ich (-on) bin Linguist«. Räumliches ›sein, an einem Ort existieren‹ wird durch die Partikel /an/ ausgedrückt, die auch im Sinne von ›es gibt‹ verwendet wird:

an   hini   winikob   ti   panimil
es∗gibt ART   *Mann/Mensch-Pl* *Lok*   *Erde*
Es gibt/gab Menschen auf der Erde.

Das oft im Sinne von ›besitzen‹ gebrauchte deutsche Verb ⟨haben⟩ hat in vielen Sprachen keine Entsprechung. Will z. B. ein Chol ausdrücken ⟨Der Mann hat (besitzt) ein Haus⟩, so sagt er:

an   i-j-otot   hini   winik
es*gibt   sein-Haus   ART   Mann
Er hat ein Haus. Wörtlich: Das Haus des Mannes existiert (räumlich).

Auch muss die Wortart nicht immer die Gleiche sein, mit der ein Konzept ausgedrückt wird: Während im Deutschen ⟨links⟩ meist als Adverb gebraucht wird, wird das substantivische ⟨die Linke⟩ fast ausschließlich politisch verstanden. Im Spanischen ist dagegen das Substantiv ⟨la izquierda⟩ »die linke Hand« bzw. »die (politische) Linke« die primäre Form und der adverbiale Gebrauch »links« wird in Form einer Präpositionalphrase mit ⟨a la izquierda⟩ oder ⟨al lado izquierdo⟩ umschrieben. Für uns so selbstverständliche Wörter wie ⟨Polizist⟩ oder ⟨Pferd⟩ sind im Cherokee (North Virginia und Oklahoma, USA) beschreibende Ein-Wort-Sätze, d. h., sie werden verbal und nicht nominal zum Ausdruck gebracht: /didanijisgi/ »Polizist« bedeutet »er fängt sie endgültig«, /sokʷili/ »Pferd« »es trägt schwere Lasten«. Umgekehrt gibt es für bestimmte Sachverhalte wie das Verlaufskonzept im Deutschen kein einzelnes Wort und auch keine morphologischen Affixstrukturen. Stattdessen wird der Verlauf durch verschiedene Konstruktionen ausgedrückt wie z. B. ⟨Er ist am Essen⟩, ⟨Er ist dabei zu essen⟩ oder ⟨Er isst gerade⟩. Im Englischen steht die ›continuous form‹ ⟨I am eating⟩ zur Verfügung. In anderen Sprachen existieren für das Verlaufskonzept spezifische Wörter, meist Partikeln. Im Chol gibt es die vor dem Verb stehende Partikel /woli/:

woli   h   k'uʃ
PART   1sE   essen
Ich bin am Essen.

An solchen Fällen zeigt sich, dass in natürlichen menschlichen Sprachen im Prinzip alles ausgedrückt werden kann: Wenn es für bestimmte Begriffe oder Konzepte keine eigenen Lexeme gibt, so können sie auf andere Weise ausgedrückt werden, durch morphologische Strukturen oder durch Umschreibung, Paraphrase bzw. Rückgriff auf andere Konzepte. Dies zeigt sich anschaulich bei Antonymen wie im Deutschen ⟨heiß⟩ versus ⟨kalt⟩. Um Temperaturstufen sprachlich auszudrücken, gibt es im Deutschen zunächst Basiswörter wie ⟨heiß⟩, ⟨warm⟩, ⟨kühl⟩, ⟨kalt⟩. Um weiter zu differenzieren werden Komposita gebildet wie ⟨lauwarm⟩, ⟨saukalt⟩ oder Modifikatoren gebraucht wie in ⟨sehr heiß/kalt⟩ und ⟨extrem heiß/kalt⟩. Die Bedeutung all dieser Ausdrücke ist wiederum prototypisch definiert und zunächst von der taktilen Sinneswahrnehmung her zu erklären. Daneben gibt es Wortverbindungen, die auf spezifische äußere Eigenschaften bezogen sind wie z. B. ⟨kochend heiß⟩. Hier ist ausgehend vom Bezug auf Wasser mit einer spezifischen Temperatur (Siedepunkt) ein entsprechender Temperaturbereich markiert. Dass es hierfür einen sprachlichen Ausdruck gibt, erklärt sich vermutlich über die Bedeutung, die kochendes Wasser für die Zubereitung von Speisen und Getränken für den Menschen hat. Da Temperatur physikalisch gesehen skalar ist, gibt es theoretisch unendlich viele Benennungsmöglichkeiten für Temperaturzustände. Man könnte sich vorstellen, dass es hunderte Wörter in einer Sprache gibt, mit denen unterschiedliche Temperaturzustände bezeichnet werden. Aber dies wäre zum einen kognitiv extrem aufwändig, zum anderen für die Alltagserfahrung nicht relevant, und in den Sprachen der Welt gibt es daher entsprechend nur wenige Wörter und Wortverbindungen. Differenzierte Temperaturzustände können aber auch ohne Rückgriff auf spezielle Lexeme oder Lexemverbindungen präzise sprachlich ausgedrückt werden, nämlich über Intervallskalen mit einer Zahlengeraden. In der Celsius-Skala wie in ⟨Ich habe 38,5 Grad Fieber⟩ wird das Konzept einer Intervallskala mit den empirischen Fixpunkten Schmelz- und Siedepunkt des Wassers zur Bestimmung eines Temperaturzustandes angewandt.

Die semantische Unschärfe vieler lexikalischer Einheiten wird deutlich bei der Bildung abgeleiteter Begriffe wie Komposita. Während in Komposita wie ⟨Zwiebelkuchen⟩ oder ⟨Butterkuchen⟩ im modifizierenden Element die Art des Kuchens durch Heraushebung einer Zutat näher bezeichnet wird, beruht ⟨Marmorkuchen⟩ auf dem Vergleich der Maserung des aufgeschnittenen Kuchens mit der von ›Marmor‹. Solche auf gemeinsamen Merkmalen beruhenden Vergleiche finden sich bei zusammengesetzten Lexemen häufig: Die ⟨Seegurke⟩ ist ein gurkenförmiges Meerestier, die ⟨Seeanemone⟩ ein einer ›Anemone‹ ähnliches Meerestier, das nicht nur das Aussehen einer Pflanze hat, sondern auch durch seine meist immobile Lebensweise den Vergleich mit einer Pflanze nahe legt. Im übertragenen Sinne wird ⟨Tisch⟩ auch als prototypischer ›Ort zum Essen‹ in Komposita wie ⟨Nachtisch⟩, ⟨Mittagstisch⟩, ⟨Tischmanieren⟩ oder in Redewendungen wie ⟨bin zu Tisch⟩ gebraucht. Der Kombination ⟨Mittagstisch⟩ mit Tisch im übertragenen Sinne steht allerdings – ebenfalls mit einer Zeitangabe kombiniert – ⟨Nachttisch⟩ gegenüber. Das Adjektiv ⟨trocken⟩ hat mit verschiedenen Substantiven unterschiedliche Lesarten, was durch mögliche Antonyme deutlich wird: ⟨trockenes Handtuch⟩ vs. ⟨feuchtes Handtuch⟩, ⟨trockener Kuchen⟩ vs. ⟨saftiger Kuchen⟩, ⟨trockener Wein⟩ vs. ⟨lieblicher Wein⟩, ⟨trockenes Buch⟩ vs. ⟨spannendes Buch⟩, kontextuell – wie bei einem Wasserschaden in einer Bibliothek – allerdings in anderer Lesart auch ⟨trockenes Buch⟩ vs. ⟨feuchtes Buch⟩. Die Bewertung von ⟨trocken⟩ wechselt je nach Kontext, bei ›Handtuch‹ ist ›trocken‹ das positiv besetzte Antonym, bei ›Kuchen‹ und ›Buch‹ das negativ besetzte, beim ›Wein‹ ist die Bewertung eine Frage der persönlichen Präferenz. Für ›Kuchen‹ stellt der ›saftige‹ Kuchen das Optimum dar, die Abweichung in die andere Richtung ⟨feuchter Kuchen⟩ ist wie ›trockener‹ eher negativ bewertet.

Verschiedene Lesarten ein und desselben Wortes bezeichnet man als POLYSEMIE. So gibt es für das Wort ⟨Ente⟩ mindestens drei Lesarten, nämlich (a) ›Vogel‹, (b) ›Comic/Zeichentrick-Figur‹ und (c) in der Bedeutung von ›Citroën 2CV‹ ›Auto‹, wobei den letzten beiden Lesarten die metaphorische Bezugnahme auf die erste Lesart zugrunde liegt. Die durch den jeweiligen Aspekt spezifizierte Lesart ist wiederum durch bestimmte Stereotype charakterisiert, durch konventionalisierte Eigenschaften. Dabei sind Stereotype zu unterscheiden, die die Grundbedeutung eines Wortes konstituieren, von denen, die bei einigen Sprechern bestimmte, über die Grundbedeutung hinausgehende Eigenschaften, so genannte Konnotationen, hervorrufen. So sind mit der (Citroën-2CV-)Ente Konnotationen wie ›kultig, studentisch, alternativ‹ verbunden. Polysemie ist nicht auf den nominalen Bereich beschränkt, sondern findet sich prinzipiell bei allen Wörtern. Das Verb ⟨kriegen⟩ hat drei unterschiedliche Lesarten:

1. Amelie kriegt das Buch (von Armin geschenkt).
2. Amelie kriegt den Bus.
3. Amelie kriegt die Kretze.

In der ersten Lesart ist ⟨Amelie⟩ Rezipient der Handlung (passivische Lesart), in der zweiten Agens (resultative Lesart), und in der dritten Lesart verändert sich der Zustand von ⟨Amelie⟩. Allen Lesarten gemeinsam ist der Übergang zu einem anderen (bzw. neuen) Zustand: Wer das Buch erhält, hatte es vorher nicht, und wer den Bus kriegt, sucht ihn zu erreichen, hat ihn aber noch nicht erreicht. Historisch gesehen leitet sich ⟨kriegen⟩ von ⟨(er)kriegen⟩ ab im Sinne von »durch Krieg [= Anstrengung] (für sich) erlangen« und vereint Agens- und Rezipientenmerkmale, die sich später je nach Kontext ausdifferenziert haben. Eine weiterführende Frage deutet sich hier an, nämlich wie Bedeutungen sich verändern und wie ein Bedeutungswandel stattfindet.

Polyseme Ausdrücke sind von Homonymen zu unterscheiden. HOMONYME sind auf der Formseite identische, aber historisch nicht verwandte Wörter, z. B. ⟨Ton⟩ als Töpfermaterial und ⟨Ton⟩ als Einheit in der Akustik. Homonyme mit gleicher Lautung und unterschiedlicher Schreibung nennt man HOMOPHONE: /vɑːl/, ⟨Wahl⟩ – ⟨Wal⟩. Dagegen gibt es auch HOMOGRAPHEN, die nicht mit Homonymen verwechselt werden dürfen, da sie zwar die gleiche Schreibung haben, aber unterschiedliche Lautung: ⟨übersetzen⟩, /ˈyːbɐzɛtsən/ – /yːbɐrˈzɛtsən/. Es ist nicht immer leicht, polyseme von homonymen Wörtern zu unterscheiden, und nur eine genaue Analyse der Wortherkunft (Etymologie) kann hier helfen. Es liegt auf den ersten Blick nahe, den Wörtern ⟨preisen⟩, ⟨auspreisen⟩ sowie ⟨Preiselbeere⟩ das gemeinsame Wort ⟨Preis⟩ im Sinne von ›Wert‹ zugrunde zu legen. Während jedoch die Verben vom lateinischen ⟨prētium⟩ »Wert« abgeleitet werden können, liegt der Benennung der Waldbeere eine Entlehnung aus ostsorbisch ⟨bruslica⟩ vor (14. Jh.), die über ⟨Praiselpeer⟩, ⟨Preyselsbeer⟩, ⟨Preusselbeer⟩ im 15. und 16. Jahrhundert schließlich zur heute gebrauchten Benennung mit dem unikalen Morphem ⟨Preisel⟩ führt.

Werden lexikalische Einheiten miteinander verglichen, stellt sich auch die Frage nach Bedeutungsgleichheit und -verschiedenheit. Bisher haben wir auf Bedeutungsdifferenzierungen abgehoben, doch gibt es in gewissem Umfang auch Bedeutungsidentität, so genannte SYNONYMIE, zwischen unterschiedlichen Lexemen. Wörter wie ⟨Gaul⟩, ⟨Klepper⟩, ⟨Ross⟩ sind partiell synonym, denn sie haben die gleiche Grundbedeutung ›Pferd‹, weisen aber unterschiedliche Konnotationen auf. Unter KONNOTATION (Mitbezeichnung) versteht man emotionale, stilistische, soziale u. a. Wortbedeutungskomponenten, die die Hauptbedeutung (Denotat) eines Wortes begleiten. Während ⟨Ross⟩ positiv konnotiert ist, ist ⟨Klepper⟩ negativ konnotiert. In Fällen wie den Verben ⟨bekommen⟩, ⟨kriegen⟩, ⟨erhalten⟩ scheint auf den ersten Blick vollständige Synonymie vorzuliegen: ⟨Amelie bekommt/kriegt/erhält ein Buch⟩. Während jedoch ⟨bekommen⟩ und ⟨kriegen⟩ in allen drei Lesarten (s.o.) möglich sind, kann ⟨erhalten⟩ nur in passivischer Lesart gebraucht werden. In Satzrahmen sind ⟨bekommen⟩ und ⟨kriegen⟩ zwar gegeneinander substituierbar, aber es gibt stilistische Differenzierungen und damit verbunden unterschiedliche Anwendungskontexte. Während ⟨kriegen⟩ eher umgangsprachlich gebraucht wird, wird ⟨bekommen⟩ eher standardsprachlich realisiert. Beide Lexeme sind in hohem Maße, aber nicht vollständig synonym, wie allgemein vollständige Synonymie innerhalb einer Sprache wohl nie wirklich vorkommt.

Bisher haben wir nur Fälle behandelt, in denen Wortkörper und Wortbedeutung eins sind. Wie ist das aber bei PHRASEOLOGISMEN wie ⟨klipp und klar⟩, z.B. in ⟨Er sagte es mir klipp und klar⟩. ⟨Und⟩ und ⟨klar⟩ sind Wörter, die wir in jedem Wörterbuch finden; ⟨klipp⟩ dagegen ist zwar durch ein Spatium von ⟨und⟩ getrennt und durch ⟨und⟩ mit ⟨klar⟩ koordiniert, kann aber nicht allein vorkommen, ist ein unikales Lexem. ⟨klipp und klar⟩ ist eine Phrase, die nur als Ganzes eine Bedeutung hat, nämlich ›in aller Deutlichkeit‹. Die strukturell gleich aufgebaute Phrase ⟨ausführlich und klar⟩ in dem Satz ⟨Er erklärte es mir ausführlich und klar⟩ beinhaltet dagegen, dass die Erklärung sowohl ausführlich als auch klar verständlich gegeben wurde. In der Phrase ⟨klipp und klar⟩ ist die Bedeutung in stärkerem Maße integriert und einer Wortbedeutung vergleichbar; in ⟨ausführlich und klar⟩ ist die Bedeutung der Phrase stärker aus den Wortbedeutungen der Teile zusammengesetzt. Dabei sind die einzelnen Teile als selbstständige Wortbedeutungen nach wie vor als solche erkennbar. Diese Unterschiede im Aufbau von Bedeutungen zwischen Phrasen wie ⟨klipp und klar⟩ und ⟨ausführlich und klar⟩ kann man auch auf der höheren syntaktischen Ebene von Sätzen feststellen. Man denke an Sätze wie ⟨The cat is out of the bag⟩ bzw. ⟨Er ließ die Katze aus dem Sack⟩, die zwei Lesarten haben: eine wörtliche und eine übertragene. Die übertragene, so genannte IDIOMATISCHE Bedeutung, etwa im Sinne von ›jemand offenbarte die Wahrheit‹, folgt nicht direkt dem Prinzip der Komposition von Einzelbedeutungen der Satzglieder. Aber man stelle sich vor, jemand würde eine Katze in einen Sack packen und sie aus dem Sack wieder herauslassen. Der Satz, der dieses Ereignis beschreibt, hätte eine Satzbedeutung, die sich aus den Bedeutungen der einzelnen Wörter und der syntaktischen Verknüpfung der Satzteile zusammensetzt.

Phraseologismen lassen sich in einem Kontinuum mit den Polen Lexikon und Grammatik zwischen dem einzelnen Wort und dem Satz lokalisieren. Während der Satz prototypisch eine komplexe Einheit darstellt, dessen Bedeutung sich aus der Integration der Wortbedeutungen ergibt, ist das Wort als Teil des Lexikons weniger komplex und die lexikalische Bedeutung ist als eine holistische Entität anzusehen. Phraseologismen stehen nun je nach Typus zwischen diesen Polen und sind in Folge mehr oder weniger lexikalisiert.

5.2 Satzsemantik

Wir haben Wörter und ihre Bedeutungen bislang als ganzheitliche Einheiten gesehen. Es stellt sich die Frage, ob nicht auch analog einem Satz eine ganzheitliche Satzbedeutung zugewiesen werden kann. Wäre dem so, so würden wir Satzbedeutungen wie Wortbedeutungen in unserem mentalen Lexikon speichern, was unser Gedächtnis erheblich belasten würde, und es müsste ›Satzlexika‹ geben, in denen alle neu gebildeten Sätze permanent aufgelistet werden müssten. Für den Aufbau von Satzbedeutungen ist aber eine andere Konzeption entscheidend, die als KOMPOSITIONALITÄTSPRINZIP oder FREGE-PRINZIP bekannt ist. Dieses besagt, dass die Bedeutung eines Satzes eine Funktion seiner Teilausdrücke ist. Die Bedeutung eines Satzes ergibt sich aus der Bedeutung der Einheiten (Wort, Phrase etc.), die den syntaktisch komplexen Ausdruck Satz bilden, und aus den Bedeutungen ihrer syntaktischen Verknüpfungen. Wort- bzw. Morphembedeutungen und Bedeutungen von syntaktischen Relationen sind also die Bausteine, aus denen eine Satzbedeutung entsteht. Ein Satz wie ⟨Andrej trifft seinen besten Freund⟩ besteht also aus den lexikalischen Bedeutungen von ⟨Andrej⟩, ⟨trifft⟩, ⟨seinen⟩, ⟨besten⟩, ⟨Freund⟩ und den Bedeutungen der syntaktischen Funktionen, die u. a. ⟨seinen⟩, ⟨besten⟩ und ⟨Freund⟩ zu dem komplexen Ausdruck ⟨seinen besten Freund⟩ verknüpfen. Wie Satzbedeutungen im Einzelnen kompositional aufgebaut werden, ist stark modellabhängig. Wir greifen hier auf den Funktionsbegriff von Frege zurück und knüpfen an das Valenzkonzept (siehe S. 116f.) an. Dabei kann an dieser Stelle nur die Grundidee formuliert werden, eine weiterführende Behandlung ist formal aufwendig und setzt detaillierte Logik-Kenntnisse voraus.

Wie wir im Kapitel Syntax gesehen haben, eröffnet ein Verb wie ⟨frieren⟩ eine Leerstelle, die durch einen Mitspieler wie ⟨Sandy⟩ besetzt werden kann. Ausdrücke, die eine Leerstelle für Argumente aufweisen, werden als PRÄDIKATE im logischen Sinne (im Unterschied zum grammatischen Gebrauch, vgl. S. 115f.) bezeichnet. Prädikate sind ›ungesättigt‹, und es sind ein oder mehrere Argumente notwendig, um sie zu sättigen. Auch in diesem Sinne stellen v. a. Verben Prädikate dar, allerdings auch Konjunktionen und Präpositionen. Der Satz ⟨Sandy friert⟩ kann wie eine Gleichung zerlegt werden in das Prädikat ⟨friert⟩ und das Argument ⟨Sandy⟩. Man kann dies vergleichen mit einer mathematischen Funktion:

(1) $2 \cdot x^3 + x$
(2) $2 \cdot (\;)^3 + (\;)$

Unter einer Funktion versteht Frege »ungesättigte bzw. ergänzungsbedürftige Ausdrücke«, d. h. solche mit Lücken wie in Beispiel (2); ›x‹ wie in (1) ist das Argument der Funktion. Es kommt Frege (1980: 21f.). darauf an zu zeigen, »dass das Argument nicht mit zur Funktion gehört, sondern mit der Funktion zusammen ein vollständiges Ganzes bildet; denn die Funktion für sich allein ist unvollständig, ergänzungsbedürftig oder ungesättigt zu nennen«. Der Wert der Funktion $2 \cdot (\;) + 3 = 0$ ist nur wahr für das Argument $x = -3/2$ und sonst falsch. Übertragen wir

5.2 Satzsemantik

dies auf den Satz ⟨Sandy friert⟩ und stellen dies in einer in der Linguistik üblichen Form dar:

(a)   Sandy ∈ {x | x friert}
(b)   λx[x friert] (Sandy)

Der Leser möge nicht erschrecken. Der Ausdruck (a) besagt zunächst nur, dass die Person ⟨Sandy⟩ ein Element der Menge der Personen ist, die friert. Der Ausdruck (b) besagt, dass die charakterisierende Funktion [x friert] auf die Person ⟨Sandy⟩ angewandt wird, was zu einem Wahrheitswert führt. Der Satz ⟨Sandy friert⟩ ist genau dann wahr, wenn Sandy friert, und sonst falsch. Der λ-Operator erzeugt aus dem einstelligen Verb einen wahrheitsfähigen Ausdruck, indem der Ausdruck ⟨Sandy⟩ an das Prädikat angeschlossen wird. Die Komposition der Satzbedeutung besteht also darin, dass man die Bedeutung des Prädikats als Funktion auf die Bedeutung des Arguments anwendet.

Wie stellt sich dies nun dar, wenn wir Verben haben, die mehr als ein Argument regieren? Betrachten wir Existenzsätze und das Verb ⟨sein⟩ (vgl. S. 124f. und S. 162f., Aufgabe 20). Für ⟨sein⟩ in einem Satz wie ⟨Fritz ist Lehrer⟩ können wir annehmen, dass das Kopulaverb zweiwertig ist. Andererseits werden in vielen Sprachen Existenzsätze durch ein nominales Prädikat gebildet, wir erinnern an den Beispielsatz aus dem Indonesischen ⟨Fritz guru⟩ »Fritz ist Lehrer«. Es liegt der Verdacht nahe, dass in Sprachen, die Existenzsätze mit Hilfe einer Kopula bilden, die Kopula (⟨sein⟩) und das Prädikatsnomen (⟨Lehrer⟩) zusammengehören, also zusammen ein Prädikat bilden. Nach einer semantischen Analyse kann dies wie folgt begründet werden:

(a)   Fritz ∈ {x | x ist Lehrer}
(b)   λx[x ist ein Lehrer] (Fritz)

Ausdruck (a) besagt, dass die Person ⟨Fritz⟩ ein Element der Menge der Lehrer ist, Ausdruck (b), dass die charakterisierende Funktion [x ist ein Lehrer] auf die Person ⟨Fritz⟩ angewandt wird. Der Satz ⟨Fritz ist Lehrer⟩ ist genau dann wahr, wenn Fritz Lehrer ist, und sonst falsch. Diese Analyse gilt für den deutschen Existenzsatz ebenso wie für den indonesischen. Aber für das Deutsche wäre weiterhin zu begründen, wie der Ausdruck ⟨ist Lehrer⟩ kompositional aufgebaut ist. Es ist in jedem Falle notwendig, eine Unterscheidung vorzunehmen, wann ein Argument an das verbale Prädikat gebunden wird. Das Verb ⟨sein⟩ hat als erstanzubindendes Argument ⟨Lehrer⟩ und als letztanzubindendes ⟨Fritz⟩. In einem ersten Schritt wird der Ausdruck ⟨ist Lehrer⟩ gebildet, der in einem zweiten Schritt das Argument ⟨Fritz⟩ anbindet. Diese Vorgehensweise hat Konsequenzen für die syntaktische Beschreibung. Wenn die syntaktische Struktur parallel zur semantischen aufgebaut sein soll, dann müsste dem Ausdruck ⟨ist Lehrer⟩ eine entsprechende syntaktische Struktur zugeordnet werden. Da der Kern des Ausdrucks das Verb ⟨sein⟩ ist, kann die Kategorie Verbalphrase VP mit V ⟨sein⟩ als Kopf angesetzt werden. Hieraus ergibt sich ein binärer Strukturaufbau des Satzes in [NP VP]$_S$, wie er in vielen

Ansätzen und Darstellungen zu finden ist und dem die Unterscheidung des Satzes in Subjekt und Prädikat zugrunde liegt. Das Subjekt wäre demnach als zuletzt angebundenes Argument bzw. als VP-externes Argument zu klassifizieren. Dieses Beschreibungsproblem bezüglich des Prädikatsnomens als zweitem Argument von ⟨sein⟩, das mit der Notwendigkeit des Verbs ⟨sein⟩ in Existenzsätzen zusammenhängt, besteht in Sprachen nicht, bei denen auch nicht-verbale Elemente – z.B. im K'iche' sowohl Nomina, Adjektive als auch Partizipien – direkt ohne eine verbale Kopula als Prädikat fungieren können.

Komplemente des Verbs sind semantisch gesehen Argumente des Verbs. Je nach Anzahl und Art der Argumente haben wir intransitive und transitive Verben unterschieden (vgl. Kap. 4.2.1), z.B. ⟨Sandy friert⟩ versus ⟨Maria beißt den Hund⟩, aber noch nichts Spezifisches über die Art der Argumente ausgesagt. Für die Semantik der Verben und die Art und Weise, wie die Argumente in die Verbhandlung integriert sind, spielen vor allem zwei Merkmale eine wesentliche Rolle: Kontrolle und Intention. Je nachdem, ob das Verb einen Mitspieler regiert, der die Verbhandlung kontrolliert bzw. intendiert oder nicht, kann dies zu unterschiedlichen morphosyntaktischen Kodierungen führen, so in den beiden nordamerikanischen Indianersprachen Dakota und Pomo:

Dakota (±Kontrolle):

wa-lowã	ma-kʰuʒe
ich(+K)-singen	*ich(−K)-krank∗sein*
ich singe	*ich bin krank*
wa-ka-homni	ma-ka-homni
ich(+K)-Instrument-umdrehen	*ich(−K)-Instrument-umdrehen*
ich drehte ihn herum	*etwas ließ mich herumfahren*

Pomo (±Intention):

ha	mipal	ʃak'a		
ich(+I)	*ihn*	*töten*		
Ich töte ihn.				
ha	ts'exelka		wi	ts'exelka
ich(+I)	*ausrutschen*		*ich(−I)*	*ausrutschen*
Ich rutsche (umher).			*Ich rutsche (aus).*	

Kontrolle und Intention, aber auch Faktoren wie Belebtheit der erforderlichen Mitspieler, legen fest, welche Mitspieler von einem Verb gebunden werden können. Bei Handlungsverben gibt es mindestens einen Mitspieler, der die Handlung intentional kontrolliert. Intentionale Kontrolle ist wiederum eine Eigenschaft von belebten Wesen. Dies erklärt, warum ein Satz wie *⟨Das Atom geht⟩ nicht akzeptabel ist. Das Verb ⟨gehen⟩ verlangt bestimmte semantische Merkmale und schränkt somit die Menge aller möglichen Besetzungen eines einstelligen Prädikats ein. Diese semantischen Bedingungen nennt man SELEKTIONSBESCHRÄNKUNGEN. Bewegungsverben oder transitive Verben sind in vielen Sprachen prototypisch auf belebte

5.2 Satzsemantik

Subjekt-Argumente beschränkt. In manchen Sprachen ist ein Satz wie ⟨Der Hagel zerschlug die Scheibe⟩ daher nicht grammatisch, sondern er ist nur durch eine Umschreibung wie z.B. durch eine Passivkonstruktion auszudrücken. Im Deutschen gilt die Beschränkung auf ein belebtes Subjekt nur bei wenigen Verben wie ⟨essen⟩. Bei den die Art und Weise der Nahrungsaufnahme näher spezifizierenden Verben ⟨fressen⟩ und ⟨äsen⟩ geht diese Beschränkung noch weiter, da sie nur auf Tiere (oder, metaphorisch übertragen, auf wie Tiere ›essende‹ Menschen) bzw. im Falle von ⟨äsen⟩ sogar nur auf Hirsche und Rehwild als Subjekt bezogen sein können.

Die prototypische Merkmalskombination aus Belebtheit und intentionaler Kontrolle nennt man AGENS. Übt der belebte Mitspieler keine Kontrolle aus, so spricht man von REZIPIENS. Agens und Rezipiens sind semantische Funktionen, die üblicherweise als semantische oder THEMATISCHE ROLLEN bezeichnet werden. In dem Satz ⟨Der Torwart wirft den Ball ab⟩ hat die Subjekt-NP ⟨der Torwart⟩ die semantische Funktion Agens, während in dem Satz ⟨Der Torwart erhält den Ball⟩ das Subjekt den Rezipienten kodiert. In den Sätzen ⟨Ich friere⟩ bzw. ⟨Mich friert⟩ ist der Mitspieler morphosyntaktisch unterschieden (Nominativ vs. Akkusativ), auf der Ebene der semantischen Funktionen indes liegt in beiden Sätzen ein Rezipiens zugrunde.

Noch komplexer sind die Verhältnisse in dem Satz ⟨Mir ist kalt⟩. ⟨Mir⟩ ist wiederum Rezipiens. Sieht man aber die Kälte als Ursache an, dann wird durch ⟨mir⟩ das ZIEL ausgedrückt, auf das die Ursache eine Wirkung ausübt. Die Rollen Rezipiens und Ziel hängen eng zusammen, das Ziel kann aber auch nicht-belebte Mitspieler umfassen, z.B. ⟨Das Essen ist kalt⟩. In diesem Satz ist das Ziel durch eine Subjekt-NP im Nominativ kodiert, während in ⟨Mir ist kalt⟩ das Pronomen Dativobjekt ist – man denke an die Umformung mit dem formalen Subjekt ⟨es⟩ in ⟨Es ist mir kalt⟩. Die Differenzierung in Agens und Ziel wird anschaulich in einem Satz wie ⟨Ich liebe sie⟩; in ihm wird nur ausgesagt, dass eine Person die andere liebt, ohne dass die Umkehrung gelten müsste. Wird ein Mitspieler eher als Objekt betrachtet, so bezeichnet man diesen als PATIENS oder THEMA. Im Gegensatz zum prototypischen Agens wird Patiens eher negativ definiert. Ihm fehlen die Momente Kontrolle bzw. Intention, und Belebtheit ist keine notwendige Voraussetzung, Patiens zu sein. Gerade dass das Patiens im Hinblick auf Belebtheit unmarkiert ist, führt dazu, dass Sprachen in diesem Fall hinsichtlich Belebtheit unterschiedliche morphosyntaktische Kodierungen haben. Im Spanischen werden unbelebte Patiens-Objekte direkt als Nominalphrase angeschlossen, belebte hingegen durch eine Präpositionalphrase mit ⟨a⟩ wie die gleichfalls belebten indirekten Rezipiens-Objekte:

Vemos   las   flores.   *Wir sehen die Blumen.*
wir∗sehen ART Blumen
Vemos   a   las   niñas.   *Wir sehen die Mädchen.*
wir∗sehen P   ART   Mädchen
Donamos   flores a   las   niñas.   *Wir schenken den Mädchen Blumen.*
wir∗schenken Blumen P ART   Mädchen

In dem Satz ⟨Ich schenke ihnen Blumen⟩ ist ⟨ich⟩ Agens und ⟨ihnen⟩ Ziel/Rezipiens und ⟨Blumen⟩ Patiens. ⟨Blumen⟩ verweist dabei auf einen Mitspieler, der vom Agens zum Ziel transferiert wird. Nun ist es nicht immer ohne weiteres möglich, die Kasusrollen zu bestimmen. Das Subjekt in ⟨Der Torwart fängt den Ball⟩ kann sowohl als Agens als auch als Ziel/Rezipiens betrachtet werden. In Fällen wie

Die Suppe brennt an.
Die Suppe riecht angebrannt.
Er lässt die Suppe anbrennen.

ist schwer zu beantworten, welche semantische Rolle der NP ⟨die Suppe⟩ zugewiesen werden kann. Derart schwer festlegbare Mitspieler werden häufig unter der Thema-Rolle zusammengefasst.

Im Deutschen sind die bisher angegebenen semantischen Rollen diejenigen, die bei der Argumentstruktur und den Diathesen entscheidend sind. Bei peripheren Angaben (vgl. Kapitel 4.2.2) gibt es noch weitere Rollen wie INSTRUMENT ⟨Ich hacke das Holz mit der Axt⟩ oder QUELLE ⟨Ich bin aus China⟩, aber auch ein räumliches, nicht als Rezipiens interpretierbares Ziel. Den Sätzen ⟨Ich fahre nach China⟩, ⟨Ich bin aus China⟩ und ⟨Ich bin in China⟩ wird durch die Präpositionalphrase im ersten und zweiten Fall das Ziel bzw. die Quelle der Bewegung angegeben, im dritten der Raum um einen Bezugspunkt, man spricht dann von LOKATIV. Im Deutschen werden die semantischen Rollen der peripheren Angaben in erster Linie durch Präpositionalphrasen wie ⟨Er geht in den Hörsaal⟩ kodiert, Lokalangaben als Objekt-Nominalphrasen sind nur mit wenigen Verben möglich, z. B. ⟨Er betritt den Hörsaal⟩. Im Chinesischen und Lateinischen wird dagegen bei Bewegungsverben das Ziel normalerweise als Nominalphrase in Objektfunktion zum Ausdruck gebracht, z. B.

Domum, romam eāmus. *Lasst uns nach Hause, nach Rom gehen.*
nach∗Hause/Akk Rom/Akk gehen-1p/Präs/Konj

Wǒ qù zhōngguó le. *Ich gehe nach China.*
Ich gehen China PART

Die Verbindung zwischen Lokalangabe und Objekt besteht darin, dass einerseits gerade Bewegungsverben ohne eine Ortsangabe meist aussagelos sind, so dass die Ortsangabe bei diesen Verben eine notwendige Angabe im Sinne eines Arguments ist, und dass andererseits auch das direkte Objekt mancher transitiver Verben eine lokale Zielinterpretation wie in ⟨Man asphaltiert den Weg⟩ erlaubt.

Bei der grammatischen Kennzeichnung der notwendigen Argumente zeigen sich auch aus semantischer Sicht Implikationshierarchien, die weite, wenn auch nicht ausschließliche Geltung haben. Entscheidend ist dabei das Zusammenspiel zwischen einer zugleich die Merkmale Kontrolle, Belebtheit und semantische Rolle integrierenden Hierarchie

Agens   > Rezipiens   > Patiens
belebt   > belebt   > hinsichtlich Belebtheit neutral
Kontrolle   > – Kontrolle > – Kontrolle

5.2 Satzsemantik

und der Hierarchie der grammatischen Kodierung:

Subjekt > direktes Objekt > indirektes Objekt > weitere indirekte Angaben

Das Zusammenspiel der Hierarchien ist so zu verstehen, dass ein Agens präferiert als Subjekt kodiert wird. Das Subjekt ist präferiert Agens und, wenn nicht Agens, dann präferiert Rezipiens. Ein Patiens dagegen kann nur dispräferiert Subjekt sein. Ein potentieller Konflikt besteht darin, dass semantisch das belebte Rezipiens, syntaktisch gesehen aber das direkte Objekt in der jeweiligen Hierarchie präferiert wird. Hierdurch können sich Abweichungen von der prototypischen semantischen Besetzung der grammatischen Kodierung bzw. deren Markierung ergeben. Im Englischen fordert das Verb ⟨open⟩ ein Patiens als Subjekt, z.B. ⟨The door opens⟩. Dies bedeutet im Bezug auf das Zusammenspiel der Hierarchien, dass ein dispräferiertes Argument als Subjekt kodiert wird. In dem entsprechenden deutschen Satz ⟨Die Tür öffnet sich⟩ wird ebenfalls das Patiens als Subjekt kodiert, aber anders als im Englischen wird eine Reflexivkonstruktion verwendet. Das den Vorgang nicht kontrollierende und im Zustand veränderte Subjekt wird auf diese Weise zugleich auch als direktes Objekt im Akkusativ (ko-)referiert. In Bildungen wie ⟨jemanden (etwas) fragen⟩ erfolgt anders als z.B. bei ⟨jemandem etwas sagen⟩ die Kodierung des belebten Rezipiens im Akkusativ als direktes Objekt, da das eigentliche direkte Objekt, das konkret Erfragte, normalerweise weder als direktes Objekt erscheint noch als Objektsatz. Diese höhere Prominenz des belebten Rezipiens gegenüber dem Patiens kann sich auch in der Verbmorphologie durch Formidentität von direktem und indirektem Objekt zeigen, wenn wie z.B. im Nahuatl sowohl Subjekt als auch direktes Objekt und indirektes Objekt (vgl. S. 95) am Verb gekennzeichnet werden:

ni-mits-notsa   *ich* (ni-) *rufe dich* (mits-)
ni-mits-Ø-maka   *ich gebe es* (Ø-) *dir* (mits-)

Ein anderes Beispiel für die Wechselbeziehung zwischen semantischen Rollen und grammatischer Kodierung bieten die Kasusmarkierungen in Ergativsprachen, bei denen oft Identität entweder zwischen der Ergativ- und der Genitivmarkierung oder zwischen der Ergativ- und der Dativmarkierung anzutreffen ist. Ebenso wie bei der Identität von Ergativmarkierung am Verb und Possessivmarkierung am Nomen in Maya-Sprachen zeigt sich, dass Belebtheit (Dativ) bzw. Belebtheit und Kontrolle (Genitiv, Possessiv) entscheidende Merkmale bei der Wahl der grammatischen Kennzeichnung des Agens transitiver Verben sind. Generell ist die Beziehung zwischen den zugrunde liegenden semantischen Rollen und der grammatischen (Kasus-)Kennzeichnung der Argumente in den Sprachen der Welt äußerst vielfältig.

Bisher haben wir einfache Aussagesätze behandelt und den Aufbau ihrer Satzbedeutungen kompositional bestimmt. Aber neben einem Aussagesatz wie ⟨Fritz ist Lehrer.⟩ kann auch ein Fragesatz ⟨Ist Fritz Lehrer?⟩ gebildet werden, bei dem die Prädikat-Argument-Struktur gleich ist und der den gleichen Satzinhalt hat. Dieser gemeinsame Satzinhalt wird als PROPOSITION (abgekürzt p) und allgemein durch einen Ausdruck der Form ›dass p‹ bezeichnet. Eine Proposition ist die Bedeutungsstruktur eines Satzes, die aus dem Prädikat und seinen Argumenten gebildet wird.

Was bedeutet der kompositionale Aufbau von Satzbedeutungen nun für komplexe Satzstrukturen, in denen einfache Satzstrukturen zu übergeordneten Strukturen miteinander verknüpft sind? Wir wollen die Bedeutungsanalyse von komplexen Sätzen an koordinierten Sätzen erläutern wie:

(a) Manne fährt Auto und Hotte spielt Schach.
(b) Hotte spielt (entweder) Schach oder er schläft.
(c) Hotte fährt weder Auto, noch hat er ein Fahrrad.

In allen drei Sätzen werden zwei Sachverhalte durch eine koordinierende Konjunktion miteinander verknüpft. Die Konjunktionen binden jeweils zwei Argumente, so im ersten Satz die Konjunktion ⟨und⟩ das Argument p = ⟨Manne fährt Auto⟩ und q = ⟨Hotte spielt Schach⟩. Wir schreiben für den Gesamtausdruck kurz ›p und q‹. Die Gesamtbedeutung des Ausdrucks liegt also in den Bedeutungen der Konjunkte und der Bedeutung des Verknüpfungszeichens, des Konnektors. In allen drei Fällen kann der Konnektor als ein Prädikat angesehen werden mit zwei Propositionen als Argumenten. In Bezug auf den Wahrheitsgehalt ist der Satz (a) genau dann wahr, wenn sowohl p als auch q wahr sind, andernfalls ist er falsch. In Satz (b) bindet die Konjunktion ⟨oder⟩ die Argumente p = ⟨Hotte spielt Schach⟩ und q = ⟨Hotte schläft⟩, wir schreiben hierfür ›p oder q‹. Die durch ⟨oder⟩ ausgedrückte Relation bezeichnet man als ›antivalente Disjunktion‹: Von den verknüpften Propositionen ist jeweils nur eine gültig. In (c) liegt eine konjunktive Verknüpfung vor, bei der die Negation ($\neg$) der Propositionen eine Rolle spielt. Dem Verknüpfungstyp ›weder p noch q‹ entspricht der Typ ›$\neg$ p und $\neg$ q‹. Der Satz ⟨Hotte fährt weder Auto, noch hat er ein Fahrrad⟩ entspricht dem Satz ⟨Hotte fährt nicht Auto und er hat kein Fahrrad⟩. Der Ausdruck ›weder p‹ impliziert, dass ›$\neg$ p‹ gilt. Implizierte Voraussetzungen dieser Art bezeichnet man als (KONVENTIONELLE) PRÄSUPPOSITIONEN.

Die Bedingungen für den Wahrheitsgehalt eines komplexen Aussagesatzes sind Voraussetzungen für die Bedeutungsanalyse, aber der Gebrauch in der natürlichen Sprache ist vielschichtiger. In dem Satz ⟨Erna stirbt und wird beerdigt⟩ liegt ein temporales Verhältnis, in dem Satz ⟨Das Buch ist interessant und teuer⟩ ein adversatives und in dem Satz ⟨Er wohnt in Hannover und lehrt an der Uni⟩ liegt ein lokales Verhältnis vor. Für die Bedeutung des Gesamtausdrucks kommen Sprach- und Weltwissen ins Spiel: Im Normalfall folgt die Beerdigung dem Tod (Grund-Folge-Aspekt); Bücher sollten nicht (zu) teuer sein (normativer Aspekt), und jemand lehrt normalerweise an der Universität, die sich in der Universitätsstadt befindet, wo derjenige lebt (Erfahrungsaspekt). Für die Bedeutungsanalyse spielt also das implizierte Weltwissen eine Rolle, man spricht in diesem Fall von pragmatischen Präsuppositionen. In dem Satz ⟨Gabi ist krank, aber sie geht arbeiten⟩ ist für die Interpretation relevant, dass im Hinblick auf die Präsupposition ›Wer krank ist, geht nicht arbeiten‹ ein Kontrast etabliert wird. Dabei wird das, was impliziert ist, durch Schlussverfahren (Inferenzen) abgeleitet. Unter INFERENZ versteht man das

Schließen aus vorhandenem Wissen auf weiteres Wissen nach einem logischen Mechanismus, den man traditionell SYLLOGISMUS nennt. Syllogismen sind logische Schlussverfahren, die aus zwei Prämissen und einer Konklusion bestehen ((siehe S. 239f.). Berühmtes Beispiel für einen klassischen Syllogismus ist das folgende:

Prämisse 1:	Alle Menschen sind sterblich.
Prämisse 2:	Sokrates ist ein Mensch.
Konklusion:	Sokrates ist sterblich.

Übertragen wir das Modell des Schlussverfahrens auf unseren Beispielsatz, so kann dies wie folgt (informell) dargestellt werden:

Prämisse:	Wer krank ist, geht nicht arbeiten.
Faktum:	Gabi ist krank.
Konklusion:	Also geht Gabi nicht arbeiten.
Kontrast:	(Aber) Gabi geht arbeiten.

Der Gegensatz wird durch Annullierung von Schlüssen aus der Alltagskenntnis hergestellt. Während in Sätzen wie ⟨Alberich ist klein, aber Dirk ist groß⟩ der Gegensatz in den kontrastfähigen lexikalischen Bedeutungen der Prädikate liegt, ergibt sich die Bedeutung in dem Satz ⟨Gabi ist krank, aber sie geht arbeiten⟩ nicht durch einen induzierten Gegensatz auf der Ebene der Konjunktbedeutungen. Vielmehr wird der Gegensatz durch eine kontextuelle Bewertung der Konjunktbedeutungen induziert.

Interpretationen sind in hohem Maße situationsabhängig. Indem auf das Weltwissen zurückgegriffen wird, lassen sich ›Normalinterpretationen‹ der Sätze geben, die für viele Situationen gelten, aber auch andere Interpretationen sind denkbar. So könnte der Satz ⟨Hiromi isst Sashimi mit Krabbenscheren⟩ in einer bestimmten Situation den Sinn haben, dass Hiromi Sashimi mit Hilfe von Krabbenscheren isst, die PP wird in diesem Fall nicht an das Nomen, sondern als Instrumentalangabe an das Verb gebunden. Wenn ein Satz in einer bestimmten Situation gebraucht wird, so wollen wir von einer Äußerung reden, und entsprechend von einer Äußerungsbedeutung. Sätze sind also in Äußerungskontexte eingebettet, und Satzbedeutungen sind Abstraktionen von den Parametern einer konkreten Situation. Umgekehrt lässt sich sagen, dass Sätze nur zusammen mit einem Kontext eine mögliche Äußerung liefern.

5.3 Semantische Konzepte

Bedeutungen reflektieren Vorstellungen, Ideen dagegen Konzepte, die auf mentalen Voraussetzungen, Wahrnehmung und Welterfahrung sowie Intersubjektivität in einer Sprachgemeinschaft beruhen. Konzepte sind Repräsentationen eines Ausschnitts der Wirklichkeit auf der mentalen Ebene. Wie wir gesehen haben, kann über die Prototypentheorie die Schnittstelle zwischen Konzeptualisierungen und Bedeutungen eines sprachlichen Zeichens hergestellt werden.

Konzepte können etwas Vorsprachliches sein wie unveräußerliche Zugehörigkeit, die anders als im Deutschen in manchen Sprachen bei Possessiv- und Genitivkonstruktionen eine Rolle spielt. In Maya-Sprachen werden so Körperteilbezeichnungen normalerweise nur mit Possessivpräfixen verwendet, z. B. im K'iche' ⟨nu-jolom⟩ »mein Kopf«; ›Kopf‹ allgemein kann nur unter Verwendung eines Derivationssuffixes als ⟨jolomaj⟩ ausgedrückt werden. Ebenso werden /u-b'aqil/ »sein Knochen (als Teil des eigenen Körpers)« und /u-b'aq/ »sein Knochen (z. B. als Werkzeug)« morphologisch unterschieden. Metaphorisch erweitert wird in Maya-Sprachen das Konzept der Unveräußerlichkeit auch auf Verwandtschaftsverhältnisse oder auf das ›eigene Haus/Heim, Zuhause‹ angewendet.

Die Erfahrung von Körperlichkeit bildet eine besonders reiche Quelle für Metaphern, z. B. ⟨etwas hat Hand und Fuß⟩, ⟨auf großem Fuß leben⟩ oder ⟨jemandem auf den Zahn fühlen⟩. Bei ›oben‹ vs. ›unten‹ und ›links‹ vs. ›rechts‹ greifen dabei nicht selten auch Bewertungen, wenn z. B. ⟨die rechte Hand des Chefs⟩ ⟨mit dem linken Fuß aufgestanden ist⟩. In anderen Sprachen werden bei Verben des Fühlens Körperteilbezeichnungen als Subjekt verwendet wie im K'iche' ⟨X-Ø-kub'e' ki-k'ux⟩ »Ihre Herzen setzten sich, d. h. sie beruhigten sich«, wo mit dem grammatischen Subjekt ⟨k'ux⟩ »Herz« die Rezipiensrolle des als Possessor ausgedrückten logischen Subjekts besonders markiert wird.

Metaphorik spielt auch in der Wissenschaftssprache eine wichtige Rolle, wobei auf verschiedene Bereiche der menschlichen Erfahrungswelt rekurriert werden kann. Nehmen wir die Beispiele ⟨semantisches Feld⟩ und ⟨semantisches Netz⟩, durch die unterschiedliche Eigenschaften von Bedeutungen und Bedeutungsbeziehungen fokussiert werden – auf der einen Seite die räumliche Ausdehnung und Begrenzung, auf der anderen die Beziehungsrelationen, die zwischen Lexemen hergestellt werden können. Vergleichbare unterschiedliche Sichtweisen finden sich in ⟨gesellschaftliches Umfeld⟩ und ⟨soziales Netz⟩, wobei im Falle des ⟨sozialen Netzes⟩ bei der Verwendung z. B. im politischen Diskurs auch ein weiteres Merkmal von ›Netzen‹ metaphorisch genutzt werden, nämlich die Lücken zwischen den Fäden, durch die man sozial ⟨fallen⟩ kann.

Manche Konzepte werden über metaphorisch gebrauchte sprachliche Einheiten überhaupt erst konstruiert. Für bestimmte Konzepte aus der Physik wie das ›Membran-Modell‹ des Universums, das selbst ein mathematisches Konstrukt der räumlichen Struktur des Universums ist, gibt es im Deutschen (und anderen Sprachen) zunächst keine Begriffe. Es wird daher versucht, über ein lexikalisiertes versprachlichtes Konzept ›Membran‹ eine Anschauung des konstruierten Raumkonzepts zu ermöglichen. Die sprachliche Beschreibung des physikalischen Raumkonzepts knüpft an unser Raumwissen an, und es stellt sich hier die oft diskutierte Frage, ob Konzepte aus den Naturwissenschaften überhaupt in natürliche Sprache(n) ›übersetzt‹ werden können.

Konzepte sind Wissensrepräsentationen, die die Grundlage für Kategorisierungen und somit Bedeutungen von sprachlichen Zeichen bilden. Konzepte als mentale Bilder sind nicht identisch mit Bedeutungskonzepten, sondern kognitive

Voraussetzungen für sprachliche Bedeutung. Das konzeptuelle Wissen, so lautet eine Hypothese, ist stark geprägt durch körperliche Erfahrung und wird für die semantische Repräsentation verfügbar gemacht. Die Perzeption des Raums ist eine zentrale Erfahrung für den Menschen, in phylo- und ontogenetischer Perspektive. Hieraus folgt, dass der Raum konzeptuell prominent, anderen Konzepten vorgelagert ist, so dass andere Konzepte wie das von ›Zeit‹ von Raumkonzeptualisierungen abgeleitet werden können.

5.4 Raumsemantik

Raumerfahrung ist für uns eine der grundlegendsten Erfahrungen überhaupt. Wer sich nicht räumlich orientieren kann, irrt umher wie Schwejk auf seiner »Budweiser Anabasis« (Hašek 1964: 310):

> »›Sie können also Ihr Regiment nicht finden?‹ sagte er [der Rittmeister]. ›Sie waren auf der Suche nach ihm?‹ – Schwejk klärte ihm die Situation auf. Er nannte Tabor und sämtliche Orte, durch die er nach Budweis gegangen war: [...] – Mit ungeheurer Begeisterung schilderte Schwejk seinen Kampf mit dem Schicksal, wie er, ohne der Hindernisse zu achten, zu seinem Regiment nach Budweis gelangen wollte und wie die Anstrengungen vergeblich waren. – Er sprach feurig und der Rittmeister zeichnete mechanisch mit einem Bleistift auf ein Stück Papier den toten Kreis, aus dem der brave Soldat Schwejk nicht herauskommen konnte, obwohl er zu seinem Regiment gelangen wollte. – ›Das war eine Herkulesarbeit‹, sagte er schließlich, nachdem er gehört hatte, wie sehr es Schwejk verdrieße, dass er so lange sein Regiment nicht erreichen konnte.«

Aber nicht »alle Wege führen nach Budweis«. Um nicht wie Schwejk immer ›geradeaus‹ im Kreis zu marschieren, können wir eine Karte zu Rate ziehen, oder wir können einen Einheimischen, der gerade vorbeikommt, nach dem Weg fragen:

A: Tschuldigung, zur Bötzowstraße, wie kommt ick'n da am besten hin?
B: Eije, Bötzowstraße, ahh, da gehen Se im also jetz hier links rum imma gerade aus.
A: Die Straße hier links rum?
B: Ja.
A: Ja.
B: Über die Prenzlauer Allee und dann, wie heißt denn die Straße, ick gloobe, Friskower.
A: Mhm.
B: Ach, und denn über de Greifswalder und am Arnswalder Platz, da is die Bötzowstraße.
A: Also is'n Stück zu laufen.
B: Also, dit is'n Stück. Da wären Se am besten mit der Straßenbahn jefahr'n.

A: Ach, ich will mal laufen.
B: Na, imma geradeaus, Über die Prenzlauer, über die Greifswalder und dann, da is die Bötzowstraße.
A: Danke.
B: Bitte.

Solche Wegauskünfte sind komplexe sprachliche Handlungen, bei denen der Auskunftgebende die Erfahrungen und Wissensstrukturen aktualisieren muss, auf die er in bekanntem Terrain zurückgreifen kann. Meist orientiert man sich an bestimmten Bezugspunkten, z. B. an einem besonders auffallenden Gebäude oder einem Straßenschild. Solche Bezugspunkte helfen uns, die räumliche Umgebung zu strukturieren, und zwar sowohl die bekannte als auch eine unbekannte – man denke nur daran, wie man einen Stadtplan oder eine Landkarte benutzt. Jeder Mensch hat seine alltäglichen räumlichen Umgebungen in Form von Merkpunkten als ›kognitive Landkarten‹ gespeichert. Der Auskunftgebende muss diese Karte aber auch einer anderen Person mitteilen können; nur wenn es ihm gelingt, dem Fragenden eine klare Vorstellung vom Weg zu vermitteln, kann der Fragende den Weg nachvollziehen, obwohl er ihn nicht kennt. Im Beispiel werden verschiedene sprachliche Mittel eingesetzt, um den Weg zu beschreiben:
• Adverbien: ⟨hier⟩, ⟨da⟩, ⟨links⟩, ⟨geradeaus⟩.
• Verben: ⟨(rum)gehen⟩, ⟨sein⟩.
• Präpositionalphrasen: ⟨über die Prenzlauer Allee⟩, ⟨am Arnswalder Platz⟩.

Welche ›kognitive Karte‹ nun wird vom Erklärenden mit Hilfe dieser sprachlichen Mittel aktualisiert? Zunächst einmal wird der Raum vom Sprecher und dem ›Hier und Jetzt‹ der Fragesituation aus aufgebaut. Das ⟨hier⟩ bezeichnet den Ort des Sprechers, man nennt dies auch raumdeiktische Origo. Von diesem Ausgangspunkt aus werden bestimmte Merkpunkte hervorgehoben (⟨Prenzlauer Allee⟩), und zwischen den Merkpunkten werden Wegzusammenhänge hergestellt (z. B. durch die Präposition ⟨an⟩). Der Auskunftgebende betrachtet den Raum dabei sowohl dynamisch – er vollzieht eine imaginäre Wanderung (⟨Eije, Bötzowstraße, ahh, da gehen Se im also jetz hier links rum imma gerade aus⟩) – als auch statisch (⟨am Arnswalder Platz, da is ...⟩). Mit Hilfe unterschiedlicher sprachlicher Mittel, deren spezifische Verwendung durch bestimmte Raumkonzeptionen geprägt wird, können also Raumvorstellungen kommuniziert werden. Im Folgenden soll diesen Konzepten und ihrem sprachlichen Ausdruck genauer nachgegangen werden.

5.4.1 Primäre Raumdeixis

Bei einem Sprechereignis wie der angeführten Wegauskunft ist der Nullpunkt der lokalen Deixis nach Karl Bühlers Zeigfeldlehre das Hier, Jetzt und Ego des Sprechers. Elementar für die räumlichen Koordinaten der Sprechsituation sind die Ausdrücke der primären Raumdeixis wie ⟨hier⟩, ⟨da⟩, ⟨dort⟩ im Deutschen, ⟨here⟩ und

5.4 Raumsemantik

⟨there⟩ im Englischen. Im Englischen ist das System der primären Raumdeixis minimal: ⟨here⟩ und ⟨there⟩ drücken den Gegensatz zwischen Sprechort (Origo) und allen anderen Orten aus. Im Deutschen ist das dreigliedrige System relativ kompliziert. Die Ausdrücke können nur im Sinne von Prototypen verstanden werden: Während ⟨hier⟩ und ⟨dort⟩ eine deiktische Opposition bilden, kann ⟨dort⟩ immer durch ⟨da⟩ und ⟨hier⟩ häufig durch ⟨da⟩ ersetzt werden. Doch wie unterscheidet sich die Bedeutung von ⟨hier⟩ und ⟨dort⟩? Um die deiktische Opposition zwischen ⟨hier⟩ und ⟨dort⟩ darzustellen, ist es sinnvoll, zwischen Sprecherstandort (S), Betrachtraum und Verweisraum zu unterscheiden. Der Betrachtraum bezieht sich auf das jeweils relevante Wahrnehmungs- oder Handlungsfeld des Sprechers, der Verweisraum auf den durch den deiktischen Ausdruck referierten Raum. Nehmen wir zwei Beispielsätze:

(1) Hier/*dort in München gefällt es mir gut.
    (Sprecher befindet sich in München)
(2) *Hier/dort in München gefällt es mir nicht gut.
    (Sprecher befindet sich in Berlin)

Im ersten Satz sind Sprecherstandort und Betrachtraum im Verweisraum eingeschlossen, im zweiten liegt zwar der Sprecherstandort im Betrachtraum, aber Verweisraum und Betrachtraum sind getrennt:

(1) | S | (2) | S | | |
    Betrachtraum   Betrachtraum   Verweisraum
    = Verweisraum

In anderen Sprachen sind die primärdeiktischen Systeme oft stärker ausdifferenziert. Im Wik-Munkan (Australien) spielt zusätzlich die Entfernung vom Sprecher eine Rolle: /ʔil/ »nah beim Sprecher«, /nal/ »(mittelweit) entfernt« und /ʔal/ »weit entfernt«. Viele Sprachen haben eine weniger egozentrische Deixis. Die Gesprächssituation wird ausgebaut, indem neben dem Sprecher auch der Angesprochene einen Raum erhält, z. B. im Alaska Haida: /àː/ »nah beim Sprecher«, /húː/ »nah beim Angesprochenen«, /ˈwàː/ »weder nah beim Sprecher noch beim Angesprochenen«. Seltener findet sich wie im Tlingit ein zusätzlicher Ausdruck für den Raum zwischen Sprecher und Angesprochenem: /àjá/ »nah beim Sprecher«, /àwé/ »nah beim Angesprochenen«, /àhé/ »zwischen Sprecher und Angesprochenem« und /àjú/ »entfernt«. Auch andere Komponenten können als Grundlage primärdeiktischer Systeme herangezogen werden, wie z. B. im australischen Dyirbal Sichtbarkeit:

jala   *nah beim Sprecher und sichtbar*
bala   *weiter entfernt, aber in Sichtweite*
ŋala   *nicht im Sichtbereich des Sprechers*

Diese Kategorisierungen kommen manchmal kombiniert vor, so dass z. B. im Heiltsuk, einer mit dem Kwak'wala verwandten Sprache aus British Columbia, sechs primärdeiktische Kategorien existieren:

gʷaχga	*nah beim Sprecher*
gʷa-ts-χga	*nah beim Sprecher, nicht sichtbar (-ts)*
aχʷ	*nah beim Angesprochenen*
aχ-ts-χʷ	*nah beim Angesprochenen, nicht sichtbar*
aχi	*entfernt*
a-ts-χi	*entfernt, nicht sichtbar*

Zusätzlich zum Gesprächskontext fließen auch andere Merkmale in die primäre Deixis ein, z. B. Quantität der Objekte oder Belebtheit. Im Kikuyu, einer ostafrikanischen Bantusprache, wird zwischen ausgedehntem und nicht-ausgedehntem Ort unterschieden: /haha/ »hier, nicht ausgedehnt« und /guku/ »hier, ausgedehnt«. Der grammatische Status der primärdeiktischen Elemente kann unterschiedlich sein: ⟨hier⟩ und ⟨dort⟩ sind Adverbien; im Dyirbal handelt es sich um nominale Adjektive, die dekliniert werden, z. B. /balan/ »hier (Absolutiv, Klasse II)«, /bagun/ »hier (Dativ, Klasse II)« oder /bagul/ »hier (Dativ, Klasse I)«; im Heiltsuk stellen sie eine Flexionskategorie dar, z. B. /hi'mas-gaχga/ »ein/der Häuptling bei mir« oder /jabm-aχtsχʷ/ »ein/der nicht-sichtbare(r) Bote bei dir«.

5.4.2 Sekundäre Raumdeixis

Das System der sekundären Raumdeixis bezieht sich auf die drei Dimensionen des Raumes. Die sekundäre Raumdeixis setzt die primäre voraus, da der Raum entweder ›von hier aus‹ oder ›von dort aus‹ gesehen wird. Die Sichtweise vom Sprecher aus bezeichnet man als DEIKTISCHE PERSPEKTIVE, die von einem Objekt aus als INTRINSISCHE PERSPEKTIVE, die von einem absoluten Koordinatensystem ausgehende als KARDINALE PERSPEKTIVE.

Bei der deiktischen und der intrinsischen Strategie wird vom menschlichen Körper ausgegangen. Beim deiktischen Gebrauch erweitert der Sprecher seine Körperlichkeit auf den ihn umgebenden Raum. Das Ego des Sprechers wird zum Raumzentrum und deiktischen Nullpunkt, der Origo eines dreidimensionalen Koordinatensystems mit den Spiegelachsen für oben–unten in der Vertikalen und vorn–hinten sowie links–rechts in den Horizontalen (vgl. Abbildung 5-1). Dabei gilt im Englischen stillschweigend die Vereinbarung, dass die Objekte dem Sprecher zugewandt sind; man hat es folglich mit einer spiegelbildlichen Einteilung zu tun. Im Hausa dagegen werden die Objekte normalerweise als mit dem Sprecher in einer Reihe stehend aufgefasst, sind also von ihm abgewandt:

gà:	bí:rònkà	tʃân	gàbá	dà	tàrhô:
schau	*Füller-dein*	*dort*	*Vorderseite*	*mit*	*Telefon*

Dein Füller liegt vor dem Telefon.

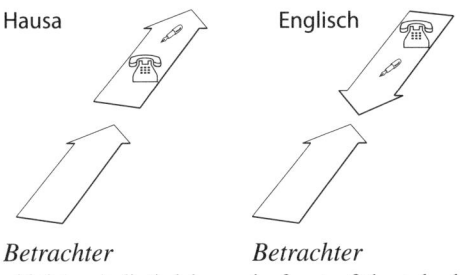

Betrachter
gàbá (vor) dà tàrhô:

Betrachter
in front of the telephone

Bei der intrinsischen Perspektive dagegen hängt der Nullpunkt nicht vom Sprecher ab, sondern er geht von einem Bezugsobjekt aus, auf das die menschliche Anatomie übertragen wird. In vielen Sprachen, so auch dem Deutschen, existieren beide Systeme nebeneinander. Aufgrund der Wahlmöglichkeit besteht die Gefahr von Missverständnissen, vor allem bei den Dimensionen der Horizontalen links–rechts und vorn–hinten (vgl. Abb. 5-1). Bei der Dimension oben–unten wirkt die Schwerkraft dagegen so determinierend, dass sich ein Sprecher schon auf den Kopf stellen muss, um mit seiner deiktischen Orientierung davon abzuweichen. Warum konkurrieren nun aber diese zwei Strategien, zumal die Doppelung die Gefahr von Missverständnissen in sich trägt? Genau wie bei ⟨hier⟩ und ⟨dort⟩ kann man eine deiktische Verortung nur verstehen, wenn man weiß, wo sich der Sprecher befindet, die intrinsische Verortung kann dagegen losgelöst vom Kontext des Äußerns verstanden werden. Andererseits sind aber der metaphorischen Übertragung Grenzen gesetzt: Wo ist z. B. bei einem Ball oder einem Berg vorn, wo rechts? Die intrinsische Verortung wird daher bevorzugt bei Menschen und anderen Lebewesen gebraucht und bei unbelebten Objekten nur, wenn dem Objekt aufgrund seiner Gestalt oder der Art der Benutzung eine Vorderseite zweifelsfrei zugewiesen werden kann. Ansonsten wird die deiktische Strategie bevorzugt.

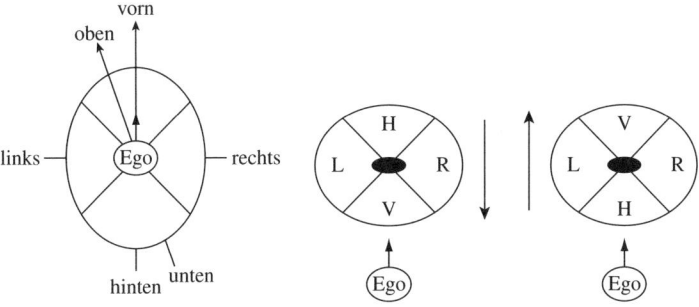

Deiktische Origo   Deiktische Verortung eines Objektes

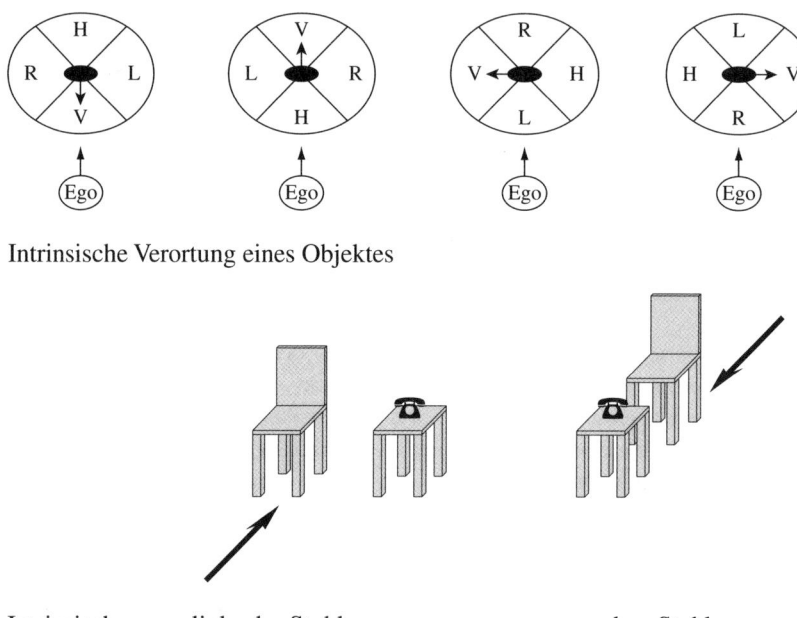

Abb. 5-1: Deiktische und intrinsische Perspektive

Es gibt allerdings auch Sprachen, in denen die intrinsische Strategie bevorzugt verwendet wird. Hier ist zunächst die Sondersprache der Mediziner zu nennen, bei deren auf den menschlichen Körper gerichteten Tätigkeit die eindeutige Unterscheidung von links und rechts notwendig ist. Im Mixtekischen wird die metaphorische Übertragung des menschlichen Körpers auf die Objekte wörtlich genommen, da Körperteilbezeichnungen zugleich auch als Präpositionen dienen:

té	kéé	ɲā	xáʔàn	ɲā	núù	ɲáʔā
und	weggehen	sie	gehen∗nach	sie	Gesicht	Frau

Sie geht zu der Frau.

té	ʒúān	kāʒú	ʒītī	nūù		sāntú-ún
und	dann	brennen	Kerze	Gesicht		Heiliger-jener

Und eine Kerze brennt vor dem Heiligenbild.

té	ʒúān	xá-ndʒàkā		kriādá		stāà,
und	dann	ankommen-bringen		Dienerin		Tortilla
ndéʒū,		kāxʷéé	nūù		mésá	
gekochtes∗Essen		Kaffee	Gesicht		Tisch	

Und dann brachte die Dienerin Tortillas, gekochte Bohnen und Kaffee auf den Tisch.

kō3ō	ró	ȝáà	rò	núù	ɲúʔū
schütten	*du*	*Asche*	*du*	*Gesicht*	*Erde*

Schütte die Asche auf den Boden.

Wie die recht unterschiedliche Wiedergabe des präpositionsartig gebrauchten Nomens /nūù/ »Gesicht« zeigt, korrespondiert die Metaphorik der ›Gesichtsseite‹ nicht mit der der deutschen Präpositionen. Bei den Objekten, deren Gestalt die Zuordnung einer ›Gesichtsseite‹ nicht unterstützt, wird die dem Sprecher zugewandte Seite als ›Gesichtsseite‹ identifiziert.

Die kardinale oder geozentrische Perspektive orientiert sich an den Himmelsrichtungen und/oder an landschaftlichen Gegebenheiten. Anders als die intrinsische oder die deiktische Perspektive ist sie nur in wenigen Sprachen wie z. B. dem australischen Guugu Yimidhirr das Ausgangssystem für die sekundäre Raumdeixis. Die geozentrische Orientierung findet man in allen Sprachen, so auch im Deutschen. Von München nach Berlin ⟨fährt man rauf⟩ bzw. ⟨hoch/nach oben in den Norden⟩, von Berlin nach München indes ⟨runter⟩ bzw. ⟨nach unten in den Süden⟩. Aber von Koblenz nach Köln fährt man mit dem Zug den Rhein ⟨runter⟩ (nach Norden). Es stellt sich die Frage, ob man von Koblenz an den Niederrhein auch ⟨rauf⟩ fahren kann.

5.4.3 Spezifizierung von Raumlage und Bewegung

Für die Orientierung im Raum haben wir bisher die grundlegenden Prinzipien kennen gelernt:
- die primäre Raumdeixis als Nullpunkt der Sprechsituation,
- die beobachter- und objektbezogene sowie die geozentrische Perspektive,
- Vertikalität und Horizontalität (Koordinatensystem mit den Achsen oben–unten, vorn–hinten und rechts–links).

Allerdings kann mit diesen Unterscheidungen die Vielfalt sprachlicher Raumkonzeptionen nicht ausreichend beschrieben werden. Raum kann als Punkt oder als begrenzte(r) Raum/Fläche betrachtet werden; Raum kann durch die Opposition innen–außen beschrieben werden; das Augenmerk kann auf die Begrenzungen des Raums gelenkt werden oder auf die Umgebung des Raums:

(1) The mouse is sitting under the table.
(2) The mouse is sitting on the table.

Während im ersten Satz der Tisch einen übergeordneten Bezugsraum begrenzt, beinhaltet die Aussage des zweiten Satzes Kontakt/Berührung mit der (Tisch-)Oberfläche. Zusätzlich spielt die bereits aus anderen Zusammenhängen bekannte Opposition dynamisch gegen statisch eine entscheidende Rolle:

(3) The mouse went under the table.

Der dritte Satz beschreibt ein Ereignis und hat ein Bewegungsverb, der erste und zweite einen Zustand mit einem stativen Verb. Im dritten Satz ist also ein Weg oder Pfad vorausgesetzt, in den anderen beiden nicht, obwohl die Sätze ⟨The mouse is sitting under the table⟩ und ⟨The mouse went under the table⟩ die (gleiche) lokale Bedeutung der Präposition ⟨under⟩ haben. Die Bedeutung ›ein Objekt x ⟨under⟩ einem Objekt y‹ bezieht sich auf Vertikalität, wobei wir uns ein Fallzentrum denken können und x näher am Fallzentrum lokalisiert ist als y. Allerdings ist damit die Grundbedeutung von ⟨under⟩ nicht ausreichend gegeben, denn der dritte Satz ist doppeldeutig. Der Satz kann einmal so verstanden werden, dass die Maus sich zum Ziel ›Tisch‹ hinbewegt und dann dort verweilt oder den Raum unterhalb des Tisches durchquert. DURCHQUERUNG ist also eine weitere relevante semantische Eigenschaft für die Bedeutung von ⟨x went under y⟩. Im Deutschen wird diese Doppeldeutigkeit dadurch aufgehoben, dass man unterschiedliche Kasus verwendet und gegebenenfalls ⟨durch⟩ hinzusetzt:

Die Maus rennt unter den Tisch. (Ziel)
Die Maus rennt unter dem Tisch. (Raum)
Die Maus rennt unter dem Tisch durch. (Durchquerung)

Im Englischen und Deutschen ist die Raumlage primär in den Präpositionen spezifiziert. Über die Präpositionen werden Objekte und Räume in Beziehung gesetzt. Dabei werden durch die Nomina selbst Räume lexikalisiert, z. B. ⟨Tisch⟩ mit ebener Oberseite als begrenzte Fläche gegen ⟨Kiste⟩ als kubischer, abgeschlossener Behälter. In Kombination mit Präpositionen werden mit solchen Nomina Teilräume gebildet: ⟨am Haus⟩, ⟨in der Stadt⟩, ⟨auf dem Weg⟩, ⟨im Eimer⟩. Mit anderen Präpositionen können diese Nomina wie viele andere Nomina auch als Bezugspunkt dienen: ⟨vor dem Haus⟩, ⟨neben der Straße⟩, ⟨in der Kiste⟩. Solche konkreten Räume erscheinen allerdings in manchen Sprachen auch grammatikalisiert und z. T. komplex differenziert wie im Kwak'wala oder Tlingit:

Kwak'wala
-iɫ   *im Haus auf dem Boden*
-χseka   *an der Außenseite des Hauses*
-neq^w *an der Seite des Hauses*

Tlingit
dà:k-   *seewärts, von der Küste zum Meer*
jàn-   *vom Meer zur Küste*
γè:q-   *vom Binnenland zur Küste (Strand)*
nà:-   *flussaufwärts*
ʔíx-   *flussabwärts*
wáɫ-   *an der Flussmündung*

Raumlagen und Bewegungen im Raum werden häufig als Prädikate ausgedrückt. Im Deutschen finden sich so z. B. intransitive Raumlageverben wie ⟨sitzen⟩, ⟨lie-

5.4 Raumsemantik

gen⟩, ⟨stehen⟩ und ⟨hängen⟩ und Bewegungsverben wie ⟨kommen⟩ und ⟨fahren⟩. Im K'iche' werden Raumlagen und Zustände durch besondere Positionalwurzeln ausgedrückt, die als Partizipien das Prädikat verbloser Sätze bilden:

In	kub'-ulik.			*Ich sitze bzw. ich saß.*
ich	sitzen-Partizip*Stativ			

Bei der Raumlage kann auch die Form und Beschaffenheit des verorteten Objekts eine lexikalische Unterscheidung hervorrufen, z.B. ⟨in sep-elik⟩ »ich sitze im Schneidersitz«.

Bei der Bewegung durch den Raum ist schließlich noch RICHTUNG eine zentrale Kategorie. Ein Satz wie ⟨Wáng Huá ist eingetreten⟩ ist in Bezug auf die Sprecher-Hörer-Relation nicht gekennzeichnet. Anders im Chinesischen:

Wáng Huá	zǒu-jìn-lái	le.	*Wáng Huá ist eingetreten.*
⟨Name⟩	hineinlauf-komm	PART	*(zum Sprecher)*
Wáng Huá	zǒu-jìn-qù	le.	*Wáng Huá ist eingetreten.*
⟨Name⟩	hineinlauf-geh	PART	*(vom Sprecher weg)*

Vergleichbar der Verwendung von ⟨li⟩ bzw. ⟨qù⟩ im Chinesischen haben auch in Maya-Sprachen die Bewegungsverben oft zwei nach deiktischen Kriterien unterschiedene Formen, z.B. im Chol /hulel/ »ankommen (beim Sprecher)« vs. /k'otel/ »an einem anderen Ort (nicht beim Sprecher) ankommen« oder /suhtel/ »(zum Angesprochenen) gehen« vs. /mahlel/ »zu einem anderen Ort (als dem des Angesprochenen) gehen« u.a.

Orientierung im Raum ist die grundlegende Quelle für den metaphorischen Gebrauch von Sprache: ⟨Sie liest ein Buch *über* Semantik, das sie *über* Amazon bestellt hat⟩. Positive gesellschaftliche Werte sind in der Regel mit ›oben‹ verbunden, im Kontrast dazu weniger positive mit ›unten‹. Im Deutschen sind ⟨hoher⟩ Status, Erfolg und Macht an ⟨oben⟩ gekoppelt: Der ⟨Top⟩-Manager ⟨an der Spitze⟩ eines Wirtschaftsunternehmens und ⟨auf dem Gipfel⟩ des Erfolgs ist ⟨oben⟩, bei einer ⟨Talfahrt⟩ der Wirtschaft kann er jedoch leicht die Kontrolle ⟨über⟩ das Unternehmen verlieren und nach unten ⟨fallen⟩. Dieser metaphorische Gebrauch folgt dem konzeptuellen Schema ›Gut ist oben, schlecht ist unten‹ und ist raumbasiert. Offensichtlich findet hier ein Transfer von einer Erfahrungsdomäne (Raum) zu einer anderen Domäne (Prestige/Macht) statt. Der ›Raum‹ als Ausgangsdomäne ist grundlegend für die ›Zeit‹ als Zieldomäne. In dem Konzeptualisierungsschema ›Zeit ist Raum‹ begründet sich die nicht-räumliche Lesart von Adjektiven wie ⟨lang⟩, ⟨kurz⟩ oder Präpositionen wie ⟨über⟩, und Dimensionen wie ›vorn/hinten‹, ›oben/unten‹ können metaphorisch auf Zeit übertragen werden. Diese Metaphorik findet sich bei temporalen Präpositionalphrasen, für Nachzeitigkeit ⟨Ich trinke gerne vor dem Essen einen Sherry⟩, für Vorzeitigkeit ⟨Ich trinke gerne nach dem Essen einen Aquavit⟩. Bei Uhrzeitangaben zeigen sich unterschiedliche Sichtweisen, man denke nur an ⟨dreiviertel zwölf⟩ gegen ⟨viertel vor zwölf⟩ für 11 Uhr 45. Im ersten Fall wird der Zeitraum der zwölften Stunde zu drei Vierteln gefüllt, im zweiten vom Zeitpunkt zwölf Uhr eine Viertelstunde zurückgerechnet. Andererseits gibt es die konkurrierende deiktische Metapher, nach der man im Deutschen die Zukunft noch ›vor‹ sich hat, die Vergangenheit aber bereits ›hinter‹ sich. Deshalb wird auch bei ⟨viertel vor zwölf⟩ eine Viertelstunde ⟨zurückgerechnet⟩.

5.5 Temporalität

Neben der Raumerfahrung spielt die Erfahrung von Zeit eine wesentliche Rolle. Anders als Raum wird Zeit jedoch im Allgemeinen als weniger komplex begriffen: Raum ist dreidimensional, Zeit dagegen nur eindimensional. Wir bewegen uns in der Zeit nur in eine Richtung und können auf diese Bewegung keinen Einfluss nehmen, so dass Linearität und Unidirektionalität unsere Vorstellung von Zeit in starkem Maße prägen (siehe auch das Sprachspiel S. 216f., Aufgabe 19). Andererseits wird Raum subjektiv weniger unmittelbar wahrgenommen, während die Zeitvorstellung durch Glück, Langeweile oder Hast relativiert werden kann: Zeit kann einem davonlaufen, oder aber es können einem Minuten wie Stunden vorkommen. Zugleich kann Zeit für uns aber auch einen periodischen und zyklischen Charakter haben, da sie durch immer wiederkehrende Tages- und Jahreszeiten strukturiert wird. Für die subjektive Anschauung der Zeit spielt das Gedächtnis eine zentrale Rolle: Das gegenwärtige Erleben wird im Kurzzeitgedächtnis für ca. zehn Sekunden abgespeichert, während Vergangenes im Kurzzeit- und Langzeitgedächtnis gespeichert wird, bis zu einem weit in die Kindheit reichenden Zeitpunkt. Wir wollen hier aber weder die in aller Relativität erlebte Zeit noch Zeit im physikalischen Sinne behandeln; im Folgenden soll uns Zeit nur als sprachlich kodiertes System beschäftigen.

Die sprachliche Kodierung zeitlicher Phänomene geschieht auf der einen Seite durch grammatische Morpheme, die zur Flexion des Verbs gehören, seltener auch zur Derivation des Verbs oder anderer Wortarten. Hierzu gehören die Tempora des Deutschen und Lateinischen, z.B. ⟨audiō⟩ »ich höre«, ⟨audiēbam⟩ »ich hörte«, aber auch Bedeutungsdifferenzierungen mit einer zeitlichen Komponente wie ⟨blühen⟩ gegen ⟨erblühen⟩. Auf der anderen Seite finden sich als lexikalische Angaben Zeitadverbiale oder zeitadverbiale Präpositionalphrasen. Die Kodierung von Zeit weist Parallelen mit der Kodierung von Raum auf: Tempora wie Präsens oder Präteritum und Zeitadverbien wie ⟨gestern⟩ oder ⟨heute⟩ haben deiktischen Charakter, obwohl sie anders als ⟨hier⟩ nur in einem eindimensionalen Universum verweisen. Ähnlich wie Raum kann Zeit sowohl als Zeitpunkt wie auch als Zeitraum konzeptualisiert werden. Solche Parallelen führen dazu, dass manche Adverbien und Adjektive sowohl räumlich als auch zeitlich verwendet werden können wie bei ⟨vier Kilometer lang⟩ und ⟨vier Tage lang⟩. Temporale Präpositionalphrasen unterscheiden sich z.T. nicht von lokalen, z.B. ⟨vor dem ersten Oktober⟩ neben ⟨vor dem Haus⟩ oder im Mixtekischen, wo die Körperteilbezeichnung /nùù/ »Gesicht« (vgl. S. 192f.) auch zur Zeitmarkierung verwendet wird:

5.5 Temporalität

té	nì	tʃāā	tūkū	ðé	nūù	ūná	kɨ̄vɨ̀
und	*Kom*	*kommen*	*wieder*	*er*	*Gesicht*	*acht*	*Tag*

Und nach acht Tagen kam er wieder.

Grundlegend für eine Kategorisierung von Zeit ist die Annahme eines Ursache-Wirkung-Prinzips. Es impliziert die zeitliche Relation früher–später: Ein Ereignis, das von einem anderen verursacht worden ist, liegt später als dieses. Obwohl Kausalität der Grundbaustein für die Früher-später-Relation ist, muss nicht jede Früher-später-Relation eine Kausalitätsbeziehung sein, dies ist z.B. in der Aussage ⟨Schiller starb Jahre früher als Goethe⟩ nicht der Fall. Entscheidend ist der Wechsel der Ereignisse. Die Früher-später-Relation kann bei deiktischen Zeitadverbien auch wegfallen, so beim Zeitadverb /écí/ »dem heutigen Tag benachbarter Tag« im Igbo (südliches Nigeria), das je nach Kontext ›morgen‹ oder ›gestern‹ bedeuten kann.

Wenn wir einen Satz schreiben oder äußern, dann stellen wir nicht nur Relationen zwischen Ereignissen her, sondern wir tun dies auch immer relativ zu einem bestimmten Zeitpunkt. Dieser Zeitpunkt, der in der Regel das Hier und Jetzt des Sprechers kennzeichnet, dient als zeitdeiktische Origo, es sei denn bei fiktiven oder hypothetischen Ereignissen. Von der Origo dieses Sprechzeitpunkts (O), der Gegenwart, geht die Deixis in zwei Richtungen, in die Vergangenheit (Ereignis ist früher als O) und in die Zukunft (Ereignis ist später als O). Diese uns so einleuchtende Dreiereinteilung findet sich nicht überall: In manchen Sprachen, z. B. dem Chinook (Oregon und Washington, USA), wird noch weiter ausdifferenziert zwischen ferner und naher Vergangenheit; im australischen Dyirbal gibt es dagegen nur eine binäre Opposition zwischen Futur und Non-Futur, wobei das Non-Futur sowohl Gegenwart als auch Vergangenheit bezeichnet (Ereignis ist nicht später als O); im Yidiny, einer anderen australischen Sprache, wird binär zwischen Vergangenheit und Non-Vergangenheit (Ereignis ist nicht früher als O) unterschieden:

Dyirbal:	Non-Futur		Futur
Yidiny:	Vergangenheit	Non-Vergangenheit	
Deutsch:	Vergangenheit	Präsens	Futur

————————— x —————————→
O

Neben Aussagen, die zeitlich verortet sind, gibt es auch solche, bei denen dies nicht der Fall ist; hierzu zählen generische Aussagen über Ereignisgruppen wie ⟨Viele meiner Freunde rauchen⟩ oder zeitlose Aussagen wie ⟨Wir sind alle sterblich⟩.

Um die zeitliche Verortung besser verstehen zu können, empfiehlt es sich, neben dem Sprechzeitpunkt auch noch Ereigniszeit (E) und Betrachtzeit (B) zu unterscheiden. In dem Satz ⟨Mein Finger blutete gestern⟩ umfasst die Ereigniszeit den Zeitraum des Ereignisses, also des Blutens des Fingers, die Betrachtzeit ist das Zeitintervall, auf das der Sprecher Bezug nimmt, also der zum Sprechzeitpunkt gestrige Tag. Ereigniszeit und Betrachtzeit liegen beide vor dem Sprechzeitpunkt, die Ereigniszeit liegt innerhalb der Betrachtzeit:

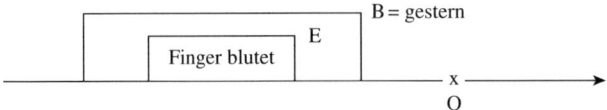

Oft existieren gleichzeitig mehrere ZEITRAHMUNGEN. Im Satz ⟨ich ging gestern Morgen von sieben bis acht Uhr spazieren⟩ liegt die Betrachtzeit vor dem Sprechzeitpunkt, im Satz ⟨ich ging heute Morgen von sieben bis acht Uhr spazieren⟩ liegt sie z. T. ebenfalls vor dem Sprechzeitpunkt, z. T. aber schließt sie ihn auch ein:

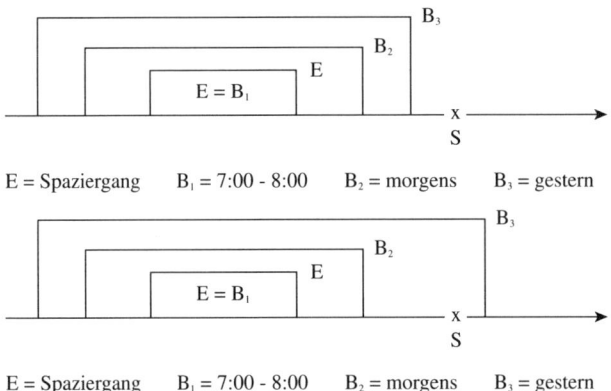

Mit Hilfe dieser Darstellungsweise kann man das deutsche Tempussystem in seiner Grundstruktur relativ leicht analysieren:

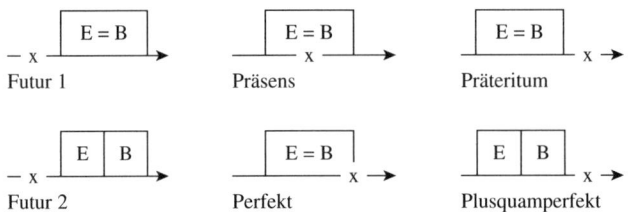

Bei dieser Art der Darstellung fällt eine Parallelität zwischen den Tempora auf; das Dreiersystem wird gedoppelt, je nachdem, ob die Betrachtzeit die Ereigniszeit einschließt oder nicht: Zusätzlich zur deiktischen Verortung werden also auch Merkmale der Ereignisstruktur grammatikalisiert. Die gleiche Opposition Perfekt gegen Non-Perfekt durchzieht das lateinische Tempussystem systematisch, da ein besonderer Perfektstamm verwendet werden muss, wie z. B. ⟨cēp-⟩ anstelle ⟨capi-⟩ »fangen«:

Präsens:	capi-t	Perfekt:	cēp-it
Imperfekt:	capi-ēbat	Plusquamperfekt:	cēp-erat
Futur:	capi-ēt	Futur 2:	cēp-erit

In romanischen Sprachen findet man in der Vergangenheit noch die Unterscheidung zwischen Perfekt und Imperfekt, wie im Französischen bei ⟨écrire⟩ »schreiben«:

5.5 Temporalität

Perfektiv	Imperfektiv
Handlung vollendet	sagt nichts über Handlung aus
[–dauernd]	[+dauernd]
il écrivit	*il écrivait*

Die grammatische Markierung der Perspektivierung eines Ereignisses nennt man ASPEKT. Das besondere Augenmerk richtet sich bei Aspekten darauf, ob eine Handlung Grenzen hat oder nicht. Im Deutschen dagegen wird das Einsetzen der Handlung mit Hilfe der Verbderivation zum Ausdruck gebracht, wie z. B. in ⟨aufblühen⟩ oder ⟨erblühen⟩ gegenüber ⟨blühen⟩. In ähnlicher Weise kann die Handlung als sich dem Ende nähernd gekennzeichnet werden wie in ⟨schlafen⟩ – ⟨entschlafen⟩, ⟨trinken⟩ – ⟨austrinken⟩ oder ⟨enden⟩ – ⟨beenden⟩. Man spricht in solchen Fällen von der AKTIONSART der Verben. In vielen europäischen Sprachen werden Aspekt bzw. Aktionsart als Derivationskategorien ausgedrückt, oder aber sie sind, wie im Falle des Perfekts, mit dem Tempussystem verflochten. In anderen Sprachen, wie z. B. dem K'iche', bilden sie die wesentliche Flexionskategorie, ohne dass es noch zusätzliche Tempusmarkierungen am Verb gibt:

x-	*kompletiv:*	abgeschlossen, Handlung hat Endpunkt erreicht
k(a)-	*inkompletiv:*	im Vorgang befindlich, Handlung hat begonnen, aber Endpunkt noch nicht erreicht
ch(i)-	*inzeptiv:*	Handlung ist dem Anfangspunkt nahe (d. h. hat entweder gerade begonnen oder steht noch davor)

Die unterschiedlichen Bezeichnungen perfektiv und kompletiv für abgeschlossene Ereignisse geben Bedeutungsnuancierungen wieder: man spricht von kompletiv, wenn der Abschluss des Ereignisses erreicht ist; falls das Ereignis ein Ergebnis impliziert und dieses Ergebnis als Resultat vorliegt, von resultativ. Perfektiv wird verwendet, wenn das Ereignis innerhalb des zeitlichen Rahmens abgeschlossen wurde. Im K'iche' beinhalten die Aspektmarkierungen keine zeitliche Verortung, weder absolut noch relativ als gleich-, vor- oder nachzeitig; Inkompletiv ⟨k(a)-⟩ kann sowohl Gegenwart, imperfektive Vergangenheit als auch Zukunft ausdrücken:

Mawi ka-Ø-nu-chij chik wa'ij.
nicht Ink-3sA-1sE-ertragen PART Hunger
Ich ertrage den Hunger nicht mehr.

Xa k-oj-u-ti'o, mi x-Ø-raj qa-ch'apo.
nur Ink-1pA-3sE-beißen gerade Kom-3sA-wollen 1pE-ergreifen
Wir wollten ihn gerade fangen, da biss er uns.

K-at-oponik, wuqub'ix k'ut k-e-oponik.
Ink-2sA-gehen in∗sieben∗Tagen PART Ink-3pA-gehen
Du gehst hin, und sie werden dann in sieben Tagen herkommen.

In Verbindung mit kompletiv kann der Inkompletiv sowohl vorzeitig, gleichzeitig als auch nachzeitig sein:

K-Ø-atinik ch-u-chi' ja', ta x-e-ik'owik,
Ink-3sA-baden Lok-3sE-Mund Wasser Part *Kom-3pA-vorbeigehen*
Sie kamen vorbei, als er am Flussufer badete.

Ta x-e-ok chi uloq, k-e-xajow chik,
Part *Kom-3pA-eintreten* Part *hierher Ink-3pA-tanzen-Antipassiv* Part
Sie kamen wieder herein und tanzten erneut.

Beim Inzeptiv ⟨ch(i)-⟩ wird der Anfang der Handlung betont, der durchaus auch in der Vergangenheit liegen kann, sofern er durch eine Zeitangabe oder ein Verb im Kompletiv in der Vergangenheit lokalisiert wird:

Kab'ijir ch-Ø-in-kanaj r-echaxik.
vor∗zwei∗Tagen Inz-3sA-1sE-lassen 3sE-Nahrung
Seit zwei Tagen fehlt mir Essen.

Ta x-e-ok uloq; are k'ut k'i ch-Ø-u-tze'ej atit.
Part *Kom-3pA-eintreten her* Dem Part *sehr Inz-3sA-3sE-lachen Greisin*
Sie kamen herein, und die alte Frau fing an, sehr darüber zu lachen.

Aspekte wie Kompletiv, Perfektiv oder Inzeptiv zeigen die Grenze einer Handlung an, wobei entweder der Anfang oder das Ende der Handlung die Grenze bildet. Geht es um die Kennzeichnung eines beidseitig begrenzten Zeitpunktes und nicht eines Zeitraums, so dass man von einem punktuellen Aspekt spricht. Auf der anderen Seite kann ein Ereignis als ohne Grenzen im Vorgang befindlich (progressiv) gekennzeichnet sein wie bei der ›continuous form‹ des Englischen, z. B. ⟨I was reading a book⟩ gegen ⟨I read a book⟩. Im Ruhrgebietsdeutsch wird die zum Sprechzeitpunkt verlaufende Handlung durch ⟨am⟩ + substantivierten Infinitiv gebildet, z. B. ⟨Wat is dat am Plästern⟩ (Regnen). Das unbegrenzte Andauern eines Ereignisses (durativ) spielt ebenfalls eine Rolle, wobei die bereits früher erwähnte Unterscheidung dynamisch gegen statisch eine aspektuelle Unterkategorie sein kann. Bei andauernden Ereignissen kann noch unterschieden werden, ob das Ereignis mit oder ohne Unterbrechung ausgeführt wird, ob es kontinuierlich voranschreitet (kontinuativ) oder nicht, ob es mehrfach wiederholt (iterativ) oder gar gewohnheitsmäßig (habituell) getan wird, ob es schnell oder langsam geschieht und vieles andere mehr.

Diese vielfältigen Aspektunterscheidungen spielen zwar in der einen oder anderen Weise innerhalb einer Sprache eine Rolle, sie sind aber nur zum geringsten Teil grammatikalisiert. In den meisten europäischen Sprachen spielt vor allem die ins Tempussystem integrierte aspektuelle Unterscheidung perfektiv gegen imperfektiv eine Rolle, in Mesoamerika dagegen sind Tempus-Aspekt-Systeme weit verbreitet. Andere aspektuelle Unterscheidungen treten über die Verbbedeutung oder den Kontext implizit modifizierend zu diesen markierten Unterscheidungen, wie in den folgenden Sätzen aus dem Französischen:

Perfekt = inzeptiv: Une terrible guerre éclat<u>a</u>.
Ein schrecklicher Krieg brach aus.

Perfekt = durativ/egressiv:	La guerre dur<u>a</u> trente ans.
	Der Krieg dauerte dreißig Jahre.
Perfekt = resultativ:	La guerre devast<u>a</u> tout le pays.
	Der Krieg verwüstete das ganze Land.
Imperfekt = iterativ:	La guerre sembl<u>ait</u> être sans fin,
	Der Krieg schien nicht enden zu wollen,
Imperfekt = durativ:	elle dur<u>ait</u> depuis vingt ans.
	er dauerte (bereits) seit zwanzig Jahren an.

Das Zusammenspiel zwischen Verbsemantik und Kontext sowie die sich teilweise überschneidenden Merkmale der Aspekte sind stark ausgeprägt, so dass die meisten Sprachen nur wenige und grobe Unterscheidungen machen. Oft werden Oppositionen des Typs A gegen Non-A (markiert gegen unmarkiert) vorgezogen, z. B. punktuell gegen non-punktuell oder durativ gegen non-durativ.

Eng verflochten mit Tempus und Aspekt ist noch eine weitere Kategorie, die Modalität. Sie findet sich in vielen europäischen Sprachen als Modus in der Konjugation grammatikalisiert, und zwar als Indikativ, Konjunktiv und Imperativ. Dieser Kategorie liegt zugrunde, dass Handlungen in der Vergangenheit relativ sicher als tatsächlich geschehen (real) oder als nicht geschehen (irreal) eingestuft werden können. Zukünftiges dagegen ist ungesichert; man kann es nur als wahrscheinlich, möglich, unwahrscheinlich oder gar unmöglich (irreal) einschätzen. Die Einschätzung von Ereignissen kann auch mit persönlicher Anteilnahme geschehen, so dass man etwas wünscht (Optativ), zulässt, empfiehlt oder befiehlt (Imperativ). Auf diese gesprächsbezogenen Komponenten von Modalität werden wir im Kapitel Pragmatik zu sprechen kommen. Das Feld Tempus-Aspekt-Modus stellt aufgrund seiner vielfältigen, hier nur angedeuteten Verflechtungen miteinander und mit der Semantik der Prädikate einen nur schwer durchdringbaren Dschungel dar.

Unterscheidungen im Hinblick auf Tempus-Aspekt-Modus können sich nicht nur auf die morphologische Markierung auswirken, sondern auch im Hinblick auf die Syntax. Das Einnehmen der Raumlage wird im Deutschen als inchoative Derivation stativer Verben ausgedrückt: ⟨sitzen⟩ – ⟨sich setzen⟩, ⟨liegen⟩ – ⟨sich hinlegen⟩ oder ⟨stehen⟩ – ⟨sich hinstellen⟩. Im K'iche' werden Positionalwurzeln, also jene Wurzeln, die Raumlage ausdrücken, als verblose Partizipialsätze verwendet. Sobald sie aber mit einem Inchoativ-Derivationssuffix versehen werden, sind sie, da nun dynamisch, verbales flektiertes Prädikat:

Zustand	In	kub'-ulik	Vorgang	k-in-kub'-e'ik
	ich	*sitzen-Partizip*Stativ*		*Ink-1sA-sitzen-Inchoativ*
	Ich sitze.			*Ich setze mich.*

In manchen Sprachen gibt es Unterschiede in der Kasusmarkierung bei Sätzen in verschiedenen Tempora bzw. Aspekten, so z. B. im Chol, wo in intransitiven Sätzen im Inkompletiv die Mitspieler mit Absolutiv/Ergativ markiert werden, im Kompletiv aber mit Nominativ/Akkusativ:

Kompletiv			Inkompletiv		
tsaʔ	tʃɨmij-on	*Ich starb.*	mi	k-tʃɨmel	*Ich sterbe.*
Kom	sterben-1sA		Ink	1sE-sterben	
tsaʔ	tʃɨmij-et	*Du starbst.*	mi	a-tʃɨmel	*Du stirbst.*
Kom	sterben-2sA		Ink	2sE-sterben	

Man vergleiche dagegen die beiden transitiven Sätze:

tsaʔ	h-k'elej-et	*Ich sah dich.*	mi	h-k'el-et	*Ich sehe dich.*
Kom	1sE-sehen-2sA		Ink	1sE-sehen-2sA	

Im Deutschen hängt bei Partizipien die Verwendung der Hilfsverben ⟨sein⟩ bzw. ⟨haben⟩ davon ab, ob das Verb inhärent durativ oder punktuell ist: ⟨Ich habe geschlafen⟩, aber ⟨Ich bin eingeschlafen⟩. Im K'iche' können Bedingungen, die mit der Partikel ⟨taj⟩ als nicht den Tatsachen entsprechend gekennzeichnet sind, anders als hypothetische nicht als Konditionalsätze mit der Konjunktion ⟨we⟩ »wenn« ausgedrückt werden, sondern müssen durch einen nur implizit auf den anderen Satz bezogenen Satz ausgedrückt werden:

Ma	k-i-kam		taj,		
nicht	*Ink-1sA-sterben*		PART		
la	ki	ta	xch-Ø-in-ch'up	jun	oq'.
PART	PART	PART	*Fut-3sA-1sE-pflücken*	*eins*	*Zählwort*

Ich sterbe bestimmt nicht, wenn ich eine davon pflücken werde.

Die Kategorisierung von Zeit muss nicht immer so direkt erfolgen wie bisher beschrieben, vor allem nicht in größeren Äußerungszusammenhängen. Neben dem Moment der relativen zeitlichen Verortung von Ereignissen zueinander spielt die Gewichtung und Linearisierung von Information eine wesentliche Rolle. So verstehen wir Zweitsprachler auch dann, wenn sie noch nicht ein formal ausdifferenziertes Tempussystem erworben haben wie die italienische Gastarbeiterin in dem folgenden Ausschnitt einer Erzählung. In der Erzählung geht es um einen Arbeitsunfall des Ehegatten einer Italienerin:

A: Was ist dann passiert?
I: Arbeit. Bei Arbeit, arbeite oben, un dann kaputt. Vielleicht – andere Kollege sage – vielleicht – gestorb un dann telefoniere Klinik un dann fort in Klinik.

Die zeitliche Verortung erfolgt in diesem Beispiel über Rahmung, über die Reihenfolge und über die damit verbundenen Wissensstrukturen: Jemand ist in der Klinik, weil er einen Unfall hatte; das Umgekehrte gilt normalerweise nicht. Die Verkettung und Linearisierung der Ereignisse wird durch ⟨und dann⟩ erreicht. Durch ›zitierte Rede‹ werden ein Sprechereignis und eine sekundäre Origo verankert, von der aus durch das Partizip Perfekt eine Rückblende geschieht. Die zeitliche Strukturierung der kurzen Passage lässt sich etwa wie folgt darstellen:

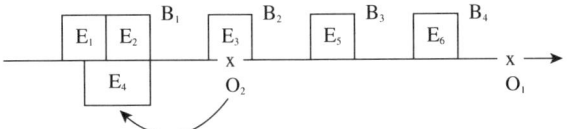

Durch ⟨Arbeit⟩ und ⟨Bei Arbeit⟩ wird zunächst der thematische und zeitliche Rahmen aufgespannt, der betrachtet wird (B_1). Innerhalb von B_1 werden zwei Ereignisse E_1: ⟨arbeite oben⟩ und E_2: ⟨kaputt⟩ berichtet, die durch ⟨un dann⟩ verkettet und linearisiert sind. Das dritte Ereignis E_3: ⟨Kollege sage⟩ liegt außerhalb von B_1 und etabliert gleichzeitig eine sekundäre Origo (O_2), von der aus mittels zitierter Rede das hypothetische Ereignis E_4: ⟨vielleicht gestorb⟩ zeitlich relativierend, nämlich rückblickend, etabliert wird. Durch ›und dann‹ wird wieder der tatsächliche Handlungsfaden aufgenommen und werden die Ereignisse E_5: ⟨telefoniere Klinik⟩ und E_6: ⟨fort in Klinik⟩ verkettet.

5.6 Zusammenfassung

Wir haben uns in diesem Kapitel mit den Bedeutungen von sprachlichen Formen beschäftigt. Grundlegende sprachliche Formen, die eine Bedeutung haben, sind Wörter bzw. Morpheme. Wörter haben eine Form- und eine Inhaltsseite. Auf der Folie von Grundbedeutungen werden sie in einem Lexikon zusammengefasst. Für die lexikalische Bedeutung sind Prototypikalität und Konventionalität zentrale Beschreibungsaspekte. Zwischen lexikalischen Elementen im Wortschatz einer Sprache bestehen im Hinblick auf deren Inhaltsseite Beziehungen wie die Hyponymie- oder Antonymie-Relation. Auf der Basis semantischer Ähnlichkeiten lassen sich Wortparadigmen und Wortfelder konstituieren. Anhand der semantischen Konzepte Temporalität und Lokalität haben wir versucht, die verschiedenen sprachlichen Kodierungsmöglichkeiten über lexikalische Einheiten, grammatische Morpheme und komplexe Phrasen zu verdeutlichen. Über die im engeren Sinne grammatische Ebene hinaus spielen Wissensstrukturen eine Rolle, so z. B., dass Handlungsfolgen strukturiert und geordnet sind.

Die Wortsemantik ist die Grundlage für die Semantik komplexerer Einheiten, für die Satzsemantik und die Semantik von Äußerungen. Satzbedeutungen entstehen aus den Wortbedeutungen und den Bedeutungen von syntaktischen Verknüpfungsweisen (Kompositionalitätsprinzip). Für die Äußerungsbedeutung ist zusätzlich die mit der Äußerung gegebene konkrete Situation relevant. Indem Situationsparameter in die Analyse einfließen, sind wir jedoch schon einen Schritt weit im Gebiet der Pragmatik.

Ausgewählte Literatur: Bayer (1999), Bierwisch (1988), Comrie (1976, 1985), Jackendoff (1983), Lakoff (1977), Löbner (2002), Lutzeier (1985, 1995), Lyons (1980), Schwarz/Chur (2004), Schweizer (1985), Weissenborn & Klein (1982), Wunderlich (1970, 1982).

5.5 Übungsaufgaben

1. Yoruba

☛ Bestimmen Sie die Semantik der drei Verben ⟨jẹ́⟩, ⟨ṣe⟩ und ⟨wà⟩, die im Deutschen alle mit dem Verb ⟨sein⟩ wiedergegeben werden.

Hinweis: ⟨p⟩ = /k͡p/, d. h. die Kombination aus labialem und velarem Verschluss; ⟨ṣ⟩ = /ʃ/; ⟨nwọ́n⟩ lautet [wɔ̃́], das erste ⟨n⟩ dient nur der graphischen Scheidung des Subjektpronomens ⟨nwọ́n⟩ vom gleichlautenden Objektpronomen ⟨wọ́n⟩ der dritten Person Plural.

1. Òní   jẹ́   ojó   àlàmísì.   *Heute ist Donnerstag.*
   heute sein Tag Donnerstag
2. Ó   ṣe   àárọ̀.   *Es ist noch früh.*
   er/es sein (früh)morgens
3. Òyìnbó l- ó jẹ́.   *Er ist Europäer.*
   Europäer FOK er sein
4. Ó   jẹ́   ọkùnrin.   *Er ist ein (junger) Mann.*
   er sein Mann
5. Ó   ṣe   ọkùnrin.   *Er ist tapfer (= männlich).*
6. Akọ̀wé ni mo ń-ṣe   nísìsìyìí.   *Ich bin jetzt Angestellter.*
   Angestellter FOK ich Habitual-sein jetzt
7. Ó   jẹ́   ènìà.   *Er ist ein Mensch.*
   er sein Mensch
8. Ó   ṣe   ènìà.   *Er ist menschlich (freundlich).*
9. bàbá wà ní ilé.   *Vater ist zu Hause.*
   Vater sein Lok Haus/Heim
10. Ó   wà   l- óhǔn.   *Er ist dort drüben.*
    er sein Lok dort drüben
11. Ó   wà   n- ínú àpótí.   *Es ist in der Kiste.*
    er sein Lok Inneres Kiste
12. Nwọ́n wà ní ìdúró.   *Sie stehen.*
    sie(Pl) sein Lok stehend

2. Chinesisch

☛ Versuchen Sie anhand der folgenden Beispiele herauszufinden, warum einige Nomina mit ⟨-zhāng⟩, andere mit ⟨-bǎ⟩ gebildet werden.

Hinweis: Die Suffixe ⟨-zhāng⟩ und ⟨-bǎ⟩ treten im Zusammenhang mit zählbaren Substantiven auf. Stellen Sie sich die bezeichneten Gegenstände bildlich vor.

1. yìzhāng zhuōzi   *ein Tisch*
2. liángzhāng bàozhi   *zwei Zeitungen*
3. shízhāng zhǐ   *zehn (Blatt) Papier*
4. sānzhāng chuáng   *drei Betten*

5. liùzhāng xìpiào   sechs Eintrittskarten
6. liángbǎ yàoshi   zwei Schlüssel
7. wǔbǎ dāozi   fünf Messer
8. yìbǎ yīzi   ein Fächer
9. bābǎ tiáozhǒu   acht Besen
10. yìbǎ cháhú   eine Teekanne

3. K'iche'

☞ Analysieren Sie, welche semantischen Merkmale bei den folgenden Verwandtschaftsbezeichnungen unterschieden und welche vernachlässigt werden. Kontrastieren Sie die Bildungen des K'iche' mit denen des Deutschen.

Hinweis: Die Daten stammen aus dem Dialekt von Nahuala-Ixtahuacán. Durch Doppelschreibung werden Langvokale bezeichnet. ⟨nu-⟩ und ⟨w-⟩ sind Allomorphe des Possessivpräfixes der ersten Person Singular. V = Vater (40 Jahre); M = Mutter (38 Jahre), T_1 = Tochter (18 Jahre), S_1 = Sohn (16 Jahre), T_2 = Tochter (15 Jahre), S_2 = Sohn (10 Jahre)

$V - T_1$	nu-mi'aal	$M - T_1$	w-aal
$V - S_1$	nu-k'ajool	$M - S_1$	w-aal
$V - T_2$	nu-mi'aal	$M - T_2$	w-aal
$V - S_2$	nu-k'ajool	$M - T_1$	w-aal
$T_1 - S_1$	nu-xib'aal	$S_1 - T_1$	w-anaab'
$T_1 - T_2$	nu-chaq'	$S_1 - T_2$	w-anaab'
$T_1 - S_2$	nu-xib'aal	$S_1 - S_2$	nu-chaq'
$T_2 - T_1$	w-atz	$S_2 - T_1$	w-anaab'
$T_2 - S_1$	nu-xib'aal	$S_2 - S_1$	w-atz
$T_2 - S_2$	nu-xib'aal	$S_2 - T_2$	w-anaab'

4. Deutsch

Befragt man Sprecher der deutschen Sprachgemeinschaft, so ist eine Kategorie wie ›Vogel‹ durch bestimmte Attribute gekennzeichnet; ein Vogel kann fliegen, zwitschern, er hat Federn, sitzt in Bäumen, hat kurze Beine und legt Eier.

☞ Tragen Sie in die Tabelle ein, ob die obigen Aussagen auch für die jeweiligen Vogelarten zutreffen (+) oder nicht (–). Diskutieren Sie, was ein prototypischer Vertreter der Kategorie ›Vogel‹ ist.

	Adler	Huhn	Krähe	Pinguin	Rotkehlchen	Strauß
sitzt in Bäumen						
fliegt						
zwitschert						
legt Eier						
hat kurze Beine						
hat Federn						

5. Mongolisch

Die klassische mongolische Schriftsprache ist ausschließlich eine geschriebene Sprache, die von den gesprochenen Varietäten z. T. erheblich abweicht. Sie steht dem Altmongolischen nahe, wie es vor allem in der um 1240 verfassten »Geheimen Geschichte der Mongolen« belegt ist, in der in legendenhafter Form die Taten Dschingis Khans erzählt werden. Die Schriftsprache wurde vor allem für buddhistische Literatur verwendet und erhielt Anfang des letzten Jahrhunderts im Zuge nationaler Bestrebungen eine größere Verbreitung. In der Mongolei wird die Sprache heute auf der Grundlage des Khalka-Dialekts in kyrillischer Schrift geschrieben.

Hinweis: Komposita nehmen jeweils als Gesamtheit ein Kasussuffix:
- 1a tʃaɣ-uliral-<u>un</u>   *des Klimas (Genitiv)*
- 2a atʃi-tusa-<u>bar</u>   *durch den Verdienst (Instrumental)*
- 3a kyiten+qalaɣun-<u>i</u>   *die Temperatur (Akkusativ)*

☛ Analysieren Sie die nachstehenden zusammengesetzten Nomina (a) hinsichtlich der semantischen Beziehungen der Bestandteile untereinander und (b) hinsichtlich der semantischen Beziehungen zwischen den Bestandteilen und der Grundbedeutung.

1. tʃaɣ - uliral
   Zeit + Wechsel
   Klima

2. atʃi - tusa
   Verdienst + Nutzen
   Verdienst, Gewinn

3. kyiten - qalaɣun
   kalt + heiß
   Temperatur

4. ɣadʒar - usun
   Erde + Wasser
   Territorium, Gebiet

5. orolɣa - dʒarulɣa
   Einnahmen + Ausgaben
   Budget

6. urtu - boɣoni
   lang + kurz
   Länge

7. emegel - qadʒaɣar
   Sattel + Zaumzeug
   Pferdegeschirr

8. øŋge - dyri
   Farbe + Gestalt
   Aussehen, Erscheinung

9. dʒer - dʒebseg
   Lanzenblatt + Waffe
   Waffen

10. erke - tʃilyge
    Recht + Freiheit, Muße
    (persönliche, bürgerliche) Freiheit

11. køg - daɣun
    Melodie + Lied
    Musik

12. [ɣal - usun]-u   ajul
    Feuer + Wasser-Gen   Gefahr
    lebensgefährliche Notlage

6. Georgisch & K'iche'

Georgisch wird von mehr als 3 Millionen Menschen gesprochen und gehört zu der im Kaukasus verbreiteten kartwelischen Sprachfamilie. Die Sprache hat eine zweitausendjährige schriftsprachliche Tradition, die auch verwandte Sprachen mit einschließt. Bis heute wird Georgisch in einer eigenen Schrift geschrieben, der so genannten Mchedruli-Schrift.

☛ Vergleichen Sie die Bildung der Zahlen in den beiden Sprachen.

	Georgisch				K'iche' (16. Jahrhundert)		
1	erti	11	tertmet'i	1	jun	11	julajuj
2	ori	12	tormet'i	2	kaib'	12	kab'lajuj
3	sami	13	tsamet'i	3	oxib'	13	oxlajuj
4	otxi	14	totxmet'i	4	kaxib'	14	kaxlajuj
5	xuti	15	txutmet'i	5	o'ob'	15	olajuj
6	ekvsi	16	tekvsmet'i	6	waqaqib'	16	waqlajuj
7	ʃvidi	17	tʃvidmet'i	7	wuqub'	17	wuqlajuj
8	rva	18	tvramet'i	8	wajxaqib'	18	wajxaqlajuj
9	tsxra	19	tsxramet'i	9	belejeb'	19	belejlajuj
10	ati	20	otsi	10	lajuj	20	juwinaq
21	otsdaerti			21	juwinaq jun		
22	otsdaori			22	juwinaq kab'		
30	otsdaati			30	juwinak lajuj		
31	otsdatermet'i			31	juwinaq julajuj		
40	ormotsi			40	kawinaq		
42	ormotsdaori			42	kab' roxk'al		
60	samotsi			60	oxk'al		
71	samotsdatertmet'i			71	julajuj (ri) jumuch		
80	otxmotsi			80	jumuch		
81	otxmotsdaerti			81	jun rok'al		
100	asi			100	ok'al		
120	as otsi			120	waqk'al		
121	as otsdaerti			121	jun (ri) wuqk'al		
140	as ormotsi			140	wuqk'al		

7. Cree

Die Dialekte des Cree, Naskapi und Montagnais bilden zusammen eine Dialektkette, deren Verbreitungsgebiet Ost-Kanada ist. Cree-Naskapi-Montagnais wird zur Algonkin-Sprachfamilie gezählt und hat insgesamt ca. 75 000 Sprecher.

Hinweis: Die entsprechenden Morphemkombinationen sind /ni- ... -aːnaːn/ bzw. /ni- ... -inaːn/ vs. /ki- ... -aːnaːnaw/ bzw. /ki- ... -inaw/. Nur die in der Übersetzung zitierten Cree-Wörter sind für die Aufgabe wichtig, der Cree-Text wird nur der Vollständigkeit halber zitiert und ohne Interlinearversion. ⟨'⟩ steht für ausgefallene Vokale. /ts/: [ts] ~ [tʃ].

Im folgenden Dialog machen sich zwei Sprecher des Cree über die mangelnden Sprachkenntnisse des Polizisten und Pfarrers lustig.

☛ Über welche im Deutschen nicht vorhandene Unterscheidung sind Polizist und Pfarrer gestolpert?

1. A: ... n'kiː-paːhpin teːpiskaːk.
   ... *Letzte Nacht habe ich gelacht.*

2. B: kiːwiːjatwaːnaːnaːw naː misiweː aːʃokanihk?
   Habt ihr am Kai Witze gemacht?

3. A: moːla, moːla kwantaw n'toːhtsiwiːjatwaːnaːn
   Nein, wir haben nicht bloß Witze gemacht.
   ʃoːlijaːnikimaːw neːsta anta kiː-ihtaːw neːsta maːka okipahoweːsiw. peːtsi-mawaːpiwak.
   Sowohl der Indianerbeauftragte als auch der Polizist waren da. Sie waren zu Besuch.

4. B: Aj'haːw, moːla naːspits wiːjateːlihtaːkwan.
   Nun, das ist doch nicht sehr lustig.

5. A: eːheː, okipahoweːsiw maːka kiː-itweːw, «awasiteː n'ka-naːkatsihtaːnaːn walaʃaweːwin».
   Nein, aber der Polizist hat gesagt: »wir müssen das Gesetz besser beachten.« (n'ka-naːkatsitaːnaːn *wir (müssen) gehorchen*)

6. B: moːla wajeʃ ohtsi-iʃi-aːweːpaliw. okipahoweːsiwak maːka ʃaːkots moːla piːkonamwak.
   Da hat er aber Unsinn geredet. Polizisten brechen es doch nicht.

7. A: n'kiskeːl'teːn. okipahoweːsiw maːka kiː-itweːw, «n'ka-naːkatsihtaːnaːn» maːka, ispiʃ wiːla «ka-naːkatsihtaːnaːw».
   Ich weiß (, was er meinte). Der Polizist sagte: »wir müssen gehorchen« (n'ka-naːkatsihtaːnaːn) *anstelle von »wir müssen gehorchen«* (ka-nakatsihtaːnaːw). [...]

8. A: eːʾko n' aːni maːka peːjakwan eː-weːmistikoːʃiːmonaːniwahk: «kiːlanaːnaw» neːsta «niːlanaːn»?
   Und im Englischen ist kiːlanaːnaw *und* niːlanaːn *wirklich das Gleiche?*

9. B: tsikeːmaːnimaː! kikiskisin naː maːhtsits kaː-kiː-ajamiheː-kiʃikaːk. – ajamiheːwikimaːw kiːitweːw: «misiweː kiː-toːteːnaːnaw matsihtwaːwin».
   Sicher! Erinnerst du dich an letzten Sonntag? Der Pfarrer sagte: »wir haben gesündigt« (kiː-toteːnaːnaw).

10. A: kiː-aʃitakimow neːsta wiːla neːsta kiːlanaːnaw.
    Er hat sich mit eingeschlossen.

11. B: kiː-itweːw maːka, «n'kiː-toteːnaːn», wiːla neːsta maːskots kotakijak ajamiheːwikimaːwak.
    Aber er sagte: »wir haben es getan« (n'kiː-toteːnaːn) *– vielleicht er und andere Pfarrer.*

a:skaw itwe:w, «no:hta:wi:na:n»; ta:pwe ma:ka wi:-itam, «ko:htawi:naw».
Manchmal sagt er auch »unser Vater« (no:hta:wi:na:n), wenn er eigentlich »unser Vater« (ko:htawi:naw) meint. [...]

12. A: ʃa:kots ajamihitowak. ki:-nisitohta:towak na: ma:ka?
    Aber sie sprechen doch miteinander. Können sie sich überhaupt verstehen?
13. B: e:he:, ma:skots; mo:la ma:ka n'ke:tsina:hon.
    Ja, vielleicht; aber ich bin nicht sicher.

8. Popoluca

Sayula und Oluta Popoluca sind eng verwandte Sprachen der Mixe-Zoque-Sprachfamilie und werden im Süden des mexikanischen Bundesstaates Veracruz von einigen tausend Menschen gesprochen.

Hinweis: Im vorliegenden Fall ist es hilfreich, wenn man die Markierung der Mitspieler in Form einer Matrix notiert:

	Patiens:	1. Person	2. Person	...
Agens:				
1. Person				
2. Person				
...				

☞ Analysieren Sie die nachfolgenden Paradigmen der transitiven Verbflexion hinsichtlich der Markierung der Mitspieler. Vergleichen Sie die beiden Dialekte.

A. Sayula Popoluca: /moj/ »schlagen«
1. tɨʂmojp — *er schlägt mich*
2. tɨmojp — *ich schlage dich*
3. tɨnmojgap — *wir schlagen ihn/sie (Sg. oder Pl.)*
4. tɨnmojp — *ich schlage ihn*
5. inmojp — *du schlägst ihn*
6. imojp — *er schlägt ihn (ihn: neu eingeführte Person)*
7. tɨʂmojgap — *sie schlagen uns*
8. (ɨ) iʂmojp — *du schlägst mich*
9. (xeʔ) iʂmojp — *er schlägt dich*
10. igimojp — *er schlägt ihn (er: neu eingeführte Person)*

B. Oluta Popoluca: /kep/ »suchen«
1. tɨʂkeppa — *ich suche dich*
2. tɨʂkeppaʔk — *du suchst mich*
3. tɨnkeppe — *ich suche es*
4. ikeppe — *er sucht es (es: neu eingeführte Person)*
5. minkeppe — *du suchst es*
6. mikepɨp — *er sucht dich*
7. kepɨp — *er sucht es (er: neu eingeführte Person)*
8. tɨkepɨp — *er sucht mich*

9. Latein

Im Lateinischen gibt es neben den Kasus Nominativ, Genitiv, Dativ und Akkusativ den Ablativ.

☛ Geben Sie anhand der folgenden Beispiele an, welche semantischen Rollen durch die Kasusmarkierung Ablativ ausgedrückt werden.

1. Athēnīs veniō.
   Athen/Abl ich∗komme
   Ich komme von Athen.
2. Diū Carthāgine versābātur.
   lange Karthago/Abl er∗aufhielt
   Lange hielt er sich in Karthago auf.
3. Sōle oriente Cicerōnem cōnsulem fēcērunt.
   Sonne/Abl Osten/Abl Cicero/Akk Konsul/Akk sie∗machten
   Bei Sonnenaufgang machten sie Cicero zum Konsul.
4. Victōria maximo dētrīmentō stetit.
   Sieg/Nom größte/Abl Verlust/Abl hat∗gestanden
   Der Sieg ist durch größten Verlust zustande gekommen.
5. Mōns māgnā altitūdine intererat.
   Berg/Nom groß/Abl Höhe/Abl dazwischen∗war
   Ein Berg von großer Höhe lag dazwischen.

10. Yoruba

☛ Wie werden in den folgenden Beispielsätzen die Kasusrollen Instrument und Rezipiens ausgedrückt?

1. Bàbá fi owó s- ínú àpò.
   Vater nehmen Geld Part- Inneres Tasche
   Vater nahm Geld in die Tasche (steckte Geld ein).
2. Nwọ́n fi igi ṣe aga náà.
   sie(Pl) nehmen Holz machen Stuhl Art
   Sie machten den Stuhl aus Holz.
3. Mo fi àdá gé igi náà.
   ich nehmen Machete schneiden Holz Art
   Ich schnitt mit der Machete Holz.
4. Ó fi mí rẹ́rǐn.
   er nehmen mich lachen
   Er lachte über mich.
5. Mo fi ogbón gé igi.
   ich nehmen Plan schneiden Holz
   Ich hacke Holz mit Überlegung (in geschickter Weise).

5.6 Übungsaufgaben

6. Ó fi àkàrà jẹ èfọ́.
   er nehmen Bohnenkuchen essen Gemüse
   Er aß Gemüse mit Bohnenkuchen (als Beilage).

7. Ó fi owó náà fún mi.
   er nehmen Geld ART geben mir
   Er gab mir das Geld.

8. Ó fún mi.
   er geben mir
   Er gab (es) mir.

9. Nwọ́n tà á fún mi.
   sie(Pl) verkaufen es geben mir
   Sie verkauften es mir.

10. Mo sọ fún ọ.
    ich sagen geben dir
    Ich sage es dir.

11. Ó rà á fún mi.
    er kaufen es geben mir
    Er kaufte es mir / für mich.

12. Ó fi mí fún u.
    er nehmen mich geben es
    Er gab es mir.

13. Ó fún mi l' ówó.
    er geben mir PART Geld
    Er gab mir Geld.

11. Deutsch

Die deutschen Präpositionen lassen sich hinsichtlich ihrer semantischen Funktion in lokale, temporale und modale klassifizieren.

☞ Geben Sie Beispiele für Präpositionen, die sowohl lokale, temporale als auch modale Funktion haben.

12. Deutsch

In den folgenden Sätzen werden mit Hilfe der Präpositionen bestimmte Raumrelationen ausgedrückt.

☞ Stellen sie diese Relationen in einer einfachen abstrakten Skizze dar.
Beispiel: ⟨Der Zug fährt nach Berlin.⟩ x →|

1. Eine Frau lehnt sich an die Wand.
2. Sie geht durch das Zimmer,
3. steigt auf den Tisch

4. und befestigt die Lampe an der Decke.
5. Dann stellt sie den Werkzeugkasten in den Schrank,
6. der unter dem Bild steht.
7. Daraufhin setzt sie sich an den Schreibtisch und an die Arbeit.

13. Nahuatl

☛ Beschreiben Sie die Bildung der Ortsangaben.

1. ilwikatł   *Himmel*   ilwikak   *im Himmel*
2. ostotł   *Höhle*   ostok   *in der Höhle*
3. komitł   *Topf*   komik   *im Topf*
4. akalli   *Boot*   akalko   *im Boot*
5. toptłi   *Kiste*   topko   *in der Kiste*
6. kʷawitł   *Baum, Holz* kʷawtła?   *Wald*
7. ʃotʃitł   *Blume*   ʃotʃitła?   *Blumenbeet, Garten*
8. tetł   *Stein*   tetła?   *Geröllfeld*
9. kalli   *Haus*   kaltsalan   *zwischen Häusern*
10. tepetł   *Berg*   tepetsalan   *zwischen Bergen*
11. tłalli   *Erde*   tłaltikpak   *auf der Erde*
12. kʷawitł   *Baum, Holz* kʷawtikpak   *auf dem Baum*
                                 kʷawnawak   *bei dem Baum*
                                 kʷawnepantła? *inmitten von Bäumen*
                                 kʷawtsalan   *zwischen Bäumen*

Die Formen unter 7. und 8. finden sich auch mit redupliziertem erster Silbe als /ʃoʔʃotʃitła?/ und /teʔtetła?/.

14. Deutsch

Bei den folgenden Beispielen handelt es sich um Verschriftungen von Wegauskünften, die im Institut des Fachbereichs Germanistik der Freien Universität erhoben worden sind.

☛ Versuchen Sie anhand der Transkriptionen den Weg vom Ausgangspunkt (1, 2 bzw. 3) zum Zielpunkt (Hörsaal 1a) in die Karte einzuzeichnen. Mit welchen sprachlichen Mitteln wird der Weg beschrieben?

Wegauskunft 1
1. F: Sag mal, wisst ihr, wo Hörsaal 1a ist?
2. A$_1$:   Ja, 1a, der ist doch an der Mensa.
3. A$_2$:   Is das 1a? Da is doch noch einer.
4. A$_1$:   Doch der is da. Wo wir bei B. waren, war doch 1a?
5. F: Mhm.
6. A$_2$:   Ich glaub ja.
7. A$_3$:   Geh doch mal durch den Gang hier, ähm, rechts runter.
8. F: Ja?

5.6 Übungsaufgaben

9. A_3: Ja. Und denn kommste ähm, wo viel los is, an der Mensa,
10.   da muss der ooch sein. Fragst du da noch mal, ja? Da biste
11. F: Jut, ok, ok, danke.
12. A_3: die richtje Richtung.

Wegauskunft 2
1. F: Sag mal, weißt du, wo Hörsaal 1a ist?
2. A: Ja also, da erst ma 'n Stück vor un denn siehste auf der linken
3.   Seite so Garderoben kommen un da biegste links rein.
4. F: Mhm.
5. A: Un denn kannste eigentlich nich mehr dich verloofen.
6.   Frägst du vielleicht noch ma in der Garderobe,
7.   aber der is da direkt dran, ja.
8. F: Ok, danke.

Wegauskunft 3
1. F: Sag mal, weißt du, wo Hörsaal 1a ist?
2. A: Ja, und zwar (2.0) gehste jetz hier nach rechts un dann
3.   kommt auf der linken Seite, siehste schon, die Garderobe.
4. F: Mhm.
5. A: Und, ja, also zu beiden Seiten der Garderobe geht's
6.   rein in die Hörsäle un von hier kommst rechts
7.   in Hörsal 1a und links in Hörsal 1b.
8. F: Ok, danke.

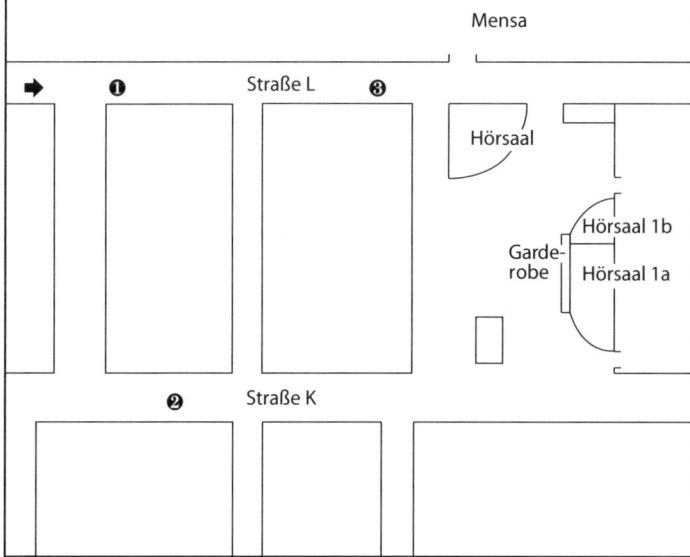

15. K'iche'

☛ Beschreiben Sie die Semantik der ›Präposition‹ ⟨chuwach⟩ anhand der folgenden Beispiele aus dem Mythentext »Popol Vuh«.

Hinweis: Wie alle ›Präpositionen‹ des K'iche' ist ⟨chuwach⟩ von einer Körperteilbezeichnung abgeleitet, nämlich von ⟨wach⟩ ›Gesicht‹. Der Unterschied zwischen positionalem und direktionalem Gebrauch ist ausschließlich durch die Verbsemantik bedingt.

1. Chijok' ki-b'aqil chuwach ab'aj.
   zerreibt es! ihre-Knochen chuwach Stein
   Zerreibt ihre Knochen auf dem Stein!

2. Xuts'ib'aj chuwach k'ul.
   er malte es chuwach Tuch
   Er malte es auf ein Tuch.

3. Chutinij r-aqan chuwach ulew.
   er konnte es stellen sein-Fuß chuwach Erde
   Er brauchte seinen Fuß (nur) auf die Erde zu stampfen.

4. Xa yakal ja' chel chuwach u-q'eb'al.
   nur gestaut Wasser es kam hervor chuwach sein-Behälter
   Das gestaute Wasser kam aus dem Behälter (floss seitlich aus einem Loch).

5. Xkib'ol k'ut ki-tz'ikin chuwach q'aq'.
   sie brieten es Part ihr-Vogel chuwach Feuer
   Dann brieten sie den Vogel über dem Feuer.

6. Jutaq'ij xeb'e chik'ut chuwach Tojil.
   täglich sie gingen Part chuwach ⟨Name⟩
   Darauf dann gingen sie täglich zu Tohil (ihrem Gott).

7. Kasik'in ri k-atit chuwach ri aj.
   sie klagte Art ihre-Großmutter chuwach Art Rohr
   Ihre Großmutter klagte vor dem Rohr (Sie beklagt die totgeglaubten Enkel vor zwei zum Andenken gepflanzten Rohren).

8. Kinel uloq chuwach nu-q'a'lib'al.
   ich trete hervor hierher chuwach mein-Thron
   Ich trete vor meinen Thron.

9. Xeqajik chuwach juyub'.
   sie gingen abwärts chuwach Berg
   Sie gingen den Berg hinunter.

10. Xeaq'an k'ut chuwach juyub'.
    sie gingen aufwärts Part chuwach Berg
    Sie stiegen den Berg hinauf.

11. Xeopon   chuwach   ajaw   Nakxit.
    sie kamen an   chuwach   Fürst   ⟨Name⟩
    Sie kamen zum Fürsten Nacxit.

12. Xa   k'u   nak'al   ri   uk'   chuwach   r-e   xpeq.
    nur   Part   klebend   Art   Laus   chuwach   ihre-Zähne   Kröte
    Die Laus klebte an den Zähnen der Kröte.

13. Tak'al   k'u   ri   kik'   chuwach   b'ate'.
    stehend   Part   Art   Ball   chuwach   Schläger
    Der Ball lag (genau) vor dem Schläger.

14. Xulik'ib'a'   aq'anoq   u-wi'ki   q'ab'   chuwach   b'aq.
    sie streckte es   hinauf   ihre-rechte   Hand   chuwach   Knochen
    Sie streckte ihre rechte Hand hinauf (bis hin) zum Knochen (Schädel).

15. Xepatanajik   chuwach   kaxtilan   winaq.
    sie zahlten Tribut   chuwach   Kastilier   Leute
    Sie leisteten den Spaniern Tribute.

16. Hopi

Benjamin Lee Whorf wurde als Vertreter des sprachlichen Relativitätsprinzips bekannt. Er führte in seinen Arbeiten immer wieder das Hopi als Beispiel an, wobei er besonders das Fehlen direkter zeitlicher Angaben im Hopi hervorhob. Zur Verwendung räumlicher Metaphern für zeitliche Phänomene schreibt Whorf (1956: 146): «The absence of such metaphor from Hopi speech is striking. Use of space terms when there is no space involved is not there – as if on it had been laid the taboo teetotal!»

Hinweis: Der abweichende Endkonsonant (/q/) der Postposition ›hinter‹ in Satz 2 sollte vernachlässigt werden. Die morphologische Analyse wurde bei den Interlinearglossen auf die in Frage stehenden Postpositionen beschränkt. S/S dient zur Glossierung der ›Switch-reference‹-Markierung /-q/.

☛ Vergleichen Sie die Bildung der folgenden Orts- und Zeitangaben und kommentieren Sie das vorausgegangene Zitat.

1. ɨma   hi:sap   inɨ-kwajŋjap   pitɨ
   *ihr/Subj   wie*lange   ich-hinter   ankommen*
   Wie lange nach mir seid ihr angekommen?

2. ʔita:kij   ʔa:-kwajŋjaq   lestavi   qa:tsi
   *unser*Haus/Akk   es-hinter   Balken   liegen*
   Hinter unserem Haus liegt ein Balken.

3. ɨm   a:pijni-q   itam   ɨ-kwajŋjap   tɨwat   to:kja
   du/Subj   weggehen-S/S   wir/Subj   du-hinter   Part   schlafen/Pl
   Nachdem du gegangen warst, gingen wir schlafen.

4. pam   sɨtsep   inɨ-tpik   hi:ta   hintsakma
   *er/Subj   immer   ich-unter   etwas/Akk   etwas*tun*
   Er tut immer etwas, bevor ich es tun kann.

5. pajsoq   ʔa-tpik   ʔawtaʔat   qats-q   qa   tɨwajʔnɨma
   einfach   er-unter   sein∗Bogen   liegen-S/S   nicht   sehen
   Sein Bogen lag genau unterhalb vor ihm, und er sah ihn nicht.

6. hotvel-peq   tiːkivet   a-tsva   navaj   taːla
   ⟨Name⟩-in   Tanz/Akk   es-über   sechs   Tag
   Es sind (jetzt) sechs Tage nach/seit dem Tanz in Hotvela.

7. nɨʔ   waʔøkiwtaq   ʔɨnɨ-tsva   tsiro   pɨːjawma
   ich/Subj   liegen-S/S   ich-über   Vogel   fliegen
   Während ich auf der Erde lag, flog ein Vogel über mir.

17. Deutsch

»Was gestern morgen war, ist heute heute und wird morgen gestern und übermorgen vorgestern sein.«

☛ Analysieren Sie diesen Satz im Hinblick auf Sprechzeitpunkt, Ereigniszeit und Betrachtzeit und stellen Sie die Analyse graphisch dar.

18. Deutsch

☛ Lösen Sie folgende Denksport-Aufgabe aus dem »ZEIT-Magazin« 43 (1987: 124):

»Vorgestern fragte ich Susi und Jutta, an welchem Tag sie Geburtstag hätten. Susi antwortete ›gestern‹ und Jutta ›morgen‹. Gestern habe ich den beiden Mädchen die gleiche Frage gestellt, und ich bekam dieselben Antworten wie vorgestern. Irritiert wandte ich mich an den Vater der beiden, der mir erklärte: ›Meine Töchter sagen stets die Wahrheit, mit einer Ausnahme: An ihrem Geburtstag sagen sie die Unwahrheit über ihren Geburtstag.‹ Wann hatten Susi und Jutta zuletzt Geburtstag?«

19. Englisch*

Auf ihrer Reise durch das Spiegelland trifft Alice immer wieder mit der schwarzen Schachkönigin zusammen. An einer Stelle entspinnt sich der folgende Dialog über die Folgen des ›Rückwärts-Lebens‹ (Carroll 1970: 247ff.).

☛ Stellen Sie die Zeitspiegelungen – möglichst graphisch – dar.

‹‹Living backwards!› Alice repeated in great astonishment. ‹I never heard of such a thing!› – ‹but there's one great advantage in it, that one's memory works both ways.› – ‹I'm sure *mine* only works one way,› Alice remarked. ‹I can't remember things before they happen.› – ‹It's a poor sort of memory that only works backwards,› the Queen remarked. – ‹What sort of things do *you* remember best?› Alice ventured to ask. – ‹Oh, things that happened the week after next,› the Queen replied in a careless tone. ‹For instance, now,› she went on, sticking a large piece of plaster on her finger as she spoke, ‹there's the King's Messenger. He's in prison now, being punished: and the trial doesn't even begin till next Wednesday: and of course the crime comes last of all.› – ‹Suppose he never commits the crime?›, said Alice. – ‹That would be all the better, wouldn't it?› the Queen said, as she bound the plaster round her finger with a bit of ribbon.

Alice felt there was no denying *that*. – ‹Of course it would be all the better,› she said: ‹but it wouldn't be all the better his being punished.› – ‹You're wrong *there*, at any rate,› said the Queen. ‹Were *you* ever punished?› – ‹Only for faults,› said Alice. – ‹And you were all the better for it, I know!› the Queen said triumphantly. – ‹Yes, but then I *had* done the things I was punished for,› said Alice: ‹that makes the difference.› – ‹But if you *had'nt* done them,› the Queen said, ‹that would have been better still; better, and better, and better!› – Her voice went higher with each ‹better,› till it got quite to a squeak at last. – Alice was just beginning to say ‹There's a mistake somewhere,› when the Queen began screaming, so loud that she had to leave the sentence unfinished. – ‹Oh, oh, oh!› shouted the Queen, shaking her hand about as if she wanted to shake if off. ‹My finger's bleeding! Oh, oh, oh, oh!› – Her screams were so exactly like the whistle of a steam-engine, that Alice had to hold both her hands over her ears. – ‹What *is* the matter?›, she said, as soon as there was a chance of making herself heard. ‹Have you pricked your finger?› – ‹I haven't pricked it *yet*,› the Queen said, ‹but I soon shall – oh, oh, oh!› – ‹When do you expect to do it?› Alice asked, feeling very much inclined to laugh. – ‹When I fasten my shawl again,› the poor Queen groaned out: ‹the brooch will come undone directly. Oh, oh!› As she said the words the brooch flew open, and the Queen clutched wildly at it, and tried to clasp it again. – ‹Take care!› cried Alice. ‹You're holding it all crooked!› And she caught at the brooch; but it was too late: the pin had slipped, and the Queen had pricked her finger. – ‹That accounts for the bleeding, you see,› she said to Alice with a smile. ‹Now you understand the way things happen here.› – ‹But why don't you scream *now*?› Alice asked, holding her hands ready to put over her ears again. – ‹Why, I've done all the screaming already,› said the Queen. ‹What would be the good of having it all over again?»

20. Deutsch

☛ Welcher Unterschied besteht zwischen perfektivem und imperfektivem lexikalischen Aspekt (Aktionsart)?

	perfektiv	imperfektiv
1.	a) Die Rose hat geblüht.	b) Die Rose ist verblüht.
2.	a) Er hat geschlafen.	b) Er ist eingeschlafen.

☛ Durch welche verschiedenen sprachlichen Mittel werden diese semantischen Kategorien im Deutschen noch ausgedrückt?

3. Der Baum steht in Blüte.
4. Plötzlich regnet es.
5. Er schreibt ununterbrochen.

6. Er bringt die Arbeit zum Abschluss.
7. Die Zeit ist vergangen.
8. Schlaf nicht ein.
9. Er hat das Buch auf dem Tisch zu liegen. (Berlinisch)
10. Wir sind am Malochen. (Ruhrgebietisch)

21. Pitjantjatjara

Pitjantjatjara, auch Western Desert genannt, hat mit seinen dialektalen Varianten in Westaustralien eine weite Verbreitung und ist mit einigen tausend Sprechern die sprecherreichste Sprache der australischen Ureinwohner. Sie ist eine der wenigen Eingeborenensprachen Australiens, die nicht unmittelbar vom Aussterben bedroht ist.

☛ Beschreiben Sie die Bildung der Imperative. Gibt es semantische Unterschiede zwischen den Formen?

1. kulila — *Hör her!*
2. kulinma — *Hör weiter her!*
3. waŋka — *Sag was!*
4. waŋkama — *Sprich weiter!*
5. kumpila — *Versteck dich!*
6. kumpinma — *Bleib versteckt!*
7. jinka — *Sing!*
8. jinkama — *Sing weiter!*
9. pukuḻari — *Sei glücklich, freu' dich!*
10. pukuḻarima — *Bleib glücklich, freu' dich weiter!*

22. Jingpo

Jingpo (auch Kachin) ist eine in Südchina und Nordburma von ca. 600 000 Sprechern gesprochene Sprache, in der Reduplikationen bei allen Wortarten möglich sind. Die folgenden Beispiele stammen aus der in Yunnan von 93 000 Personen gesprochenen Varietät. Töne sind abweichend vom IPA in einer anderen gebräuchlichen Verschriftung wiedergegeben: ^{5} = Hoch, ..., ^{1} = Tief; ^{55} = hoher ebener Ton, ^{31} = Fallton (Mittel nach Tief), usw.

☛ Beschreiben Sie die Semantik der folgenden Reduplikationsformen.

1. koʔ^{55}si^{33} koʔ^{55}si^{33} ŋa^{31} wa^{31} ʒe^{33} niʔ^{55}ai^{33}
 essen-essen P{\scriptsize ART} *Hilfsverb* *sein* P{\scriptsize ART}
 Ich habe ein bisschen Hunger.

2. koʔ^{55}si^{33}si^{33} ŋa^{31} wa^{31} ʒe^{33} niʔ^{55}ai^{33}
 Redupl.-essen P{\scriptsize ART} *Hilfsverb* *sein* P{\scriptsize ART}
 Ich habe immer Hunger.

3. ʃa^{31}pon^{31}pon^{31} ko^{31} kʒai^{31} li^{33} ai^{33}
 *Redupl.-K*L**Bündel/Subj* *Hilfsverb* *sehr* *schwer* P{\scriptsize ART}
 Einige Bündel, die sind sehr schwer.

5.6 Übungsaufgaben

4. mă³¹ʒai³³   lă⁵⁵ŋai⁵¹   mji³³ phe˞⁵⁵   să³¹lan³¹lan³¹
   *jeder*Mensch*   *eins*   *Hilfsverb*   *Redupl.-KL*Haufen/Obj*
   kă³¹ʒan⁵⁵   ja³³   u˞³¹
   (zu)teilen   *geben*   *PART*
   Teile jedem einen Haufen zu!

5. nan⁵⁵the³³   a³¹   ko³¹   ka³¹ʒa³¹
   ihr   *PART*   *Hilfsverb*   *InterrogativPro*
   lok³³lok³³   ʒe˞⁵⁵   ma⁵⁵ni⁵¹
   *KL*Ackerland-KL*Ackerland/prädikativ*   *sein*   *PART*
   Welches Ackerland (Teile von Ackerland) gehört euch?

6. naŋ²³   thiŋ³¹ko³³ko³³   ti³³   thi⁵⁵   ja³³   u˞³¹
   du   *Redupl.-KL*Familie/ADV*   *Hilfsverb*   *zählen*   *geben*   *PART*
   Zähle eine Familie nach der anderen!

23. Deutsch

Gegeben ist der folgende Kontext:

Der Fußballspieler ... den Ball nach innen.

Setzen Sie die einzelnen Verben aus dem folgenden Wörterparadigma in die Lücke ein, die in der Fachsprache des Fußballs verwendet werden: ⟨bringen⟩, ⟨donnern⟩, ⟨dreschen⟩, ⟨flanken⟩, ⟨führen⟩, ⟨geben⟩, ⟨heben⟩, ⟨jagen⟩, ⟨kicken⟩, ⟨köpfen⟩, ⟨lupfen⟩, ⟨passen⟩, ⟨schaufeln⟩, ⟨schicken⟩, ⟨schlagen⟩, ⟨schlenzen⟩, ⟨schubsen⟩, ⟨servieren⟩, ⟨setzen⟩, ⟨spielen⟩, ⟨stolpern⟩, ⟨treiben⟩, ⟨verlängern⟩, ⟨werfen⟩, ⟨wuchten⟩, ⟨ziehen⟩, ⟨zielen⟩, ⟨zirkeln⟩.

☛ Welche semantischen Unterschiede und Gemeinsamkeiten bestehen zwischen den einzelnen Wörtern?

24. Deutsch

☛ Führen Sie eine vergleichende Wortschatzanalyse der folgenden Texte in Bezug auf die Darstellung des Königs durch.

Text 1
(Aus: Major a. D. Bayer, *Geschichte unseres Vaterlandes, bearbeitet für die Mannschaften des Königlich Preußischen Heeres*. Berlin 1911, S. 69. [31. Aufl.])

König Friedrich Wilhelm IV. kam zu einer Zeit auf den Thron, wo überall in der Welt bei den Völkern der Wunsch rege geworden war, sich auch an der Regierung des Landes betheiligen zu dürfen und diese nicht allein dem Könige und seinen Räthen zu überlassen.
 Nun wißt Ihr ja, Kameraden, daß Jeder von Euch heute dies Recht besitzt, ... Wer da von Euch ein echtes preußisches Herz in der Brust hat, wer da weiß, daß wir Preußen unsere Größe und unsere Macht den Fürsten aus dem

Hohenzollernhause verdanken, welche immer und immer nur das Beste ihres Volkes gewollt und gethan haben, wer da weiß, daß wir Preußen immer mit unseren und für unsere Fürsten gelebt und gefochten haben, der wird diese Bürgerpflicht auch stets in preußischem Sinne zum Heil und Wohle unseres Vaterlandes ausüben.

In den vierziger Jahren aber glaubte man, daß eine solche Betheiligung der Unterthanen an dem öffentlichen Leben große Aufregung, Unruhe und Zwietracht hervorrufen würde, denn man hatte das Beispiel der großen französischen Umwälzung noch zu deutlich vor Augen. Darum suchte man diese Hoffnungen des Volkes nur durch die Gewährung mancher Freiheiten zunächst zu beschwichtigen. Aber es wurde bald überall eine bestimmte Festsetzung derjenigen Rechte und Pflichten gewünscht, welche König und Volk in Bezug auf die Regierung des Vaterlandes ausüben sollten.

König Friedrich Wilhelm IV., vom besten Willen für das Wohl seiner Unterthanen erfüllt, hoffte, daß er nicht nöthig haben würde solche Festsetzung von Rechten und Pflichten, eine sogenannte ›Verfassung‹ seinen Preußen zu geben: doch die Zeiten brachten es mit sich, daß auch unserm Vaterlande solche Verfassung verliehen werden sollte. Am 18. März verkündete Seine Majestät selbst in Berlin vom Balcone des Schlosses herab, daß er die Wünsche seines Volkes erfüllen wollte.

Text 2
(Aus: Franz Mehring, *Deutsche Geschichte. Vom Ausgang des Mittelalters. Ein Leitfaden für Lehrende und Lernende.* Berlin 1946, S. 161)

Mit der Thronbesteigung des neuen Königs hoffte die Bourgeoisie an ihr Ziel gelangt zu sein. Friedrich Wilhelm IV. war ein ungleich begabterer Geist als sein Vater, und man wußte, daß er die verknöcherte Bureaukratie haßte, der so gar kein Verständnis für die Bourgeoisie beizubringen war. Allein dabei waltete ein tragikomisches Mißverständnis vor. Durch und durch Romantiker, wie der neue König war, haßte er die Bureaukratie zwar, allein nicht, weil sie ihm zu reaktionär, sondern weil sie ihm noch zu revolutionär war; alle seine Sympathien gehörten dem feudalen Adel, dessen soziale Vorherrschaft er ganz in mittelalterlicher Weise wiederherzustellen bemüht war. Er weigerte sich, das Verfassungsversprechen seines Vaters auszuführen, und die Bourgeoisie hatte nicht den nöthigen Mut, ihn dazu zu zwingen ... Jedoch die Finanznot ließ nicht mit sich spaßen. Sie wuchs von Jahr zu Jahr und zwang den König endlich im Jahre 1847, die acht Provinziallandtage, eine völlig bedeutungslose, schon zu seinem Vater eingerichtete Scheinvertretung der Provinzen, zu einem Vereinigten Landtage zusammenzuschließen und nach Berlin zu berufen, angeblich, um das Verfassungsversprechen auszuführen, tatsächlich, um eine ›Pumpanstalt des Absolutismus‹ zu schaffen.

6. Pragmatik

In der Pragmatik beschäftigt man sich mit Handlungs- und Situationsbezügen von sprachlichen Äußerungen sowie mit der Einbettung von Äußerungen in den sprachlichen Kontext. Hierbei wird naturgemäß der Untersuchungsgegenstand in viel stärkerem Maße die gesprochene als die geschriebene Sprache sein. Bemerkenswert ist, dass die lange Zeit anhaltende Fixierung der Sprachwissenschaft auf die geschriebene Sprache und die damit im Zusammenhang stehenden normierenden Grammatikkonzeptionen dazu geführt haben, dass die Pragmatik erst spät als Arbeitsbereich der Linguistik akzeptiert wurde. Die Pragmatik ist in noch stärkerem Maße als die bisher behandelten Teildisziplinen von verschiedenen Ansätzen und Methoden geprägt, die sich nicht ohne weiteres auf einen Nenner bringen lassen. Unter dem gemeinsamen Dach Pragmatik sind daher recht unterschiedliche Bereiche zusammengefasst. Einige der wichtigsten Bereiche sollen anhand eines Sprachspiels verdeutlicht werden, das auf »Alice hinter den Spiegeln« (Carroll 1974: 80) zurückgeht. Es handelt sich um das folgende fiktive Verkaufsgespräch:

1	Kundin:	Guten Tag.
2	Verkäuferin:	Guten Tag.
3	Kundin:	Ich möchte ein Ei kaufen, bitte. Wie teuer kommt das?
4	Verkäuferin:	Neunzehn Pfennig für eins – zehn Pfennig für zwei.
5	Kundin:	Dann sind zwei billiger als eins?
6	Verkäuferin:	Nur, wenn Sie zwei kaufen, müssen Sie sie auch essen.
7	Kundin:	Dann möchte ich eins, bitte.

((K bezahlt die Ware, V nimmt das Geld und tut es in eine Schachtel.))

Deiktische Ausdrücke wie ⟨das⟩ (Zeile 3) wurden bereits im Kapitel Semantik behandelt. Sie haben aber nicht nur die Funktion, im wirklichen Raum zu verweisen, sondern können dies ebenso gut im metaphorischen Raum einer Rede oder eines geschriebenen Texts. In Gesprächen verweisen Ausdrücke wie ⟨das⟩ auf etwas, das bereits vorher erwähnt wurde, sie haben eine so genannte anaphorische (rückverweisende) Funktion. Anaphorische Ausdrücke spielen eine wichtige Rolle bei der Organisation und Weiterführung des thematischen Fadens, was später noch näher behandelt wird. In der geschriebenen Sprache ist die Verwendung von Deixis z.T. noch komplizierter: Wenn Hartmann von Aue seinen »Erec« mit den Worten beschließt ⟨Hie hât diz liet ein ende⟩ »Hier endet diese Geschichte«, ist dann mit ⟨hie⟩ die hier/jetzt-Origo des Verfassers/Schreibers oder des Vorlesers gemeint oder aber die Stelle auf dem Papier, wo ⟨hie⟩ steht?

Für die Lokalisierung braucht man Zusatzinformationen. Oft sind spezifische Hintergrundinformationen notwendig, um eine Äußerung überhaupt sinnvoll verstehen zu können. So ist die Frage ⟨Dann sind zwei billiger als eins?⟩ im obigen Verkaufsgespräch überhaupt nur dann sinnvoll, wenn man weiß, dass über Eier gesprochen wird und dass normalerweise zwei Eier teurer sind als nur eines. Die Frage der Kundin impliziert aus der Äußerung ⟨Ich möchte ein Ei kaufen⟩, dass der Preis von Eiern Gegenstand des Gespräches ist. Die Art der Ableitung solcher Informationen aus Vorgängeräußerungen, die im laufenden Gespräch vorausgesetzt werden, bezeichnet man als (konversationelle) Implikaturen. Eine Aussage wie ⟨Die meisten Sprachen besitzen wenigstens einen Nasallaut⟩ impliziert, dass es einige Sprachen gibt, die keine Nasallaute haben, so z. B. das auf der Olympia-Halbinsel (Washington State) gesprochene Quileute, wo das englische ⟨Washington⟩ mit /Waʃitidoq^w/ wiedergegeben wird. Erhält man auf eine Frage wie ⟨Hast du das Kapitel fertig geschrieben und das Arbeitszimmer aufgeräumt?⟩ die Antwort ⟨Natürlich habe ich das Kapitel fertig⟩, dann kann begründet ein Verdacht im Hinblick auf das Aussehen des Zimmers aufkommen. Zusätzlich zu den kontextuell bestimmten Informationen spielt häufig auch kulturell spezifiziertes Vorwissen – man spricht auch von ›Weltwissen‹ – eine Rolle:

> Kundin: Ich hätte gern ein Babybadetuch mit Kapuze.
> Verkäufer: Ja, sehen Sie, mit rosa oder blauer Borte – oder gelb, wenn man nicht weiß, was es ist.
> Kundin: Nein, nein, es ist schon da, ich nehm' das blaue.

Daher können Äußerungen oft nur verstanden werden, wenn man der gleichen (Sub-)Kultur angehört wie der Sprecher, so im Falle der folgenden Äußerung aus dem Kilivila, der Sprache der Trobriand-Inseln:

> Tasakaulo   kajmatana   jakida;
> *Wir rennen   Spitzen-Holz   selber*
>
> tawoulo   ovanu   tasivila   tagine   soda
> *wir paddeln   am richtigen Platz   wir wenden uns   wir sehen   Gefährten unsrigen;*
>
> isakaulo   kaʔuʔuja   oluvieki   similaveta   Pilolu
> *er rennt   Schwanz-Holz   hinten   ihr Meeres-Arm   Pilolu*

Um das allgemeine und situationsspezifische kulturelle Wissen, das in der Äußerung vorausgesetzt wird, zu vermitteln, muss Bronislaw Malinowski (1974: 329f.) eine längere Erklärung geben:

> »Im vorliegenden Fall bezieht sich die Äußerung auf eine Episode auf einer Handelsexpedition dieser Eingeborenen über See, an der mehrere Kanus im Wettbewerb teilnehmen. Der letztgenannte Umstand erklärt auch die emotionale Natur der Äußerung; sie ist keine bloße Tatsachenfeststellung, sondern ein Prahlen, wie sie für die Kultur der Trobriander allgemein und für ihren zeremoniellen Tauschhandel im besonderen außerordentlich charakteristisch ist.
> Erst nach vorheriger Belehrung ist es möglich, eine gewisse Vorstellung zu gewinnen von solchen *technischen Ausdrücken des Prahlens und Wetteiferns* wie *kaymatana* (Spitzenholz) und *Ka'u'uya* (Schwanz-Holz). Der metaphorische Gebrauch von ›Holz‹ für ›Kanu‹ würde uns noch auf ein anderes Gebiet der Sprach-

psychologie führen, aber für den Augenblick genügt es zu betonen, dass ›Spitzen-‹ oder ›führendes Kanu‹ und ›am Ende liegendes Kanu‹ wichtige Begriffe für ein Volk sind, für das Wettkämpfe um ihrer selbst willen eine so große Rolle spielen. Zu der Bedeutung solcher Wörter kommt noch eine spezifische emotionale Färbung hinzu, die nur vor dem Hintergrund ihrer Stammespsychologie im zeremoniellen Leben, in Handel und Unternehmen verständlich ist.

Der Satz wiederum, der schildert, wie die Seeleute an der Spitze zurückblicken und sehen, daß ihre Gefährten zurückgefallen sind und sich noch auf dem Meeresarm von Pilolu befinden, würde eine spezielle Erörterung des geographischen Raumgefühls der Eingeborenen erfordern, ihrer Verwendung von Bildern als Sprachinstrument und eines speziellen Gebrauchs des Possessivpronomens (*ihr Meeres-Arm Pilolu*).«

Doch kehren wir von den Trobriand-Inseln zu unserem merkwürdigen Verkaufsgespräch zurück. Die von der Kundin Alice geäußerte Frage ⟨Dann sind zwei billiger als eins?⟩ drückt einen Zweifel aus, kann aber auch als Bitte um Information verstanden werden. In jedem Fall tut die Kundin etwas mit ihrer Frage, und dieses Tun hat Konsequenzen: Es erfolgt eine Antwort. Vielen Äußerungen liegt ein solches Handlungspotential zugrunde: Eine Frage kann eine Bitte um Information, eine Aufforderung oder auch Zweifel ausdrücken. Betrachtet man Äußerungen unter diesem Gesichtspunkt, hat man es mit so genannten SPRECHAKTEN zu tun. Doch entspricht eine Äußerung nicht immer unbedingt genau einem Sprechakt. Die Äußerung in Zeile 3 stellt einen Redebeitrag der Kundin dar, der zwei Sprechakte umfasst, nämlich sowohl eine Aufforderung als auch eine Bitte um Information. Auf der anderen Seite braucht aber nicht jeder Redebeitrag ein Sprechakt zu sein, wie z. B. die Äußerung in Zeile 1, der man isoliert nicht ohne weiteres ein Handlungspotential zuordnen kann. Ein weiterer Aspekt ist die Frage nach dem Aufbau von Redebeiträgen. In unserem Verkaufsgespräch wechseln sich Kundin und Verkäuferin ab, auf den Gruß erfolgt ein Gegengruß, auf eine Frage die Antwort. Solche Strukturen aufzudecken, ist Gegenstand der GESPRÄCHSANALYSE.

6.1 Sprachspiel und Sprechereignis

Was hat es nun mit dem Begriff Sprachspiel auf sich? Die Idee, dass die Verwendung von Sprache ein Spiel ist, stammt von dem Philosophen Ludwig Wittgenstein (1971: 28): »Das Wort ›Sprach*spiel*‹ soll hier hervorheben, dass das Sprechen der Sprache ein Teil ist einer Tätigkeit, oder einer Lebensform.« Sprachspiele sind für ihn z. B. das Erzählen eines Witzes oder einer Geschichte, Bitten, Danken, Fluchen, Grüßen etc. Sprachspiele sind also mehr oder weniger komplexe Handlungseinheiten, die man zwar isoliert betrachten und analysieren kann, die aber immer auch in größere Zusammenhänge eingebettet sind. So grüßt man, wenn man jemanden trifft oder wenn man einen Laden betritt. Sprachspiele fasst man mit

dem situativen Kontext, in den sie immer eingebettet sind, als Sprechereignisse zusammen. Ein Sprechereignis umfasst u. a. folgende Komponenten:
- Teilnehmer: Sprecher, Hörer, Adressaten usw.
- einen Schauplatz bzw. eine Szene,
- die Form und den Inhalt der Mitteilung.

Alter, Geschlecht, sozialer Status oder Beruf können wichtig sein: Im Französischen sagt ein Mann für »Ich bin glücklich« ⟨Je suis heureux⟩, eine Frau dagegen ⟨Je suis hereuse⟩. Im Mixtekischen grüßt eine jüngere Person eine ältere Frau mit /tà ní ndīī náá/, einen älteren Mann mit /tà ní ndīī táá/, die ältere Person die jüngere aber nur /tà ní ndīī/ »Guten Morgen! (wörtlich: Es ist hell geworden)«. Während man bestimmte Berufsgruppen immer mit ihrer Funktionsbezeichnung anredet – ⟨Herr Doktor⟩, ⟨Herr Richter⟩, ⟨Herr Staatsanwalt⟩, ⟨Herr Wachtmeister⟩, ⟨Herr General⟩ –, kann man dies bei anderen nicht – ?⟨Herr Maurer⟩, ?⟨Herr Metzger⟩ – und muss den Familiennamen wählen, z. B. ⟨Vier Roggenbrötchen bitte, Herr Schneider⟩ oder ⟨Noch 200 g Aufschnitt, Herr Schuster⟩. Ab der Mittagszeit grüßt man im Mixtekischen nicht mehr mit /tà ní ndīī/ »Es ist hell geworden«, sondern mit /tà ní īnī/ »Es ist Nachmittag geworden«. Man doziert, wenn man in der Universität vor Studenten oder Fachkollegen wissenschaftliche Erkenntnisse mitzuteilen hat – aber möglichst nicht, wenn man mit Freunden bei einem Bier zusammensitzt und über Politik redet. Unabhängig davon, wie gut und lange man einen Freund kennt, wird man ihn siezen und formell behandeln, wenn er einen als Anwalt vor Gericht vertritt – geht man danach noch etwas essen, sieht die Sache aber wieder anders aus. Egal, wie vertraut man mit seinem Gegenüber ist, wird die Mitteilung, dass man eine Million im Lotto gewonnen hat, sich etwas anders anhören als die Mitteilung, dass ein gemeinsamer Bekannter gestorben ist.

Wie kommen nun die verschiedenen Ausdrucksweisen einer Mitteilung zustande? Man kann z. B. bei der Anredeform zwischen ⟨Sie⟩ und ⟨du⟩ wählen und zwischen ⟨Herr Doktor Dürr⟩, ⟨Herr Doktor⟩, ⟨Herr Dürr⟩, ⟨Herr Kollege⟩, ⟨Michael⟩ oder ⟨Süßer⟩. Man kann verschiedene Bezeichnungen verwenden: ⟨meine Eltern⟩ – ⟨die Alten⟩, ⟨Wie schön!⟩ – ⟨Toll!⟩ – ⟨Geil, ey!⟩ oder ⟨entschlafen⟩ – ⟨gestorben⟩ – ⟨abgekratzt⟩. Man kann eine verbale oder eine nominale Ausdrucksweise vorziehen: ⟨Ihr Kommen ist uns eine besondere Freude⟩ – ⟨Es ist uns eine besondere Freude, dass Sie gekommen sind⟩ – ⟨Wir freuen uns besonders, dass Sie gekommen sind⟩. Man kann sich direkt oder indirekt ausdrücken: ⟨Gib' mir das Buch!⟩ – ⟨Ich würde gerne einen Blick in das Buch werfen⟩. Man kann auch mit kleinen Wörtern, den so genannten Abtönungspartikeln, nuancieren: ⟨Gib' mir doch mal das Buch!⟩. Man kann Wörter verschleifen oder nicht: ⟨Willst 'n Tee?⟩ für ⟨Willst du einen Tee?⟩. Aber man kann auch Hochdeutsch, Dialekt oder etwas dazwischen reden: ⟨Des deaffan s eahna ned gfoin lassn⟩ »Das dürfen Sie sich nicht gefallen lassen«.

Da ein Sprecher zwischen vielen verschiedenen Varianten wählen kann, sind für jede Äußerung eine immense Vielzahl von Formulierungen möglich. Aber nicht jeder grammatisch richtige Satz ist auch zugleich eine situativ angemessene Formulierung einer Aussage, so dass vieles dafür spricht, das Wissen um den sozialen

> **Ludwig Wittgenstein**
> (*26.4.1889 in Wien, †29.4.1951 in Cambridge)
>
> Ludwig Wittgenstein, 1889 in Wien als Sohn eines Stahlfabrikanten geboren, studierte zunächst Ingenieurswissenschaften in Berlin. Anschließend ging er 1911 nach Cambridge zu Bertrand Russell, der sich zu dieser Zeit mit der logischen Struktur von Sprache beschäftigte. Als Folge entstanden sprachlogische Schriften, die Wittgenstein aber später relativierte. Gegenüber dem formalen Aufbau und der mathematischen Präzision im »Tractatus Logicus-Philosophicus« (1922) sind seine späteren Schriften diskursiv angelegt und nicht von systematischer Stringenz und Kohärenz geprägt. Er leitete mit dem »Tractatus« den ›linguistic turn‹ in der Philosophie ein und mit seinen »Philosophischen Untersuchungen« (1953) legte er das Fundament für die linguistische Pragmatik.
>   Im Zentrum der »Philosophischen Untersuchungen« steht eine Gebrauchstheorie der Bedeutung, die mit dem Konzept des ›Sprachspiels‹ verbunden wird. »Das Wort ›Sprachspiel‹ soll hier hervorheben«, so heißt es in den »Philosophischen Untersuchungen« (1971: § 23), »daß das Sprechen der Sprache ein Teil ist einer Tätigkeit, oder einer Lebensform.« Sprachspiele sind sprachliche Äußerungen in Verbindung mit situativen, sozialen und institutionellen Kontexten. Sprache und eine erfolgreiche Kommunikation sind also gebunden an die konkrete Lebenswelt bzw. Lebenspraxis. Indem das Verwenden und Verstehen von Zeichen in Sprachspielen erfolgt, stellt sich nicht die Frage, was ein Wort vorstellt, sondern wie ein Wort in Kontexten gebraucht wird: »Die Bedeutung eines Wortes ist sein Gebrauch in der Sprache« (§ 43).

Gebrauch der Sprache, die so genannte PERFORMANZ, von der bloßen KOMPETENZ abzugrenzen, dem Wissen um den grammatischen und lexikalischen Gebrauch. Entscheidend ist, dass man eine der Information und der jeweiligen Situation angemessene Variante wählt. Tut man dies nicht, so drohen soziale Sanktionen. Sie müssen allerdings nicht so extrem ausfallen wie im Falle der Begegnung von Herrn Kazuo und Herrn Hindeji am 30. Mai 1975 auf dem Bahnhof von Tokio, die mit dem Tode von Herrn Kazuo endete. Herr Kazuo hatte in angetrunkenem Zustand seinen Arbeitskollegen Herrn Hindeji ›nur zum Spaß‹ mit ⟨Hindeji-kun⟩ angeredet und damit das Höflichkeitssuffix ⟨-kun⟩ gebraucht, das normalerweise nur Schulfreunde unter sich und Lehrer gegenüber Schülern gebrauchen. Gegenüber dem älteren Herrn Hindeji indes verstieß Herr Kazuo gegen die Sprache der Höflichkeit (Keigo), und dies wurde ›entsprechend‹ durch Totschlag sanktioniert.

   Ein wichtiges Kriterium für die Angemessenheit einer Äußerung ist der Grad der Formalität. Je formeller eine Situation, desto formeller sollte auch die gewählte Ausdrucksweise sein. In vielen Sprachen ist Formalität durch indirekte Ausdrucksweise gekennzeichnet. Ein Gleiches gilt auch für das Phänomen der Höflichkeit, das in einem engen Zusammenhang mit Formalität steht. Formelle Anredeformen sind oft sprachhistorisch aus Strategien entstanden, mit denen die direkte Anrede

⟨du⟩ vermieden werden sollte. Das spanische ⟨Usted⟩ wurde aus ⟨Vuestra merced⟩ »Euer Gnaden« verschliffen, das deutsche ⟨Sie⟩ und das französische ⟨Vous⟩ gehen auf andere Pronomina zurück, im Deutschen auf das Pronomen der dritten Person Plural ⟨sie⟩, im Französischen auf das der zweiten Person Plural ⟨vous⟩. Es ist höflicher, anstelle des direkten Befehls ⟨Geben Sie mir das Buch!⟩ eine indirekte Formulierung wie ⟨Ich würde gerne einen Blick in das Buch werfen⟩ zu wählen oder die Aufforderung in den Bereich des nur vage Möglichen zu verschieben ⟨Ob Sie mir wohl das Buch zeigen könnten?⟩.

Aber jeder Sprecher hat auch seinen persönlichen Stil sich auszudrücken; und es gibt neben Sprachspielen, die vom Ernst des Lebens getragen werden, auch solche, in denen der spielerische Charakter von Äußerungen eine entscheidende Rolle spielt. Lautliche Ähnlichkeit oder Gleichklang werden hierbei oft genutzt, man steht jemandem reimend ⟨mit Rat und Tat zur Seite⟩, oder man gibt seinem Buch einen Titel mit Alliterationen wie ⟨Götter, Gräber und Gelehrte⟩. Die beiden Beispiele zeigen auch, dass Aufzählungen häufig mit lautlich, lexikalisch oder syntaktisch parallelen Zweier- und Dreierstrukturen verwendet werden. Spielerisch sind auch Hyperbeln wie der folgende Kommentar eines Berliners über das Urlaubswetter ⟨Dit hat so jeregnet, wir dachten, wir krijen Schwimmhäute⟩ oder die Modifikation einer idiomatischen Wendung wie im Falle eines ›auf die Palme gebrachten‹ Berliners, der konstatiert: ⟨Rejelrecht war ick uff de Birke!⟩.

Auch wenn die Kombinationsmöglichkeiten ein Kontinuum bilden, stellen bestimmte Kombinationen prototypische SPRACHREGISTER dar, z. B. die Pole des Kontinuums Schriftsprache (als gesprochene Sprache) und Umgangssprache, Dialekte oder Fach- und Sondersprachen von Amtsdeutsch bis Rotwelsch. Wissenschaftssprache zeichnet sich oft durch einen hohen Anteil an Fremdwörtern aus, durch komplizierte und im Nominalstil gehaltene Sätze verbunden mit einem hohen Grad an Abstraktheit (Luhmann 1984: 194):

> »Kommunikation greift aus dem je aktuellen Verweisungshorizont, den sie selbst erst konstituiert, *etwas* heraus und lässt *anderes* beiseite. Kommunikation ist Prozessieren von Selektion.«

Poetische Sprache hingegen weist z. B. neu gebildete Wörter auf, besondere Bildhaftigkeit und Freiheiten im Umgang mit der Syntax, wie die folgenden Strophen aus dem Gedicht »Die neue Syntax« von Johannes R. Becher (1976: 96):

> Artikeltanz zückt nett die Pendelbeinchen.
> In Kicherrhythmen schaukelt ein Parkett.
> Da aber springt metallisch tönend eine reine
> Strophe heraus aus dem Trapez. Die Kett
> Der Straßenlampen ineinander splittern.
> Trotz jener buntesten Dame heiligem Vokativ.
> Ein junger Dichter sich Subjekte kittet.
> Bohrt des Objekts Tunnel ... Imperativ

Innerhalb von Texten wird allerdings nicht selten das Register, gelegentlich sogar die Sprache gewechselt, so z. B. im folgenden alemannischen Gedicht von Thomas Burth »Wisawi am Telefon« (1979: 21):

So, wi mi Wiib gurret,
moßes ebber netter si.
So, wi mi Tochter kitteret,
moßes ihr Gspussi si.
So, wi de Bue flüschteret,
moßes si Freundin si.
So, wi di Klä schnatteret,
moß uf de andre Siite ä Schneegans si.
So korrekt, wie ich am Telefon spreche,
moßes en Klonke usem Gschäft si.

Solche Registerwechsel werden auch als ›CODE-SWITCHING‹ bezeichnet.

Bevor wir jedoch einige Sprechereignisse exemplarisch analysieren können, müssen Sprechereignisse noch unter zwei Gesichtspunkten betrachtet werden: einerseits hinsichtlich der Beziehung zwischen Äußerungen und dem mit ihnen verbundenen sozialen Handeln und andererseits hinsichtlich der Spielregeln, die bei Sprechereignissen den Sprecherwechsel und die Reaktion auf eine Äußerung organisieren.

6.2 Sprechakte

Äußerungen sind nicht nur Akte des Sagens und Meinens – eine Person spricht –, sondern zugleich auch Handlungen. Solche Sprechhandlungen nennt man SPRECH-AKTE. Den Aufbau und die Klassifikation von Sprechakten behandelt die Sprechakttheorie. Stellen wir uns vor, in einem Seminar zur linguistischen Pragmatik, in dem gerade Searles Klassifikation von Sprechakten behandelt wird, stört eine Gruppe von Studierenden die Diskussion. Der Dozent äußert daraufhin: ›Ich möchte Sie doch bitten, Ihre Privatgespräche zu unterlassen‹. Um das Handlungspotential solcher Äußerungen zu verstehen, muss man sie unter drei verschiedenen Gesichtspunkten betrachten: dem eigentlichen Akt des lautlichen, grammatischen und lexikalischen Äußerns, der so genannten LOKUTION; der mit der Äußerung verbundenen Handlung, der ILLOKUTION; und schließlich der Wirkung der Äußerung, der PERLOKUTION. Die Äußerung hat einen inhaltlichen Kern p: ⟨dass Sie die Privatgespräche unterlassen⟩; diese so genannte PROPOSITION (p) entspricht dem lokutionären Akt. Damit ist aber die Äußerung nur unvollständig erfasst. Zugleich ergeht als illokutionärer Akt eine Aufforderung ⟨Ich möchte sie doch bitten⟩ an die Seminarteilnehmer. Hat diese Aufforderung Erfolg und die Privatgespräche werden zu betretenem Schweigen, so hat der Dozent mit der Äußerung den gewünschten perlokutionären Effekt bewirkt.

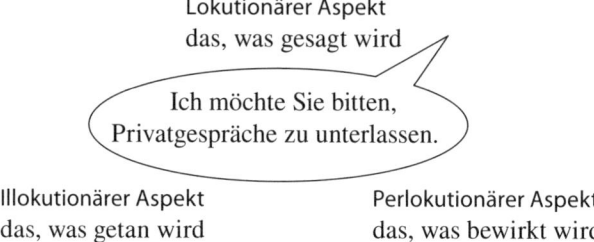

Abb. 6-1: Die drei Aspekte eines Sprechaktes

Mit Äußerungen kann also gleichzeitig etwas getan werden; es wird etwas festgestellt, es wird aufgefordert, bezweifelt, eine Information erbeten, befohlen, usw. Dass man mit Sagen etwas tut, merkt man spätestens in den Fällen, in denen bei Nichterfüllung juristische Folgen drohen: Bei der Vereidigung eines Zeugen vor Gericht legt sich dieser bindend fest, ›die Wahrheit zu sagen‹ – tut er dies entgegen dieser Erklärung nicht, so wird er meineidig und macht sich strafbar; den Befehl eines Vorgesetzten zu verweigern, kann für einen Soldaten mehrere Tage ›Bau‹ bedeuten. Einzelne Sprechakte können sprachlich sehr unterschiedlich realisiert werden. Will man in Ruhe gelassen werden, so kann man die grammatikalisierte Form der Aufforderung wählen, die Imperativform ⟨Lass mich in Ruhe!⟩. Man könnte auch explizit auffordern: ⟨Ich fordere dich auf, mich in Ruhe lassen⟩. Man kann aber auch indirekt formulieren und z. B. so tun, als ob man einen anderen Sprechakt ausführt: ⟨Ich bitte dich, mich in Ruhe zu lassen⟩. Oder man bringt die eigene Einstellung zum Ausdruck: ⟨Ich fände es gut, wenn du mich in Ruhe lässt⟩. Oder aber man verschlüsselt die Aufforderung, so dass sie nur implizit in der Äußerung enthalten ist: ⟨Meine Frau meint, ich brauche viel Ruhe⟩ oder ⟨Du, der Arbeitstag heute war wahnsinnig anstrengend⟩.

Um auf einen Sprechakt angemessen zu reagieren, muss der Hörer die Äußerung als Sprechakt erkennen und als solchen akzeptieren. Die Illokution ist konventionell geregelt und kann an bestimmte Voraussetzungen gebunden sein, zu denen die Angemessenheit von Ort und Zeit sowie die Berechtigung der ihn äußernden Person gehören: So kann nur ein Standesbeamter auf dem Standesamt den Sprechakt ⟨Hiermit erkläre ich Sie zu Mann und Frau⟩ gültig ausführen. Der perlokutionäre Effekt hängt nicht nur vom Erkennen des Sprechaktes und seiner konventionell korrekten Ausführung ab, sondern auch von der Aufrichtigkeit der Äußerung seitens des Äußernden und der Akzeptierung durch das Gegenüber. Akzeptiert man den Geltungsanspruch, so unterwirft man sich dem erhobenen Machtanspruch. Eine Zurückweisung ist ebenfalls möglich. So kann man jemandem das Recht bestreiten, eine Anweisung zu geben: ⟨Gib mir das Buch! – Wieso, du hast mir gar nichts zu sagen⟩. Oder man bezweifelt die Aufrichtigkeit der Äußerung: ⟨Ich liebe dich! – Du willst ja nur mit mir schlafen⟩.

Der Sprachphilosoph John Austin hat zwei grundsätzliche Typen von Sprechakten unterschieden: KONSTATIVE und PERFORMATIVE Sprechakte. Während konstative Sprechakte etwas ausdrücken, das wahr oder falsch sein kann, ist dies für performative nicht der Fall. Eine Äußerung wie ⟨Hilfe!⟩ ist eine Handlung, die angemessen oder unangemessen sein kann, die aber nicht wahr oder falsch ist. Seit Austins grundlegendem Werk zur Sprechakttheorie »How to do things with words« von 1955 ist mehrfach versucht worden, Sprechakte zu klassifizieren. Eine vollständig befriedigende Lösung gibt es indes nicht, u. a. auch deshalb, weil die einzelnen Sprechakte oft kulturspezifisch sind. Als Grundschema kann die Sprechaktklassifikation von Searle (1967) gegeben werden, die den Ausgangspunkt für weiterführende Diskussionen gebildet hat und bildet:

Sprechakt	Ergebnisaspekt (sprecherseitig)	Folgeaspekt (hörerseitig)
repräsentativ (assertiv)	Sagen, wie es sich verhält	Anerkennen des Wahrheitsanspruchs
kommissiv	Sich auf das Ausführen einer zukünftigen Handlung festlegen	Erwarten eines zukünftigen Sprecher-Verhaltens
direktiv	Jemand anderen zur Ausführung einer zukünftigen Handlung bewegen	Erwarten eines zukünftigen Hörer-Verhaltens
deklarativ	Die Welt (dem Gesagten entsprechend) verändern	Unterstellen einer institutionellen Wirklichkeit
expressiv	Psychischer Zustand wird ausgedrückt	Emotionale (De-)Stabilisierung

Mit ASSERTIVEN Sprechakten will ein Sprecher einen Sachverhalt wiedergeben, z. B. ⟨Es regnet⟩. Einen assertiven Sprechakt kann man zurückweisen, indem man den erhobenen Wahrheitsanspruch bestreitet: ⟨Schau doch aus dem Fenster, es regnet gar nicht mehr⟩.

Mit KOMMISSIVEN Sprechakten geht der Sprecher eine Verpflichtung ein: ⟨Ich garantiere Ihnen, die Arbeit innerhalb der nächsten zwei Wochen zu lesen⟩.

Mit DIREKTIVEN Sprechakten wie ⟨Mach die Tür auf!⟩ will ein Sprecher bewirken, dass der Angesprochene die Diskrepanz zwischen dem vom Sprecher erwünschten Zustand und dem tatsächlichen Zustand beseitigt, indem er die geäußerte Proposition ausführt. Die Ablehnung kann auf die Undurchführbarkeit rekurrieren ⟨Die Tür klemmt doch⟩ oder aber den Geltungs- bzw. Machtanspruch zurückweisen, z. B. ⟨Wozu?⟩.

DEKLARATIVE Sprechakte sind institutionell festgelegt: ⟨Ich verurteile Sie zu einer Strafe von zehn Jahren Haft⟩. Man kann den Sprechakt bezweifeln, indem man die Rechtmäßigkeit der Institution und die mit ihr verbundenen Geltungsansprüche bezweifelt, man vgl. das Verhalten mancher als Kriegsverbrecher Angeklagten vor dem Internationalen Gerichtshof in Den Haag.

Mit EXPRESSIVEN Sprechakten will ein Sprecher ein subjektives Erlebnis anderen darstellen. Hier kann vor allem die Aufrichtigkeit der Äußerung in Frage gestellt werden: ⟨Ich fühl' mich unwohl. – Ach, du willst dich nur vor der Arbeit drücken.⟩. Sprechakte und ihre illokutionären Kräfte können durch Lexeme, insbesondere Verben, oder bestimmte Morpheme explizit ausgedrückt werden, durch die Flexionsmorphologie wie beim Imperativ oder durch besondere syntaktische Konstruktionen wie bei Fragesätzen ⟨Ist es schön?⟩. Häufig besitzen sie zudem noch besondere Intonationsmuster. Welche Sprechakte explizit gekennzeichnet sind, kann jedoch von Sprache zu Sprache unterschiedlich sein. Während wir bei assertiven Sprechakten nur ausnahmsweise explizit für den Wahrheitsgehalt einer Aussage einstehen, z. B. bei einer eidesstattlichen Erklärung, sind in einer Sprache wie dem Fasu (Papua-Sprache auf Neuguinea) Angaben über Wahrheitsgehalt und Herkunft einer Aussage grammatikalisiert und müssen gekennzeichnet werden:

a-pe-re	*es kommt (ich sehe es)*
pe-ra-rakae	*es kommt (ich höre es)*
pe-sa-reapo	*es kommt (ich habe es geschlossen)*
pe-sa-ripo	*es kommt (ich habe es mir sagen lassen)*
pe-sa-pakae	*es kommt (irgendjemand hat es gesagt)*
pe-sa-pi	*es kommt (ich vermute es)*

In manchen Sprachen nimmt man es mit solchen Markierungen recht genau: Z. B. kann man im Japanischen ⟨Samu-i⟩ »Ich friere« sagen, nicht aber *⟨Kare-wa samu-i⟩ »Er (kare-wa) friert«. Diese Form würde bedeuten, dass der Sprecher ›aus Erfahrung‹ weiß, dass jemand anderes friert, was nicht möglich ist; daher kann man nur ⟨Kare-wa samu-gatteiru⟩ verwenden, also diejenige Form, die die Aussage als auf einer Vermutung beruhend kennzeichnet. In vielen Sprachen erfolgt die Kennzeichnung eines Sprechaktes aber nur vage durch besondere Intonationsmuster. Durch Intonation gekennzeichnete Sprechakte sind oft nicht eindeutig, wobei in manchen Fällen verschiedene Interpretationsmöglichkeiten sogar intendiert sind. In ›Beziehungskisten‹ umfassen Äußerungen oft mehrere Sprechakte und eine Aufforderung kann zugleich eine Drohung sein. Von dieser Mehrschichtigkeit von Sprechakten leben Theaterstücke wie »Wer hat Angst vor Virginia Woolf?« von Edward Albee (1965: 26):

George:	I asked you how you liked that for declension: Good; better; best; bested. Hm? Well?
Nick:	I really don't know what to say.
George:	You really don't know what to *say*?
Nick:	All right ... what do you want me to say? Do you want me to say it's funny, so you can contradict me and say it's sad? Or do you want me to say it's sad so you can turn around and say no, it's funny. You can play that damn little game any way you want to, you know!

Derartig komplexe Mehrschichtigkeiten von Handlungsbezügen zeigen, dass es nicht ausreicht, nur die Sprecherperspektive und die einzelnen Äußerungen zu betrachten, wie dies in der Sprechakttheorie geschieht. Nur im größeren Zusammenhang des Gesprächs werden Sprechhandlungen wirklich voll verständlich.

6.3 Gesprächsanalyse

Gegenstand der Gesprächsanalyse, die auch Diskurs- oder Konversationsanalyse genannt wird, sind Struktur und Funktion der sprachlichen Einheiten im Gespräch. Im Gegensatz zur Sprechakttheorie interessiert man sich in der Gesprächsanalyse mehr für die Äußerungen im Zusammenhang umgebender (Vorgänger- und Folge-) Äußerungen sowie für die Interaktionszusammenhänge, d.h. für die Wechselbeziehungen von Äußerungen verschiedener Sprecher. Gehen wir von folgendem Beispiel aus:

> Kunde: Ich hätt' gern Porree.
> Verkäufer: Tut mir leid, erst morgen wieder.
> Kunde: Na, dann nehm' ich wohl 'nen Blumenkohl.

Der Kunde hat einen bestimmten Wunsch und äußert ihn in Form einer Sprechhandlung, einer indirekten, aber im institutionalisierten Kontext Verkaufsgespräch eindeutigen Aufforderung an den Verkäufer ›Liefere Porree!‹ mit der Implikatur ›gegen Bezahlung‹. Der Verkäufer interpretiert die implizite Aufforderung richtig, kann aber in Ermangelung der Ware nicht der Handlungserwartung entsprechen und muss folglich mit der nächstbesten konventionellen Handlungserwartung reagieren, mit einer Entschuldigung. Der Kunde interpretiert die Äußerung und formuliert nun einen neuen Kaufwunsch.

Konversationen liegen Kooperationsprinzipien zugrunde, die die Interaktion zwischen Gesprächspartnern bestimmen und die als KONVERSATIONSMAXIMEN bekannt sind. Das KOOPERATIONSPRINZIP, wie es von Paul Grice formuliert worden ist, lautet: ›Mach deinen Beitrag zur Konversation genau so, wie es der Zeitpunkt der Konversation, an dem er erfolgt, erfordert, wobei das, was erforderlich ist, bestimmt ist durch den Zweck oder die Richtung des Gesprächs, in dem du dich befindest.‹ Auf der Folie dieses Kooperationsprinzips hat Grice vier Konversationsmaximen aufgestellt: Die ›Maxime der Quantität‹ besagt, dass ein Redebeitrag so informativ gestaltet werden soll, wie es für die gegenwärtige Zweckbestimmung des Gesprächs notwendig ist. In einem kleinen Gemüseladen beispielsweise wäre der Kaufwunsch ⟨Fünf!⟩ unterspezifiziert, die Äußerung ⟨Ich hätt gern fünf Zwiebeln, aber nicht drei Äpfel und zwei Bananen⟩ überspezifiziert. Die ›Maxime der Qualität‹ besagt, dass man nicht sagen soll, was man für falsch hält oder wofür man keinen Beweis hat; ein Sprecher soll also versuchen, seinen Beitrag wahr zu gestalten. Die ›Maxime der Relevanz‹ gibt an: ›Mach deine Beiträge relevant!‹. Die Antwort ⟨Franz spielt Fußball⟩ auf die Frage ⟨Wo ist Maria?⟩ verletzt die Maxime der Relevanz, bietet aber Anlass zu Inferenzen. So könnte eine mögliche Inferenz sein, dass Maria dem Fußballspiel von Franz zuschaut und folglich dort ist, wo Franz ist. Die ›Maxime der Modalität‹ lautet: ›Sei klar!‹, womit gemeint ist, dass Unklarheiten und Mehrdeutigkeiten vermieden werden sollen, dass man sich kurz und methodisch präzise fassen soll. Allerdings leben nicht wenige literarische Texte von der Verletzung eben dieser letzten Maxime.

Wie zwischen Äußerungen und Sprechhandlungen besteht auch zwischen Äußerungen und in sich abgeschlossenen Redebeiträgen keine Eins-zu-eins-Relation. Hierbei ist unter einem Redebeitrag jener Teil einer Äußerung gemeint, der bis zu einem Punkt reicht, an dem ein Sprecherwechsel möglich ist. Redebeiträge bezeichnet man auch als Gesprächsschritt, Gesprächssequenz (engl. turn) oder – in Analogie zum Schachspiel – als Redezug. So besteht der folgende Dialog aus zwei Äußerungen, aber drei Gesprächssequenzen:

Sprecher A:	Ich hätt' gern 'n Bier und 'nen Korn.
Sprecher B:	Ja gern. (1.0) Was macht denn dein Führerschein?

Ein Redebeitrag muss nicht immer so kurz sein wie ⟨Ja gern⟩; er kann z. B. auch aus einer längeren, in sich selbst komplexen Geschichte mit Episoden bestehen, oder er kann Nebensequenzen enthalten. Auf der anderen Seite können Redebeiträge über einen Sprecherwechsel hinweg größere Einheiten bilden, die nach Handlungsmustern organisiert sind. Diese sequentiellen Muster sind in ihrer minimalen Form paarweise strukturiert wie im Falle des Handlungsmusters ›Begrüßung‹:

Sprecher A:	Hallo!
Sprecher B:	Hallo!

Paarsequenzen oder ADJACENCY PAIRS bestehen aus einem ersten Teil, auf den der andere Sprecher direkt anschließend mit dem zweiten Teil reagieren muss. Prototypische Paarsequenzen sind z. B. Gruß – Gegengruß, Entschuldigen – Annehmen der Entschuldigung, Danken – Annehmen des Dankes – Gegendank, Frage – Antwort:

Sokrates:	Ist nun auch das Reden eine Handlung?
Hermogenes:	Ja.

Es handelt sich oft um streng konventionalisierte (und ritualisierte) Handlungsmuster, deren Einleitung mit einer festen Erwartungshaltung verbunden ist. Manche Paarsequenzen sind wie die Begrüßung formelhaft und verlangen symmetrisch die (nahezu identische) Wiederholung der einleitenden Sequenz, z. B.

Sprecher A:	Petri Heil!
Sprecher B:	Petri Dank!

Bei anderen Paarsequenzen ist das notwendige Komplement nicht in dem Maße festgeschrieben, aber immer gibt es eine Normalerwartung. Bei einer Frage nach dem Weg wie ⟨Wie komme ich zum ICC?⟩ ist das präferierte zweite Glied eine Wegbeschreibung. Kann der Gefragte die Normalerwartung nicht erfüllen, so muss er sie zurückweisen und ein besonders markiertes dispräferiertes zweites Glied wählen, z. B. ⟨Tut mir leid, ich kenn' mich hier auch nicht aus⟩. Eine Äußerung ⟨Weiß nicht⟩ oder gar ⟨Sag' ich nicht⟩ wäre zu brüsk. Bei der Begrüßungsformel ⟨Wie geht es Ihnen?⟩ ist der normativ geltende Erwartungshorizont ein informationsloses zweites Glied wie ⟨Danke, gut⟩ – ⟨Könnte besser sein⟩ – ⟨So lala⟩. Beachtet man den konventionalisierten Charakter nicht und fasst die Äußerung als echte

6.3 Gesprächsanalyse

Informationsfrage auf und antwortet mit ⟨Ach, ich leide zurzeit an Verdauungsstörungen, Schlaflosigkeit und Kopfschmerzen hab' ich auch oft⟩, so irritiert man sein Gegenüber vielleicht. Hierbei sind oft gruppenspezifische Unterschiede zu beachten, wie das folgende Beispiel zeigt:

Sprecher A: Hi!
Sprecher B: Wal!

Das präferierte zweite Glied auf die englische Begrüßung wäre ⟨Hi⟩ oder ⟨Hello⟩. Im Diskurs einer Osnabrücker Gruppe von Jugendlichen jedoch ist das präferierte zweite Glied ⟨Wal⟩, wodurch über die Homophonie von ⟨Hi⟩ [hai] und ⟨Hai⟩ das Begrüßungsritual sprachspielerisch aufgebrochen wird. Paarsequenzen können durch Einschübe unterbrochen werden, ohne dass die Erwartung des zweiten Gliedes auf der Strecke bleibt. Im folgenden Beispiel ist der Einschub selbst eine Paarsequenz:

Einbettung:
Sprecher A: ⌐ Wie spät ist es, bitte?
Sprecher B: │ ⌐ Kleinen Moment.
Sprecher A: │ ⌐ Hm.
Sprecher B: └ Zehn vor zwölf.

Neben der Einbettung findet sich auch die Reihung und Kopplung zweier Paarsequenzen:

Reihung:
Sprecher A: ⌐ Wie geht's?
Sprecher B: └ Danke, gut.
Sprecher A: ⌐ Kommst du nachher zum Fußball?
Sprecher B: └ Klar.

Kopplung:
Sprecher A: ⌐ Hallo, wie geht's?
Sprecher B: └⌐ Danke, gut. Und dir?
Sprecher A: └ So lala.

Zwischen den Paarsequenzen kann auch eine thematische Beziehung bestehen. Bei Unterbrechungen kann es sich um ein aufschiebendes ⟨Moment bitte⟩ wie im ersten Beispiel handeln oder um eine anknüpfende (und eventuell bedingende) Frage:

Kunde: ⌐ Ich hätt' gern Zwiebeln. Wie viel kostet das Pfund?
Verkäufer: └⌐ Zwei Mark.
Kunde: └ Dann zwei Pfund, bitte.

Es kann sich um PRÄSEQUENZEN handeln, die dazu dienen, den Redebeitrag vorzubereiten:

Kind: ⌐ Papa.
Vater: └ Ja.

Kind: ⌐ Spielst du mit mir Mau-Mau?
Vater: ⌐ Okay.

Es gibt auch ECHOSTRUKTUREN:

Sprecher A: ⌐ Liebst du mich?
Sprecher B: ⌐ Ja.
Sprecher A: ⌐ Wirklich?
Sprecher B: ⌐ Ja!

Neben Paarstrukturen und deren Verknüpfungen spielen auch Dreierstrukturen (›triplets‹) eine Rolle wie in der folgenden typischen Lehrer-Schüler-Interaktion, in der zusätzlich zum einleitenden Glied und der Reaktion auch noch ein Rückmeldungssignal (›feedback‹) erforderlich ist:

Lehrer: ⌐ What's the capital of France?
Schüler: ⊢ Paris.
Lehrer: ⌐ Right.

Eine weiter übergreifende Gesprächsstruktur bildet der GESPRÄCHSRAHMEN. Viele Gesprächstypen werden in besonderer Weise begonnen und beschlossen. Die Übertragung eines Fußballspiels beginnt der Reporter: ⟨Guten Abend, meine Damen und Herren. Das Wort von den Minimalisten hat hier in Mexiko die Runde gemacht ....⟩. Die Begrüßung der Zuschauer gehört genauso immer dazu wie das ⟨Es war einmal ...⟩ bei einem Märchen. Bei einem Telefonanruf beginnt das Gespräch mit einer Identifizierungsphase, z. B.

Sprecher A: Schlobinski.
Sprecher B: Hallo, Peter.
Sprecher A: Ach, du bist's.
Sprecher B: Sag mal ...

So wie Gespräche in besonderer Weise eröffnet werden, so werden sie auch geschlossen. Die Verabschiedung ⟨A: Tschüss – B: Tschüss⟩ gehört hier ebenso dazu wie bei Märchen das ⟨Und wenn sie nicht gestorben sind, dann leben sie noch heute⟩.

Während vor allem Beginn und Schluss von Gesprächen auf diese Weise deutlich markiert werden, so beruht der Wechsel der Sprecher in Alltagsgesprächen auf impliziten Signalen und unausgesprochenen Konventionen. Dies funktioniert überraschend gut: Studien haben gezeigt, dass eine Überlappung von Redebeiträgen in der US-amerikanischen weißen Mittelschicht in weniger als 5 % der untersuchten Fälle vorkommt. Ein implizites Signal ist z. B. die leichte Hebung der Stimme oder eine kürzere Pause, ein selteneres explizites z. B. ⟨Herr Meyer hat nun das Wort⟩. Zu den unausgesprochenen Konventionen gehören: Nicht alle sollten gleichzeitig reden; man unterbricht den Redebeitrag des gerade Sprechenden möglichst nicht, sondern wartet ein Signal ab, mit dem er das Ende seines Beitrags anzeigt; man wird die Pausen zwischen Redebeiträgen nicht zu lang werden lassen. Dabei spielt sozialer Status eine Rolle. ›Sprich, wenn du gefragt bist‹ ist eine Maxime, die Eltern ihren Kindern auch heute oft vermitteln. Die strikte Befolgung dieser Regel hätte allerdings den Zusammenbruch jeglicher Kommunikation zur Folge, wie Alice der schwarzen (Schach-)Königin erklärt (Carroll 1974: 125):

> »›Aber wenn sich alle an diese Regel hielten‹, sagte Alice, denn sie hatte eine große Vorliebe für kleine Einwände, ›und alle sprächen nur, wenn sie gefragt sind, und jeder wartete darauf, dass der andere anfängt, dann würde ja nie jemand irgend etwas sagen, so daß –‹ ›Lächerlich!‹ rief die Königin.«

Neben dem sozialen Status spielt auch die Geschlechtsspezifik bei der Verteilung von Redebeiträgen eine Rolle. Es konnte nachgewiesen werden, dass Unterbrechungen in Gesprächen zwischen Männern und Frauen häufiger von Männern initiiert werden als von Frauen. Während in Alltagsgesprächen der ›horror vacui‹ stark ausgeprägt ist und Pausen meist schnell von anderen Sprechern genutzt werden, findet man in einem gesprächstherapeutischen Diskurs die Fortführung des Redebeitrages auch nach einer längeren Pause, ohne dass der Gesprächspartner, hier der Therapeut, interveniert:

> Klientin: Und dann kam überhaupt keine Reaktion, ne. Und ich traute mich dann auch nicht, ihn anzugucken, weil ich dann vielleicht auch (..) na ja, vielleicht Angst vor der Reaktion habe oder – ((12 Sekunden Pause)) Aber dann kam eben gar nichts ...

6.4 Beispiele für Sprechereignisse

Nachdem sowohl die Handlungskomponente sprachlicher Äußerungen als auch einige wesentliche Organisationsregeln von Gesprächen behandelt wurden, können wir uns nun wieder der Betrachtung von Sprechereignissen zuwenden. Vieles, was als Einzelphänomen angeschnitten wurde, wird nun im größeren Zusammenhang konkreter Sprechereignisse deutlich, erhält z. T. aber auch eine andere Dimension. Nehmen wir z. B. die indirekte Ausdrucksweise, die nicht nur Einzeläußerungen kennzeichnen kann, sondern sich über mehrere Paarsequenzen als Höflichkeitsstrategie ausgearbeitet finden lässt. So will der Besucher (Sprecher B) im folgenden Alltagsgespräch in Tzotzil (Maya-Sprache aus dem mexikanischen Bundesstaat Chiapas) sein Gegenüber eigentlich um einen Gefallen bitten:

> Sprecher A: k'usi mantal kits'in
> *Was willst du, mein jüngerer Bruder?*
> Sprecher B: tʃ'abal hbankil
> *Nichts, mein älterer Bruder.*
> Sprecher A: mi hetʃ tʃaval
> *Wirklich?*

Sprecher B: hetʃ ʃkal batsʼi tʃʼabal melel ha? no?oʃ mu hna? mi ʃakʼan
Ja, überhaupt nichts, bestimmt. Ich dachte nur, dass du vielleicht
mi ʃakʼan tʃavitʃʼ ?avuni motone pere batsʼi hutuk no?oʃ
ein kleines Geschenk haben möchtest. Es ist nur ganz wenig.

Erst nachdem er den mitgebrachten Schnaps spendiert hat, kommt er auf sein Anliegen zu sprechen. Indirekt ist nicht nur das gesamte Vorgehen – er insistiert ja darauf, nichts zu wollen –, sondern auch die Betonung der Nichtigkeit des als Vorleistung mitgebrachten Geschenks und das Vagehalten in der letzten Äußerung. Die Anrede mit »jüngerer Bruder« und »älterer Bruder« sind Höflichkeitskonventionen, die den höheren Status von Sprecher A dokumentieren. Dieses Beispiel zeigt, wie Sprechereignisse als Gesprächstyp eine ganz besondere, durch feste kulturspezifische Regeln bestimmte Struktur haben. Mancherorts ist es gelegentlich von Nutzen, seinem Gesprächspartner unauffällig einen Briefumschlag zu übergeben, bevor man auf ein Anliegen zu sprechen kommt, wobei dieser Akt entweder gar nicht oder durch ein ⟨Für die Kaffeekasse⟩ oder ⟨Eine kleine Aufmerksamkeit⟩ zu kommentieren ist. Die Vielfalt der Diskurstypen und die der ihnen jeweils spezifischen Strukturen ist immens und kann hier nur exemplarisch anhand einiger Kurzanalysen dargestellt werden.

6.4.1 Analyse eines Verkaufsgesprächs

Zunächst wollen wir das zu Anfang dieses Kapitels zitierte Sprachspiel Verkaufsgespräch näher analysieren:

1	Kundin:	Guten Tag.
2	Verkäuferin:	Guten Tag.
3	Kundin:	Ich möchte ein Ei kaufen, bitte. Wie teuer kommt das?
4	Verkäuferin:	Neunzehn Pfennig für eins – zehn Pfennig für zwei.
5	Kundin:	Dann sind zwei billiger als eins?
6	Verkäuferin:	Nur, wenn Sie zwei kaufen, müssen Sie sie auch essen.
7	Kundin:	Dann möchte ich eins, bitte.
8	Verkäuferin:	Hm.

((K bezahlt die Ware, V nimmt das Geld und tut es in eine Schachtel.))
Anstelle des etwas ungewöhnlichen Verlaufs in »Alice hinter den Spiegeln« geben wir dem Gespräch allerdings ein eher konventionelles Ende:

| 9 | Verkäuferin: | Au revoir, Madame. |
| 10 | Kundin: | Ciao. |

Es handelt sich um eines der Verkaufsgespräche, bei denen der Ort der Handlung, ein Kaufladen, den Gesprächstyp bereits vorgibt. Die Kundin ist Alice, die Verkäuferin ist ein Schaf, und zwar im wörtlichen Sinne.

6.4 Beispiele für Sprechereignisse

Das eigentliche Verkaufsgespräch ist umrahmt von den Paarsequenzen Begrüßung und Verabschiedung. Beide Paarsequenzen sind symmetrisch; allerdings wird bei der Verabschiedung vom Deutschen ins Französische und Italienische gewechselt, d. h. es erfolgt ›Code-switching‹.

Der Einstieg in das eigentliche Verkaufsgespräch wird durch eine ankündigende Präsequenz vorbereitet, die man aufgrund des eindeutigen Rahmens auch hätte weglassen können. Es folgt eine Paarsequenz Frage – Antwort, in der der Preis der Ware ausgehandelt wird. Da die Preisgestaltung unerwartet ausfällt, wird die Nachfrage in Zeile 5 notwendig, die das erste Glied einer weiteren Paarsequenz bildet.

Der Kern des Kaufgesprächs besteht aus dem nun folgenden Kaufakt. Die ankündigende Präsequenz wird wieder aufgenommen und nun in etwas anderer Form als Aufforderung an die Verkäuferin gerichtet, eine bestimmte Handlung zu tun. Diese Aufforderung ist notwendig, da sich die Kundin in einer Situation befindet, in der sie zwar über den Plan einer Handlung verfügt, sie aber nicht in der Lage ist, diesen auszuführen. Die Verkäuferin, die die geplante Handlung ausführen kann, akzeptiert den geäußerten Kaufwunsch und übernimmt die Durchführung des Plans. Bevor sie den Plan jedoch ausführt, gibt sie ein Signal der Bestätigung und vervollständigt so die Paarsequenz – verbal, wie in unserem Fall durch ⟨Hm⟩ in Zeile 8, oder aber non-verbal, z. B. durch ein Kopfnicken. Diese Ratifizierung ist notwendig, da die Verkäuferin ja möglicherweise nicht in der Lage oder nicht willens ist, dem Kaufwunsch zu entsprechen. Die Paarsequenz Kaufakt – Aufforderung + Ratifizierung bildet mit der Übergabe der Ware und der Gegengabe der Bezahlung zusammen die konventionelle Minimalform eines Kaufakts; der Austausch von Ware und Bezahlung wird im vorliegenden Beispiel jedoch nicht von Äußerungen begleitet. Die Strukturierung der Äußerungen und die Handlungskoordination lassen sich in ihrer interaktiven Abfolge wie folgt darstellen:

Zeile	Sequenzierung	Sprechhandlung	Handlungsmuster
1		Gruß	} Grußritual
2		Gegengruß	
3	Prä/	(Aufforderung) / Bitte um Information	
4		Feststellung	} Aushandlungsphase
5		Nachfrage	
6		Feststellung	
7		Aufforderung	} Kaufakt
8		Ratifizierung	
9		Gruß	} Verabschiedung
10		Gegengruß	

6.4.2 Argumentationsanalyse

Argumentieren ist eine komplexe sprachliche Handlung, die vor allem im wissenschaftlichen Diskurs relevant ist. In einer Argumentation werden Argumente entwickelt, um auf eine strittige Frage, die so genannte Quaestio, eine Antwort zu finden. Argumentationen lassen sich nach Wolfgang Klein unter zwei Aspekten analysieren:
- unter dem Aspekt der ›Logik der Argumentation‹: Wie sind Argumente aufeinander bezogen oder koordiniert?
- unter dem Aspekt der ›Pragmatik der Argumentation‹: Wie werden die Argumente vorgebracht und mit welcher kommunikativen Funktion?

Während die Logik der Argumentation, wie es Quintilian gefordert hat, sich an der Sache orientiert, hat die Pragmatik der Argumentation die rhetorischen Mittel des Sprechers im Auge, also das ciceronische Ideal der ›Macht des Wortes‹. In einer Argumentation wird versucht, etwas Fragliches bzw. Strittiges – die Quaestio – in etwas Unstrittiges zu überführen. Derjenige, der argumentiert, nimmt hinsichtlich der Quaestio eine bestimmte Position ein, die man als seine Hypothese fassen kann. Hinsichtlich der Quaestio ›Soll ich jetzt arbeiten?‹ kann man die Hypothese vertreten ›Nein, ich werde jetzt nicht arbeiten‹ oder aber die ›Ja, ich werde jetzt arbeiten‹. In vielen Fällen kann jedoch auch die Quaestio als solche zurückgewiesen werden, wie im Falle von ›Ist morgens arbeiten besser als abends arbeiten?‹ durch die Hypothese ›Ich mag überhaupt nicht arbeiten‹. Die Hypothese, die ein Sprecher vertritt, versucht er nun durch Argumente zu stützen, wobei er auf kollektiv geltende Wissensbestände zurückgreifen wird. Im herrschenden sprachwissenschaftlichen Diskurs kann man z. B. Hypothesen mit Rückgriff auf Chomsky ⟨weil Chomsky ›...‹ gesagt hat⟩ stützen, dessen Worte bei vielen Linguisten einen verbindlichen Charakter haben; weniger kollektiv und folglich auch weniger zugkräftig wäre dagegen ⟨weil ich ›...‹ gesagt habe⟩. In einer Argumentation wird versucht: »mit Hilfe des kollektiv Geltenden etwas kollektiv Fragliches in etwas kollektiv Geltendes zu überführen« (Klein 1980: 19).

Für Argumentationen spielen gemeinsam geteilte Wissensstrukturen eine wichtige Rolle, die von den Interaktionspartnern vorausgesetzt werden. Daneben werden bestimmte Schlussverfahren herangezogen, die als eine Erweiterung logischer Schlussverfahren (vgl. Kap. 5.2) zu sehen sind. Sehen wir uns hierzu zunächst den kurzen Gesprächsbeitrag aus einem Referat über den definiten Artikel an:

1 M: Ja vielleicht sehen Sie das so, dass jedes Attribut ein Begleiter ist und da
2 eben der Artikel davor steht, ist er auch ein Begleiter und somit ein Attribut,
3 ohne dass man irgendwie weiter prüft, was ein Attribut eigentlich ist.

Die zugrunde liegenden Schlussverfahren lassen sich anschaulich nach dem so genannten Toulmin'schen Schema darstellen. Ausgehend von Daten (D) in Form von Sätzen oder Äußerungen erfolgen über Schlussregeln (SR) Konklusionen (K) nach dem Schema ›wenn D, dann K‹, wobei die Schlussregel die Begründung für K aus

6.4 Beispiele für Sprechereignisse

D liefert. Gegebenenfalls kann noch eine Ausnahmebedingung hinzukommen, die die Gültigkeit der Schlussregel einschränkt.

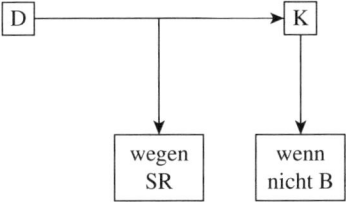

Dieses Schlussverfahren lässt sich auf das obige Beispiel anwenden, wobei zusätzlich implizierte Wissensstrukturen in die Argumentation einfließen:

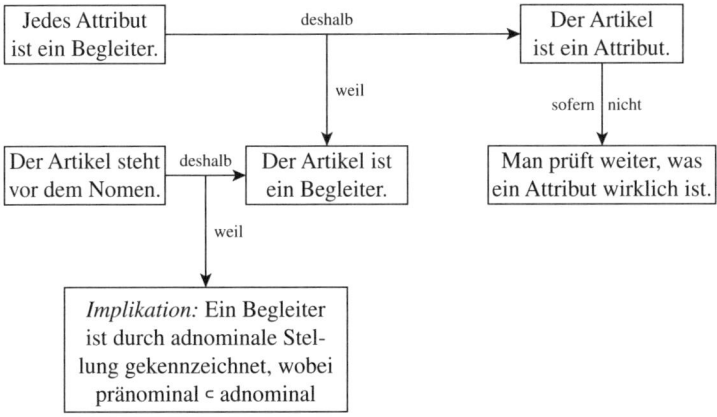

Die Argumentation kann auf diesem Hintergrund durch Formalisierung besser nachvollzogen werden: Wenn für jedes Attribut gilt, dass es ein Begleiter ist, und zugleich der Artikel ein Begleiter ist, so ist folglich der Artikel ein Attribut. Die Aussage (A) ›Der Artikel ist ein Begleiter‹ beruht auf dem Faktum (D), dass der Artikel vor dem Nomen steht. Der Zusammenhang von A und D kann über die implizierte Annahme hergestellt werden, dass ein Begleiter durch adnominale Stellung gekennzeichnet und pränominale Stellung ein Sonderfall adnominaler Stellung – und damit in dieser enthalten – ist. Die implizierte Annahme fungiert als Schlussregel, nach der A als Konklusion K aus D abgeleitet werden kann: Wenn gilt, dass der Artikel pränominal steht und zugleich pränominale Stellung einen Begleiter kennzeichnet, dann ist folglich der Artikel ein Begleiter. Nun bestand aber die Argumentationsabsicht der Seminarteilnehmerin nicht darin zu begründen, dass der Artikel ein Attribut sei, sondern darin, diese These in Zweifel zu ziehen. Diesen Zweifel verdeutlicht sie mittels einer Ausnahmebedingung, die besagt, dass der Gültigkeitsanspruch der Schlussregel nicht ohne Prüfung der Attributfunktion, d. h. nicht ohne Prüfung, was ein Attribut eigentlich wirklich ist, aufrechterhalten werden darf. Allerdings: Der durchgeführten Inferenz ›Artikel sind Attribute‹ liegt ein logisch ungültiger Schluss zugrunde, wie sich – vereinfacht und in Analogie zu kategorischen Syllogismen in der folgenden Form dargestellt – leicht zeigen lässt:

> Attribute sind Begleiter.
> Artikel sind Begleiter.
> ↓ Artikel sind Attribute.
>
> *Kategorischer Syllogismus*
> Alle Männer sind Menschen.
> Alle Frauen sind Menschen.
> ↓ Alle Frauen sind Männer.

Gerade das zweite Beispiel macht deutlich, dass die Zugehörigkeit zweier Elemente zu derselben Kategorie nicht automatisch Identität der beiden Elemente bedeutet: ›Männer und Frauen sind Menschen‹, aber ›Menschen sind Männer oder Frauen‹.

Eine weitere wichtige Frage ist, wie die Argumente im Hinblick auf die Hypothese aufgebaut sind, die sie stützen sollen. Die Argumente sind nicht nur alle einer Hypothese untergeordnet, sondern stehen auch selbst wiederum in hierarchischen Beziehungen zueinander, d. h. sie können anderen Argumenten unter-, über- oder nebengeordnet sein. In jedem Falle wird eine Relation ›weil – deshalb‹ hergestellt. Die einzelnen Argumente sind Propositionen, die die einzelnen Hypothesen stützen sollen. Betrachten wir nun den folgenden Gesprächsausschnitt, dem eine Diskussion einer studentischen Fachschaftsinitiative zugrunde liegt, die sich mit der Quaestio ›Soll die Resolution verabschiedet werden oder nicht?‹ auseinander setzt.

```
1   M₁: Also, es äh ja, es gibt einen Resolutionsvorschlag, den könnt ich ja auch
        jetzt euch vorlesen. Äh – wir müssten den ja – äh – jetzt diskutieren, ja und –
        äh eventuell ...
    M₂: Ich würd ja ganz gern, bevor du den jetzt liest, ganz gern zu dem Text
5       sagen (1.0) – mhh – ((räuspert sich)) (1.0) Also, weil es sich gerade so nach
        Resolution anhört – ähm – glaub ich, machen wir da (1.0) – mh – oder würde
        mit dem Vortrag was Ähnliches bewirkt wie auf der letzten VV. Nämlich ne –
        ja – ne Polarisation auf vermutlich – ähm – (2.0) nur ein Thema oder besten-
        falls zwei: und zwar in der Absicht, wahrscheinlich dann Betroffenheit her-
10      zustellen; 〉 das hattn wa schon mal die Debatte, ich wollts nur nochmal sagen
        〈 (4.0) ich ich halt es nich für vernünftig, also, was da rauskommt, wird sein,
        dass wie wie's letzte Mal; Tobias hat das ja favorisiert; über zwei Mark Be-
        nutzungsgebühren für die Bibliothek unterhält und damit ziemlich genau am
        BerlHG† vorbeimanövriert. Und wenn man das jetzt beschränkt nur auf
15      Elitestudiengänge und diese (1.0) Kürzung, dann hat man vielleicht, also bei
        einigen (1.0) – mhm – die sich mit der Materie noch nich auskennen – ähm –
        (1.0) 'n Interesse geweckt, das mag wohl sein (2.0), aber bei der Kampagne,
        die mittlerweile schon gegen das BerlHG läuft, dürfte man annehmen, dass
        der Informationsgrad vielleicht etwas weiter ist und dass man so'ne Art von (2.0)
20      Interessensweckung nich mehr unbedingt bräuchte, sondern vielleicht eher
```

6.4 Beispiele für Sprechereignisse

(2.0) – mhm – ja – dass man sich statt Resolutions (2.0) – ähm – *Vehemenz* (2.0) ähm – die knappe Zeit doch'n bisschen auf die Analyse verlegen sollte oder oder anders gesagt, vielleicht mal mehr so die Diskrepanzen mehr herausstellen (2.0) die – ähm, die sich zwischen dem, was was was'n
25 vernünftiges Studium ausmacht und dem, was das neue BerlHG uns beschert, resultiert oder sie darstellt besser gesagt, das halt ich für sinnvoller
M_1:   hmmmm
M_2: als zu sagen: Wir wollen keine (1.0) denn das kennt man ja mittlerweile. Zu Recht kennt man's, die Thesen sind ja auch nicht verkehrt, nun klar, s s s
30 *is* ne Elitenbildung, die da angestrebt wird, aber das allein
F_3:   mmmmh
F_2:   hmmh
M_2: zum zum Favoriten zu machen und (2.0) damit die Leute zu *kriegen* – mhm – das, glaube ich, is verkehrt – ähm – ähm –
35 F_1: Hhh – ich s s ich will, ich fand, ich halt auch die Vollversammlung dafür, dass des der richtige Ort is –
M_2: Ja, wenn da zweihundert Leute hinkommen, aber – äh – das is glaub ich ne alte Diskussion, ›und ich will die auch nich nochmal beleben‹ ähm – mhm – wenn da zweihundert Leute hinkommen, dann ham die zumindest schon mal
40 n mini*males* Interesse an der Sache. Das sind
F_1:   mmh?
M_2: ja nich, das is ja nich die Mehrzahl der Studierenden
F_1:   mhm ja ja
M_2: am Fachbereich, sondern es sind relativ wenige und müssten mittlerweile
45 – denk ich mir – über zahlreiche Publikationen und wenn sie immer nur in der Mensa da die – ähm – das Asta-Info lesen und doch einiges mehr schon wissen übers BerlHG, so dass man den Leuten bestimmt keinen Gefallen tut, wenn man ihnen ne Resolutions*form* (2.0) ähm – Altbekanntes vorhält. Also =
50 F_3: = Und wie stehts – ähm – mit der ((völliges Stimmengewirr)) wie stellst du dir das denn jetzt rein praktisch vor? Also, dass nochmal die Redebeiträge umgeändert werden oder dass in der Diskussion hier eher hinterher – ähm – so ähm – darauf hingelenkt wird, also nicht nur jetzt auf Teufel komm raus irgendwelche Resolutionen durchzuziehen (2.0) sondern (1.0) ja ...
55 M_2: Ja, es ging hauptsächlich auch um sein ( ) auf seinen Beitrag, weil, also ich denk mir, die andern, die andern, die die ham erstmal diesen Charakter erstmal, nur zu informieren. Dann ist die Frage, was folgt auf Information, die bestimmt notwendig ist, weil die wenigsten den neuesten Stand jetzt kennen werden (.) diesen neuen Entwurf, das *muss* gemacht werden, ähm
60 wenn man mit (2.0) *dem* dann kommt, was vor nem halben Jahr schon mal *da*zu gesagt worden ist, nämlich zu dem alten Entwurf, dann könnt man unter Umständen – ähm – die Leute verärgern ((lacht)) oder desinteressieren vielleicht. Das ist mein meine Überlegung, und dann müsste auch so 'ne Infor-

mation, wenn da noch was folgen soll, entweder ähm – äh – ausführlicher
65 Information oder Analyse oder aber (2.0) zum Beispiel das – äh – das Auseinanderklaffen zwischen *dem*, was studentische Interessen sind, und *dem*, was da *gemacht* wird, klar sein ...

Da es sich um den Gesprächstyp Diskussion handelt, ist der Aufbau einer Argumentationskette komplex und schwierig. Die Argumentation kann kooperativ oder antagonistisch verlaufen, je nachdem, wer welche Hypothese vertritt. Im vorliegenden Beispiel vertritt Sprecher M_2 die These H_1 ›Die Resolution soll nicht verabschiedet werden‹, während die Gegenthese H_2 vom Sprecher M_1 vertreten wird. Folglich hat der einzelne Sprecher den Verlauf der Argumentation nicht in dem Maße unter Kontrolle, wie es beim Aufbau einer eigenen Argumentationskette der Fall wäre. Doch greifen wir den Sprecher M_2 heraus und folgen den Argumenten, die er zur Stützung seiner Hypothese vorbringt:

A_1 ⟨Schon die Resolution der letzten VV hat eine Polarisation auf nur wenige Themen bewirkt⟩ (Z 8/9)
A_2 ⟨Schon die Resolution der letzten VV hat Betroffenheit hergestellt⟩ (Z 9/10)
A_3 ⟨Schon die Resolution der VV hat am BerlHG vorbeimanövriert⟩ (Z 13/14)
A_4 ⟨Eine Resolution dient nur der Interessensweckung⟩ (Z17)
A_5 ⟨Die Leute sind informiert⟩ (Z19)
A_6 ⟨Eine Interessensweckung ist nicht nötig⟩ (Z20)
A_7 ⟨Man tut den Leuten keinen Gefallen mit der Resolution⟩ (Z47/48)
A_8 ⟨In einer VV benötigen wir eine Analyse⟩ (Z22/23)
A_9 ⟨Die VV bietet wenig Zeit⟩ (Z22)
A_{10} ⟨›Aktuelle‹ Information ist notwendig⟩ (Z57/58)
A_{11} ⟨Die meisten Leute kennen nur den Stand des alten BerlHG⟩ (Z58/59)
A_{12} ⟨Die Resolution ist auf dem Stand des alten BerlHG⟩ (Z61)
A_{13} ⟨Die Resolution verärgert die Leute⟩ (Z62)

Als Strukturbaum dargestellt sieht seine Argumentation folgendermaßen aus:

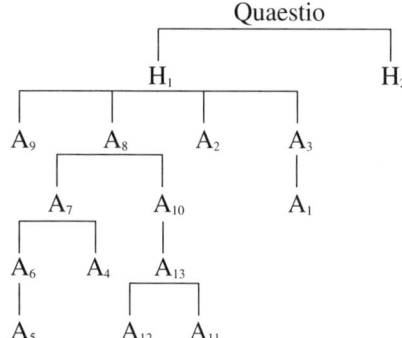

Abb. 6-2: Strukturbaum einer Argumentation

M_2 setzt mit dem Argument A_5 ein, dass die Leute bereits informiert seien, so dass eine Interessensweckung auf einer VV nicht mehr notwendig sei (A_6). Dieses Argument A_6 und auch das Argument A_4 stützen zusammen das Argument A_7, dass man den Leuten mit der Resolution keinen Gefallen tue. Aus diesem Argument A_7 folgt wiederum, dass auf einer VV eine Analyse des Entwurfs für das neue Berliner Hochschulgesetz notwendig sei (A_8). Da also eine Analyse durchgeführt werden soll, kann man auf die Verabschiedung der Resolution verzichten. ›Quod erat demonstrandum.‹ – Aber Sprecher F_3 hat nun (Zeilen 50–54) einen Einwand hinsichtlich der praktischen Konsequenzen der Ausführungen des Sprechers M_2. M_2 beginnt daraufhin einen anderen Argumentationsstrang und behauptet, dass die meisten Leute nur den alten Stand des Berliner Hochschulgesetzes kennen würden, auf dessen Stand die Resolution ja ohnehin sei (A_{11} und A_{12}). Aus diesen Gründen verärgere die Resolution nur die Leute (A_{13}), obwohl aktuelle Information notwendig sei (A_{10}). Dieses Argument A_{10} stützt wiederum das Argument A_8 des ersten Argumentstrangs, so dass nun wirklich gilt: ›Quod erat demonstrandum.‹

Wie werden nun die Argumente von M_2 vorgebracht, welche sprachlichen Mittel setzt er ein, um seine Zuhörer für sich zu gewinnen? Auffallend ist der Gebrauch von Fremdwörtern, die in der Sprache des Uni-Bluffs konstitutiv sind wie ⟨Resolutionsvehemenz⟩ (Zeile 21–22), ⟨vorbeimanövriert⟩ (Zeile 14) oder ⟨Polarisation⟩ (Zeile 8). Daneben wird kollektiviert – er spricht gerne von wir (z.B. Zeile 6) – und verallgemeinert wie bei ⟨man soll⟩ (Zeile 23). Argumente werden der stärkeren Wirkung wegen paraphrasierend wiederholt wie in den Zeilen 22–26. Andere Argumente werden dagegen abgeschwächt, und zwar durch den Gebrauch des Konjunktivs ⟨ich würde⟩ (Zeile 4) oder ⟨man ... bräuchte⟩ (Zeile 20), durch Modalpartikeln wie ⟨vielleicht⟩ (Zeile 15) oder ⟨vermutlich⟩ (Zeile 8) oder durch expressive Sprechakte wie ⟨ich find ...⟩ (Zeile 35).

6.4.3 Erzählanalyse

Als letztes Beispiel wollen wir zwei Erzählungen betrachten. Erzählungen sind streng genommen nichts anderes als ein Sonderfall langer Redebeiträge, in denen zurückliegende Ereignisse verbal zusammengefasst werden, und zwar unabhängig davon, ob sie wirklich geschehen oder ob sie fiktiv sind. Länge und Komplexität bringen es mit sich, dass bei Erzählungen in stärkerem Maße als bei den bisher behandelten Sprechereignissen die interne Struktur analysiert werden muss, was jedoch nicht heißen soll, dass sie keine Sprechereignisse sind. Auch Erzählungen sind von den Teilnehmern, dem Schauplatz wie auch der Form und dem Inhalt der Mitteilung bestimmt. Sie können hinsichtlich der Aufführungsbedingungen konventionalisiert sein; in manchen Kulturen dürfen nur alte Leute Mythen erzählen und auch nur zu besonderen Festen, während Erzählungen über das alltägliche Leben solchen Einschränkungen nicht unterworfen sind. Ebenso wenig fehlt die interaktive Komponente. Erzählungen sind in ein Gespräch eingebettet und müssen aus dem Kontext motiviert sein. Man kann z. B. an das Thema des vorherigen Redebeitrages anknüpfen und mit den Worten ⟨Ach, so was ist mir auch schon mal passiert ...⟩ seine Erzählung in das Gespräch einflechten. Oder man muss der Normalerwartung einer Initiierung entsprechen: ⟨Komm, Papa, erzähl' uns doch eine Gute-Nacht-Geschichte!⟩. Eine Alltagserzählung weist nach William Labov (1980b) im Idealfall folgende Struktur auf:

1. Abstrakt (abstract): Worum handelt es sich?
2. Orientierung (orientation): Wer, wann, wo, was?
3. Handlungskomplikation (complicating action): Was passierte dann?
4. Evaluation (evaluation): Was soll das Ganze?
5. Resultat oder Auflösung (result/resolution): Wie ging es aus?
6. Koda (coda)

Nicht alle diese Bausteine müssen vorkommen, obligatorisch ist allerdings die Handlungskomplikation. Es gibt mindestens ein herausragendes Ereignis in der Vergangenheit, auf das verwiesen wird und das in der Regel in einzelnen Schritten entfaltet wird. Sehen wir uns die folgende Erzählung eines 35-jährigen Berliner Arbeiters an.

1	A:	Ick muss ja ooch 'ne Strafe bezahl'n beim Finanzamt.
2	P:	Ja? Warum denn?
3	A:	'ne Ordnungsstrafe.
4	P:	Wieso'n das?
5	A:	Na ja (..) bin hinjefahr'n und hab jesacht, warum die dit noch nich fertig
6		ham nach'm halben Jahr. Ick will mit meine Enkelkinder in Urlaub fahr'n
7		und die kümmern sich. ›Na ja‹, sagt der, ›wird doch überwiesen.‹ Ick sage,
8		dit spielt doch keene Rolle, ob dit überwiesen wird oder nich.
9		Denn Ende September, sag ick, kann ick ja keenen Einspruch mehr erheben,
10		weil ick ja vorjet Jahr Einspruch erhoben hatte, wa, da hab ick nachher beinah
11		nochmal ditselbe jekricht wie vorher.
12	P:	Ja?
13	A:	Mhm. Nu hab ick mir jesacht, na ja, werd ick mal dieset Jahr frühzeitig
14		machen, damit'e wieder Einspruch erheben kannst, und wenn ick denn
15		wieder wat krieje, dann lass ick dit inne Zeitung setzen, denn seh ick
16		nämlich daran, dass die bewusst die Bevölkerung über't Ohr hau'n.
17	P:	Hm.
18	A:	Nich? Na ja, nu hab ick dem da 'n Glas Schnecken jeschickt.
19	P:	Was geschickt?
20	A:	Schnecken. Hab ick noch'n Zettel ranjeschriem, die möchten vorsichtig sein,
21		dass se noch, falls se von'e Schnecken während der Arbeitszeit überholt
22		werden.

Die Erzählung steht im historischen Präsens und weist einen Spannungsbogen auf.

6.4 Beispiele für Sprechereignisse

Am Anfang steht die Orientierung (Z 1). Erzähler und Protagonist der Erzählung sind identisch, es erfolgt die Lokalisierung im Raum, und es wird eine Handlung spezifiziert, die den Rahmen der Erzählung thematisch vorgibt. Dabei greift der Sprecher in die Trickkiste des Spannungsaufbaus, indem er das aus der erzählten Handlung folgende Resultat in der Orientierung vorwegnimmt. Hierdurch wird Spannung erzeugt, weil der Zuhörer die Handlungen nicht kennt, die zu der Strafe führten, was in der Interaktion auch deutlich wird (Z 2–4). Ab Zeile 5 folgt die eigentliche Handlungskomplikation in Form des szenischen Erzählens, wo durch die direkte Rede jeweils die Rolle des Protagonisten und Antagonisten (Finanzbeamter) eingenommen wird. Dabei wird zeitlich zurückgeblendet (Z 9–11) und Gesprächsschritt für Gesprächsschritt auf den Höhepunkt des Plots zugesteuert. Bevor der Höhepunkt und das eigentliche Resultat der Erzählung erreicht sind, steht als spannungsretardierendes Moment eine Evaluation (Z 13–16), der dann unmittelbar die Pointe folgt. Diese ist zunächst von einer Erklärung freigehalten, was beim Zuhörer ein Überraschungsmoment auslöst. Auf dessen erstauntes Nachfragen wird die Pointe kommentiert und bewertet, wodurch die am Anfang in der Orientierung vorweggenommene Konsequenz, die institutionelle Sanktionierung, ihren Sinn erhält. Diese Alltagserzählung ist geschickt aufgebaut und lebendig erzählt. Dargestellt wird ein Ereignis, das es dem Erzähler wert ist, erzählt zu werden. Gleichzeitig hat die Erzählung eine sinnstiftende Funktion. Über die Tatsache, was als erzählenswert gilt und wie der Sprecher das Erzählte bewertet und einordnet, wird ein Stück gesellschaftlicher Wirklichkeit kritisch interpretiert. Es ist nun Sache des Zuhörers, welche Konsequenzen er aus dem Erzählten zieht, ob er die gleiche Perspektive einnimmt wie der Erzähler oder aber von einer anderen Interpretationsfolie ausgeht.

Bei dem zweiten Beispiel handelt es sich um eine traditionelle Erzählung aus dem Itelmenischen. Wie viele Texte, die zu außereuropäischen Sprachen mit geringer Sprecherzahl gesammelt wurden, hat sie einen wenig natürlichen Erzählkontext: Losgelöst von den in der Kultur üblichen Anlässen wurde sie um 1910 vom Erzähler in den Trichter eines Wachswalzen-Aufnahmegeräts gesprochen. Die Geschichte »Kutx und der russische Hase« besteht aus drei Teilen: der Orientierung (Z 1), der Handlungskomplikation (Z 2–15) und dem Resultat (Z 16):

1. ksuɲɬqzuknen   Kutx   kɲetʃom   Miti.
   leben-Impf-Narr Name Ehefrau-Komitativ Name
   Kutx lebte mit seiner Frau Miti zusammen.

2. miɲɬajenk   Kutx   tχuʔeɬ   k'anamɬʔan:
   Hase-Lok   Name   Gruß-Inst   übermitteln-Narr
   Kutx bekam von einem Hasen Grüße übermittelt:

3. »xənkzuqzuβəmnen   kəma, kəma xezalβan   ttextʃ,
   Imperativ-warten-Impf-3s/1s ich,   ich   übers∗Meer-Possessiv Russe
   »Er soll auf mich warten, ich bin ein Russe von jenseits des Meeres;

4. t'iχeleɬkitʃen   ənnanke   telβetʃq.«
   Gast*sein-Fut-1s   er/sie-Dir   langsam-Adv
   ich werde bei ihm Gast sein.«

5. Kutx   xaɬtʃ jeq   kɬaleqzoknan,   kniβniqzukuen   qpaɬ.
   Name   dann   gehen-Impf-Narr (Pilze?*)sammeln-Impf-Narr Fliegenpilz
   Da ging Kutx los und sammelte Fliegenpilze (als Rauschmittel).

6. ənna, Miti, liŋel   kqtezβɬqzukneʔn,
   er/sie Name Blaubeere   Beeren*sammeln-Impf-Narr
   tʃirem   kskqzoʔantxʔin   ʷt'əɬχanke.
   Tolkuscha   machen-Impf-Narr   Gast-Dir
   Miti sammelte Blaubeeren und machte Tolkuscha (ein Gericht) für den Gast.

7. Kutx   xaɬtʃ jeq   kkukeqzuʔin.
   Name   dann   kochen-Impf-Narr
   Dann machte Kutx (bzw. wohl eher Miti?) das Essen warm.

8. ʷt'əɬχ,   xezalβan   ttextʃ   miɲɬaj,   kk'oɬknen.
   Gast   übers*Meer-Possessiv   Russe   Hase   ankommen-Narr
   Der Gast, der Russen-Hase von jenseits des Meeres, kam an.

9. kəɲtʃpaɬ   kəmtxlaknen.
   ständig   kämmen-Narr
   Er kämmte sich ständig.

10. Xaɬtʃ jeq   Kutx   ʷt'əɬχ   tʃiremɬ   kɬinnuqzuʔin.
    dann   Name   Gast   Tolkuscha-Ins   füttern-Impf-Narr
    Dann gab Kutx dem Gast Tolkuscha zu essen.

11. Xaɬtʃ jeq   miɲɬaj   kleʔlətqzukuen,
    dann   Hase   kauen-Distributiv-Impf-Narr
    qaʔm   k'leknen   izlikeq,   kəɲtʃpaɬ   kmetʃ'esxenknen.
    Negation   werden-Narr   erwachen-Adv ständig   verlieren-Dispersiv-Narr
    Dann kaute der Hase (Fliegenpilzstücke), wurde nicht mehr wach,
    war ständig weggetreten.

12. χumstəztʃ   əzzanke,   oʔanke   efsətqzuztʃ,
    hinausgehen-Präs-3s   draußen-Dir   Baum-Dir   hinaufsteigen-Distributiv-Impf-Präs-3s
    Er ging hinaus (aus der Hütte) und stieg auf einen Baum.

13. enqemɬ   imqzuztʃ   mniɬ,   teɬβe   χansx   k'leqzukuen.
    so(sehr) verdorren-Impf-Präs-3s ganz   sogar   Haut   werden-Impf-Narr
    Er zehrte völlig aus, bis er nur noch Haut wurde.

14. əzzank   kəɲtʃpaɬ   kəɲtʃxləʔin   neʔep,   qaʔtx tɬxan   tuman.
    draußen-Lok   ständig   gewinnen-Narr   Schneenebel wie Haar-Possessiv Nebel
    Draußen dominierte immer Schneenebel, der wie Nebel (russ. туман) von
    Haar war.

6.4 Beispiele für Sprechereignisse

15. miɲɬaj qaʔm   q'eβlileq   k'leknen,   quneŋin   ʷkŋiksiknen.
    Hase Negation stark-ADV   werden-Narr andauernd schlafen-Narr
    Der Hase wurde kraftlos und schlief ständig.

16. lqilq   k'isknen,   miɲɬaj kqitetknen,   k'isxknen.
    Frost reif∗werden-Narr   Hase   erfrieren-Narr   sterben-Narr
    Die Frostperiode erreichte ihren Höhepunkt, der Hase erfror und starb.

In der Orientierung erhalten die Zuhörer vorab Informationen über Ort, Zeit, beteiligte Personen und Begleitumstände. Mit dem einleitenden Wort /ksuɲɬqzuknen/ »es lebte ...« und der Nennung der mythologischen Figur Kutx wird ein bestimmter Typ der Erzählung gekennzeichnet, ähnlich wie unser ⟨Es war einmal⟩. Der Hörer wird hierdurch in eine andere, mythische Welt versetzt. Eine abschließende Koda fehlt ebenso wie der Abstrakt und eine explizite Evaluation. Da es sich um eine traditionelle Erzählung handelt, war die Geschichte den meisten Zuhörern der Sprachgemeinschaft bekannt, so dass der Abstrakt überflüssig ist. Gleichzeitig wird die Frage ›Was soll das Ganze?‹ angesichts der akzeptierten Wichtigkeit solcher Erzählungen über Kutx, um den sich bei den Itelmenen ein umfangreicher Zyklus von Erzählungen rankt, kaum aufkommen. Der Erzähler einer in traditionelle Glaubensvorstellungen eingebetteten Erzählung steht weniger unter dem Zwang, in einem Evaluationsteil die Relevanz der Geschichte hervorzuheben, da die konventionalisierte, von der Alltagssprache abweichende Form – nicht selten verbunden mit ätiologischen ›Erklärungen‹ – in sich einen evaluativen und Autorität schaffenden Charakter trägt. Bedenkt man, dass die Geschichte bekannt ist, so wundert es nicht, dass ein guter Vortragsstil darin besteht, einerseits durch kurze, vieles nur implizierende Formulierungen ohne jede Erklärung dem Hörer einen Interpretationsraum zu bieten und andererseits durch inhaltliche Doppelung der Aussagen das Voranschreiten der Handlung aufzuhalten und auf diese Weise Spannung zu erzeugen. Die kurze Erzählung läuft im Zeitraffer ab: Die Aktivitäten in Zeile 5 und 6 können nur im Spätsommer stattfinden, in Zeile 14 liegt bereits Schnee. Die Verben der Erzählung haben fast alle die gleiche Form in der Erzählzeit (meist /k-...-knen/), nur in den Zeilen 12 und 13 markieren andere Verbformen den ›Höhepunkt‹ der Erzählung. Die Pointe der Geschichte beruht auf impliziten Wertungen: Kutx und seine Frau verhalten sich wie gute Gastgeber, der russische Hase aber wie ein schlechter Gast (Z 11). Zudem lädt er sich selbst ein (Z 4–5), ist eitel (Z 9) und reagiert auf die klimatischen Bedingungen des Winters unangemessen (Z 12). Durch die Charakterisierung des Hasen als Russen bietet der Erzähler an, diese Eigenschaften auf Russen allgemein zu übertragen und reflektiert so in humoristischer Weise die Situation der lange Zeit durch Russen in kolonialer Abhängigkeit gehaltenen indigenen Bevölkerung Kamtschatkas. Zeile 14 könnte eine Schuldzuweisung implizieren, da in der Vorstellungswelt der Itelmenen persönliches Fehlverhalten zu schlechtem Wetter führen kann. Das Resultat, der durch sein Fehlverhalten selbst verschuldete Tod des Hasen, ist die logische Konsequenz.

6.5 Thematische Kohärenz

Bisher wurden vor allem die formale Strukturierung und die Handlungskomponente von Redebeiträgen behandelt und weniger Aspekte wie Auswahl, Gewichtung und Linearisierung des Mitzuteilenden. Während das im vorigen Abschnitt behandelte Schema von Labov im Großen und Ganzen für Erzählungen aus fast allen Sprachen zutrifft, kann die so genannte THEMATISCHE KOHÄRENZ von Sprache zu Sprache recht unterschiedlich ausfallen. Erscheinungen wie die am Ende des vorigen Abschnitts angedeuteten sind hierbei symptomatisch für die Schwierigkeiten, die wir bei der Lektüre von Erzählungen aus fremden Kulturen mit der thematischen Kohärenz haben können, wogegen wir uns bei den meisten europäischen Sprachen auf unsere intuitive Kompetenz zur Interpretation von Erzählungen relativ gut verlassen können. In diesem Zusammenhang sind einige Experimente recht interessant, die in der kognitiven Psychologie durchgeführt wurden, um herauszubekommen, wie Erzählungen erinnert und verstanden werden. Verschiedene Erzählungen, zu denen sowohl europäische wie auch solche nordamerikanischer Indianer gehörten, wurden Testpersonen erzählt, die nun ihrerseits die Geschichte weitererzählen mussten und so fort. Nach mehrmaligem Weitererzählen zeigten sich frappante Unterschiede: Während die europäischen Geschichten weitgehend intakt blieben und nur unwichtige Informationen verloren gingen, zerfielen die indianischen in zusammenhanglose Bruchstücke, wobei gleichermaßen wichtige wie unwichtige Informationen verloren gingen. Man interpretierte dieses Ergebnis dahin gehend, dass Erinnern und Verstehen in starkem Maße davon abhängen, ob man ein Organisationsschema für die Erzählung zur Verfügung hat oder nicht.

Hinsichtlich der Auswahl dessen, was in einer Erzählung an Detailinformationen als mitteilenswert angesehen und was als nebensächlich weggelassen oder aber als selbstverständlich vorausgesetzt wird, kann es große Unterschiede geben: Wichtige Dinge werden z. B. nur zu Anfang in der Orientierung einmal genannt und sind dann für den Rest der Erzählung vorausgesetzes Wissen, so z. B. der Ort der Handlung ⟨Als ich das letzte Mal in Berlin war, ...⟩ oder in bestimmten Mythentraditionen die Protagonisten. Wie kulturspezifisch Themenschwerpunkte von Erzählungen sein können, sieht man, wenn man z. B. traditionelle Erzählungen aus Japan mit denen der Eskimo vergleicht. In Japan liegt das Hauptaugenmerk des Erzählers auf der Beschreibung der externen, meist sozialen Situation, in der das Individuum steht; folglich rühren die handlungsmotivierenden Konflikte von Einschränkungen durch andere Personen her, wobei ein unpersönliches Konzept göttlicher Gerechtigkeit zugrunde gelegt wird. Bei den Inuit hingegen werden die physische Fähigkeit des Individuums, Bewegung und Lage im Raum in den Vordergrund gerückt. Motiviert werden die Handlungen durch die Grenzen der physischen Leistungsfähigkeit oder den Mangel an jagdbarem Wild. Wie wir bereits im Kapitel Semantik festgestellt haben, ist diese Betonung räumlicher Relationen im Inuit und auch in vielen Sprachen Amerikas in starkem Maße grammatikalisiert. Dadurch wird Erzählungen ›Farbe‹ gegeben, indem z. B. die Bewegungen oder

6.5 Thematische Kohärenz

die (räumliche) Lage eines Protagonisten durch ein im Kontext witziges Wort beschrieben werden. Auch die Verteilung von Themen innerhalb einer Erzählung kann recht unterschiedlich sein. In K'iche'-Mythen finden sich beschreibende Passagen fast ausschließlich zu Beginn der Erzählung in der Orientierung. Während in japanischen Erzählungen die Häufigkeit von Wörtern aus dem Wortfeld Suchen und Beobachten im Laufe der Erzählung ansteigt, nimmt sie bei Erzählungen der Inuit ab.

Information wird im Diskurs unterschiedlich gewichtet. Innerhalb von Erzählungen gibt es oft einen besonders gekennzeichneten Höhepunkt (›peak‹), der z. B. durch kürzere Sätze und Häufung von Verben markiert werden kann oder, wie z. B. im Deutschen, durch den Wechsel vom Präteritum zum historischen Präsens. Aber auch Wiederholungen, zitierte wörtliche Rede u. v. a. werden zur Hervorhebung von Informationen genutzt. Auf der Satzebene kann man die Hervorhebung oder Fokussierung mit verschiedenen Mitteln zum Ausdruck bringen, wobei häufig mehrere Markierungen kombiniert werden. Hierzu gehören Markierungen wie der emphatische Akzent des Deutschen, den man am deutlichsten bei Antworten auf Fragen fassen kann:

Wer hat dir dieses schöne Kochbuch geschenkt?
Claudia schenkte mir dieses schöne Kochbuch.
Was hat Claudia mit dem schönen Kochbuch getan?
Claudia *schenkte* mir dieses schöne Kochbuch.
Was hat dir Claudia geschenkt?
Claudia schenkte mir *dieses schöne Kochbuch*.
Was hat Claudia dir Schönes geschenkt?
Claudia schenkte mir dieses schöne *Kochbuch*.

In anderen Sprachen wird Fokus durch besondere Affixe oder grammatische Wörter ausgedrückt, so z. B. im Mixtekischen (Dialekt von San Miguel el Grande) durch /máá/:

A: kīkìʔīn   ná   kùņū   [...]
   gehen∗tragen   ich   Fleisch
B: ná   kíʔìn   máá   ná   βàʔā-gà
   Insistieren   gehen   FOK   ich   gut-wieder
A: mà kúū,   tʃī   lúlí   ní,   ná-kíʔìn   máá ná,   tʃī   káʔnū   ná
   Nein   weil   klein   du   ⟨s.o.⟩   weil groß   ich
A: *Ich werde Fleisch holen gehen.*
B: *Es ist aber besser, wenn ich gehe.*
A: *Nein, denn du bist klein; ich werde gehen, denn ich bin groß.*

Oft wird Fokussierung mit Demonstrativa verbunden, z. B. Deutsch ⟨*dieses* schöne Buch⟩. Eine andere häufig verwendete Möglichkeit ist die Umstellung, wobei der hervorzuhebende Teil unmittelbar an den Anfang des Satzes oder an das Ende gestellt wird, z. B. ⟨*Dieses schöne Buch* schenkte mir Claudia⟩, oder als Antwort auf die Frage ⟨Wem schenkte Claudia dieses schöne Buch?⟩ – ⟨Dieses schöne Buch schenkte Claudia *mir* / *mir* schenkte Claudia dieses schöne Buch⟩. In einigen Fällen werden auf diese Weise fokussierte Element aus dem Satzschema nach rechts oder links herausversetzt, wie ⟨*Diese Linguisten,* ich verstehe sie einfach nicht!⟩ bzw. ⟨Ick brauch noch 'n paar Äppel, schöne, knackige⟩. Ein Sonderfall der Fokussierung ist die kontrastierende Fokussierung wie im mixtekischen Beispiel oben oder im Falle von ⟨Nein, nicht Claudia, sondern *Petra* hat mir dieses schöne Buch geschenkt⟩. In manchen Sprachen bedeutet die kontrastierende Fokussierung nicht notwendigerweise, dass ein Element wichtig ist, und schon gar nicht, dass es auch Topik ist. Man betrachte z. B. den folgenden Satz aus dem K'iche', in dem das fokussierte Argument der Fokus-Antipassiv-Form ⟨Mana ixoq xe'alanik⟩ »es war keine Frau, die sie zur Welt brachte« nur anzeigt, dass es sich um eine Information handelt, die man nicht erwarten würde:

Xa	tsaq,	xa	b'it		k-e-uchaxik,
nur	*bauen-Verbalnomen*	*nur*	*formen-Verbalnomen*		*Ink-3pA-sagen*
mana	ixoq	x-e-ala-nik,		ma	naipu	x-e-k'ajola-xik.
nicht	*Frau*	*Kom-3pA-gebären-Antipassiv*		*nicht*	*und*	*Kom-3pA-zeugen-Passiv*

Nur ›Gebautes‹ und ›Geformtes‹ wurden sie (-e-) (d. h. die von den Göttern aus Mais geschaffenen ersten Menschen) genannt, sie (-e-) wurden nicht von einer Frau geboren, noch wurden sie gezeugt.

In diesem Beispiel lässt sich der thematische Faden im Deutschen nur dadurch wiedergeben, dass man den Satz ⟨mana ixoq xe'alanik⟩ in Form eines Passivsatzes übersetzt.

Fokussierung und andere Formen der Gewichtung werden jedoch erst dann in ihrer Funktion verständlich, wenn man sie im größeren Zusammenhang eines Gespräches oder eines Redebeitrags betrachtet, d. h., wenn man untersucht, wie mit ihnen Einzelinformationen in sinnvoller Weise strukturiert werden. Auf der einen Seite muss eine günstige Informationsrate angestrebt werden: Zu viel alte Information langweilt, zu viel neue Information lässt sich nicht mehr nachvollziehen. Außerdem hat der Zuhörer nur ein begrenztes Erinnerungsvermögen und eine begrenzte Aufmerksamkeit, so dass ihm auch alte Information wieder in Erinnerung gerufen werden muss. In der gesprochenen Sprache kann man im Durchschnitt von einer neuen Information pro Satz ausgehen. Auf der anderen Seite müssen Sätze so aneinander gereiht werden, dass die Sätzen inhärenten Komponenten TOPIK und KOMMENTIERUNG längere Passagen als zwei Stränge durchziehen.

Die KOMMENTIERUNGEN, also das, was ausgesagt wird, können auf zwei verschiedene Arten verknüpft werden, und zwar entweder logisch-argumentativ oder in chronologischer Abfolge. Die logisch-argumentative Verknüpfung wurde bereits bei der Argumentationsanalyse dargestellt, wogegen die vor allem für Erzählungen typische chronologische Verknüpfung bei der Erzählanalyse nur angedeutet wurde. In Erzählungen werden die Ereignisse, die die Handlung vorantreiben, in Hauptsätzen wiedergegeben, die typischerweise durch ein festes Tempus der Vergangenheit (ERZÄHLZEIT) oder einen festen abgeschlossenen und punktuellen Aspekt (Komple-

6.5 Thematische Kohärenz

tiv, Resultativ oder Perfektiv) gekennzeichnet sind. Die so gekennzeichneten Sätze geben die Ergebnisse derart wieder, dass ihre Abfolge weitgehend mit der zeitlichen Abfolge der Ereignisse übereinstimmt. Die Gesamtheit dieser Sätze bildet das Rückgrat der Erzählung. Ereignisse, die den Plot nicht vorantreiben – weniger wichtige Ereignisse, Erläuterungen, Beschreibungen oder gleich-, vor- und nachzeitige Ereignisse –, sind nicht Bestandteil des Rückgrats. Sie werden zwischen die Sätze, die das Rückgrat bilden, eingeschoben und sind z. B. oft durch besondere Tempora wie das Plusquamperfekt gekennzeichnet oder aber dadurch, dass sie in Nebensätzen mitgeteilt werden. In der folgenden kurzen Textpassage aus dem Mixtekischen wird die Unterscheidung zwischen der Rückgratinformation und der Zusatzinformation vor allem durch Aspektmarkierungen erreicht, wobei der Kompletiv das Handlungsgerüst (H) markiert, die anderen Aspekte Zusatzinformation (Z):

Z:	ʒúān-nā	tē	xíka kūū		īsò.
	darauf	*und*	*Ink-spazieren∗gehen*		*Kaninchen*
H:	tē	nì	kēndā	tīʔīnà,	
	und	*Kom*	*erscheinen*	*Hund*	
			xínū	tɨ̀	xíín	īsó.
			Ink-rennen	*Tier*	*mit*	*Kaninchen*
H:	tē	nì	ndɨ̀βɨ̄	tɨ̀	ʒāú kāβā.
	und	*Kom*	*eintreten*	*Tier*	*Höhle*
H:	tē	nì	xīnì	kōò,	
	und	*Kom*	*bemerken*	*Schlange*	
Z:			xá	ní	kūū tɨ̄nɨ̀	βēltá,
			Rel	*Kom*	*sein Sache*	*mehrmals*
			ndɨ̀βɨ̄	tɨ̄	ʒāú kāβā.	
			Ink-eintreten	*Tier*	*Höhle*	

Ein Kaninchen ging einmal spazieren. Ein Hund erschien und (er) lief dem Kaninchen nach. Das Kaninchen flüchtete sich in seinen Bau. Eine Schlange merkte (bei diesem Anlass), dass es oft geschah, dass es in d(ies)en Bau hineinging. [...]

Dieses Organisationsschema des mixtekischen Handlungsfadens lässt sich nicht eins zu eins ins Deutsche übertragen. Die satzweise Wiedergabe ergibt im Deutschen nämlich eine falsche Gewichtung des ersten Teils, da Satz (1) und (3) in der Übersetzung Bestandteil des Handlungsgerüsts sind. Um die Gewichtung richtig wiederzugeben, muss man diese Sätze als Nebensätze unterordnen: »Als ein Kaninchen einmal spazieren ging, kam ein Hund, der dem Kaninchen nachlief.« In der ›gewichteten‹ Übersetzung ist die Rückgratinformation durch Vergangenheit im übergeordneten Hauptsatz, die Zusatzinformation durch Präteritum in den Nebensätzen kodiert. Während im Deutschen Rückgrat- und Zusatzinformation durch temporale Parallelisierung differenziert werden, geschieht dies im Mixtekischen durch Aspektmarkierung. Die Rückgratinformation ist durch den Kompletiv, die Zusatzinformation durch den Inkompletiv markiert.

Doch wenden wir uns nun dem Begriff TOPIK zu. Im Kapitel Syntax haben wir den Begriff für die Satzebene bereits kennen gelernt als das, worüber in einem Satz etwas ausgesagt wird; im größeren Zusammenhang von Texten aber wird auf verschiedenen Ebenen ebenfalls etwas über etwas ausgesagt. Wir wollen uns hier auf den am ehesten zugänglichen Bereich beschränken, nämlich auf die in den einzelnen Sätzen als (Satz-)Topik behandelten Nomina und ihre Beziehung zueinander, den so genannten TOPIKFADEN. Er besteht aus dem aktuellen Satztopik und den früher als Satztopik eingeführten aktiven oder semi-aktiven alten Informationen. Im Hinblick auf den Topikfaden kann man primäres und sekundäres Diskurstopik unterscheiden:
- primäres Diskurstopik: Protagonisten der Erzählung. Sie werden in der Regel im Abstract erwähnt und in der Orientierung besonders hervorgehoben als Diskurstopik eingeführt.
- sekundäres Diskurstopik: weniger wichtige Personen oder Tiere (Nebenfiguren) sowie für die Handlung wichtige Dinge. Sie werden meist erst im Laufe der Erzählung eingeführt.

Zunächst muss ein Diskurstopik als neue Information eingeführt werden, was kaum anders als durch ein Nomen oder eine Nominalphrase geschehen kann. Danach wird es oft als alte Information weitergeführt. Solange es noch aktive alte Information ist, wird häufig die nominale Referierung durch eine anaphorische ersetzt. Vielfach dienen hierzu Pronomina, während die explizite nominale Referierung nur dann verwendet wird, wenn der Kontext mehrdeutig ist oder die letzte Erwähnung des referierten Nomens so lange zurückliegt, dass es der Zuhörer möglicherweise nicht mehr aktiv parat hat. Hierbei spielt die Unterscheidung zwischen primärem und sekundärem Diskurstopik eine wesentliche Rolle sowie beim sekundären Diskurstopik die Belebtheitshierarchie: Das primäre Diskurstopik ist aufgrund seiner prominenten Einführung während der gesamten Erzählung aktive alte Information; ein sekundäres Diskurstopik dagegen wird relativ schnell zur nur noch semi-aktiven alten Information, vor allem, wenn es sich um ein unbelebtes Nomen handelt, so dass es wieder explizit als Nomen in die Erinnerung zurückgerufen werden muss. Dies mag wiederum an dem zitierten kurzen Ausschnitt aus einem mixtekischen Text verdeutlicht werden. In ihm ist das Kaninchen primäres Diskurstopik:

ʒúān-nā   tē   xíka kūū   īsò.
*darauf   und   Ink-spazieren*gehen   Kaninchen*

tē   nì   kēndā   tíʔīnà,   xínū   tɨ   xíín   īsó.
und   Kom   erscheinen   Hund   Ink-rennen   Tier   mit   Kaninchen

tē   nì   ndɨβɨ̄   tɨ   ʒāú kāβā.
und   Kom   eintreten   Tier   Höhle

tē   nì   xīnì   kōò,   xá   ní   kūū   tīnɨ̀   βēltá,
und   Kom   bemerken   Schlange   REL   Kom   sein   Sache   mehrmals

ndɨβɨ̄   tɨ   ʒāú kāβā.
Ink-eintreten Tier   Höhle

6.5 Thematische Kohärenz

Ein Kaninchen ging spazieren. Ein Hund erschien und (er) lief dem Kaninchen nach. Das Kaninchen flüchtete sich in seinen Bau. Eine Schlange merkte (bei diesem Anlass), dass es oft geschah, dass es in d(ies)en Bau hineinging. [...]

Nach der Einführung wechselt das Satztopik auf den Hund, der als aktive alte Information nach der Einführung einmal pronominal mit /-tɨ̀/ »Tier« weitergeführt wird. Das Kaninchen wird in diesem Satz gleichfalls genannt, und zwar explizit in Form eines Nomens. Dann wird als neuer Mitspieler die Schlange eingeführt, aber das nachfolgende pronominale Element /-tɨ̀/ »Tier« bezieht sich auf das Kaninchen, das nach der zweiten expliziten Erwähnung trotz des neu eingeführten Satztopiks Schlange als aktive alte Information angesehen wird. Bei der Pronominalisierung aktiver alter Information kann sich also das Problem der Disambiguierung verschiedener Mitspieler stellen. Die Eindeutigkeit kann durch verschiedene sprachliche Mittel erreicht werden, entweder durch ein aufgefächertes Pronominalsystem der dritten Person wie im Deutschen, durch Diathesen oder durch Fokussierung wie in dem folgenden Beispiel aus dem Mixtekischen:

nì	ìō	ɨ̄n	tʃàā,	xáʔàn	ðē	kōstá.
Kom	*sein*	*ein*	*Mann*	*Ink-gehen*	*Mann*	*Küste*
tē	nì	xīkàn tùʔún	ɨ̄n	tʃàā,	kúū	mbáà	ðē:	»...«
und	*Kom*	*fragen*	*ein*	*Mann*	*sein*	*Compadre*	*Mann*	
tē	nì	kātʃì	máá	tʃáā-ún:	»...«			
und	*Kom*	*sagen*	*Fok*	*Mann-jener*				
ʒúān-nā	tē	máá	tʃáā-ún	nì	nāxàà	ðē	βēʔē	ðē.
darauf	*und*	*Fok*	*Mann-jener*	*Kom*	*zurückgehen*	*Mann*	*Haus*	*Mann*
tē	nì	kātʃì	ðē	xíín	ɲásɨ̀ʔɨ́	ðē:	»...« [...]
und	*Kom*	*sagen*	*Mann*	*mit*	*Frau*	*Mann*	
tē	nì	kātʃì	ðē	xíín	mbáà	ðē:	»...« [...]
und	*Kom*	*sagen*	*Mann*	*mit*	*Compadre*	*Mann*	
tē	nì	kātʃì	mbáà	ðē	xíín	ðē:	»...«
und	*Kom*	*sagen*	*Compadre*	*Mann*	*mit*	*Mann*	
tē	máá	tʃáā-ún	ndísō	ðē	kōstálī	ʒāà	ðē	
und	*Fok*	*Mann-jener*	*Ink-tragen*	*Mann*	*Sack*	*Asche*	*Mann*	

Es war einmal ein Mann, der zur Küste wollte. Ein (anderer) Mann, der sein Compadre war (d.h. die Männer haben miteinander eine Beziehung gegenseitiger Hilfeleistung), fragte (ihn): »...« Jener Mann antwortete: »...« Darauf ging jener Mann nach Hause. Er sagte zu seiner Frau: »...« [...] Er sagte zu seinem Compadre: »...« [...] Sein Compadre antwortete: »...« Jener Mann trug seinen Sack mit Asche.

Nach der expliziten Einführung als Diskurstopik werden die beiden Männer pronominal mit /-ðē/ »er/sein (Mann)« weitergeführt, um aber die Eindeutigkeit der Bezüge zu erhalten, wird nach jeder Topikalisierung des zweiten Mannes der eigentliche Hauptprotagonist mit einer Fokuskonstruktion wieder als Diskurstopik etabliert. Er ist als primäres Diskurstopik immer latent vorhanden, auch wenn er nicht Satztopik ist, da der zweite Mann meist als »sein Compadre« bezeichnet wird.

In diesen beiden Beispielen aus dem Mixtekischen wird der Topikfaden des primären Diskurstopik von einem Satztopik zum nächsten geknüpft, und nur gelegentlich ist ein sekundäres Diskurstopik eingeschoben. Ähnlich wie im Deutschen sind Satztopik und Subjekt fast immer identisch. Man vergleiche die folgende Einleitung zu einer Schachaufgabe, in der die thematisch eingeführten Protagonisten fast immer durch eine NP, ein Pronomen oder eine Null-Anapher in Subjektfunktion referentiell weitergeführt werden (Zeit-Magazin 7, 1987):

> ›Mit 22 fängt das Leben an‹ – natürlich nicht bei Garry Kasparow, der ist schon Weltmeister und muss schauen, wie er mit dieser Bürde fertig wird. Sehr wohl aber bei Andrei Sokolow. Dieser blondgelockte Jüngling, der jetzt im WM-Kandidatenkarussell unter den letzten vier ist, ähnelt Garry in seinem Freimut. Andrei schaut aus wie ein Boticelli-Engel, als könne er kein Wässerchen trüben, um im nächsten Moment die ehrwürdigen Säulen des sowjetischen Schachs, Smylow, Kortschnoi und Tal als Dinosaurier zu bezeichnen. Und um dem Klischee Tribut zu zollen, läßt er sich als Russe zu solch Wahrheitsfindungen gern von Väterchen Wodka anregen – eben so wie der ›Dinosaurier‹ Tal. Bei einer nationalen Kampagne gegen Wodka meinte dieser: ›Staat gegen Wodka? – Ich spiele für das Wodka-Team.‹ Mit diesem Team liebäugelte in früheren Tagen auch Viktor Kortschnoi. Ein Internationales Turnier in Bukarest gewann er mit 12 Punkten aus 13 Partien – ›er spielte wie ein Gott‹ (Sergiu Samarin). Und da sich nicht nur die Götter der griechischen Mythologie zuweilen handfest betranken, klafften auch bei unserigem in seiner Partie gegen Pavlow (Rumänien) geistige Inspiration und körperliche Standfestigkeit auseinander. Er erwachte erst so halb am Brett, zog ganz schnell und – gewann eine Glanzpartie. Leider recht nüchtern scheint er bei seiner Partie im letzten Kandidatenturnier gegen Sokolow gewesen zu sein [...]

Auf die eingeführten Schachspieler wird meist durch Nominalphrasen, Pronomina oder Null-Anapher referiert, die direkt oder indirekt in Subjektfunktion stehen. Satztopik und Subjekt sind also sehr stark aufeinander bezogen. Dies muss aber nicht immer so sein: Es gibt Sprachen wie das Japanische, bei denen das Satztopik ein besonderes Suffix hat, das den Unterschied zwischen Subjekt und Satztopik markiert:

Nihon-de-WA   Kjusu-to   Hokkaido-kara   sekitan-ga
Japan-in-Top *⟨Ort⟩-und* *⟨Ort⟩-Abl*   *Kohle-Subj*
toremasu   Sikoku-kara-WA   toremasen.
man*kann*bekommen   *⟨Ort⟩-Abl-Top*   *man*kann*nicht*bekommen*

In Japan$_{Top}$ kann man Kohle$_{Subj}$ von Kyuschu und Hokkaido bekommen, nicht aber von Schikoku$_{Top}$.

Im K'iche', wo die Verwendung der Begriffe Subjekt und Objekt wenig sinnvoll ist, springt bei transitiven Sätzen der Topikfaden auf das Patiens-Argument über, so dass dieses – den Topikfaden des primären Diskurstopiks zeitweilig unterbrechend – im folgenden Satz Satztopik wird:

Ta	x-Ø-ki-ta'o	u-tsijel	kik',	ta	x-Ø-u-b'ij		ch'o.
PART	Kom-3sA-3pE-hören	3sE-Wort	Ball	PART	Kom-3sA-3sE-erzählen		Maus
Ta	x-Ø-ki-ya		ri	r-echa	ch'o.		
PART	Kom-3sA-3pE-geben		ART	3sE-Essen	Maus		
Are	k'u	ri	r-echa:	ri	ixim,	ik,	kinaq' [...]
dies	PART	ART	3sE-Essen	ART	Mais	Chili	Bohnen

Sie hörten die Geschichte vom Ball, die$_{Top}$ die Maus erzählte. Sie gaben der Maus Nahrung. Dies ist ihre Nahrung$_{Top}$: Mais, Chilies und Bohnen [...]

Eine besondere Art der Organisation des Topikfadens stellt schließlich das System der ›switch-reference‹ dar, bei dem markiert wird, ob das Topik des nachfolgenden Satzes mit dem des vorausgehenden identisch ist (T=T) oder nicht (T/T), so z. B. im Choctaw (Indianersprache, südöstliche USA):

Ø-pisa-tʃa	Ø-ijah		Ø-pisa-na	Ø-ijah
er/ihn-sehen-T=T	*er-geht*		*er/ihn-sehen-T/T*	*er-geht*
Er$_1$ sieht ihn$_2$ und (er$_1$) geht.			*Er$_1$ sieht ihn$_2$ und er (nicht er$_1$) geht.*	

6.6 Zusammenfassung

Wir haben in diesem Kapitel die Einbettung sprachlicher Einheiten in situative Kontexte behandelt. In Abhängigkeit von der Situation und dem institutionellen Kontext ist der aktuelle Gebrauch von Sprache stark differenziert. Die einzelnen Sprechereignisse unterliegen unterschiedlichen Rahmenbedingungen, und von daher gibt es eine starke Variation von Satz- und Äußerungsstrukturen. Trotz dieser Variationsbreite gibt es viele Konstanten. Äußerungen können in formale Sequenzen zerlegt werden, ›adjacency pairs‹, ›triplets‹ etc., und können hinsichtlich ihrer Handlungspotentiale (illokutive Akte) klassifiziert werden. Einzelne Diskurse lassen sich auf der Folie von Sequenzierungen und Sprechakten ›anatomisch‹ analysieren: Das Skelett eines Diskurses wird durch seine formale Organisation gebildet – oft mit der Handlungslinie als Rückgrat –, das ›Fleisch‹ durch die Handlungspotentiale, die Informationsverarbeitung und semantischen Verschränkungen. Je nach Art des Diskurses ist das Skelett unterschiedlich aufgebaut und gefüllt. Einer Erzählung liegt ein anderes Organisationsschema zugrunde als einem Verkaufsgespräch, wobei zusätzlich kulturspezifische Unterschiede gemacht werden.

Ausgewählte Literatur: Austin (1962), Ehlich (1980), Gansel/Jürgens (2002), Givón (1984b), Heinemann & Viehweger (1991), Hymes (1979), Labov (1980a, b), Levinson (1990), Mey (2001), Rehbein (1977), Rolf (1997), Schiffrin (2003).

6.7 Übungsaufgaben

1. Makah

Makah wird noch von etwa 200 älteren Personen auf der Olympia-Halbinsel, Washington State, an der Grenze zwischen den USA und Kanada gesprochen. Es gehört zur Wakash-Sprachfamilie und ist eng mit dem Nootka verwandt.

☞ Analysieren Sie die nachfolgenden Formen und charakterisieren Sie die Funktion der Suffixe.

1. tʃ'a:ʔu:qiɬ   *Er ist betrunken.*
2. tʃ'a:ʔu:qiɬpi:diɬ   *Sie müssen betrunken gewesen sein.*
     (beim Anblick leerer Schnapsflaschen o. ä.)
3. tʃ'a:ʔu:qiɬq'adʔiɬ   *Sie müssen betrunken sein.*
4. tʃ'a:ʔu:qiɬq'adʔits   *Du bist dem Anschein nach betrunken.*
5. tʃ'a:ʔu:qiɬtsaqiliɬ   *Sie sind dem Anschein nach betrunken.*
6. tʃ'a:ʔu:qiɬχa:ɬʃ   *Sie dürften betrunken sein.*
7. ʔatɬi:tqʷaɬbadaχtsaqil   *Es sieht aus, als ob es Bären sind.*
8. ʔatɬi:tqʷaɬbadaχ   *Es sind Bären.*
9. ʔatɬi:tqʷaɬpi:d   *Es muss ein Bär gewesen sein.*
     (beim Anblick von Fußspuren)
10. ʔatɬi:tqʷaɬ   *Es ist ein Bär.*

2. Pitjantjatjara

☞ Kennzeichnen Sie die verschiedenen Intonationsmuster und deren Sprechaktfunktion.

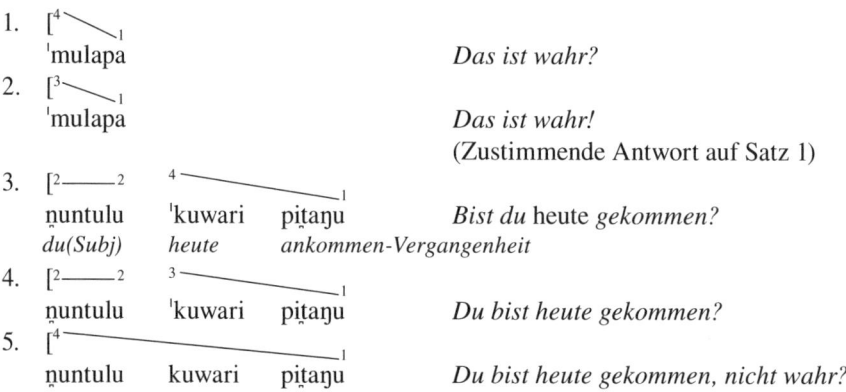

1. ['mulapa]   *Das ist wahr?*
2. ['mulapa]   *Das ist wahr!*
     (Zustimmende Antwort auf Satz 1)
3. n̪untulu   'kuwari   pit̪aŋu   *Bist du heute gekommen?*
    du(Subj)   heute   ankommen-Vergangenheit
4. n̪untulu   'kuwari   pit̪aŋu   *Du bist heute gekommen?*
5. n̪untulu   kuwari   pit̪aŋu   *Du bist heute gekommen, nicht wahr?*

6.7 Übungsaufgaben

3. Deutsch

Im folgenden Beispiel liegt die Verschriftung eines Verkaufsgesprächs vor, in dem eine Propagandistin Modeschmuck anpreist.

☛ Welche Sprechaktfunktion ist mit dem Gebrauch von ⟨sagen⟩ verbunden?

Und ich *sage*: für alle Damen, die sich heute noch über schönen Modeschmuck freuen und für alle Damen, die nicht wissen, nehm ich Gold, nehm ich Silber zum Kombinieren, Variieren, Ventilieren, *sag'* ich: Venezianerkette gratis und zum Abschluss des Tages und dann ist Feierabend für mich um gut zwölf, einen Bergkristall aus Bozen im Südtirol. Und ich *sage*: komplett eins zwei drei vier fünf sechs sieben Mal komplett für dreißig Mark. Und da kann ich nur noch *sagen*: meine Damen, versilbert, vergoldet, selber Preis, bleibt schön, wird nich schwarz. Ich *sage* mal: Danke für's Zuschau'n.

4. Mixtekisch

☛ Welches syntaktische Bildungsschema zeichnet die folgenden Wortspiele aus dem Mixtekischen von San Esteban Atatlahuca aus? Welche Ähnlichkeit wird bei der Bildung systematisch genutzt?

1. kāxi   ní   ʒáʔā   náβàʔā   mā   ʒáʔā   ní
   essen du   Chilipfeffer so dass   nicht   vorbeigehen du
   Iss Chilipfeffer, damit du nicht vorbeigehst.

2. mā   káxi   rì   ndoko   ʧi   ndoko   ri
   nicht essen ich   Zapotefrucht weil   mager∗werden   ich
   Ich esse keine Zapotefrüchte, weil ich (davon) mager werde.

3. mā   káxi   rì   ndūβà   ʧi   ndūβā   rì
   nicht essen ich   Gemüse   weil   fallen   ich
   Ich esse kein Gemüse, weil ich (sonst) falle.

4. kāxi   rì   ndūβà   náβàʔā   mā   ndúβā   rì
   essen ich   Gemüse   so dass   nicht   fallen   ich
   Ich esse Gemüse, damit ich nicht falle.

5. Deutsch / Englisch

Im Folgenden sind authentische Gesprächsausschnitte aus Verkaufsgesprächen gegeben (V = Verkäufer, K = Kunde).

☛ Stellen Sie das System des Gesprächsschrittwechsels dar.

1. K: Guten Tag.
   V: Guten Tag.
2. K: Ich hätt gern vier Jonathan.
   V: Ja gern.

3. V: Danke vielmals
   K: Danke auch.
4. K: May I have a bottle of Mich?
   V: Are you twenty-one?
   K: No.
   V: No.
5. K: Do you have the blackberry jam?
   V: Yes.
   K: OK. Can I have a half pint then?
   V: Sure.
6. K: Do you have the pecan Danish today?
   V: Back here. Would you like some?
   K: Yes, please.

6. Berlinisch

Das folgende Sprachspiel fand zwischen zwei Arbeitern zu Arbeitsbeginn statt.

☛ Wie stehen die Äußerungssequenzen grammatisch und von den Sprechhandlungen her im Zusammenhang?

1 M: Morgen.
2 A: Gut'n Morgen.
3 M: Ein wunderschön' guten Morgen.
4 A: Ein recht wunderschön' guten Morgen.
5 M: Mensch, sach bloß du hast jut jeschlafen heut!

7. Deutsch & Tzeltal*

Tzeltal ist eine Maya-Sprache, die im mexikanischen Bundesstaat Chiapas von etwa 285 000 Menschen gesprochen wird. Bei den folgenden verschriftlichten Diskursen handelt es sich um zwei Verkaufsgespräche. Das eine ist in Tenejapa, einem Dorf in Chiapas, Mexiko aufgenommen worden, das andere in einem kleinen Tante-Emma-Laden in Berlin.

☛ Vergleichen Sie die beiden Verkaufsgespräche, indem Sie 1. die Handlungslinie, die Handlungsmuster und die damit verbundenen Sprechhandlungen nachzeichnen und 2. die Gesprächsstrukturen (adjacency pairs, triplets, etc.) aufzeigen.

☛ Stellen Sie das ›Skelett‹ des jeweiligen Verkaufsgespräches nach dem folgenden Schema auf:

Zeilennr.	Person	Sequenzierung	Sprechhandlung	Handlungsmuster
1	K	[	Gruß	Kontakt-
2	V		Gruß	aufnahme

☛ Kennzeichnen Sie die im Tzeltal verwendeten Höflichkeitsstrategien.

6.7 Übungsaufgaben

Verkaufsgespräch Deutsch
1 K: Tag.
2 V: Tag. (.) Lieber Herr Schlobinski.
3 K: Ja, ich hätt gern äh ein Kopfsalat.
4 V: Gern. (3.0) Außerdem?
5 K: Ja, vier Äpfel.
6 V: Welche denn?
7 K: Ja, die Jonathan.
8 V: Ja gern. (4.0) Außerdem?
9 K: Das wärs, danke. (5.0)
10 V: Eine Mark und einsachtzig. (4.0) So und zehn und zwanzig und
11   Danke. Und schönen Tach.
12 K: Wiedersehen.
13 V: Tschüss. Danke.
14 K: Danke.

Verkaufsgespräch Tzeltal
1 K: meʔnin
       alte Mutter
2 V: la   meʔnin
       komm! (PART) alte Mutter
       Alte Mutter! – Komm, alte Mutter!
       (übliche höfliche Begrüßung zwischen älteren Frauen)
3 K: nakal   -at   bal
       sitzen -du   Ja/Nein-Frage
4 V: nakal   -on
       sitzen -ich
       Sitzt du? – Ich sitze.
       (Metaphorisch für: Bist du zu Hause; Kann ich dich sprechen?)
5 K: ah   nakal   -Ø   maʔj-uk
       Interjektion   sitzen   -er/sie/es nicht*sein-Irreal
       jaʔtʃonben   ʔitʃ   htiʔtik
       du verkaufst mir   Chili   wir (inkl) essen ihn
       Ah, man sitzt. Ist es nicht vielleicht möglich, dass du mir Chilies verkaufst,
       damit wir alle (Inklusivform: Verkäuferin eingeschlossen) essen können.
6 V: ja   wan   ʔaʔhohk'o   ʔitʃ
       Ink   Zweifel   du fragst   Chili
       Du fragst nach Chilies? (Du möchtest Chilies kaufen?)
7 K: jak,   jahman   ʔitʃ   jahohk'ob-et   ʔala   peʃ-uk
       ja   ich kaufe   Chili   ich frage dich   klein   Peso-Irreal
       Ja, ich kaufe Chili. Ich bitte dich um (etwas im Wert eines) kleinen Peso
       (Münzeinheit).

8 V: jak-uk, majlia jahtiʔtik ta lok'el
     ja-Irreal warte! wir (inkl) holen es PART weggehen
     Aber ja, warte! Wir werden es holen gehen.

9 K: jak-uk
     Aber ja!

10 V: ʔilaʔwil ts'in ta me jaʔaʔwitʃ' -e
     schau! dann PART wenn du nimmst es -fern
     Schau ob du sie (fern) nimmst. (d.h. ob sie dir gefallen)

11 K: jak-uk, jakiltik ʔa
     ja-Irreal wir (inkl) sehen es PART (anaphorisch)
     Aber ja, wir (inklusiv) sehen es.   *((Kundin besieht die Chilies))*
     ʔila j-ala tohol
     sieh! sein-klein Preis
     Sieh hier seinen kleinen Preis.   *((Kundin reicht das Geld))*

12 V: ʔiʃta kiltik ʔa
     PART wir (inkl) sehen es PART (anaphorisch)
     Gut, danke, wir (inklusiv) sehen es.   *((Verkäuferin nimmt das Geld))*

13 K: haʔ, naʃ tal-uk hohk'obet bel
     *PART kaum, nur es*kommt-Irreal ich frage dich weg*
     ʔaʔw-ala ʔitʃ htiʔ
     dein-klein Chili ich esse es
     Ich wollte eigentlich nur kommen, um die Chilies wegzuerfragen, damit ich sie essen kann.

14 V: haʔbi ʔitʃ'a bel jaʔwil
     PART nimm! weg du siehst sie
     So ist es. Nimm sie mit, du siehst sie ja.

15 K: tej hk'opon hbatik ts'in tʃ'i
     dort wir sprechen uns (reflexiv) dann PART
     Wir werden uns (inklusiv) bestimmt wieder sprechen.

16 V: haʔbi
     Ja, bestimmt.

17 K: lakon meʔnin
     geh! (PART) alte Mutter

18 V: ba meʔnin
     ich komme alte Mutter
     Ich komme wieder, alte Mutter! – Geh, alte Mutter!
     (übliche höfliche Verabschiedung zwischen älteren Frauen)

8. Tzotzil & Deutsch

Tzotzil ist eine ebenfalls in Chiapas gesprochene Nachbarsprache des Tzeltal und mit diesem eng verwandt. Es hat etwa 300 000 Sprecher. Bei den folgenden Gesprächsausschnitten handelt es sich um Gerichtsdiskurse. In dem Tzotzil-Beispiel sind ein Mann (A) und seine Mutter (M) angeklagt, Schafe gestohlen zu haben. Am Ende der Verhandlung werden beide zu einer Woche Gefängnis und zu 300 Pesos Geldstrafe verurteilt. Es genügt, die Übersetzung zu verwenden; daher wurde auf die Interlinearfassung verzichtet. In dem anderen Beispiel wird ein Mann zunächst beschuldigt, eine goldene Uhr gestohlen zu haben; im Laufe der weiteren Verhandlung wird er der Hehlerei angeklagt und schließlich auch deswegen verurteilt.

☛ Vergleichen Sie das Sprachverhalten der die Verhandlung leitenden Person (R).

Tzotzil

1 R: k'u tʃaʔal ʔetʃ ʃapas ʃavelk'an ti tʃihe
   Warum tust du so etwas: Schafe stehlen?
2 k'u tʃaʔal mu ʃaʔabteh
   Warum arbeitest du nicht?
3 vinikot mu juʔunuk ʔantsukot
   Du bist ein Mann und nicht eine Frau.
4 k'u tʃaʔal mu ʃasaʔ ʔabtel
   Warum hast du keine Arbeit?
5 keremot to
   Du bist jung genug.
6 mu juʔunuk molukot ʃa
   Es ist nicht so, als wärest du ein alter Mann.
7 butʃ'u la hjalbot tʃavelk'an tʃih
   Wer sagte dir, du sollst Schafe stehlen?
8 miʔ ʔameʔ ʔo mi ʔahol la hjal
   War es deine Mutter? Oder hast du es selbst entschieden?
9 A: tʃ'abal, tʃ'abal
   Nein, nein.
   ((Der Angeklagte wird weiter befragt, gibt aber nicht an, wer ihn zum Diebstahl angestiftet hat. Der Richter wendet sich an die Mutter und befragt sie, ob sie ihren Sohn zum Diebstahl angestiftet habe.))
10 M: hoʔon nan.   hnaʔun bi.   hoʔon la hkalbe
    Ja, ich habe es. Ich gebe es zu. Ich sagte zu ihm:
11 batikik ta ʔelek' tʃih ba htʃontikik ta hobel
    Lass uns Schafe stehlen gehen und sie in San Cristobal verkaufen
12 hk'eltikik mi ʃtʃ'am, ʃkut li kole
    Mal sehen, ob sie sie ausleihen, sagte ich zu meinem Sohn
13 mu hnaʔ k'usi tal ta hol
    Ich weiß nicht, was in meinem Kopf vorging.
14 ʔaʔ li tʃubahun ʔo noʔoʃ
    Ich muss verrückt gewesen sein. Das ist der einzige Grund.

15 R: ʔetʃ ʃtok mu ʔaʔuk to sba velta tʃavelk'anik tʃihe
Das ist nicht das erste Mal, dass du Schafe gestohlen hast
16 ʔoj ʃa shajibuk velta ʔelk'anik
Du hast schon oft gestohlen.
17 ʃavelk'an ti tʃihe ʃavelk'an ti ʔalak'e
Du hast Schafe gestohlen. Du hast Hühner gestohlen.
18 ʃavelk'an ti ʔisak' ʃavelk'an ti maʔile
Du hast Kartoffeln gestohlen. Du hast Kürbisse gestohlen.
19 ʃavelk'an ti k'uʔile ʃavelk'an ti ʔitahe
Du hast Kleidung gestohlen. Du hast Kohl gestohlen.
20 ʃavelk'an ti tuluk'e
Du hast Truthühner gestohlen.
21 skotol k'usi ʃavelk'an
Du stiehlst alles.
22 ʔaʔ ʃa noʔoʃ mujuk bu ʃavelk'anbe li sbek' jat li kirsanoʔetik. aʔ noʔoʃ tʃaloʔe
Das einzige, was du Leuten nicht wegnimmst, sind ihre Hoden – die isst du nur. ((M und A schauen beschämt auf den Boden))

Deutsch

1 R: Herr M., Sie wissen, Sie brauchen sich zu dem gegen Sie erhobenen Vorwurf hier nicht zu äußern. Wenn Sie sich aber äußern wollen, dann sagen Sie uns bitte die Wahrheit. Sie wollen sich äußern?
2 A: Ja.
3 R: Ihnen wird also vorgeworfen, am 26. März 76 hier bei L.- L.-Werke eine goldene Uhr aus einem Schubfach – äh Schublade weggenommen zu haben. Äh – war'n Sie – befanden sie sich zu der Zeit damals in Strafhaft?
4 A: Ja.
5 R: Und waren im Außentrupp- und hier nebenan bei L. oder?
6 A: Ich war bei L., bei de Waschmaschinen.
7 R: Was ist denn das nu'?
8 A: Wir waren Waschmaschinen – am Zusammenbauen und zwei Tage vorher, da sacht nun einer zu mir: »Da is ne goldene Uhr drin, nimm se!« Da hab ich gesacht: »Nein, das kommt gar nicht in Frage.« Ich sach: »Ich hab selbst zwei Uhren«, und da is der hingegangen, derjenige – ich kenn jetz den Namen nich mehr – der is äh – drei Tage später is der – von einer Außenstelle is er ab – laufen gegangen, da hat der mir die Uhr – bei uns im Lager – da hat der mir die Uhr verkauft – na ja – für – zwanzig Mark Tabak, und die hab ich dann Herrn D. gegeben, er möchte mir doch 'n paar Bilder dafür machen. Und da hatte mir der D.- mir paar Bilder gemacht und die hab ich im Urlaub mit nach Haus genommen, und da sollte ich 'n D. Bastelmaterial mitnehmen – äh mitbringen, und da hab ich ihm Sachen von mir gegeben, und da sollte ich noch Geld schicken. Ja Mann, ich war

so in knapper Not, ich konnte ihm kein Geld schicken, und das Geld is – is ja heute noch offen, so ungefähr hundertzwanzig oder hundertdreißig Mark. Aber die Uhr hab ich nich aus die Schublade rausgenommen, ich hatte selbst zwei Uhren da.
9   R: Ja, sie sagen also praktisch, Sie hätten Sie dann äh war das dieselbe Uhr, hatten Sie die Uhr gesehen?
10 A: Ich hatt se ein einziges Mal gesehen.
11 R: Sie sagen, Sie hätten die Uhr nich weggenommen, sagen Sie. Sie sagen, Sie hätten se angekauft – eine solche goldene Uhr,
12 A: Ja.
13 R: 'n paar Tage später, aber Sie hätten nich gewusst, dass es diese Uhr war, dass der andere die geklaut hätte.
14 A: Nein, das wusste ich nich.
15 R: Herr M. =
16 A: = Ja.
17 R: = Das glaub ich nich.
18 A: Ja, ich – 's- 's aber so gewesen.
19 R: 'n paar Tage vorher zeigt Ihnen jemand: »Das is ne Uhr, nimm die mit, wenn se haben willst«, und dann sag- sagen Sie: »Nee,
20 A: Nein, nein!
21 R: will ich nich«, und 'n paar Tage später kommt derselbe nun plötzlich mit 'ner goldenen Uhr an und sacht: »Komm, willste die haben?«
22 A: Das is so gewesen: d- die-
23 R: Denn sagen Se, Sie hätten gar kein Verdacht geschöpft?
24 A: N- doch, 'n bisschen hab ich schon geschöpft.

9. Berlinisch

Im folgenden Gesprächsbeispiel ist das übergreifende Thema ein gemeinsam geplantes Essen einer Fußballmannschaft. Für das Essen werden 20 DM pro Spieler veranschlagt. Bei dem Problem, was geschehen soll, wenn die Spieler ihre Freundinnen mitbringen, kommt es zum folgenden Sprachspiel.

Hinweis: *Frau* in Z4/6 umgangs-/jugendsprachlich für *Freundin*.

☞ Wie ist die Logik dieses Sprachspiels aufgebaut?

1. Bernd: So, wenn de deine Freundin mitbringst, denn kostet dit Essen
2.   (mindestens) zwanzig Mark für die.
3. Torte: Ick wünsche juten Appetit, ja.
4. Bernd: Die Spieler machen wa vonna Mannschaftskasse. Wer seine Frau
5.   mitbringt, der muss für't Menü zwanzig Mark bezahln.
6. Olaf: Wenn ick meine – Frau nich mitbringe, krieg ick dit
7.   ausjezahlt, dit Jeld?
8. Wolle: Ja, kriegta die zwanzig Mark ((lacht)) ausjezahlt (..)
9.   We-wer z- wer 'ne Freundin hat noch dazu der kricht vierzig raus.

10. Kannste ja 'ne echtet
11. Olaf: der muss vierzich bezahln.
12. Wolle: Jeschäft machen.

10. Deutsch*

In dem folgenden Beispiel geht es um eine Argumentation. Der Transkription liegt ein Gremiengespräch über eine Stellenausschreibung für eine Professur zugrunde.

☞ Stellen Sie – wie zuvor behandelt – die Logik und Pragmatik der Argumentation von Sprecher B dar.

A: Ich habe mich davon überzeugt, dass diese Texte tatsächlich ausgelegen haben äh ich lese lese sie am besten dann mal eben vor. Der Vorschlag von Frau L. lautet: Fachgebiet ältere deutsche Sprache und Literatur, Aufgabengebiet Forschung und Lehre auf dem Gebiet der älteren Sprache und Literatur unter
5 besonderer Berücksichtigung von Textdefinition und Textüberlieferung (2.0). Zweiter Vorschlag von Herrn T.: Fachgebiet, das ist gleich ältere deutsche Literatur und Sprache, Verzeihung, die Reihenfolge ist anders, müsste besonders ausgesprochen werden. Ältere Literatur und Sprache, Aufgabengebiet Forschung und Lehre auf dem Gebiet der deutschen Literatur
10 des 16.–12. Jahrhunderts. (1.0) Dazu Wortmeldungen? (2.0) Herr B.

B: Ja äh ich mein, das war ja relativ kurzfristig ähm dass diese Vorschläge – ähm und ich habe einfach mal beide Revue passieren lassen und auch nochmal Rücksprache mit Kollegen genommen äh uns schienen beide und zwar aus ganz verschiedenen Gründen äh nicht ganz optimal zu sein. Äh ich nehme
5 mal zuerst den von Frau L. äh die Gesichtspunkte, die also unter diesen erwünschten Themen stehen äh scheinen <u>mir</u> im Hinblick auf den Stellentypus, um den es geht, eine Zentralstelle, zu eng zu sein. Also äh ich würde auch davon ausgehen, dass eigentlich jeder Altgermanist hier also Hochschullehrer eben dann eigentlich das ohnehin zu seinen entscheidenden
10 Aufgaben mit sieht, denn das ist, wenn man die Tradition der Disziplin und der Germanistik oder der Altgermanistik sieht und wo die herkommen äh ist das philologische Geschäft ( ) und des Schreibers der Überlieferung eines der zentralsten Themen und so zentral, dass sie für mich einfach unverzichtbar sind bei jedem, sie scheinen <u>mir</u>, wenn sie ausdrücklich hier formuliert
15 werden als erwünschtes Kriterium in bezug auf den Stellentyp angesichts auch dieser Überlegung zu eng zu sein und deswegen äh nicht glücklich. Äh der andere, das andere Zusatzkriterium, das genannt wird, scheint mir jetzt aus der umgekehrten Überlegung heraus nicht glücklich zu sein, denn ich gehe einmal davon aus, dass äh dieses Kriterium ja einerseits die
20 Einschätzung, die Selbsteinschätzung der möglichen Kandidaten etwas steuern soll und zweitens <u>auch</u> der Kommission ein ganz klein wenig die Arbeit eigentlich erleichtern soll. Es sollte als ein Differenzkriterium eingeführt werden über dieses Zusatzmoment und das scheint mir nun äh bei

äh dieser oder bei diesem Vorschlag, den Herr T. eingebracht hat, überhaupt
25 nicht gegeben, denn ich würde davon ausgehen, dass jeder Altgermanist, der
bis zur Habilitation gekommen ist bzw. äquivalente Leistungen vorgelegt hat,
äh sich immer auch und zwar <u>entschieden</u> genau in diesem Bereich des 12.–
16. Jahrhunderts getummelt hat. Ich kenne keinen und ich glaube, man wird
auch keinen finden, der sich ausschließlich in dem Zeitraum, der hier
30 ausgespart, nämlich das 9. bis einschließlich 11. Jahrhundert äh sich ausschließlich dort aufgehalten hat. Also ist mit diesem Zusatzkriterium überhaupt nichts gewonnen. Es wird lediglich beschrieben eigentlich, nach meiner
Einschätzung äh der Bereich, auf dem sich hier üblicherweise die <u>meisten</u> in
Lehre und Forschung bewegen am Fachbereich. Äh das ist also überhaupt
35 keine Einengung so äh formuliert in einem Ausschreibungstext, meine ich,
grenzt leicht ans Groteske. Dann wäre mein Vorschlag, man sollte auf ein
Zusatzkriterium überhaupt verzichten ( ). Dann lieber gleich ohne eindeutiges
Zusatzkriterium. Ich muss auch sagen, genau diese äh dieser Versuch, zeitlich
sozusagen etwas vorwegzunehmen, mir äh überhaupt nicht einleuchtet, denn
40 wenn ich mal davon ausgehe äh, was hier bereits gut abgedeckt ist, dann
ist das eben dieser Bereich des 12.–16. Jahrhunderts. Ich sagte es schon, da
tummelt sich eigentlich <u>alles</u>.

11. Berlinisch

»Wer einer Geschichte zuhört, der ist in der Gesellschaft des Erzählers; selbst wer liest,
hat an dieser Gesellschaft teil. Der Leser eines Romans ist aber einsam«, schreibt Walter
Benjamin (1977: 401).

In der folgenden Erzählung berichtet ein Gastwirt, dass ein Nachbar zu seinem Ärger
häufig direkt vor dem Eingang seines Lokals parke.

☛ Führen Sie eine Erzählanalyse durch.

Und da ha' ick mit een Mieter hier Theater jehabt im Haus, ach nich im Haus,
der wohnt im Nebenhaus. Der hat so die Anjewohnheit, immer sein Auto vor
der Tür zu parken bei uns. Is bei der Post, siehste ja. Fährt so'n Postauto, so'n
jelbet. Kommt immer mittachs nach Hause essen. Nu warum nicht? Soll er!
5 Ja, und hat nüscht Bessret zu tun, wenn er keen Parkplatz findet, stellt dit
Ding knallhart einfach vor de Tür. Und een Tach stand er direkt vorm
Eingang. Ha' ick zu ihm jesacht: »Du«, sag ick, »so jeht dit nich! Fahr doch
mal weg! Die Leute woll'n hier rin- und rausjeh'n!« »Ick hab beschloss'n, der
bleibt hier steh'n!« Ick sach: »Meinstet ernst?« »Joo!«, sacht er.
10 Ick sage: »Na is jut, o. k.« Ha' ick'n Funkwagen jerufen, ne. Der kam denn
ooch, die ham denn rausjeholt, da hat er sein Auto wegjefahren. Die Polizei
war kaum weg, kam er hier rin: »Dit haste nich umsonst jemacht!« und so
und ein Theater! Ich sage: »Weßte Freund, beruhige dich! Jeh nach Hause,
überleech dir dit und denn ruf mich heute abend an,
15 denn jeh'n wa uff'n Hof beede zwee Stunden. Kannste ham! Aber in Ruhe

und Frieden! So nich!«, sag ick, »musst de Kirche im Dorf lassen. Ick hab dir dit nett und freundlich gesacht, dit is mein Einjang, ick verdien mir mein Jeld, ick wohne nich hier, ick muss hier mein Jeld verdien', ja, und dit läuft nich! Ick jeh ja ooch nich hin und stell mein Auto bei dir vor de Haustür hin.
20 Mach ick ooch nich! Also will ick dit ooch nich ham, des dit bei mir einer macht!« Dit is wat janz Normalet, ne. Naja, interessiert ihn wohl allet nich, wa. Ick sach: »Naja, is jut. Kannste janz einfach ham: Stell dein Auto nächste Mal wieder da hin, denn ruf ick 'n Abschleppdienst an und lass 'n in die Spree schmeißen. Is mir ejal! Interessiert mich nich!«
25 Na seitdem muss er sich dit also zu Herzen jenomm' ham. Ha' ick mi 'm B. telefoniert, hat er ooch 'n Rüffel jekricht, denn war Ruhe, wa. Na ick mein, is, wenn ma so'n Unverständnis sieht von Hause aus.

12. Deutsch

In dem folgenden Gesprächsausschnitt wird Richard von Weizsäcker (W) von Wolfgang Menge (M) in der Berliner Talkshow »Leute« vom 19.2.1983 interviewt. An verschiedenen Stellen wechselt von Weizsäcker seine Sprachlage vom Hochdeutschen ins Berlinische.

☛ Beschreiben und erklären Sie unter pragmatischen Aspekten dieses Phänomen des ›Code-switching‹.

Zuvor hatte bereits der Kabarettist Wolfgang Neuss (N) ein Interview absolviert. Neuss nahm die Sache selbst in die Hand, redete ununterbrochen und ›landete einen Joke nach dem anderen‹, was das Publikum (P) mit Lachen und Beifall quittierte. Bereits am Anfang des Interviews mit ›Richy‹ (so Neuss) verletzte Neuss alle Diskursregeln, die sonst in derartigen Situationen gelten: Ständig nahm er sich selbst das Rederecht und brillierte durch wohl platzierte Pointen. Zu Beginn des folgenden Gesprächsausschnittes lässt sich festhalten, dass Neuss
(1) für das Gespräch zwischen von Weizsäcker und Menge den Ernst in gewisser Weise außer Kraft gesetzt, den situativen und diskursiven Rahmen gesprengt hat;
(2) durch zündende Witze und brillante Interventionen beim Publikum Pluspunkte gesammelt hat;
(3) durch ständiges Unterbrechen des damaligen Regierenden Bürgermeisters von Berlin und Bundespräsidenten in spe Erwartungen hinsichtlich der Verteilung von Rederechten durchbrochen hat. Er hat deshalb beim Publikum einen negativen Eindruck hinterlassen, aber auch beim Talkmaster, der – wenn auch die Situation genießend – versucht, das Gespräch mit von Weizsäcker zustande zu bringen. In dieser Situation nun lenkt Menge das Thema auf die ›private Person‹:

1 M: Mich würde interessieren, welche Haarfarbe haben Sie früher
2   gehabt? ((Lachen beim Publikum))
3 W: Ich habe (3.0) nich schwarz aber so: – dunkel – ah
4   dunkelbraun oder sowas. ((Lachen beim Publikum))
5 M: Ich meine, ich werd mal sehen ( )
6 W: Ja. Ja, ich war mit meiner
7   früheren Haarfarbe mehr zufrieden als mit meiner heutigen,

6.7 Übungsaufgaben

```
8          das kann ich nicht bestreiten. ((Lachen beim Publikum))
9    P:    ((Zwischenrufe des Publikums und von Ina Deter))
10   W:    > *Na, dit is aber so!* < =
11   M:    = Jaja =
12   W:    = > *Ja, Sie ham mich ja früher jarnich jekannt!* < Sie
13   P:                            ((Lachen))
14   W:    sind ja
15   M:    Ja er war ja gefragt.
16   W:    vierzig Jahre jünger als ich.
17   M:    Wer ist vierzig Jahre jünger als Sie?
18   W:                    Na diese junge Dame da.
19   I:    Ob blond, ob braun, ob Henna – Weihnachten      ((I = Ina Deter))
20         gibts neue Männer.
21   W:    > *Dit weeß ick nich, was dit is* < (2.0) Also ich meine, eines möchte ich
22-        allerdings sagen, die Haarfarbe wechselt, aber die Person bleibt ja
23-        einigermaßen die gleiche.
24   I:    Na na na.
25   W:    das ist meine Meinung, is meine Antwort auf Ihre Frage nach
26         den neuen Männern.
27   P:    ((Zwischenfrage)) Werden Sie denn Ihren Bruder zu Ihrem Berater
28         machen als Bundespräsident in Zeiten der Friedensbewegung.
29         Ist das jetzt vielleicht ganz-wichtig?
30   W:    Das will weder ich, noch will er es.
31   N:    Mach mir mal ein Mikrofon an, da muss ich was sagen. ((Lachen beim
32         Publikum)). Also, das ist (toll...) Nee! Also da muss ich mal was sagen,
33         Richy. Da würde ich doch empfehlen, den Bruder mal öffentlich zu
34         umarmen. Warum? Das ist der eigentlich Intellektuelle in der Familie.
35         Das wissen wir doch.
36   W:              Da ham Se recht! =
37   N:    = Ja?
38   W:    Ich habe gerade schon ((vereinzeltes Klatschen)) (2.0) zu Frau Marx gesagt
38-        >ich bin *jar keen* Intellektueller<, hab ich auch nie behauptet.
39   N:              Das weiß ich ja, aber wir wollen doch ((Lachen beim Publikum))
40         ich meine ich hab das nicht so gemeint wie ich das eben gesagt habe.
41   W:    Ich fasse es ja auch nich als Beleidigung auf, wenn man von mir sagt.
42-  N:    Ich finde, sie sind zwei tolle Typen für Deutschland, weil – ehrlich, ehrlich.
43         So was brauchen wir, egal ob CDU, SPD
44   W:                            Zweitens, drittens,
45         jetzt kommen wir nämlich auf das, was Sie vielleicht mit dem
46         Intellektuellen meinen. Ein Intellektueller ist nach meiner Vorstellung
47         einer, der zwar nachdenkt – ne Meinung hat – aber den letzten Schritt,
48         der sehr wichtig ist, nach meinem, nach meinem Gefühl nicht tut, nämlich
49         – wirklich rein-zu-springen in die politische Verantwortung und nicht
```

50 N: Außer Günter Grass, außer Günter Grass
51 W: Auch .. nein, Günter Grass auch nicht, der springt
52 N: Ümma!
53 W: Nu hör doch ma uff Mensch hier! ((Beifall))

13. Deutsch

Bei dem folgenden Diskurs handelt es sich um die Verschriftung eines ironischen Sprachspiels von Jugendlichen.
Der Verschriftung liegt eine Selbstaufnahme bei einer Freizeitaktivität zugrunde.

C: Coop   E: Erwin   J: Joachim
R: Robert   S: Steffen   Q: Sprecher konnte nicht identifiziert werden
X: mehrere Sprecher gleichzeitig

☛ Beschreiben Sie die Passage hinsichtlich ihrer strukturellen und konversationellen Eigenschaften.

1   C: ficken einhundert
2   E: ficken einhundert (.)
3   X: Risiko
4   Q: nee
5   J: Glücksspiel
6   C: was denn was war denn daran Risiko (.) Rita Süßmuth oder was
7   E: ficken einhundert
8   C: Rita Süßmuth
9   X: Risiko
10   ((Lachen))
11 C: Frau Meyer hat Aids (..) Herr Herr Tropfmann hat Herpes (..)
12   was möchten Sie einsetzen (...) öhöh (2.0) Syphilis.
13   ((Lachen))
14 C: also hier die Frage (1.0) also hier die Frage
15 E: welche Frage
16   ((Lachen))
17 S: sein =
18 R: = das ist hier die Frage =
19 S: = sein oder nicht sein
20 R: Schwein oder nicht Schwein
21   ((Lachen))
22 C: Schwein (..) oder nicht Schwein
23 Q: dein
24 J: sein
25 S: kein
26 R: kein Rabe (.) genau das is es

14. Yana

Yana wurde bis zum Beginn des vergangenen Jahrhunderts in Kalifornien gesprochen. Ein interessantes Phänomen dieser Sprache ist es, dass das Geschlecht der Sprecher sich in der Wahl lautlicher Varianten niederschlägt. Stimmlose Verschlusslaute sind aspiriert. [V̥] sind enttonte Vokale.

☞ Kennzeichnen Sie die lautlichen Unterschiede zwischen den Varianten 1 und 2.

	Variante 1	Variante 2	
1.	[nisaːti]	[nisaːti̥]	*er geht weg*
2.	[paːdi]	[paːti̥]	*Stelle, Platz*
3.	[kʼuːwi]	[kʼuːɸi̥]	*Medizinmann*
4.	[kʼuːwi-ja]	[kʼuːwi-çḁ]	*Medizinfrau*
5.	[padza]	[patsḁ]	*Schnee*
6.	[hiʔlala]	[hiʔɬaɬḁ]	*Stern*
7.	[ʔauna]	[ʔauʰ]	*Feuer*
8.	[ʔauʔnidza]	[ʔauʔnits]	*mein Feuer*
9.	[tuːsikʼoːʔa]	[tuːsikʼoː]	*ich werde (es so) machen*
10.	[tuːsiʔi]	[tuːsi]	*er wird (es so) machen*
11.	[tuːsi]	[tuːsi̥]	*er macht (es so)*
12.	[nisaːʔiʔ]	[nisaːʔi̥]	*Geh weg!*

Die Unterscheidung zwischen den beiden Gruppen unter A findet sich auch in dem nachfolgenden Auszug aus einem Mythos, der aus einem Nachbardialekt stammt (die jeweils unterstrichenen Formen Variante 1 vs. 2 sind daher nicht völlig mit den obigen identisch).

☞ Bestimmen Sie die Verwendung der unterschiedlichen Varianten.

Eichelhäher kommt nach einem längeren Jagdausflug nach Hause zurück. Seine Frau Wildkatze sagt zu ihm:

mumarisi-<u>ndz</u>
Ich (-nts) habe ein Kind geboren.

Er antwortet: *a:* »Gut!«. Früh am nächsten Morgen weckt er die Leute:

piʔbal-wiʔi?   doːsit-ʔiʔ
Steht alle auf!   Schärft eure Pfeilspitzen!

amuː-ʔ   <u>dzu</u>   mannʔi   gi   ʔau<u>na</u>
erwärmt es!   eure   Bögen   P<small>ART</small>   Feuer
Erwärmt eure Bögen über dem Feuer!

giːmai-haʔnik   ba<u>na</u>
lasst uns suchen!   Hirsch
Lasst uns Hirsche suchen!

Sie brechen noch in der Dämmerung zur Jagd auf. Eichelhäher begleitet sie zwar, jagt aber nicht mit (einem Mann, dessen Frau gerade niedergekommen ist, sind Tätigkeiten wie Jagen und Fischen untersagt).

ni:da:widibilgu-ʃit'o:ʔa   mumaripausiwa-<u>ndza</u>
Ich werde euch nur begleiten!   *Mir wurde ein Kind geboren.*

Am Abend kehrt er nach Hause zurück. Bald darauf sagt er zu seiner Frau:

gama:ʔ   ai<u>ts</u>   da:<u>t</u>i̥
gib!   Art   *Kind*
Gib (mir) das Kind!

Sie gibt ihm das Kind und er spielt mit ihm:

ts'up'p'annai-<u>s</u>   ts'up'p'annai-<u>s</u>   da:ti-<u>nik</u>
es ist sehr schön   *es ist sehr schön*   *unser Kind*
Unser Kind ist wirklich sehr schön.

Das Kind wird älter und seinem Vater immer ähnlicher [...].

15. Deutsch

Die »Deutsche Grammatik« von Helbig/Buscha ist weit verbreitet und mehrfach aufgelegt worden. In der 15. durchgesehenen Auflage (1993) finden sich gegenüber der 8. Auflage (1984) bei den Beispielen einige Veränderungen, während ansonsten Inhalt und Layout identisch sind. Die Belege aus der 8. Auflage stehen jeweils in Klammern.

☛ Beschreiben Sie die Unterschiede zwischen den beiden Auflagen.

1. Die Bevölkerung gedachte der Opfer des Grubenunglücks (der Befreiungskämpfer). (S. 547)
2. Der Ausländer bezeichnet das neue Theaterstück (unser ökonomisches System) als einen unbestreitbaren Erfolg. (S. 298)
3. Der Geschädigte (der imperialistische Staat) erhebt Ersatzansprüche (Gebietsansprüche). (S. 104)
4. Kanada (die UdSSR) ist reich an Rohstoffen. (S. 298)
5. Er baut am Wochenende an seinem Wochenendhaus (qualifiziert sich am Wochenende). (S. 298)
6. Wir erinnern uns Herrn Gröbners, des früheren Präsidenten der Akademie (des 8. Mai, des Tages der Befreiung Deutschlands vom Hitlerfaschismus). (S. 292).
7. Brahms' Sinfonien (Engels' Briefe) – die Sinfonien von Brahms (das »Kapital« von Marx). (S. 246)
8. Mit den neuen Geräten ist der Klinik (der pünktlichen Planerfüllung ist unserem Staat) genützt. (S. 181)
9. Das behinderte Kind (die Landwirtschaft der DDR) entwickelt sich gut. (S. 104)
10. Das Zimmer ist ohne Frühstück berechnet (kostet ohne Frühstück 5,– M). (S. 435)

7. Ausblick

Nachdem wir die für die Sprachbeschreibung wichtigen Kerngebiete der Linguistik vorgestellt haben, wollen wir zum Abschluss einige Fragen und Probleme aufwerfen sowie den Gegenstandsbereich in einer weiterführenden Perspektive beleuchten. Im Rahmen unserer Darstellung haben wir Grundkonzepte und -methoden der deskriptiven Linguistik ausgeführt und an einzelnen Stellen unterschiedliche Konzepte präsentiert, z.B. die Darstellung von Assimilationen als Regelfolge (generativistischer Ansatz) oder als Anordnung von Beschränkungen (Optimalitätstheorie). Es stellen sich hier drei grundlegende Fragenkomplexe und Problembereiche: 1. Welche Modellierungen/Theorien sind beschreibungsadäquat? 2. Was genau ist der Gegenstand der Beschreibung? 3. Wie gesichert sind Basisdefinitionen, und welche Bedeutung haben sie für die jeweilige Modellierung?

Dass nicht alles so klar und widerspruchsfrei ist, wie es auf den ersten Blick erscheint, wurde an verschiedenen Stellen deutlich. Grundlegende Begriffe wie Wort oder Satz haben sich als schwierig zu definieren erwiesen. Es ist bemerkenswert, dass selbst eine Basiskategorie wie Satz sehr unterschiedlich definiert wird. Wir haben zwei Definitionen behandelt, nämlich (a) ›Ein Satz besteht aus Subjekt und Prädikat‹ und (b) ›Ein Satz ist eine syntaktische Struktur mit einem finiten Verb als Kern‹. Die erste Definition führt zu einer binären Satzstruktur, die zweite nicht notwendigerweise. Die zweite Definition ist für Sprachen wie das Deutsche mit dem finiten Verb als Pivot besonders geeignet, nicht aber für Sprachen, in denen es keine finiten Verben gibt oder in denen das Prädikat auch nominal besetzt sein kann. Neben diesen beiden Definitionen gibt es über 300 weitere, von denen wir drei klassische Satzdefinitionen herausgreifen wollen. Die erste stammt von John Ries (1931: 99) und verbindet die Ebene der Rede mit Grammatik und Semantik: »Ein Satz ist eine grammatisch geformte kleinste Redeeinheit, die ihren Inhalt im Hinblick auf sein Verhältnis zur Wirklichkeit zum Ausdruck bringt«. Karl Bühler (1920: 18) definiert: »Sätze sind die einfachen selbständigen, in sich abgeschlossenen Leistungseinheiten oder kurz die Sinneinheiten der Rede.« Der Grammatiker Hans Glinz (1985: 355) versteht unter Satz eine pragmatische Einheit, nämlich das, was »im geschriebenen/gelesenen Text mit einem Grossbuchstaben anfängt und durch Punkt, Ausrufezeichen oder Fragezeichen abgeschlossen ist (wobei man nachher wieder gross weiterfährt) beziehungsweise was im gesprochenen/gehörten Text unter einem einzigen Melodiebogen steht und demgemäss, auch wenn es durch Pausen unterteilt ist, als eine Einheit für das Zuhören wirkt«. Es ist offensichtlich, dass – je nachdem, welche Definition zur Anwendung gelangt – aus dem Fluss des Gesagten oder Geschriebenen unterschiedliche Einheiten segmentiert werden können. So läge nach der Definition von Glinz in dem Roman »Ulysses« von James Joyce über Seiten hinweg ein Satz vor, während in Arno Schmidts Roman »Zettels Traum« Sätze nur schwer zu identifizieren sind:

Ja weil er sowas doch noch nie gemacht hat bis jetzt daß er sein Frühstück ans Bett haben will mit zwei Eiern seit dem City Arms Hotel wo er immer so tat wie wenn ... (Joyce 1979: 940ff.)

```
(W ähnlich):" ach'ch; - ‚ss das schön. -: Wirf' ‚es Kissn ma
her."/:"Cospetto ! -";(erwiderte Fr unmuthig und warf dann mit
Lebhaftigkeit :! - /-:! so geschickt fing W !
```
(Schmidt 1963–68: 893)

Worauf die Sprachdeskription jeweils fokussiert, ist also abhängig von Hintergrunddefinitionen bzw. Modellbildungen. Wenn das Instrumentarium der Analyse modellabhängig ist, dann stellt sich die Frage, welche Modelle bzw. Theorien mehr oder weniger tragfähig sind und welche nicht. Diese Frage ist nicht eindeutig zu beantworten und Gegenstand zahlreicher, teilweise heftig geführter Dispute.

Modellbildungen sind nicht unabhängig von Fragestellungen und Zielsetzungen. Einige kontextfreie Grammatikmodelle beispielsweise sind besonders geeignet für computerlinguistische Fragestellungen wie Parsing, andere Grammatikmodelle eignen sich gut für die Darstellung des Zusammenhangs von syntaktischen Strukturen und Gesprächsstrukturen. Bestimmte phonetische Modelle kommen in Spracherkennungssystemen zur Anwendung, andere sind im sprachtherapeutischen Kontext von Nutzen, z. B. bei der Analyse des Phänomens des Stotterns. Werden grammatische Strukturen in ihrer diachronen Entwicklung analysiert, geht es um Grammatikalisierungsphänomene. Dies erfordert eine andere Theoriebildung, als würde eine gegenwärtige grammatische Struktur einer Sprache unabhängig von ihrer historischen Entwicklung beschrieben.

Die Modellbildung ist abhängig vom Gegenstandsbereich, aber umgekehrt ist auch der Gegenstandsbereich abhängig von der Modellbildung. Je nachdem, welche Theoriebrille man aufsetzt, fokussiert man auf unterschiedliche sprachliche Gegenstandsbereiche. Ein klassisches Beispiel hierfür ist die Differenzierung in Sprachkompetenz und -performanz und die damit verbundenen Diskussionen, ob der Untersuchungsgegenstand der Sprachwissenschaft das Sprachwissen ist oder ob es nicht vielmehr die sprachlichen Produkte sind. Es ist nicht immer klar, welche Hintergrundannahmen und Voraussetzungen in die jeweilige Modellbildung einfließen.

Anhand der vorausgegangenen Darstellung, der angeführten Beispiele und auch der Übungsaufgaben konnte der Leser eine Vorstellung davon gewinnen, was beim sprachwissenschaftlichen Arbeiten beachtet werden muss. Aber wer eine Sprache studiert, der kann nur selten auf Daten zurückgreifen, die in Form von Übungsaufgaben didaktisch aufbereitet wurden. So nützlich diese Aufgaben sind, um Routine zu bekommen, die selbstständige Bearbeitung eines sprachwissenschaftlichen Problems steht nicht nur quantitativ, sondern auch qualitativ auf einer anderen Ebene. Will man eine Sprache angemessen beschreiben, dann ist entscheidend, ob die Datengrundlage angemessen und ausreichend ist. Nicht immer stehen geeignete Korpora zur Verfügung, so dass diese zunächst erhoben werden müssen. Wenn ein Datenkorpus vorliegt, dann ist der nächste Schritt die oft langwierige systematische

7. Ausblick

Analyse der Sprachdaten an, heutzutage in der Regel mit Hilfe des Computers. Es gibt eine Vielzahl von Programmen, die aus Texten Wortlisten und Konkordanzen erstellen und statistische oder auch inhaltliche Analysen ermöglichen. Wir wollen im Folgenden am Beispiel dreier verschiedener Untersuchungen demonstrieren, welchen Erkenntnisgewinn man aus einer datenbezogene Analyse ziehen kann: Es handelt sich um eine Untersuchung zur lautlichen Variation im Berlinischen, um eine Analyse zur Pluralbildung im Deutschen sowie um eine Referenzgrammtik einer Varietät des K'iche'.

Um den Lautstand des Berlinischen (Schlobinski 1987) zu beschreiben, wurde ein umfangreiches Datenkorpus von Tonaufnahmen erhoben. Bei der Analyse ging es unter anderem darum, inwieweit lautliche Umgebungen die dialektalen Varianten beeinflussen. Im Falle der g-Spirantisierung ([je:gn̩], [jas], [ju:t]) zum Beispiel war von Interesse, wie folgende Vokale und Konsonanten die anlautende Spirans beeinflussen. Deshalb wurde das Gesamtkorpus in einer phonologischen Form verschriftlicht und im Computer gespeichert. Anschließend wurden Wortlisten ausgedruckt und die interessierenden Variablen kodiert. In dem so aufbereiteten Datenmaterial wurden die Vorkommen sämtlicher dialektaler Merkmale nach vorangehendem und/oder folgendem lautlichen Kontext gezählt und ins Verhältnis zur Komplementärmenge der standardsprachlichen Varianten gebracht. Die so ermittelten relativen Häufigkeiten wurden statistisch weiter analysiert. So zeigte sich beispielsweise, dass die stimmhaft palatale Spirans vor Konsonanten nicht realisiert wird: Es gibt keinen Beleg für *[jl] oder *[jn], und die Wahrscheinlichkeit für [jr] liegt unter ein Prozent. Schreibweisen wie ⟨jrade⟩ oder ⟨jleich⟩, die man immer wieder als für ›Berlinern‹ typisch in der Belletristik findet, entbehren also heutzutage jeder lautlichen Grundlage. Auf der anderen Seite tritt die Spirans oft vor Schwa auf, besonders am Wortanfang – die Wahrscheinlichkeit für [j] liegt hier bei 80 Prozent. Dies hängt damit zusammen, dass die Kombination /gə/ extrem häufig als Präfix vorkommt und im Korpus immer unbetont ist.

Nicht nur mögliche Lautwandelprozesse lassen sich durch solche Analysen besser erklären, sondern auch Einzelphänomene wie das folgende Code-switching-Phänomen:

> Was sich hier seit Jahren tut, wissen se, ich denke immer an eine, an einen Ausspruch unseres altverdienten und verstorbenen Willem Laulin. Ich hab das Gefühl, ich spreche gegen eine Wand. Dieser Mann hat wahrscheinlich Zeit seines Lebens gegen eine Wand *je*sprochen, und so is es nämlich bis heute *je*blie'm. Sie denken immer, sie könn' den einfachsten Weg nehmen und auf die Kleingärten zurückgreifen.

Der Hörer beklagt sich in einer Rundfunksendung über die Flächennutzung in Berlin. Neben den Faktoren emotionale Betroffenheit und formelle Situation, die die Wechsel ins Berlinische erklären, stellt sich die Frage, warum die Wechsel in ⟨jesprochen⟩ und ⟨jeblie'm⟩ stattfinden, nicht aber in ⟨gegen⟩. Neben den pragmatischen Faktoren spielen auch im Lautsystem immanente Faktoren eine Rolle:

Beim Code-switching wird die wahrscheinlichste Variante, hier [j] vor Schwa, favorisiert. Anders formuliert: Wenn man annimmt, dass die wahrscheinlichere Variante den unmarkierten Fall bedeutet, so ist ein Wechsel in unmarkierten Positionen erwartbarer als in markierten (Schlobinski 1988b). Das Beispiel zeigt, dass systematische Analysen Phänomene und Ergebnisse zutage bringen, die auf den ersten Blick (nach dem ersten Höreindruck) nicht erkennbar sind und die Grundlage für mögliche Erklärungen abgeben.

Die Pluralbildung im Deutschen erfolgt durch Suffixe (vgl. S. 80) und auch durch Wurzelflexion: ⟨der Sohn⟩ – ⟨die Söhne⟩, ⟨der Storch⟩ – ⟨die Störche⟩. Es wurde lange Zeit davon ausgegangen, dass die so genannte Umlautung des Stammvokals (z. B. ⟨o⟩/⟨ö⟩) bei monosyllabischen Maskulina nicht vorhersagbar und ein Nebenphänomen der e-Pluralbildung ist. Allerdings zeigen neuere systematische Untersuchungen (siehe Köpcke 1994), dass die Umlautbildung keineswegs arbiträr, sondern abhängig von phonologischen und semantischen Faktoren ist. Eine quantitative Analyse aller monosyllabischen Maskulina, die belebte Objekte bezeichnen, ergibt folgenden prozentualen Anteil der Umlautbildung (plus ⟨-e⟩):

Menschen	Säuge-/Haustiere	Vögel	Fische, Reptilien, Insekten	Pflanzen
79 %	66 %	44 %	14 %	9 %

Es kann dies als eine Präferenzhierarchie gelesen werden: In dem Kontinuum mit den Polen ›menschlich‹ und ›nicht-tierisch/belebt‹ ist die Wahrscheinlichkeit der Verwendung des Umlauts anthropozentrisch motiviert. Dieses Ergebnis lässt sich mit neueren kognitiven Ansätzen verbinden, nach denen der Wortschatz einer Sprache nicht arbiträr ist, sondern der Mensch und seine Umwelt, das Erfahrungswissen des Menschen einen wichtigen Ausgangspunkt für die Strukturierung von lexikalischen Formen und ihren Bedeutungen darstellt.

Neben der semantischen bzw. kognitiven Komponente spielen phonologische Faktoren bei der Verwendung des Umlauts eine Rolle. Ist der Wortanlaut vokalisch, dann bilden knapp ein Drittel aller monosyllabischen Maskulina den Umlaut. Ist jedoch die prävokalische Position konsonantisch besetzt, so steigt der Anteil nach einer ›Schwerehierarchie‹ auf zwei Drittel an: von einem Konsonanten ⟨Dolch⟩ mit 39 % über zwei Konsonanten ⟨Kranz⟩ mit 53 % auf schließlich 61 % bei einem Wort mit drei Konsonanten ⟨Pflock⟩. In postvokalischer Position ergibt sich ein vergleichbares Bild mit einer Ausnahme, nämlich bei Doppelkonsonanz: _V > _VKK > _VK > _VKKK. Ein umgelauteter Plural ist also in einem dreisegmentigen Konsonantenluster ⟨Strumpf⟩ wahrscheinlicher als in einem zweisegmentigen ⟨Klaps⟩ bzw. ⟨Klops⟩.

Die Umlautbildung erfolgt demnach nicht zufällig, sondern es bestehen bestimmte Präferenzen: Semantisch-kognitiv korreliert die Umlautbildung mit Nähe zum Menschen, phonologisch-strukturell korreliert die Bildung mit konsonantischer Schwere in prä- und postvokalischer Position. Entscheidend ist auch hier,

7. Ausblick

dass diese Zusammenhänge erst über systematische, quantitativ basierte Analysen zu Tage treten.

Grundlage für die Beschreibung des K'iche' war die Transkription eines K'iche'-sprachigen Manuskripts in lateinischer Schrift aus der Zeit um 1700, des Popol Vuh. Mit einen Umfang von etwa 48 000 Morphemen reichte das Korpus aus, um die Sprache der Quelle aus sich heraus relativ umfassend zu beschreiben (Dürr 1987). Besonders interessant war die Frage nach der Disambiguierung der Argumente in transitiven Sätzen: Im K'iche' gibt es keine Kasusmarkierungen bei Nomina, die Satzstellung der Argumente ist eher frei und häufig werden Argumente nur anaphorisch referiert. Dies geht einher mit einer dem Absolutiv-Ergativ-Muster folgenden Morphosyntax und Koreferierung bei Relativsätzen, aber auch bei der satzübergreifenden anaphorischen Referierung. Die quantitative Auswertung der fast 2 700 Sätze im Korpus mit finiten Verben ergab einen Anteil an transitiven Verben von 25 %, von denen nur 5 % zwei durch ein Nomen bzw. eine NP ausgedrückte Argumente hatten, dagegen 70 % eine und 25 % keine NP als Argument. Die Häufigkeit der oft als typologisches Charakteristikum herangezogenen ›Grundwortstellung‹ VSO liegt im Korpus bei nicht einmal 1 % aller Sätze. Potentiell mehrdeutig ist jedoch so gut wie kein transitiver Satz, die Eindeutigkeit ist fast immer gewährleistet: Da das Agens immer belebt ist, ist jede unbelebte NP zwangsläufig Patiens, was bei 89 % aller nach dem transitiven Verb stehenden NPs der Fall ist. Zudem stehen 23 % der NPs in Fokusposition und die derart vorangestellte NP kann gemäß dem Absolutiv-Ergativ-Muster nur das Patiens-Argument sein.

Als aus dem Erzählkontext meist bekannte Information mit hoher Topikalität wird das Agens zu 83 % anaphorisch referiert. Das einzige Nomen ist bei transitiven Verben in 73 % der Fälle Patiens-Argument und neue bzw. nach einigen Sätzen Inaktivität wieder reaktivierte Information. Die Beziehung zwischen den Pronominalpräfixen an Verben und die Wahrscheinlichkeit nominaler Präsenz zeigt eine Korrelation: die 3. Person Singular Ergativ referiert signifikant häufiger auf eine NP als die 3. Person Plural Ergativ und etwa gleich häufig wie die 3. Person Plural Absolutiv, die 3. Person Singular Absolutiv referiert signifikant häufiger auf eine NP als alle anderen. Dies lässt sich im Sinne abnehmender Markiertheit als morphosyntaktische Markiertheitshierarchie formulieren:

3pE > 3sE / 3pA > 3sA

Bis auf die 3. Person Singular Absolutiv implizieren alle diese Pronomina in K'iche'-Verben die Belebtheit des referierten Arguments. Die Ergativpronomina erfordern immer einen belebten Referenten und ein Gleiches gilt für das pluralische Absolutivpronomen der 3. Person, da nur menschlich belebte Referenten pluralisierbar sind. Der wahrscheinlichste Kandidat für ein nominales Argument, die 3. Person Singular Absolutiv, ist die einzige hinsichtlich Belebtheit neutrale Form und wird zudem morphologisch durch ein Nullmorphem realisiert.

Transitive Sätze werden bevorzugt für Topikwechsel genutzt, so dass das Patiens im Folgesatz Satztopik wird. Topikkontinuierung folgt im K'iche' somit präferiert dem Absolutiv-Ergativ-Muster. Für die Übernahme als Topik des Folgesatzes gelten dabei zwei Bedingungen: 1. Das Nomen steht als letztes Argument nach dem Verb. 2. Das Satztopik des Folgesatzes wird nur pronominal und nicht nominal referiert. Zwar wird präferiert das Patiens herangezogen – u. a. aus diesem Grund ist auch die Annahme einer Grundwortstellung VSO gerechtfertigt –, für die Etablierung als Topik im Folgesatz ist jedoch die Endposition eines Arguments im Satz entscheidend. Sofern es die erste Bedingung erfüllt, kann auch ein Agens übernommen werden. Dies ist insbesondere der Fall, wenn das im Verb mit dem Ergativpronomen referierte Agens als – ebenfalls mit dem Ergativpronomen referierter – Possessor in die Patiens-NP integriert wird. Dieser zunächst ungewöhnlich erscheinende Konstruktionstyp wird in allen Fällen präferiert, in denen das Agens als das Patiens kontrollierend interpretierbar ist, und ist mit einem Anteil von 27 % der Patiens-NPs relativ häufig.

Durch Fälle mit nominalem Agens in Endposition wird bei den transitiven Sätzen die Wahrscheinlichkeit, dass im Folgesatz das Agens als Satztopik übernommen wird, auf etwa 50 % gebracht. Zudem wird ein meist unbelebtes Patiens aufgrund der niedrigeren Topikalität nach ein bis zwei Sätzen wieder durch das Diskurstopik, meist einer der Hauptakteure, ›überschrieben‹, ohne dass das Diskurstopik durch ein Nomen wieder aufgenommen werden müsste. Auf diese Weise gelingt es, im K'iche' die morphosyntaktisch vorgegebene, dem Absolutiv-Ergativ-Muster folgende präferierte Topikkontinuierung mit den eher an Agens oder Belebtheit orientierten Anforderungen der Topikalität in Erzählungen gut in Einklang zu bringen.

Die hier in Teilaspekten umrissenen Mechanismen der Referierung und Disambiguierung beruhen im K'iche' demnach auf einem komplexen Zusammenspiel syntaktischer, semantischer und pragmatischer Merkmale und es sollte deutlich geworden sein, um wie viel komplexer syntaktische Strukturen in Textzusammenhängen zu beurteilen sind als bei einer Betrachtung von Einzelsätzen. Allerdings muss bei derartigen Untersuchungen immer berücksichtigt werden, dass die Befunde textsortenspezifisch, stilistisch und diachron unter Umständen deutlich variieren können. Während im Popol Vuh das beschriebene System eine hohe Stringenz hat, ist in anderen kolonialzeitlichen und vor allem in jüngeren und rezenten K'iche'-Texten signifikant häufiger auch beim Agens nominale Referierung zu finden und die Syntax folgt nicht ganz so strikt dem Absolutiv-Ergativ-Muster, auch wenn die Grundmechanismen der Referierung die Gleichen sind.

Mit den drei Beispielen sollte verdeutlicht werden, dass auf der Grundlage systematischer Analysen, quantitativer Analysen im Besonderen, wichtige Aspekte von sprachlichen Strukturen aufgedeckt werden können. Wenn wir dies als Schlusspunkt unserer Einführung setzen, dann sind damit spezifische Vorstellungen von Sprache und Aufgaben der Linguistik verknüpft, und wir wollen unsere Grundpositionen dem Leser nicht schuldig bleiben. Linguistik ist unserer Meinung nach eine selbstständige Wissenschaft – sie ist nicht Teil der Biologie, der Kognitionswissenschaften oder irgendeiner anderen Wissenschaft. Dass Bezugspunkte zu anderen

7. Ausblick

Wissenschaften gebildet werden können, steht außer Frage: Seit über zweieinhalbtausend Jahren gibt es eine Sprachphilosophie, in der Grammatik und Logik aufeinander bezogen werden. Heutzutage gibt es viele neue Forschungszweige in der Linguistik, in denen Sprache u. a. unter psychologischen Gesichtspunkten (Psycholinguistik) betrachtet wird, unter soziologischen (Soziolinguistik) oder ethnologischen (Ethnolinguistik). Aber all diese Paradigmen haben als Fundament den Gegenstandsbereich Sprache bzw. Sprachen. Was allerdings unter Sprache bzw. Sprachen verstanden wird, ist Anlass kontrovers geführter Diskussionen, in die mehr oder weniger explizit formulierte Hintergrundannahmen einfließen.

In der modernen Linguistik lassen sich zwei Grundrichtungen unterscheiden: Sprache ist angeboren und universell (mentalistischer Ansatz) versus Sprache ist ein Produkt sozial-kommunikativer Interaktion (evolutionärer Ansatz).

Der mentalistische Ansatz ist in erster Linie mit dem Namen Noam Chomsky und der generativen Linguistik verbunden (siehe auch den Kasten S. 115). In der mentalistischen Sprachauffassung geht es darum, die einem aktuellen Sprachverhalten zugrunde liegenden mentalen Strukturen aufzudecken und diese in das Zentrum der Analyse zu stellen. Es interessieren demnach nicht die externen Sprachphänomene, sondern die Mechanismen der Sprachgenerierung, unabhängig von den Einzelsprachen. Es geht also um das Sprachvermögen, die Sprachkompetenz. Es sind zwei Argumente, die für das Mentalismusprogramm angeführt werden: 1. Das Argument der Kreativität: Wie ist es möglich zu erklären, dass der Mensch immer wieder neue Sätze produziert, dass also mit endlichen Mitteln unendliche Realisierungen erzeugt werden können? 2. Das Argument der defizienten Erfahrung im Erstspracherwerb: Wie kann ein Kind Sätze produzieren, die es noch nie zuvor gehört hat? Der Spracherwerb kann nicht aus dem Dateninput begründet werden, deshalb komme das Kind mit bestimmten angeborenen grammatischen Prinzipien auf die Welt, Sprache ist genetisch determiniert.

Gegenüber mentalistischen Ansätzen stehen solche, nach denen sprachliche Regularitäten sich evolutionär aus den Regularitäten der sozialen Interaktion herleiten lassen. Prominente Vertreter sind Terrence W. Deacon und Michael Tomasello. Für Tomasello ist Sprache das Produkt neuer kommunikativer und sozialer Bedürfnisse in der Evolution. Dies bedeutet, dass Sprachfähigkeit keine direkte Folge der biologischen Vererbung ist, sondern dass sie »vielmehr aus einer Vielfalt historischer und ontogenetischer Prozesse hervorgeh[t], die von der spezifisch menschlichen, biologisch vererbten kognitiven Fähigkeit in Gang gesetzt wird« (Tomasello 2002: 15). Ontogenetisch sieht Tomasello den Spracherwerb als Generalisierungsprozess auf der Basis sozio-kognitiver Fähigkeiten an, nach dem ausgehend von einfachen Bezeichnungen von Entitäten und Vorgängen abstrakte Schemata ausgebildet werden. Indem Sprache als ein aus sich selbst heraus Strukturen bildendes System begriffen wird, rücken Sprachen auch in ihrer diachronen Entwicklung in den Fokus der Analyse und die Frage danach, wie z. B. grammatische Strukturen und Kategorien sich ausgebildet haben, in welchem Zusammenhang Grammatikalisierung und Lexikalisierung stehen.

Unbestritten ist: Bestimmte kognitive Fähigkeiten und genetische Prädispositionen sind die Voraussetzung für die Fähigkeit zu sprechen. Aber ohne eine soziokulturelle Umwelt und Entwicklung hätte sich symbolisch vermittelte Kommunikation nicht ausbilden können. Inwieweit Sprache biologisch determiniert ist, dies herauszufinden ist in erster Linie Aufgabe neurowissenschaftlicher Forschung. Aufgabe der Linguistik ist es, sprachliche Strukturen und sprachliche Variabilität zu beschreiben, zu vergleichen und zu erklären. Unserer Auffassung nach stehen sprachliche Varietäten im Zentrum der linguistischen Analyse, wobei soziale und kulturelle Aspekte prinzipiell nicht außer Acht gelassen werden dürfen, wenn auch für viele konkrete Fragestellungen von diesen Aspekten abstrahiert werden kann. Generalisierungen sind über sprachliche Daten zu motivieren, und jede Modellierung über Sprache muss empirisch überprüfbar sein. Sprachlichen Daten und der Frage danach, wie diese zu analysieren sind, kommt somit eine essentielle Bedeutung zu. Sprachbeschreibung auf der Folie von Sprachdaten ist folglich ein Fundament der Linguistik, und eine deskriptive Linguistik ist als jene Wissenschaft zu begreifen und zu konzipieren, die dieses Fundament als einen Ausgangspunkt sprachwissenschaftlichen Argumentierens ernst nimmt.

Ausgewählte Literatur: Barlow/Kemmer (2000), Chomsky (1986), Deacon (1997), Tomasello (2002).

Anmerkungen

Daten bzw. Datenauswertungen der Autoren werden nicht vermerkt. Neben dem Deutschen betrifft dies die Sprachen Chinesisch, Chol, Itelmenisch, K'iche' und Mixtekisch. Auf den Nachweis einzelner Beispiele und Sätze wurde verzichtet.

2. Phonetik / Phonologie

57	Altägyptische Hieroglyphen: Altenmüller (2005)
58	Maya-Schrift: Coe (1992: 264)
62	Englisch der Pennsylvania-Deutschen: Raith (1981)
63	Deutsch: Maas (1992: 228ff.)
64	Walisisch: Bowen & Jones (1960)
65	K'iche': Mondloch (1978, 1981)
66	Kuna: Sherzer (1975)
67	Spanisch: Navarro Tomás, Haensch & Lechner (1970)
67	Suaheli: Ashton (1977)
68	Kuna: Sherzer (1970)
69	Mazatekisch: Cowan (1948)
69	Mixtekisch: Pankratz & Pike (1967)
70	Chinesisch: Schlobinski (1990)
72	Spanisch: s. o.

3. Morphologie

76	Luiseño: Langacker (1972: 69, 39–40)
78	Makah: Rose (1981)
78	Cayuga: Sasse (1988)
85	Grönländisch: Fortescue (1983: 97)
99	Nahuatl: Carochi (2001), Andrews (1975)
100	Maltesisch: Aquilina (1965)
105	Bella Coola: Saunders & Davis (1975)
107	Quechua: Diese Aufgabe wurde von Peter Masson beigesteuert.

4. Syntax

147	Chinesisch: korrigiert nach Li & Thompson (1981: 660)
150	Tsimshian: Dunn (1979)
151	Englisch: Stubbs (1983)
152	Hausa: Kraft & Kirk-Greene (1973)
153	Isländisch: Kress (1982: 263–273), Pétursson (1978: 138–140)
154	Yoruba: Ogunbọwale (1970)
155	Deutsch: Wunderlich (1986)
156	Hopi: Kalectaca (1978)
158	T'in: Filbeck (1976)
159	Dyirbal: Dixon (1972)
160	Klassisches Chinesisch: Zhuang Zhou, Buch 3, Kap. 1
164	Englisch: Givón (1993: 120f.)

5. Semantik

190	Heiltsuk: Rath (1981)
190	Hausa: Hill (1982)
191	Wunderlich (1982)
197	Igbo: Welmers (1973: 447)
202	Deutsch: Klein (1984: 142)
204	Yoruba: s. o.
205	K'iche': Mondloch (1980)
206	Mongolisch: Poppe (1954)
207	Georgisch: Fähnrich (1987)
207	K'iche': Brasseur de Bourbourg (1862)
207	Cree: Ellis (1983)
209	Popoluca: Clark (1961, 1981)
210	Latein: Habenstein & Zimmermann (1967)
211	Yoruba: s. o.
212	Nahuatl: s. o.
215	Hopi: Malotki (1979, 1983)
218	Pitjantjatjara: Douglas (1958)
218	Jingpo: Xu (1990)
219	Deutsch: Lutzeier (1993)

6. Pragmatik

225 Japanisch: Coulmas (Ms.)
230 Fasu: Foley (1986: 165)
230 Japanisch: Aoki (1986)
235 Tzotzil: Gossen (1985: 89)
245 Itelmenisch: Basiert auf einem von W. Jochelson in defektiver Verschriftung aufgezeichneten Text (Worth 1961). Die lautliche Rekonstruktion in heutiger Orthographie (Халоймова, Кастен & Дюрр, Ms.) wurde analysiert und aufbereitet.
248 Kintsch (1977)
248 Colby & Peacock (1973: 619)
254 Japanisch: Inoue (1979: 269)
255 Choctaw: Foley & Van Valin (1984: 116)
256 Makah: Jacobson (1986)
256 Pitjantjatjara: s. o.
257 Mixtekisch: Mak (1977)
257 Deutsch/Englisch: Merritt (1976)
259 Tzeltal: Brown (1981)
261 Tzotzil: Gossen (1985)
262 Deutsch: Hoffman (1983)
263 Berlinisch: Hädrich (1988: 168)
269 Yana: Sapir (1910)

Literaturverzeichnis

Albee, George M. (1965). *Who's Afraid of Virginia Woolf?* Harmondsworth, Middlesex.
Altmann, Hans (1981). *Formen der ›Herausstellung‹ im Deutschen: Rechtsversetzung, Linksversetzung, freies Thema und verwandte Konstruktionen.* Tübingen.
Alexis, Willibald (ohne Jahr). *Der Roland von Berlin.* Halle/Saale.
Altenmüller, Hartwig (2005). *Einführung in die Hieroglyphenschrift.* Hamburg.
Anderson, Stephen R. (1985a). *Phonology in the Twentieth Century. Theories of Rules and Theories of Representations.* Chicago.
—— (1985b). »Inflectional morphology.« In: *Language Typology and Syntactic Description, vol. 3: Grammatical Categories and the Lexicon.* Hrsg. von Timothy Shopen. Cambridge, S. 150–201.
Andrews, J. Richard (1975). *Introduction to Classical Nahuatl.* Austin, Texas.
Aoki, Haruo (1986). »Evidentials in Japanese.« In: *Evidentiality: The Linguistic Coding of Epistemology.* Hrsg. von Wallace Chafe und Johanna Nichols. Norwood, New Jersey, S. 223–238.
Aquilina, Joseph (1965). *Maltese. A Complete Course for Beginners.* Sevenoaks, Kent.
Ashton, E. O. (1977). *Swahili Grammar. Including Intonation.* London. [^{1}1944]
Aston, Guy (Hrsg., 1988). *Negotiating Service. Studies in the Discourse of Bookshop Encounters.* Bologna.
Aulie, H. Wilbur, & Evelyn W. de Aulie (1998). *Diccionario Ch'ol.* México. [^{1}1978]
Austin, John L. (1972). *Zur Theorie der Sprechakte.* Stuttgart. [englisch 1962]
Barlow, Michael, & Suzanne Kemmer (Hrsg., 2000). *Usage-based Models of Language.* Stanford.
Bayer, Major a. D. (1911). *Geschichte unseres Vaterlandes bearbeitet für die Mannschaften des Königlich Preußischen Heeres.* Berlin. [31. Aufl.]
Becher, Johannes R. (1976). »Die neue Syntax.« In: *131 expressionistische Gedichte.* Hrsg. von Peter Rühmkorf. Berlin, S. 96.
Becker, Horst (1969). *Sächsische Mundartenkunde. Entstehung, Geschichte und Lautstand der Mundarten des obersächsischen Gebietes.* Neu bearbeitet und hrsg. von Gunter Bergmann. Halle/Saale. [^{1}1937]
Behaghel, Otto (1901). *Die deutsche Sprache.* Leipzig. [^{1}1886]
Benjamin, Walter (1977). »Der Erzähler.« In: Ders., *Illuminationen. Ausgewählte Schriften.* Frankfurt am Main, S. 385–410.
Bibliographie linguistischer Literatur. Bibliographie zur allgemeinen Linguistik und zur anglistischen, germanistischen und romanistischen Linguistik (jährlich). Frankfurt am Main.
Bierwisch, Manfred (1988). »On the grammar of local prepositions.« In: *studia grammatica* XXIX: 1–63.
Bliss, Charles K. (1965). *Semantography.* Sydney. [^{1}1949]
Bloomfield, Leonard Bloomfield (1926). »A set of postulates of the science of language.« *Language* 2: 153–164
—— (1984). *Language.* Chicago. [^{1}1933]
Boas, Franz (1917). *Grammatical Notes on the Language of the Tlingit Indians.* Philadelphia. (= University of Pennsylvania, Anthropological Publications 8, 1)

Boas, Franz (1947). »Kwakiutl grammar. With a glossary of the suffixes.« In: *Transactions of the American Philosophical Society.* New Series 37, part 3: 201–377.
Bobaljik, Jonathan (1999). »Mostly predictable: Cyclicity and the distribution of Schwa in Itelmen.« In: *Proccedings of WECOL (Western Conference on Linguistics)* 9: 14–28. [roa.rutgers.edu/files/208-0797/roa-208-bobaljik-2.pdf]
Böhtlingk, Otto (1966). *Indische Sprüche.* 3 Bände. Osnabrück. [^{1}1870–73]
— (1971). *Panini's Grammatik.* Hildesheim. [^{1}1887]
Booij, Geert (2004). *The Grammar of Words. An Introduction to Linguistic Morphology.* Oxford.
Bouillon, Henri (1984). *Zur deutschen Präposition »auf«.* Tübingen.
Bowen, John T., & T. J. Rhys Jones (1960). *Welsh.* London.
Brasseur de Bourbourg, Charles E. (1862). *Grammaire de la langue quiché.* Paris.
Brecht, Bertholt (1975). »Mutter Courage und ihre Kinder.« In: Ders., *Gesammelte Werke*, Band 4. Frankfurt am Main, S. 1349–1443.
Brown, Gillian, & George Yule (1983). *Discourse Analysis.* Cambridge.
Brown, Penelope (1981). *Position of Woman in Mayan Society: Evidence from Verbal Interaction.* Dissertation, Berkeley.
—, & Stephen C. Levinson (1987). *Politeness. Some Universals in Language Usage.* Cambridge. [überarb. 2. Aufl.]
Bühler, Karl (1920). »Kritische Musterung der neueren Theorien des Satzes.« In: *Indogermanisches Jahrbuch* 6: 1–20.
— (1982). *Sprachtheorie.* Stuttgart. [^{1}1934]
Burth, Thomas (1979). »Wisawi am Telefon.« In: *Nachrichten aus dem Alemannischen. Neue Mundartdichtung aus Baden, dem Elsass, der Schweiz und Vorarlberg.* Hrsg. von Adrien Finck & Raymond Matzen. Hildesheim, S. 21.
Bußmann, Hadumod (2002). *Lexikon der Sprachwissenschaft.* Stuttgart. [überarb. 3. Aufl.]
Bybee, Joan L. (1985). *Morphology. A Study of the Relation between Meaning and Form.* Amsterdam.
Callaghan, Catherine A. (1987). *Northern Sierra Miwok Dictionary.* Berkeley.
Carochi, Horacio (2001). *Grammar of the Mexican Language.* Übersetzt und hrsg. von James Lockhart. Stanford. [^{1}1645]
Carroll, Lewis (1970). *The Annotated Alice.* Hrsg. von Martin Gardner. Harmondsworth, Middlesex.
— (1973). *Alice im Wunderland.* Frankfurt am Main. [englisch 1865]
— (1974). *Alice hinter den Spiegeln.* Frankfurt am Main. [englisch 1872]
Cartagena, Nelson, & Hans-Martin Gauger (1989). *Vergleichende Grammatik Spanisch-Deutsch.* 2 Bände. Mannheim.
Chafe, Wallace, & Johanna Nichols (Hrsg., 1986). *Evidentiality: The Linguistic Coding of Epistemology.* Norwood, New Jersey.
Chao, Yuen Ren (1968). *A Grammar of Spoken Chinese.* Berkeley.
Chomsky, Noam (1957). *Syntactic Structures.* The Hague.
— (1978). *Aspekte der Syntax-Theorie.* Frankfurt am Main. [englisch 1965]
— (1986). *Knowledge of Language. Its Nature, Origin, and Use.* New York.
Clark, Herbert H., & Eve V. Clark (1977). *Psychology and Language. An Introduction to Psycholinguistics.* New York.
Clark, Lawrence E. (1961). *Sayula Popoluca Texts.* Norman, Oklahoma.
— (1981). *Diccionario Popoluca de Oluta.* México.

Coe, Michael D. (1992). *Breaking the Maya Code*. London.
—, & Mark Van Stone (2001). *Reading the Maya Glyphs*. London.
Colby, Benjamin N., & James L. Peacock (1973). »Narrative.« In: *Handbook of Social and Cultural Anthropology*. Hrsg. von John J. Honigman. Chicago, S. 613–635.
Comrie, Bernard (1976). *Aspect*. Cambridge.
— (1983). *Language Universals and Linguistic Typology*. Oxford. [korr. 2. Aufl.]
— (1985). *Tense*. Cambridge.
— (Hrsg., 1989). *The World's Major Languages*. London. [überarb. 2. Aufl.]
Coulmas, Florian (ohne Jahr). »Keigo. Höflichkeit und soziale Bedeutung im Japanischen.« [Manuskript]
—, & Konrad Ehlich (Hrsg., 1983). *Writing in Focus*. Berlin.
Coulson, Michael (1976). *Sanskrit*. Sevenoaks, Kent.
Couper-Kuhlen, Elizabeth (1986). *An Introduction to English Prosody*. Tübingen.
Cowan, George M. (1948). »Mazateco whistle speech.« In: *Language* 24: 280–286.
Craig, Colette (Hrsg., 1986). *Noun Classes and Categorization*. Amsterdam.
Crystal, David (1998). *Die Cambridge-Enzyklopädie der Sprache*. Frankfurt am Main. [englisch 1987]
Cusihuamán G., Antonio (1976). *Gramática quechua Cuzco-Collao*. Lima.
Daly, John P. (1973). *A Generative Syntax of Peñoles Mixtec*. Norman, Oklahoma.
Deacon, Terrence W. (1997). *The Symbolic Species. The Co-evolution of Language and the Brain*. New York.
Delbrück, Bertold (1976). *Altindische Syntax*. Darmstadt. [^{1}1888]
Dittmar, Norbert, Peter Schlobinski & Inge Wachs (1986). *Berlinisch. Studien zum Lexikon, zur Spracheinstellung und zum Stilrepertoire*. Berlin.
—, & Peter Schlobinski (1988). »Implikationsanalyse.« In: *Soziolinguistik. Ein internationales Handbuch zur Wissenschaft von Sprache und Gesellschaft, Band 2*. Hrsg. von Ulrich Ammon, Norbert Dittmar und Klaus Mattheier. Berlin, S. 1014–1026.
Dittmar, Norbert, & Peter Schlobinski (Hrsg., 1988). *Wandlungen einer Stadtsprache. Berlinisch in Vergangenheit und Gegenwart*. Berlin.
Dixon, R. M. W. (1972). *The Dyirbal Language of North Queensland*. Cambridge.
— (1980). *The Languages of Australia*. Cambridge.
Dobson, W. A. C. H. (1959). *Late Archaic Chinese*. Toronto.
Douglas, Wilfrid H. (1958). *An Introduction to the Western Desert Language*. Sydney.
Downes, William (1984). *Language and Society*. London.
Duden. Grammatik der deutschen Gegenwartssprache (1995). Mannheim. [5. Aufl.]
Duden. Rechtschreibung der deutschen Sprache (1991). Mannheim. [20. Aufl.]
Dunn, John A. (1979). *A Reference Grammar for the Coast Tsimshian Language*. Ottawa.
Dürr, Michael (1984). »Die Etymologisierung von Komposita im Mixtekischen. Bemerkungen zur Problematik anhand einiger Beispiele.« In: *Indiana* 9: 189–206.
— (1987). *Morphologie, Syntax und Textstrukturen des (Maya-)Quiche des Popol Vuh. Linguistische Beschreibung eines kolonialzeitlichen Dokuments aus dem Hochland von Guatemala*. Bonn.
[Überarb. elektronische Ausgabe 2003: home.snafu.de/duerr/PDF_Doku/Diss_Duerr.pdf]
— (1991). »Reference to space in colonial Quiché.« In: *Estudios sobre lenguas amerindias*. Hrsg. von Paula Gómez López u. a. Guadalajara, S. 47–78. (= *Función* 8 (1988))
—, Erich Kasten & Klavdia Khaloimova (2001). *Itelmen Language and Culture*. Multimedia-CD-ROM. Münster.

Dyk, Anne (1959). *Mixteco Texts*. Norman, Oklahoma.
—, & Betty Stoudt (1965). *Vocabulario Mixteco de San Miguel el Grande*. México.
Ehlich, Konrad (Hrsg., 1980). *Erzählen im Alltag*. Frankfurt am Main.
Eisenberg, Peter (1989). *Grundriß der deutschen Grammatik*. Stuttgart. [korr. 2. Aufl.]
— (2004a). *Grundriß der deutschen Grammatik: Das Wort*. Stuttgart.
— (2004b). *Grundriß der deutschen Grammatik: Der Satz*. Stuttgart.
—, Dieter Hartmann, Gisela Klann & Hans-Heinrich Lieb (1977). »Syntaktische Konstituentenrelationen des Deutschen.« In: *Linguistische Arbeiten Berlin (West)* 4: 61–165.
Ellis, C. Douglas (1983). *Spoken Cree, West Coast of James Bay*. Edmonton. [korr. 2. Aufl.]
Engel, Ulrich (1988). *Deutsche Grammatik*. Heidelberg.
Engels, Friedrich (1975). »Engels an Minna Kautsky in Wien.« In: Karl Marx & Friedrich Engels, *Werke*, Band 36. Berlin (Ost), S. 392–394.
Essen, Otto von (1957). *Allgemeine und Angewandte Phonetik*. Berlin (Ost).
Fähnrich, Heinz (1987). *Kurze Grammatik der georgischen Sprache*. Leipzig. [2. Aufl.]
Filbeck, David (1976). »Toward a grammar of relative clauses in T'in.« In: *Austroasiatic Studies, Part 1*. Hrsg. von Philip N. Jenner, Laurence C. Thompson und Stanley Starosta. Hawaii, S. 285–307.
Fillmore, Charles (1968). »The case for case.« In: *Universals in Linguistic Theory*. Hrsg. von Emmon Bach und Robert T. Harms. New York, S. 1–88.
Fischer, Rudolf (1975). *Tschechische Grammatik. Leitfaden zur Einführung in die tschechische Sprache*. Leipzig. [überarb. 4. Aufl.]
Fleischer, Wolfgang & Irmhild Barz (1992). *Wortbildung der deutschen Gegenwartssprache*. Tübingen.
Foley, William A. (1986). *The Papuan Languages of New Guinea*. Cambridge.
—, & Robert D. van Valin (1984). *Functional Syntax and Universal Grammar*. Cambridge.
—, & Robert D. van Valin (1985). »Information packaging in the clause.« In: *Language Typology and Syntactic Description, vol. 1: Clause Structure*. Hrsg. von Timothy Shopen. Cambridge, S. 282–364.
Frege, Gottlob (1980). »Was ist eine Funktion?« In: Ders., *Funktion, Begriff, Bedeutung*. Göttingen, S. 81–90. [¹1904]
Fromkin, Victoria (Hrsg., 1978). *Tone: A Linguistic Survey*. New York.
Fortescue, Michael (1983). *A Comparative Manual of Affixes for the Inuit Dialects of Greenland, Canada, and Alaska*. Kopenhagen. [= Meddelelser om Grønland, Man & Society 4]
Gabelentz, Georg von der (1881). *Chinesische Grammatik unter Ausschluß des niederen Stils und der heutigen Umgangssprache*. Leipzig.
Gaumann, Ulrike (1983). *›Weil die machen jetzt bald zu‹. Angabe- und Junktivsätze in der deutschen Gegenwartssprache*. Göppingen.
Georg, Stefan, & Alexander P. Volodin (1999). *Die itelmenische Sprache*. Wiesbaden.
Gibbon, Dafydd, & Helmut Richter (Hrsg., 1984). *Studies in Discourse and Phonology*. Berlin.
Giegerich, Heinz J. (1985). *Metrical Phonology and Phonological Structure: German and English*. Cambridge.
Givón, Talmy (Hrsg., 1983). *Topic Continuity in Discourse. A Quantitative Cross-Language Study*. Amsterdam.
— (1984/90). *Syntax. A Functional-Typological Introduction*. Band 1 und 2. Amsterdam.
— (1993). *English Grammar. A Function-Based Introduction*. Band 1. Amsterdam.

Gleason, Henry A. (1955). *Workbook in Descriptive Analysis.* New York.
— (1961). *An Introduction to Descriptive Linguistics.* New York. [überarb. 2. Aufl.]
Glinz, Hans (1985). »Der Satz als pragmatische und als grammatische Einheit.« In: *Akten des VII. Internationalen Germanisten-Kongresses Göttingen 1985, Band 3.* Tübingen, S. 354–363.
Glück, Helmut (Hrsg., 2006). *Metzler-Lexikon Sprache.* Stuttgart. [überarb. 3. Aufl.]
Goethe, Johann Wolfgang (1887). *Goethes Werke.* Band 1. Hrsg. im Auftrage der Großherzogin Sophie von Sachsen. Weimar, S. 48.
Gordon, Raymond G. (Hrsg., 2005). *Ethnologue. Languages of the World.* Dallas, Texas. [15. Aufl.]
Gossen, Gary H. (1985). »Tzotzil literature.« In: *Supplement to the Handbook of Middle American Indians, vol. 3: Literatures.* Hrsg. von Munro S. Edmonson. Austin, Texas, S. 64–106.
Grice, H. Paul (1975). »Logic and conversation.« In: *Syntax and Semantics, 3: Speech Acts.* Hrsg. von P. Cole and J. L. Morgan. New York, S. 41–58.
Gumperz, John J. (1982). »Conversational code switching.« In: *Discourse Strategies.* Hrsg. von John J. Gumperz. Cambridge, S. 59–99.
Gundert, Wilhelm, Annemarie Schimmel & Walther Schubring (Hrsg., 1965). *Lyrik des Ostens.* München.
Haarmann, Harald (1990). *Universalgeschichte der Schrift.* Frankfurt am Main.
Habenstein, Ernst, & Herbert Zimmermann (1967). *Lateinische Sprachlehre.* Stuttgart.
Hädrich, Doris (1988). *Berlinisch unter der Lupe: Elemente des Berliner Sprachstils in ihrer sprachlichen und sozialen Bedeutung.* Wissenschaftliche Hausarbeit, Freie Universität Berlin.
Haider, Hubert (1984). »Mona Lisa lächelt stumm – Über das sogenannte deutsche ›Rezipientenpassiv‹.« In: *Linguistische Berichte* 89: 32–42.
Haiman, John, & Sandra A. Thompson (Hrsg., 1988). *Clause Combining in Grammar and Discourse.* Amsterdam.
Hartmann, Roswith (Hrsg., 1994). *»Rimaykullayki«. Unterrichtsmaterialien zum Quechua Ayacuchano, Peru.* Berlin. [überarb. 3. Aufl.]
Hašek, Jaroslav (1964). *Die Abenteuer des braven Soldaten Schweijk.* Berlin (Ost). [tschechisch 1921]
Hapelmath, Martin, Mathew S. Dryer, David Gil & Bernhard Comrie (Hrsg., 2005). *The World Atlas of Language Structures.* Oxford.
Haviland, John B. (1992). »Anchoring and iconicity in Guugu Yimidhirr pointing gestures.« [Manuskript]
Heinemann, Wolfgang & Dieter Viehweger (1991). *Textlinguistik. Eine Einführung.* Tübingen.
Helbig, Gerhard, & Joachim Buscha (1993). *Deutsche Grammatik. Ein Handbuch für den Ausländerunterricht.* Leipzig.
Helfman, Elizabeth S. (1981). *Blissymbolics: Speaking Without Speech.* New York.
Hill, Clifford (1982). »Up/down, front/back, left/right. A contrastive study of Hausa and English.« In: *Here and There. Cross-linguistic Studies on Deixis and Demonstration.* Hrsg. von Jürgen Weisenborn und Wolfgang Klein. Amsterdam, S. 13–42.
Hockett, Charles F. (1962). *Language, Mathematics, and Linguistics.* The Hague.
Hoffmann, Ludger (1983). *Kommunikation vor Gericht.* Tübingen.
— (Hrsg., 1996). *Sprachwissenschaft. Ein Reader.* Berlin.

Holmes, Ruth Bradley, & Betty Sharp Smith (1977). *Beginning Cherokee*. Norman, Oklahoma. [korr. 2. Aufl.]
Hopper, Paul J., & Sandra A. Thompson (1980). »Transitivity in grammar and discourse.« In: *Language* 56: 251–299.
Humboldt, Wilhelm von (1968). »Ueber den grammatischen Bau der Chinesischen Sprache.« In: Ders., *Gesammelte Schriften*. Band 5. Berlin, S. 309–324. [^{1}1826]
—— (1836–39). *Über die Kawi-Sprache auf der Insel Java, nebst einer Einleitung über die Verschiedenheit des menschlichen Sprachbaues und ihren Einfluß auf die geistige Entwickelung des Menschengeschlechts*. 3 Bände. Berlin.
Hurch, Bernhard (1988). *Über Aspiration. Ein Kapitel aus der natürlichen Phonologie*. Tübingen.
Hyman, Larry M. (1975). *Phonology. Theory and Analysis*. New York.
Hymes, Dell (1979). »Die Ethnographie des Sprechens.« In: Ders., *Soziolinguistik. Zur Ethnographie der Kommunikation*. Hrsg. von Florian Coulmas. Frankfurt am Main, S. 29–97. [englisch 1962]
International Phonetic Association (1949). *The Principles of the International Phonetic Association*. London.
International Phonetic Association (1999). *Handbook of the International Phonetic Association*. Cambridge.
Jackendoff, Ray (1983). *Semantics and Cognition*. Cambridge.
Jacob, Judith M. (1968). *Introduction to Cambodian*. Oxford.
Jacobsen, William H. (1986). »The heterogeneity of evidentials in Makah.« In: *Evidentiality: The Linguistic Coding of Epistemology*. Hrsg. von Wallace Chafe und Johanna Nichols. Norwood, New Jersey, S. 4–28.
Jakobson, Roman (1941). *Kindersprache, Aphasie, und allgemeine Lautgesetze*. Uppsala.
Joyce, James (1979). *Ulysses*. Frankfurt am Main. [englisch 1922]
Kalectaca, Milo (1978). *Lessons in Hopi*. Hrsg. von Ronald W. Langacker. Tucson.
Keenan, Edward L., & Elinor Ochs (1979). »Becoming a competent speaker of Malagasy.« In: *Languages and Their Speakers*. Hrsg. von Timothy Shopen. Cambridge, S. 113–158.
Kintsch, Walter (1977). »On comprehending stories.« In: *Cognitive Processes in Comprehension*. Hrsg. von Marcel Adam Just und Patricia A. Carpenter. New York, S. 33–62.
Kiparsky, Paul (1966). »Über den deutschen Akzent.« In: *studia grammatica* VII: 69–98.
Klein, Wolfgang (1979). »Wegauskünfte.« In: *Zeitschrift für Literaturwissenschaft und Linguistik* 33: 9–57.
—— (1980). »Argumentation und Argument.« In: *Zeitschrift für Literaturwissenschaft und Linguistik* 38/39: 9–57.
—— (1984). *Zweitspracherwerb. Eine Einführung*. Königstein/Taunus.
Köpcke, Klaus-Michael (1994). »Zur Rolle von Schemata bei der Pluralbildung monosyllabischer Maskulina.« In: *Funktionale Untersuchungen zur deutschen Nominal- und Verbalmorphologie*. Hrsg. von Klaus-Michael Köpcke. Tübingen, S. 81–95.
Kohler, Klaus J. (1977). *Einführung in die Phonetik des Deutschen*. Berlin.
Kopperschmidt, Josef, & Helmut Schanze (Hrsg., 1985). *Argumente – Argumentation. Interdisziplinäre Problemzugänge*. München.
Kraft, Charles H., & A. H. M. Kirk-Green (1973). *Hausa*. Sevenoaks, Kent.
Kress, Bruno (1982). *Isländische Grammatik*. Leipzig.
Kroetz, Franz Xaver (1989). »Dolomitenstadt Lienz.« In: Ders., *Gesammelte Stücke, Band 1*. Frankfurt am Main, S. 349–391.

Labov, William (1980a). »Regeln für rituelle Beschimpfungen.« In: Ders., *Sprache im sozialen Kontext*. Königstein/Taunus, S. 251–286. [englisch 1972]
—— (1980b). »Der Niederschlag von Erfahrungen in der Syntax von Erzählungen.« In: Ders., *Sprache im sozialen Kontext*. Königstein/Taunus, S. 287–328. [englisch 1972]
—— (1980c). »Einige Prinzipien linguistischer Methodologie.« In: Ders., *Sprache im sozialen Kontext*. Königstein/Taunus, S. 1–24. [englisch 1972]
—— (1980d). »Die soziale Stratifikation des (r) in New Yorker Kaufhäusern.« In: Ders., *Sprache im sozialen Kontext*. Königstein/Taunus, S. 25–48. [englisch 1972]
——, & Charlotte Linde (1985). »Die Erforschung von Sprache und Denken anhand von Raumkonfigurationen.« In: *Sprache und Raum*. Hrsg. von Harro Schweizer. Stuttgart, S. 44–64. [englisch 1975]
Lakoff, George (1987). *Women, Fire and Dangerous Things. What Categories Reveal about the Mind*. Chicago.
——, & Mark Johnson (1980). *Metaphors We Live By*. Chicago.
Lang, Ewald (1977). *Semantik der Koordination*. Berlin (Ost). (= studia grammatica XIV)
Langacker, Ronald W. (1972). *Fundamentals of Linguistic Analysis*. New York.
Lasch, Agathe (1928). *Berlinisch. Eine berlinische Sprachgeschichte*. Berlin.
Lass, Roger (1984). *Phonology. An Introduction to Basic Concepts*. Cambridge.
Leer, Jeff (1977). »Introduction.« In: *Haida Dictionary*. Hrsg. von Erma Lawrence. Fairbanks, Alaska, S. 12–155.
Legge, James (1971). *Confucian Analects, The Great Learning and The Doctrine of the Mean*. New York. [Nachdruck der überarb. 2. Aufl. von 1893]
Levinson, Stephen C. (1990). *Pragmatik*. Tübingen. [englisch 1980]
Lewe, Markus (1969). *Der Witz der Sachsen*. München.
Lewis, G. L. (1967). *Turkish Grammar*. Oxford.
Li, Charles N. (Hrsg., 1976). *Subject and Topic*. New York.
——, & Sandra A. Thompson (1981). *Mandarin Chinese. A Functional Reference Grammar*. Berkeley.
Lieb, Hans-Heinrich (1983). *Integrational Linguistics, vol. I: General Outline*. Amsterdam.
Linguistic Bibliography for the Year ... and Supplements for Previous Years (jährlich). Dordrecht.
Lloyd, Paul M. (1987). *From Latin to Spanish, vol. 1: Historical Phonology and Morphology of the Spanish Language*. Philadelphia.
Löbner, Sebastian (2003). *Semantik*. Berlin.
Lounsbury, Floyd G. (1964). »The structural analysis of kinship semantics.« In: *Proceedings of the Ninth International Congress of Linguistics*, 1962. Hrsg. von Horace G. Lunt. The Hague, S. 1073–1093.
Luhmann, Niklas (1984). *Soziale Systeme. Grundriß einer allgemeinen Theorie*. Frankfurt am Main.
Lutzeier, Peter R. (1985). *Linguistische Semantik*. Tübingen.
—— (1991). *Major Pillars of German Syntax. An Introduction to CRMS-Theory*. Tübingen.
—— (1993). »Wortfeldtheorie und Fachsprachen. Eine Feldstruktur im fußballsprachlichen Kontext.« In: *Das unsichtbare Band der Sprache. Studies in German Language and Linguistic History in Memory of Leslie Seiffert*. Hrsg. von John L. Flood, Paul Salmon, Olive Sayce und Christopher Wells. Stuttgart, S. 553–576.
Lyons, John (1980, 1983). *Semantik*. Bände 1 und 2. München. [englisch 1977]

Maas, Utz (1992). *Grundzüge der deutschen Orthographie.* Tübingen.
—— (2006). *Phonologie. Einführung in die funktionale Phonetik des Deutschen.* Göttingen.
Macaulay, Monica (1987). »Clitization and the morphosyntax of Mixtec.« In: *International Journal of American Linguistics* 53: 119–135.
—— (1996). *A Grammar of Chalcatongo Mixtec.* Berkeley.
MacLaury, Robert E. (1989). »Zapotec body-part locatives: prototypes and metaphoric extensions.« In: *International Journal of American Linguistics* 55: 119–154.
Malchukov, Andrei L. (1995). *Even.* München.
Mak, Cornelia (1977). »Picturesque Mixtec talk.« In: *Tlalocan* 7: 105–114.
Malinowski, Bronislaw (1974). »Das Problem der Bedeutung in primitiven Sprachen.« In: Charles K. Ogden und Ivor A. Richards, *Die Bedeutung der Bedeutung.* Frankfurt am Main, S. 323–384. [englisch 1923]
Malotki, Ekkehart (1979). *Hopi-Raum.* Tübingen.
—— (1983). *Hopi Time.* Berlin.
McCarthy, John (2002). *A Thematic Guide to Optimality Theory.* Cambridge.
Mehring, Franz (1946). *Deutsche Geschichte. Vom Ausgang des Mittelalters. Ein Leitfaden für Lehrende und Lernende.* Berlin.
Merkle, Ludwig (1990). *Bairische Grammatik.* München.
Merritt, Marilyn (1976). »On questions following questions in service encounters.« In: *Language in Society* 5: 315–357.
Mey, Jacob L. (2001). *Pragmatics. An Introduction.* London.
Middendorf, Ernst W. (1892). *Das Muchik oder die Chimu-Sprache.* Leipzig.
Modern Language Association (jährlich). *MLA – International Bibliography of Books and Articles on the Modern Languages and Literatures, vol. 3: Linguistics.* New York.
Mondloch, James L. (1978). *Basic Quiche Grammar.* Albany, New York.
—— (1980). »K'eš: Quiché naming.« In: *Journal of Mayan linguistics* 1,2: 9–25.
—— (1981). *Voice in Quiche-Maya.* Dissertation, Albany, New York.
Moritz, Karl P. (1871). »Über den märkischen Dialekt.« In: Ders.: *Deutsche Sprachlehre. In Briefen. Erstes Stück.* Berlin, S. 3–24.
Müller, Johann David (1973). *Notizen aus meinem Leben.* Hrsg. von Ilja Mieck. Berlin. (= Schriften des Vereins für die Geschichte Berlins 59)
Nater, H. F. (1984). *The Bella Coola Language.* Ottawa.
Navarro Tomás, Tomás, Günther Haensch & Bernhard Lechner (1970). *Spanische Aussprachelehre.* München.
Neue, Friedrich (1985). *Formenlehre der lateinischen Sprache.* 3 Bände. Hildesheim. [¹1912]
Nichols, Johanna, & Anthony C. Woodbury (Hrsg., 1985). *Grammar Inside and Outside the Clause.* Cambridge.
Nida, Eugene (1947). *Morphology. The Descriptive Analysis of Words.* Ann Arbor. [überarb. 2. Aufl.]
Norman, Jerry (1988). *Chinese.* Cambridge.
Ogunbọwale, P. O. (1977). *The Essentials of the Yoruba Language.* London.
Olsen, Susanne (1986). *Wortbildung im Deutschen. Eine Einführung in die Theorie der Wortstruktur.* Stuttgart.
Pankratz, Leo, & Eunice V. Pike (1967). »Phonology and morphotonemics of Ayutla Mixtec.« In: *International Journal of American Linguistics* 33: 287–299.
Pape-Müller, Sabine (1980). *Textfunktionen des Passivs.* Tübingen.

Petursson, Magnus (1978). *Isländisch. Eine Übersicht über die moderne isländische Sprache mit einem kurzen Abriß der Geschichte und Literatur Islands.* Hamburg.

Pickett, Velma B. (1983). »Mexican Indian languages and Greenberg's ›Universals of Grammar‹.« In: *Essays in Honor of Charles F. Hockett.* Hrsg. von Frederick B. Agard, Gerald Kelley, Adam Makkai und Valerie Becker Makkai. Leiden, S. 530–551.

Pike, Kenneth L., & Evelyn G. Pike (1982). *Grammatical Analysis.* Arlington, Texas. [korr. 2. Aufl.]

Pinnow, Heinz-Jürgen (1964). *Die nordamerikanischen Indianersprachen.* Wiesbaden.

—— (1981). *Zusammenfassung der für die Grammatik wichtigen Morpheme und Morphemkombinationen nach Sachgruppen und Überblick über die Verb- und Nominalstruktur der Tlingit-Sprache.* Westerland. [Manuskript]

Plank, Frans (Hrsg., 1979). *Ergativity – Towards a Theory of Grammatical Relations.* New York.

Pompino-Marschall, Bernd (2005). *Einführung in die Phonetik.* Berlin.

Poppe, Nicholas (1954). *Grammar of Written Mongolian.* Wiesbaden.

Postal, Paul M. (1986). *Studies of Passive Clauses.* New York.

Qin, Zhong (1982). *Chinesische Phonetik.* Beijing.

Raith, Joachim (1981). »Phonologische Interferenzen im Amerikanischen Englisch der anabaptistischen Gruppen deutscher Herkunft in Lancaster County (Pennsylvania).« In: *Zeitschrift für Dialektologie und Linguistik* 1: 35–52.

Rath, John C. (1981). *A Practical Heiltsuk-English Dictionary. With a Grammatical Introduction.* Ottawa.

Rehbein, Jochen (1977). *Komplexes Handeln. Elemente zur Handlungstheorie der Sprache.* Stuttgart.

Reichardt, Manfred, & Shuxin Reichardt (1990). *Grammatik des modernen Chinesisch.* Leipzig.

Reis, Marga (1982). »Zum Subjektbegriff im Deutschen.« In: *Satzglieder im Deutschen. Vorschläge zur syntaktischen, semantischen und pragmatischen Fundierung.* Hrsg. von Werner Abraham. Tübingen, S. 171–220.

—— (1985). »Mona Lisa kriegt zuviel – Vom sogenannten ›Rezipientenpassiv‹ im Deutschen.« In: *Linguistische Berichte* 96: 140–155.

Ries, John (1931). *Was ist ein Satz?* Prag.

Rosch, Eleanor H. (1973). »On the internal structure of perceptual and semantic categories.« In: *Cognitive Development and the Acquistion of Language.* Hrsg. von Timothy E. Moore. New York, S. 111–144.

Rose, Suzanne M. (1981). *Kyuquot Grammar.* Dissertation, Victoria.

Rowlands, E. C. (1969). *Yoruba.* Sevenoaks, Kent.

Sacks, Harvey, Emanuel Schegloff & Gail Jefferson (1974). »A simplest systematics for the organization of turn-taking for conversation.« In: *Language* 50: 696–735.

Sapir, Edward (1910). »Yana texts.« In: *University of California Publications in American Archaeology and Ethnology* 9: 1–235.

—— (1922). »The fundamental elements of Northern Yana.« In: *University of California Publications in American Archaeology and Ethnology* 13: 215–234.

—— (1949). »Male and female forms of speech in Yana.« In: Ders., *Selected Writings.* Hrsg. von David G. Mandelbaum. Berkeley, S. 206–212.

—— (1972). *Die Sprache.* München. [englisch 1921]

——, & Morris Swadesh (1960). *Yana Dictionary.* Berkeley.

Sasse, Hans-Jürgen (1988). »Der irokesische Sprachbau.« In: *Zeitschrift für Sprachwissenschaft* 7: 173–213.
Saunders, Ross, & Philip W. Davis (1975). »The internal syntax of lexical suffixes in Bella Coola.« In: *International Journal of American Linguistics* 41: 106–113.
Saussure, Ferdinand de (1967). *Grundfragen der allgemeinen Sprachwissenschaft*. Berlin. [¹1931]
Saville-Troike, Muriel (1982). *The Ethnography of Communication*. Oxford.
Schlobinski, Peter (1982). »Das Verkaufsgespräch. Eine empirische Untersuchung zu Handlungsschemata und kommunikativen Zielen.« In: *Linguistische Arbeiten Berlin (West)*, S. 1–236.
— (1987). *Stadtsprache Berlin. Eine soziolinguistische Untersuchung*. Berlin.
— (1988a). »Über den *Akkudativ* im Berlinischen.« In: *Muttersprache* 3: 214–225.
— (1988b). »Code-switching im Berlinischen.« In: *Wandlungen einer Stadtsprache. Berlinisch in Vergangenheit und Gegenwart*. Hrsg. von Norbert Dittmar und Peter Schlobinski. Berlin, S. 83–102.
— (1990). »Spektrographische Analysen zum Tonsystem im Chinesischen.« In: *Zeitschrift für Phonetik, Sprachwissenschaft und Kommunikation* 5: 682–690.
— (1992). *Funktionale Grammatik und Sprachbeschreibung. Eine Untersuchung zum gesprochenen Deutsch sowie zum Chinesischen*. Opladen.
— (1996). *Empirische Sprachwissenschaft*. Opladen.
— (2003). *Grammatikmodelle. Positionen und Perspektiven*. Opladen.
—, Gaby Kohl & Irmgard Ludewigt (1993). *Jugendsprache. Fiktion und Wirklichkeit*. Opladen.
Schmidt, Arno (1963–68). *Zettels Traum*. Berlin.
Schwarz, Monika, & Jeannete Chur (2004). *Semantik. Ein Arbeitsbuch*. Tübingen.
Schweizer, Harro (Hrsg., 1985). *Sprache und Raum: psychologische und linguistische Aspekte der Aneignung und Verarbeitung von Räumlichkeit*. Stuttgart.
Searle, John R. (1969). *Speech Acts*. London.
Sherzer, Joel (1970). »Talking backwards in Cuna: The sociological reality of phonological descriptions.« In: *Southwestern Journal of Anthropology* 26: 343–353.
— (1975). »A problem in Cuna phonology.« In: *Journal of the Linguistic Association of the Southwest* I: 45–53.
— (1983). *Kuna Ways of Speaking*. Austin, Texas.
Shibatani, Masayoshi (Hrsg., 1988). *Passive and Voice*. Amsterdam.
Shopen, Timothy (Hrsg., 1979). *Languages and Their Speakers*. Cambridge, Mass.
— (Hrsg., 1979). *Languages and Their Status*. Cambridge, Mass.
— (Hrsg., 1985). *Language Typology and Syntactic Description*. 3 Bände. Cambridge.
Simons, Berthold (1989). *Komplexe Sätze im Dakota (Sioux)*. Frankfurt am Main.
Sivrikozoglu, Cicek (1985). *... Nix unsere Vaterland. Zweitsprache Deutsch und soziale Integration*. Frankfurt am Main.
Stubbs, Michael (1983). *Discourse Analysis. The Sociolinguistics Analysis of Natural Language*. Oxford.
Tiee, Henry Hung-Yeh (1979). »The productive affixes in Mandarin Chinese morphology.« In: *Word* 30: 245–255.
Tomasello, Michael (2002). *Die kulturelle Entwicklung des menschlichen Denkens*. Frankfurt am Main. [englisch 1999]
Toulmin, Stephen (1975). *Der Gebrauch von Argumenten*. Kronberg/Taunus. [englisch 1958]

Trubetzkoy, Nikolaus S. (1967). *Grundzüge der Phonologie.* Göttingen. [¹1933]
Twain, Mark (1929). *A Tramp Abroad.* 2 Bände. New York. (= The writings of Mark Twain. Stormfield Edition, Bände 9-10)
—— (1969). *Ein Bummel durch Europa.* Berlin.
Vochala, Jaromír, & Ruzhen Vochalová (1990). *Einführung in die Grammatik des klassischen Chinesisch.* Leipzig. [tschechisch 1976]
Voegelin, Charles F., & Florence M. Voegelin (1977). *Classification and Index of the World's Languages.* New York.
Warkentin, Viola, & Ruby Scott (1980). *Gramática ch'ol.* México.
Wegener, Heide (1985).»›Er bekommt widersprochen‹ – Argumente für die Existenz eines Dativpassivs im Deutschen.« In: *Linguistische Berichte* 96: 127–139.
Weinrich, Harald (1964). *Tempus. Besprochene und erzählte Welt.* Stuttgart.
Weissenborn, Jürgen, & Wolfgang Klein (Hrsg., 1982). *Here and There. Cross-linguistic Studies on Deixis and Demonstration.* Amsterdam.
Wells, John C. (1986). *Concise Esperanto and English Dictionary.* New York.
Welmers, William E. (1973). *African Language Structure.* Berkeley.
Weuster, Edith (1983).»Nicht-eingebettete Satztypen mit Verb-Endstellung im Deutschen.« In: *Zur Wortstellungsproblematik im Deutschen.* Hrsg. von Klaus Olszok und Edith Weuster. Tübingen, S. 7–88.
Whorf, Benjamin Lee (1956). *Language, Thought, and Reality.* Hrsg. von John B. Carroll. Cambridge, Mass.
—— (1963). *Sprache, Denken, Wirklichkeit. Beiträge zur Metalinguistik und Sprachphilosophie.* Reinbek bei Hamburg. [englisch 1956]
Williams, Stephen J. (1980). *A Welsh Grammar.* Cardiff.
Wittgenstein, Ludwig (1971). *Philosophische Untersuchungen.* Frankfurt am Main.
Wolfart, H. Christoph, and Janet F. Carroll (1981). *Meet Cree. A Guide to the Language.* Lincoln. [überarb. 2. Aufl.]
Worth, Dean S. (1961). *Kamchadal Texts.* Collected by W. Jochelson. The Hague.
Wunderlich, Dieter (1970). *Tempus und Zeitreferenz im Deutschen.* München.
—— (1982).»Sprache und Raum.« In: *Studium Linguistik* 12: 1–19; 13: 37–59.
—— (1985).»Über die Argumente des Verbs.« In: *Linguistische Berichte* 97: 183–227.
—— (1986).»Echofragen.« In: *Studium Linguistik* 23: 44–62.
Wurzel, Wolfgang U. (1970). *Studien zur deutschen Lautstruktur.* Berlin (Ost). (= studia grammatica VIII)
—— (1984). *Flexionsmorphologie und Natürlichkeit.* Berlin (Ost). (= studia grammatica XXI)
Ximénez, Francisco (1929). *Historia de la provincia de San Vicente de Chiapa y Guatemala.* Band 1. Guatemala. [Manuskript um 1700]
Xu, Xijian (1990).»Jīngpōyǔ de chóngdié shì.« In: *Minzu yuyan* 3: 52–60.
Yip, Moira (2002). *Tone.* Cambridge.
Zhuang Zhou (1978). *Nán huā zhēn jīng.* Taipeh. [Faksimile einer kommentierten Ausgabe aus der Song-Zeit]

Register

Seitenangaben, die mit einem Stern gekennzeichnet sind, beziehen sich auf Übungsaufgaben.

Absolutiv 122
Abtönungspartikeln 224
›adjacency pairs‹ 232, *257f.
Adjektiv 77f., 127ff.
Adverbial 130f.
Adverbialsatz 130f.
Affix Morphem, das nur an ein Grundmorphem gebunden vorkommen kann. Nach Stellung im Wort unterscheidet man Präfix, Infix und Suffix. 83f.
Affrikate 31
Agens 120ff., 181f.
agglutinierende Sprachen Begriff aus der Sprachtypologie, der im Gegensatz zum ↗ flektierenden Sprachtyp Sprachen wie z. B. Türkisch, Japanisch oder Aztekisch umfasst, in denen Wörter durch Aneinanderreihung von Morphemen gebildet werden, wobei jeder grammatischen Kategorie ein Morphem entspricht. 92, *101, *104f., *107f.
Akkudativ *106f.
Akkusativ 122
Aktionsart 199, *217f.
akustische Phonetik 28, *71
Akzent 51f., *66, *67
Allo- Vorangestelltes Element, das Formvarianten einer linguistischen Einheit bezeichnet. Allomorph ist die Variante eines ↗ Morphems, Allophon die eines ↗ Phonems.
Allomorph 80f.
Allophon 37ff.
Altägyptisch 56f.
alveolar 29f.
Ambiguität Doppel- bzw. Mehrdeutigkeit sprachlicher Einheiten. Neben lexikalischen Ambiguitäten (Polysemie) spielen insbesondere grammatische Ambiguitäten in der linguistischen Diskussion eine Rolle. Die Auflösung ambiger Strukturen bezeichnet man als Disambiguierung. 130, *164, 185
analytische Sprachen Bezeichnung für Sprachen, die syntaktische Beziehungen eher durch grammatische Hilfswörter oder Stellung als durch die Morphologie markieren, z. B. die romanischen Sprachen im Gegensatz zum stärker synthetischen Latein. *160ff.
Anapher Bezeichnet den Bezug auf eine andere Satzkonstituente. Wird auf Vorerwähntes Bezug genommen, spricht man von anaphorischer Referenzierung; im Gegensatz dazu steht die kataphorische Referenzierung auf Nachfolgendes. Ist das Bezug nehmende Element getilgt, spricht man von Null-Anapher, z. B. *Er geht zur Bibliothek und Ø leiht ein Buch aus.* 254, 275
Antipassiv 137, 145, *159f., 250
Antonyme 174
apikal 29
Applikativkonstruktion 137f.
Äquationssatz 124f., *162
Arabisch 27, 37, 57, *100, 125
Argument 115ff., 136ff., 178ff.
Argumentation 238ff., *264f.
Artikulation Begriff in der Phonetik für sämtliche Faktoren, die für die Lauterzeugung von Bedeutung sind.
Artikulationsart 30ff.
Artikulationsstelle 29ff.
artikulatorische Phonetik 28ff.
Aspekt Grammatische Kategorie des Verbs, die Bezug nimmt auf die im Verb ausgedrückte Handlungskomponente. In europäischen Sprachen wird besonders der aspektuelle Kontrast perfektiv gegen imperfektiv häufig markiert. 199ff., *217f., 250f.

Aspirierung 31, *64f., *65
assertiv 229
Assimilation Begriff aus der Phonetik, der die Angleichung von Lauten in Bezug auf Artikulationsart und -stelle bezeichnet. Ist der lautliche Angleichungsprozess vorauswirkend, spricht man von progressiver Assimilation, ist er rückwirkend von regressiver. 41f., 50
Attribut Syntaktische Funktion, die die adnominale Modifizierung von Wortgruppen ausdrückt, die dem Kernnomen nebengeordnet sind. 126ff., 144ff., *149
Attributsatz 144ff.
auditive Phonetik 28
Auslautverhärtung 41ff., 46, *62
Austin, John 228f.
Austriazismus 83
Bairisch 35, *157, 195
Baskisch 22
Baumgraph 111ff.
Bedeutungstheorien 167f.
Bedeutung 165ff.
Belebtheit 180f.
Bella Coola (nordwestl. Nordamerika) *105
Berlinisch *63, *106f., 243f., *258, *263, *266, 273f.
Beschränkung (Constraint) 45ff.
bilabial 29, 32
Blisstalk *105
Bloomfield, Leonard 82
Bühler, Karl 116, 271
Cayuga (Irokesisch; östl. Nordamerika) 78
Cherokee (südöstl. Nordamerika) 174
Chinesisch 22, 37, 50, 51, 55f. *70, *73f., *98, 129, 131, 136, 139, 143f., 147, *160, 182, 195, *204
Chinook (nordwestl. Nordamerika) 197
Choctaw (südöstl. Nordamerika) 255
Chol (Mesoamerika) 42, 43, 88, 172, 173f., 195, 201f.
Chomsky, Noam 45, 112, 115, 277
›**Code-switching**‹ Bezeichnet den Wechsel von einer Sprache oder Sprachvarietät zu einer anderen innerhalb einer Äußerung oder Sprechpassage. 227, 237, *266ff.
Comment ↗ Topik

Cree (zentrales Nordamerika) *207ff.
Dakota (Lakota; zentrales Nordamerika) 180
Dänisch 35, 172
Deacon, Terrence W. 277
Definitheit Begriff aus der Semantik, der auf spezifische, identifizierbare Einheiten oder Klassen von Einheiten verweist. Im Kontrast zu definit (d. h. [+definit]) steht der Begriff indefinit ([–definit]). 126, 135
deiktische Perspektive 189ff.
Deixis Bezeichnet die Bezugnahme auf Eigenschaften der Sprechsituation. Deiktisch sind jene Ausdrücke, die auf die personellen, temporalen oder lokalen Charakteristika der Sprechsituation verweisen, z. B. *ich–du, jetzt–dann, hier–da*. 188ff., 197f.
deklarativ 229
Deklination Flexionsparadigmen der nominalen Wortarten, z. B. nach Kasus und Numerus. 93f., *101ff.
Denotat 167, 176
dental 29f.
dependent-marking 117, 127
Dependens 114
Derivation Wortbildungsmechanismus, bei dem ein freies (Grund-)Morphem mit Affixen kombiniert wird. Entsteht eine neue lexikalische Bedeutung, spricht man von lexikalischer Derivation, z. B. *un-schön*, bei der syntaktischen ändert sich die Wortklasse, z. B. *Schön-heit*. 85f., 90, *99
Determinativkompositum 86
Diathesen Bezeichnet die grammatische Kategorie von Verben, die die Änderung der Relation zwischen Argumenten angibt. Bei transitiven Verben finden sich in vielen Sprachen Aktiv und Passiv, in Ergativsprachen auch Antipassiv, wobei aus transitiven Sätzen durch die Umformung intransitive Passiv- bzw. Antipassivsätze entstehen. 136ff., *164
Diphthonge 35, 39
Disambiguierung 251ff.
Diskontinuität Bezeichnet in der grammatischen Analyse das Aufspalten einer Wortgruppe oder Konstituente durch Einfügung

anderer grammatischer Einheiten, z. B. *Er pflückt einen Apfel ab.* 133
Diskurstopik 252ff.
Dissimilation 43
ditransitiv 118
dorsal 29
durativ 201
Dyirbal (Australien) 37, *159, 189, 190, 197
Echostruktur *155, 234
Ejektiva 30
Ellipse Tilgung eines Satzteiles primär aufgrund stilistischer, sprechökonomischer oder kommunikativer Faktoren. 146ff.
Englisch 18f., 30f., 87, 113, 145, *151, *164, 183, 194, 200, *216, *257
Englisch der Pennsylvania-Deutschen (östl. Nordamerika) *62
Enklitikon Schwach betontes Wort, das an das vorangehende voll betonte Wort gebunden ist, z. B. *Er war's*; zumeist einsilbige Partikeln oder Pronomina. 84, 89, *107f.
Epenthese 43, *108
Ergänzung 116f., 122ff.
Ergänzungsmorph 80
Ergativität 121ff., *104f., *150, *159f., 183
Ersatzprobe 110
Ersetzungsmorph 80f.
Ersetzungsregel 113
Erweiterungsprobe 111
Erzählungen und Erzählmuster 243ff., *265f.
Eskimo ↗ Inuit
Esperanto *106
Evenisch (östl. Sibirien) 93
Existenzsatz 124ff., *162
Fasu (Papua Neu Guinea) 230
finite Verbform 95, 134
flektierende Sprachen Sprachen wie Latein oder Deutsch, deren grammatische Relationen durch Affixe oder Umlautung ausgedrückt werden, wobei die einzelnen Affixe mehrere grammatische Bedeutungen kodieren können. 92, *101ff., *103
Flexion Formveränderung der Nomina (↗ Deklination) und Verben (↗ Konjugation) nach grammatischen Kategorien. 91ff.

Fokussierung Markiert Information als im Zentrum (im Fokus) des kommunikativen Interesses stehend. Fokussierung ist oft mit suprasegmentalen Eigenschaften wie Akzentuierung gekoppelt, z. B. *Es ist Peter, der morgen nach Berlin fährt.* 135, 154f., 249f.
Französisch 19f., 35, 38, 46, 51, 56, 84, 133
Frege-Prinzip ↗ Kompositionalitätsprinzip
freie Morpheme 83
Frikativ 31
Fuß 53
gebundene Morpheme 83
Geminate Sequenz von benachbarten identischen Konsonanten, die gedehnt gesprochen werden, z. B. ital. /bel:o/ »hübsch«; in Schriftsystemen häufig durch Doppelschreibung ausgedrückt, z. B. ⟨bello⟩. 35, 45, 50, *68
Genera Verbi ↗ Diathesen
generative Grammatik 45, 112 f., 115, 277
generisch Referenz auf eine Klasse von Entitäten. Ein Satz wie *Der Mensch ist des Menschen Feind* sagt nichts über einen einzelnen Menschen oder über eine Gruppe von Menschen aus, sondern über (die Klasse der) Menschen als solche. 197
Genitiv 95
Genitivattribut 127
Georgisch *207
Germanisch (rekonstruierte Sprachstufe) *62
geschlossene Silbe 49
geschlossene Wortklasse 78
Gesprächsanalyse 231ff.
Gleichsetzungsnominativ *162
glottal 46
glottalisierte Laute ↗ Ejektiva
Glottisverschlusslaut 42
Gotisch 89
Grammatikalisierung 90
Grammatikalität 45, 110f.
grammatische Morpheme 82
Graphem 37, 55f., *72, *73
Grice, Paul 231
Griechisch 123
Gunwinggu (Australien) 37
Guugu Yimidhirr (Australien) 193

habituell 200
Haida (nordwestl. Nordamerika) 189
Handlungskomplikation 244ff.
Hausa (Westafrika) *152, 191
head-marking 119, 128
Hebräisch 128
Heiltsuk (nordwestl. Nordamerika) 190f.
Helvetismus 80
Hieroglyphenschrift 56f.
Hixkaryana (Südamerika) 132
Hockett, Charles 82
homograph 176
homonym 176
homophon 176
Hopi (südwestl. Nordamerika) 23, *156, *215
Höflichkeit 225, 235f., *258ff.
Humboldt, Wilhelm von 22
hyperonym 170
hyponym 170
idiomatisch Verweist auf eine Einheit, die aus einer Sequenz von Wörtern besteht und die eine Gesamtbedeutung hat, die nicht aus der Bedeutung und der Verknüpfung der Einzelelemente direkt abgeleitet werden kann, z. B. *mir wächst kein Gras aus der Tasche* im Sinne von »ich habe kein Geld mehr«. 177
Igbo (Westafrika) 197
Ikon 166
Illokution Komponente eines ↗ Sprechaktes, die das Handlungspotential des Sprechaktes bezeichnet. 227ff.
Imperativ 109, 228f.
Imperfektiv 201ff.
Implikationshierarchie 172, 182
Implikatur 222, 231
Implosiv 33
inchoativ 201f.
Index 166
Indonesisch (Bahasa Indonesia) 125, 179
Inferenz 239f.
Infinitivkonstruktionen 141f.
Infix 83
Informationsgewichtung 249ff.
inklusiv–exklusiv *207ff.
Inkompletiv 199ff.

Inkorporierung (auch Polysynthese) Einbeziehung vor allem lexikalischer Morpheme in Wortformen. Sprachen dieses Typs sind wie z. B. Inuit durch lange und komplexe Wortformen geprägt. Inkorporierende oder polysynthetische Sprachen stehen im Gegensatz zu analytischen bzw. isolierenden Sprachen. 85, 105, *150f.
Intention 180f.
Internationales Phonetisches Alphabet (IPA) 32f., *61, *73
Intonation 51f., 230, *256
intransitiv 116ff., *149
intrinsische Perspektive 190ff., *214f.
Inuit (auch Eskimo; Grönland und nördl. Nordamerika) 84f., 109, 248f.
Inversion 134
Inzeptiv 199f.
IPA ↗ Internationales Phonetisches Alphabet
Irisch 56
Isländisch 133, *153f.
isolierende Sprachen Bezeichnung für Sprachen, die wie die klassische chinesische Schriftsprache nahezu ohne Morphologie auskommen. 85, *160ff.
Italienisch 27, 35, 43f., 100
Itelmenisch (Kamtschatka) 49f., 84, 91, *108, 172, 245ff.
iterativ 201
Japanisch 49, 51, 124, 128, *163
Jingpo (Südostasien) *218
Junktur 41
Kambodschanisch (Khmer) 83f.
Kantonesisch (Ostasien) 52
kardinale Perspektive 190ff.
Kasusmarkierung 93ff., 117, 131, *210
Kasusrolle ↗ semantische Rolle
Kategorisierung Begriff aus der Semantik und kognitiven Psychologie, der darauf verweist, wie menschliche Erfahrung kognitiv konzeptualisiert und sprachlich kodiert ist. 170f.
Kausalität 129, *141, 144, 197
Kausativ 123, 137f.
Kawi (Indonesien) 22
Khmer ↗ Kambodschanisch

K'iche' (Mesoamerika) 24, 42, 54f., *65, 75, 80, 84f., 87, 91ff., *104f., 116, 118f., 121f., 126ff., 135ff., 145, 186, 195, 199f., 201f., *205, *207, *214f., 250, 255, 275f.
Kikuyu (Ostafrika) 190
Kilivila (Papua Neu Guinea) 222f.
Klassenindikator 56ff.
Klassifikatoren *204f.
Klitisierung 84
kommissiv 229
Kommentierung ↗ Topik
Kompetenz Bezeichnet ganz allgemein die menschliche Fähigkeit, sprechen zu können. Im engeren Sinne als Sprachkompetenz verweist der Begriff auf Wissensstrukturen eines Sprechers, die ihn befähigen, nach einem System von Regeln grammatisch korrekte Sätze zu produzieren. Der Begriff der kommunikativen Kompetenz verweist auf die Fähigkeit von Sprechern, hinsichtlich spezifischer Situationen und Kontexte adäquat und effektiv zu kommunizieren. 115, 225, 277
Komplement 88, 122ff., 180
komplementäre Distribution Bezeichnet die sich gegenseitig ausschließende Verteilung von Varianten (z. B. Allomorphe oder Allophone) im Hinblick auf Umgebungsfaktoren. So hat /-s/ »Plural« im Englischen nach stimmhaften Konsonanten ein Allomorph [-z], nach stimmlosen [-s]. 40
Kompletiv 199ff.
komplexe Sätze 138ff.
Komposition 85ff., *97, *97f., *98, *206
Kompositionalitätsprinzip 167, 178
Konfix 83
Kongruenz Korrespondenzrelation zwischen Satzgliedern aufgrund morphologischer Markierungen. 93f., 117, 119, 143
Konjugation Flexionsparadigma der Verben, z. B. nach den Kategorien Tempus, Aspekt und Modus. 94f., *103, *104f.
Konjunkt 139, 184f.
Konjunktion 139ff., *151f., 184
Konnotation 176
Konsonanten 29ff.

Konsonantencluster 49, *108
Konstituente Syntaktische Basiskategorie zur Beschreibung von Konstituentenstrukturen. Aufgrund von Testverfahren wie Umstellprobe und weiterer formaler Kriterien können Sätze in eine Reihe von hierarchisch organisierten Konstituenten wie Nomen, Nominalphrase, Präpositionalphrase, etc. zerlegt werden. 110ff.
Konstituentenstruktur 111ff., *162ff.
Kontinuant 31
Kontrolle 114, 180ff.
Konturtöne 52
Konversationsmaximen 231
Koordination 138f., 146, *151f.
Kopfprinzip 112
Kopula ›Verbindungsverb‹ mit geringem Bedeutungsgehalt, dessen Funktion darin besteht, ein Satzglied mit einem anderen zu verbinden, z. B. *Andrej ist Lehrer.* 124f., *162, 179, *204
Koreferenz Begriff, der auf Satzkonstituenten verweist, die auf den gleichen Sachverhalt, das gleiche Objekt, etc. verweisen. Koreferentielle Konstituenten werden oft durch Koindizierung gekennzeichnet. In dem Satz er_i *sagte mir, dass* er_i *kommen würde* verweist er_i auf ein und dieselbe Person. In dem Satz er_i *sagte mir, dass* er_j *kommen würde* hingegen sind die durch er_i und er_j kodierten Personen nicht identisch. 254
Kroatisch 47, 50
Kuna (Zentralamerika) 44f., *66, *68
Kwak'wala (auch Kwakiutl; nordwestl. Nordamerika) 37, 55, 87, 189f., 194
Kyuquot ↗ Nootka
labial 29, 32, 39
Labialisierung 33
Labov, William 244, 248
laminal 33
laryngal 29, 42
Latein 20, 43, 53, 84, 92f., *103, 171f., 182, *210
lateral 31
Lautindikator 58f.
Lautwandel *62

Lehnwort 38, 39, 91
Lexem Minimale Bedeutungseinheit im semantischen System einer Sprache. 83, 85, 167, 173f.
Lexikalisierung 91, 172, 277
Liquid 31
Lokalangaben 130ff., *212, *214f.
Lokativ 131, 182
Lokution 227
Luganda (Ostafrika) 146
Luiseño (westl. Nordamerika) 76f.
Madegassisch 146
Makah (nordwestl. Nordamerika) *256
Malinowski, Bronislaw 23, 222f.
Maltesisch *100f.
Markiertheit 92ff., 117, 128, 170
Maya-Schrift 58
Mazatekisch (Mesoamerika) *69
Merkmal 33, 41, 170f.
Merkmalsmatrix 33, 93f., 170
Metaphorik 186, 195
Metathese 43
Minimalpaar Paar von Wörtern, deren Bedeutungsunterscheidung durch einen Laut- oder Tonwechsel markiert ist, z. B. *Weite* gegen *Weide*. 36, *61f.
Mittelfeld 134
Mittelhochdeutsch 56, 81, 90
Miwok (westl. Nordamerika) 121
Mixtekisch (Mesoamerika) 36, 52f., 58, *69f., 78. 84f., 89, *98, 192, 196f., 224, 249ff., *257
Modalität 123, *177, 201
Modus Flexionskategorie des Verbs, durch die ausgedrückt wird, welche Perspektive ein Sprecher zu seiner Äußerung einnimmt; z. B. durch Konjunktivformen wird im Deutschen u. a. eine Aussage als möglich markiert. 92f., 201
Mongolisch 43f., 92, 94f., 141, *177
More Minimale quantitative Einheit einer kurzen Silbe. Eine kurze Silbe ist einmorig, z. B. *Ratte* [ʀa.tə], eine lange Silbe ist zweimorig, z. B. *Rate* [ʀaː.tə]. 53
Morphem Grundbegriff in der Morphologie: Kleinstes bedeutungstragendes Element einer Sprache. Freie Morpheme können isoliert auftreten, z. b. *Arbeit*, während gebundene nur zusammen mit einem anderen auftreten können, z. B. *Schön-heit*. Grammatische Morpheme markieren im Unterschied zu lexikalischen Morphemen (↗ Lexem) grammatische Funktionen, z. B. *schön-er*. 79ff.
morphophonemische Regel 80
Muchik (Südamerika) 24
Nachfeld 134
Nahuatl (Mesoamerika) 75, 95, *99f., *103f., 109, 116, 119, 137, 183, *212
Nasale 31, 50
Navajo (südwestl. Nordamerika) 173
Negation *69f., 87, 125, 133, 184
Nomen 77, 93f., *99, *101ff.
Nominalphrase Erweiterte Satzkonstituente mit einem Nomen als Kern, z. B. *die deskriptive Linguistik*. 126ff., *158f.
Nootka (Kyuquot; nordwestl. Nordamerika) 78, 85, 135
Nukleus 48
Null-Allomorph 80
Null-Anapher 146f.
Null-Morphem 80
Objekt Syntaktische Funktion, die mit prototypischen Kasusrollen wie Ziel, Patiens, Rezipiens auftritt und gegenüber anderen syntaktischen Funktionen formal markiert ist, im Deutschen z. B. durch Akkusativ (direktes O.) oder Dativ (indirektes O.) gegen Nominativ. 117ff., 142ff., 181f.
Objektsatz 142f., *157f.
Obstruent 31
offene Silbe 49
offene Wortklasse 78
Okklusiv ↗ Plosiv
Onomasiologie 165
Optimalitätstheorie 45ff.
Orientierung 244ff.
Origo 189ff.
Orthographie 27f., 55f., *72
palatal 29f.
Paradigma 110
Paraphrase Bezeichnet eine alternative Variante eines Satzes oder eines Textes unter weitgehender Beibehaltung des Inhalts

Register 299

bzw. der Bedeutung, z. B. *Es ist Klaus, der ein Buch schreibt* ist eine syntaktische Paraphrase zu *Klaus schreibt ein Buch.* 174
Partikel 78
Partizipialkonstruktion 125, 141
partonym 171
Passiv 136ff., *155, *164
Patiens 181f.
Perfekt 198ff.
perfektiv 198ff.
Performanz 115, 225, 272
Perlokution 227ff.
Persisch 129
Personenhierarchie *209
Phon Kleinste diskrete Lauteinheit im Lautkontinuum. 27
Phonem Bezeichnet minimale Einheiten im Lautsystem, die eine bedeutungsdifferenzierende Funktion haben. 36
Phonetikum 58f.
phonetische Umschrift ↗ Internationales Phonetisches Alphabet
Phonogramm 57
phonologische Regel 44ff., *66
Phonotaktik 47ff.
Phrasenstruktur 110ff.
Phraseologismus 177
Piktogramm 56f.
Pitjantjatjara (Australien) 109, *218, *256
Pivot 133
Platzhalter (auch ›dummy‹) In seiner Bedeutung unspezifisches Element innerhalb einer syntaktischen Struktur, das zur Aufrechterhaltung der Satzstruktur erforderlich ist, z. B. das Pronomen »es« in *Es regnet.* 143, *149
Plosiv 30
Pluralbildung *99f., 274
Polysemie 176
Polysynthese ↗ Inkorporierung
Pomo (westl. Nordamerika) 180
Popoluca (Mesoamerika) 119, 141, *209
Portmanteau 89
Portugiesisch 35, 125, 137
Possessivität *64, 128f.
Prädikat Kern der Satzaussage, der andere Satzteile an sich bindet. Nach der das Prädikat bildenden Konstituente unterscheidet man verbale und nominale Prädikate. 115ff., 132f., 178ff.
Prädikativ 125, *162
Präfix 83
Präposition 193ff., *211f.
Präpositionalphrase Erweiterte Satzkonstituente mit einer Präposition als Kern, z. B. *in dem Buch.* 112, 130f.
Präsequenz 233, 237
Präsupposition 184
progressiv 200
Proklitikon 84, 89
Proposition Begriff aus der Aussagenlogik, der eine Bedeutungseinheit bezeichnet, die durch einen Aussagesatz ausgedrückt wird und die wahr oder falsch sein kann. 183f., 227
Prototyp Begriff aus der Gestaltpsychologie, der insbesondere in der Semantik eine Rolle spielt. Prototypen sind stereotype und konventionalisierte Klassifikationen mit spezifischen Merkmalen, z. B. für *Vogel* »Tier, das fliegen kann«, »Tier, das Eier legt«, »Tier, das Federn hat«. 168f., *205
Quantität 35f.
Quechua (Südamerika) *107f., 139
Quileute (nordwestl. Nordamerika) 222
Raumdeixis 188ff.
Raum-Zeit-Metaphorik 195f., *215f.
Redezug (›turn‹) 232
Reduplikation 89, *99f., *218
Referenz 167, 252ff.
Regelfolge 44f., *66
Regens 114
Registertöne 52
Reim 48
Rektion Im engeren Sinne die Festlegung des Kasus eines Wortes durch ein anderes Wort, z. B. ist in *bei ihm* das Pronomen durch die Präposition kasusregiert. Rektion wird auf die Festlegung von ↗ semantischen Rollen erweitert. 114, 116f., *162
Relativierungshierarchie 146
Relativsatz In eine Nominalphrase integrierter Satz, der das Kernnomen der NP modifiziert. 144f.

restriktiver Relativsatz 144
resultativ 199
Retroflexion 50
Rezipiens 121, 181f.
Rhema ↗ Topik
Rotokas 38
Russisch 91, 95
Sächsisch 27, 55, *63
Sandhi 84
Sanskrit *101ff.
Satzbedeutung 178f.
Satzbegriff 116, 179, 271f.
Satzgliedstellung ↗ Wortstellung
Saussure, Ferdinand de 165f.
Schlussregeln 184f., 238f.
Schrift 55ff., *72, *73f.
Schwa-Laut Bezeichnung für den Zentralvokal [ə]. 38f., 49, 273
Schwerehierarchie 274
Searle, John 229
Selektionsbeschränkung 180
semantische Rolle (auch Kasusrolle) Verweist auf semantische Eigenschaften von Satzgliedern, die vom Prädikat abhängig sind und in Relation zum Prädikat stehen. Zu Handlungsverben stehen Satzglieder in Relation, die ein ↗ Agens kodieren, z. B. *er arbeitet*; bei Verben wie *bekommen* liegt dem Subjekt-Argument ein ↗ Rezipiens zugrunde, z. B. *Er bekommt ein Buch.* 116f., 121, 180f., *210f.
Semasiologie 165
Semiotik 165ff.
Semogramm 57
Sichtbarkeit 189f.
Signifikant 165f.
Signifikat 165f.
Signifikum 58f.
Silbe 48ff., *67f., *68
Silbenrand 46, 48f.
Sonorant 31
Sonorität ↗ Stimmhaftigkeit
Sonoritätshierarchie 47f.
Spanisch 43, 50f., *67, *72, 128f., 141, 173
Spirant ↗ Frikativ
Spirantisierung 273
Sprachregister 226

Sprachspiel 223ff.
Sprechakt Begriff in der Pragmatik, der kommunikative Handlungen bezeichnet, mit denen Sprecher und Hörer sich verständigen und Handlungen koordinieren. Es werden drei Aspekte unterschieden: der lokutionäre Akt, der der ↗ Proposition entspricht; der illokutionäre Akt, mit dem ein Sprecher eine Handlung vollzieht, indem er etwas sagt; der perlokutionäre Akt, durch den der Sprecher etwas bewirkt, indem er durch sein Sprechen handelt. 227ff., *256f.
Sprechereignis 223ff.
Stimmhaftigkeit 31f., 41f., 48, *62
Strukturalismus 82, 110ff., 166
Strukturbaum Darstellung der Konstituentenstruktur in Form eines Graphen, durch den die hierarchische Strukturierung eines Satzes veranschaulicht werden kann. 48f., 86f., 111ff., *162f., *163
Suaheli (Ostafrika) *67f.
Subjekt Syntaktische Funktion, die in vielen Grammatiken als Ausgangspunkt des Satzes behandelt wird und/oder der eine besondere Stellung beim Aufbau von Sätzen eingeräumt wird. 115ff., 134, 143, 180, 182
Subjekthierarchie 120
Subjektsatz 143, *157f.
Subordination 139ff., *157
Suffix 83, 88
suppletive Formen 81
suprasegmental Über Lautsegmente gelagerte und operierende Effekte wie Tonhöhe, Akzent, Lautstärke. 51f., *68
›Switch-reference‹ *156, 255
Syllogismus 185, 240
Symbol 166
Synkretismus Zusammenfall morphologischer Formen aufgrund von Lautgleichheit, z.B. der Kasussynkretismus am Nomen in *die Mensch-en* gegen *den Mensch-en* gegen *dem Mensch-en*. 92, *101ff.
synonym 176
Syntagma 110
Taxonomien 169f.

Temporalität 196ff., *216f.
Tempus 196ff.
Thema (Kasusrolle) 118f., 180
Thema ↗ Topik
thematische Kohärenz 248ff.
Tilgung 42
T'in (Südostasien) *158f.
Tlingit (nordwestl. Nordamerika) 189, 194
Tomasello, Michael 277
Tonsprachen 52, *69, *69f., *70f.
Topik – Comment (bzw. Kommentierung, auch Thema–Rhema) Zweigliederung eines Satzes in das, worüber etwas ausgesagt wird (= Satztopik), und in das, was über eine Person, ein Ding oder eine Sache ausgesagt wird (= Kommentierung). Das Topik ist häufig das Subjekt, z. B. in *Der Computer schreibt jetzt Bücher* mit *der Computer* als Topik. und Subjekt und den Rest des Satzes als Kommentierung. Wird ein Satzelement in eine Topikposition gebracht, spricht man von Topikalisierung, wie z. B. in *Bücher schreibt jetzt der Computer* mit einer topikalisierten Nominalphrase in Objektfunktion. 134, 252ff., 275f.
Topikalisierung 134, 136, 253
Toulmin-Schema 239
Transformation 115, 136, *164
transitiv 117ff.
Treuebeschränkungen 45
Trubetzkoy, Nikolai 36
Tschechisch 52, *73, *97
Tsimshian (nordwestl. Nordamerika) *150f.
Türkisch 43, *101, 132
Tzeltal (Mesoamerika) *258
Tzotzil (Mesoamerika) 235, *261
Umlaut 80, 274
Ungarisch 53
unikal 90, 177
uvular 29
Valenz Spezialfall von ↗ Rektion. Festlegung der Argumente und Komplemente durch das ↗ Prädikat, das Leerstellen eröffnet, die durch Wörter in entsprechender Satzgliedfunktion besetzt werden müssen oder können. 116ff., 136ff., 178f.

velar 29ff.
Verb 77, 116ff., 173ff.
Verbalnomen 130, 141
Verwandtschaftstermini 171f., *205
Vibrant 39
Vokal 34f.
Vokalharmonie (auch Synharmonismus) Angleichung eines Affixvokals, auch im Hinblick auf Merkmale wie vorn/hinten oder gerundet/ungerundet, an den Wurzel- oder Stammvokal. 43f., 51
Vorfeld 134
Walisisch *64, 132, 172
Whorf, Benjamin Lee 23, *215
Wik-Munkan (Australien) 189
Wittgenstein, Ludwig 168, 223, 225
Wort 75ff., 86ff., *97, 165ff.
Wortart (oder Wortklasse) Klassifizierung lexikalisch-grammatischer Einheiten nach gemeinsam geteilten Merkmalen, wie z. B. nach ↗ Flexion. Wesentlich ist die Unterscheidung in Verben und Nomina. 77ff.
Wortbedeutung 167ff.
Wortbildung 85ff.
Wortfeld 172, *219
Wortformen Varianten eines Lexikoneintrages, z. B. Eintrag *Haus* mit den Wortformen *Hause, Häuser* etc. 91, 165
Wortklasse 78, 116
Wortschatz 167, *219f.
Wortstamm 84, 88
Wortstellung 119, 132ff., *153f.
wurzelflektierend *100f.
!Xũ (Südafrika) 38
Yana (westl. Nordamerika) *269
Yidiny (Australien) 197
Yoruba (Westafrika) 88, *154, *203, *210
Zahlwörter *207
Zentralvokal 38f., 49
Zeitdeixis 197f.
Zhuang (Südostasien) 128
Ziel 182f.
Zirkumfix 84, *108

Studienbücher zur Linguistik V&R

Band 1: Klaus Bayer
Argument und Argumentation
Logische Grundlagen der Argumentationsanalyse
1999. 249 Seiten mit zahlreichen Grafiken und Schautafeln, kartoniert. ISBN 3-525-26505-0

Band 2: Utz Maas
Phonologie
Einführung in die funktionale Phonetik des Deutschen
2., überarbeitete Auflage 2006. 392 Seiten mit zahlreichen Abb. und Schautafeln, kartoniert
ISBN 3-525-26526-3

Band 3: Christa Dürscheid
Syntax
Grundlagen und Theorien
3. unveränderte Auflage 2000. 242 Seiten, kartoniert. ISBN 3-525-26515-8

Band 4: Jens Runkehl / Torsten Siever
Linguistische Medienanalyse
Einführung in die Analyse von Presse, Radio, Fernsehen und Internet
2007. Ca. 250 Seiten, kartoniert
ISBN 3-525-26528-X

Band 5: Marcus Hernig
Deutsch als Fremdsprache
Eine Einführung
2005. 269 Seiten, kartoniert
ISBN 3-525-26522-0

Band 6: Christina Gansel / Frank Jürgens
Textlinguistik und Textgrammatik
Eine Einführung
2002. 249 Seiten mit 38 Figuren, kartoniert
ISBN 3-525-26519-0

Band 8: Christa Dürscheid
Einführung in die Schriftlinguistik
Grundlagen und Theorien
3., überarbeitete und ergänzte Auflage 2006.
Ca. 320 Seiten mit 9 Abb., kartoniert
ISBN 3-525-26516-6

Band 10: Peter Schlobinski
Grammatikmodelle
Positionen und Perspektiven
2003. 268 Seiten mit zahlreichen Abb., kartoniert
ISBN 3-525-26530-1

Band 11: Michael Dürr / Peter Schlobinski
Deskriptive Linguistik
Grundlagen und Methoden
3., überarbeitete Auflage 2006.
301 Seiten, kartoniert
ISBN 3-525-26518-2

Vandenhoeck & Ruprecht

Linguistik fürs Examen

Band 1: Hans Altmann /
Suzan Hahnemann
Syntax fürs Examen
Studien- und Arbeitsbuch
2., überarbeitete und erweiterte Auflage 2005.
226 Seiten mit zahlreichen Tab., kartoniert
ISBN 3-525-26500-X

Mit Übungsaufgaben, Lösungsvorschlägen, Hinweisen auf weiterführende Literatur sowie Tipps und Warnungen bezüglich eventueller Prüfungsaufgaben richtet sich dieses Buch direkt an Examenskandidaten.

Band 2: Hans Altmann /
Silke Kemmerling-Schöps
Wortbildung fürs Examen
2., überarbeitete Auflage 2005.
203 Seiten, kartoniert
ISBN 3-525-26501-8

Mit Übungsaufgaben, Lösungsvorschlägen, Hinweisen auf weiterführende Literatur sowie Tipps und Warnungen bezüglich eventueller Prüfungsaufgaben richtet sich dieses Buch direkt an Examenskandidaten.

Band 3: Hans Altmann /
Ute Ziegenhain
Phonetik, Phonologie und Graphemik fürs Examen
2002. 174 Seiten, kartoniert
ISBN 3-525-26502-6

Mit Übungsaufgaben, Lösungsvorschlägen, Hinweisen auf weiterführende Literatur sowie Tipps und Warnungen bezüglich eventueller Prüfungsaufgaben richtet sich dieses Buch direkt an Examenskandidaten.

Band 4: Ute Hofmann /
Hans Altmann
Topologie fürs Examen
Verbstellung, Klammerstruktur, Stellungsfelder, Satzglied- und Wortstellung
2004. 215 Seiten, kartoniert
ISBN 3-525-26503-4

Mit Übungsaufgaben, Lösungsvorschlägen, Hinweisen auf weiterführende Literatur sowie Tipps und Warnungen bezüglich eventueller Prüfungsaufgaben richtet sich dieses Buch direkt an Examenskandidaten.

Vandenhoeck & Ruprecht